アジア研究機構叢書人文学篇　第一巻

東アジア古代出土文字資料の研究

工藤元男・李成市　編

東アジア古代出土文字資料の研究　目次

序文

工藤　元男

早稲田大学では「三大教旨」および「アジア太平洋地域における知の共創」等の理念にもとづき、二〇〇五年、学内外のアジア関連の研究者を結集し、政治・経済・歴史・文化・社会および科学技術の諸分野を横断する学際的研究拠点の形成を目的とする「アジア研究機構」（以下、研究機構）を設立した。その研究領域は、Ⅰ「アジアと日本、新時代に入った国際・地域関係」、Ⅱ「アジア世界の形成と展開」から構成される。また後者の人文科学系の研究領域Ⅱは、①「東アジアにおける中国文明と地域文化」、②「東・東南アジア島嶼地域の文化・社会変容に関する歴史・考古・人類学的研究」、③「前近代東アジア諸地域の文化交流とアイデンティティー」の三つの研究プロジェクトから構成されている。このうちの①の研究プロジェクトは、「長江流域文化研究所」（所長、工藤元男）および「朝鮮文化研究所」（所長、李成市）がそれぞれ中国古代史と朝鮮古代史の分野を担当し、ともに木簡・竹簡等の出土文字資料を主たる資料として国際共同研究を進めている。

すなわち工藤チームは中国の武漢大学簡帛研究センター等と連係して、戦国楚簡・秦簡・漢簡の研究を、また李成市チームは韓国の国立昌原文化財研究所等と連係して、韓国出土木簡の研究を行い、さらにそれに関連するそれ以外の種々の出土文字資料も組み込みながら研究を展開してきた。研究機構が設立されてからちょうど三年となる。そこでこれを機会にこれまで実施してきた研究成果の一部を中国・朝鮮の出土文字資料を特集とする論文集を刊行する運びとなった。

なお、私はこの研究機構の設立にともない、それまで長江流域文化研究所内に設置していた「早稲田大学簡帛研究会」に、内外の若手研究者を積極的に参加させ、毎週秦漢時代の法制資料や占卜資料等に関する研究会を実施し、それを研究機構内の若手研究者育成のための教育機関として活用することにした。武漢大学の院生を外国人研究員として迎えたのも、その一環である。

国際共同研究としては、二〇〇二年に採択された二一世紀COEプログラム「アジア地域文化エンハンシング研究センター」における成果物として、武漢大学簡帛研究センター・荊州博物館と共同で前漢初期の法制資料である張家山漢簡の新テクストを刊行したが（『二年律令與奏讞書―張家山二四七號漢墓出土法律文獻釋讀―』（上海古籍出版社、二〇〇七）、本書に収めた漢代法制史に関する論文はこのテクストにもとづく研究成果である。近年の中国古代の出土文字資料は、このような法制資料以外にも、「日書」とよばれる占卜資料に注目が集まっている。それは戦国後期の楚国社会に登場し、楚国を滅ぼした秦、そして秦を滅ぼした前漢に継承された民俗宗教文化の一つである。そこで長江流域文化研究所では、武漢大学・随州博物館と共同で前漢景帝期の「孔家坡漢簡日書」の赤外線写真撮影に基づく新釈文・新注釈の作業を進め、中国古代史研究の中に「日書研究」という新たな研究分野の開拓をめざしている。本書に収めた「日書」論文も、こうした研究姿勢を反映している。この他、戦国秦漢に前後する西周金文や走馬楼呉簡の研究成果も収めている。

以上、中国古代史を中心として研究機構における研究状況を紹介したが、朝鮮古代史に関しては「あとがき」の李成市氏による紹介を読んでいただきたい。

中国古代史篇

殷周時代における宝貝文化とその「記憶」[1]

柿沼　陽平

はじめに

宝貝は熱帯・亜熱帯地帯の海に産する腹足類の巻貝で、太古より世界各地で重視されてきた。新石器時代以降の黄河流域でもそれは同様で、とくに殷周時代の墓葬からは非常に多くの宝貝が出土している（付表1）。また甲骨文や金文にも宝貝を意味する「（貝）」字がみえ、[2]それが重視されていたことを窺わせる（付表2）。では、殷周宝貝はなぜそのように重視され、どのような社会的機能を有していたのか。

従来この問題を検討する際にとりわけ論点となってきたのが、宝貝がいわゆる貨幣であったのか否かである。ここでいう貨幣とは、商品との直接的な交換可能性を独占的に有する特殊な物財のこと、商品とはそのような貨幣を媒介として売買される物財のことである。[3]もし殷周宝貝がそのような貨幣であったとすると、それはまさに中国貨幣経済史の起点に位置づけられることになろう。実際に先学の多くは、殷周時代以前の宝貝を中国最古の貨幣、もしくはそれに類するものとみなし、そこに中国貨幣史の原型を求めてきた。[4]

ところが近年、とくに日本や台湾の学界では、宝貝のもつ装飾品・呪物・贈与物・身分制的支払い手段としての性格を強調し、逆に貨幣としての機能を否定するか、あるいは特殊限定的なものと解する傾向が徐々に強くなっている。[5]その原因の一つは、カール・ポランニーの経済人類学が導入されたことである。[6]すなわち、これまで宝貝を貨幣とみなしてきた多くの研究者は、中国古代の人びとが合理的な利潤の追求を基本的な行動原理とし、そのような経済的利己心から物々交換経済・貨幣経済を生み出したと想定してきたが、ポランニーはそのような人間像を近代市場経済以外の場において仮構すること自体に問題があると指摘しており、これが従来の通説を揺さぶる大きな論拠となっているのである。これによれば、経済合理主義的な人間像を暗黙の前提とする自給自足経済・物々交換経済・貨幣経済などの概念は、殷周時代における交換のあり方を説明する上で、必ずしも有効でないことになる。現代資本主義経済と殷周経済の中からそれぞれ貨幣的なものを抽出することは、両者の社会的コンテクストが全く異なる以上、後者に対する理解の妨げにすらなっているといえる。現に岡村秀典氏によれば、殷周時代の経済行為は祭祀などの非経済的要素の中に深く埋め込まれており、当時の人びとは経済的利己心以外の行動原理をとりわけ重視していたという。[7]すると、宝貝も第一義的には、そのような非経済的要因によって価値を得ていたとみるべきではないか。そこで小論では、このような観点に基づく近年の研究成果をふまえ、殷周宝貝の特殊具体的な社会的機能についてさらに詳細な検討を加える。その手順として、まず殷周宝貝がどこからどのように収集されたのかを確認する。次にそれがいかなる形で流布し、どのように用いられていたのかを分析する。そして最後に、そのような宝貝を重視する文化（以下、宝貝文化）が殷周時代以降いかなる変化を遂げ、結果的に「宝貝＝中国最古の貨幣」という認識を生み出すに至ったのかを跡づけてみたい。

第一節　殷周宝貝の収集経路——殷周王権と淮夷の関係——

殷周時代の墓葬から出土する宝貝のほとんどは、キイロダカラ（*Cypraea moneta*）とハナビラダカラ（*C. annulus*）である。[8] 両者は殻長二〜四㎝程度の巻貝で、他の宝貝類と同じく、浅い岩礁や珊瑚礁のある温暖な海域に棲息する。これらは現在、広東省以南のいわゆる南海に多く棲息している。[9] そのため先学の大半は、殷代宝貝も南海で収集され、「南海→南嶺→江淮→中原」という陸路に沿って殷都にもたらされたと推測している（図1A）。[10] たしかに、黄河流域の二里頭文化期の土器や玉器の出土状況を確認すると、それらは南海沿岸・四川地方・ベトナムなどにも及んでおり、殷代以前に各地に一定の物流があったことを窺わせる。[11] よって宝貝もこの物流の一枝に乗って、南海から中原に陸路で運ばれた可能性がある。しかし、西周以前の南方遺址からは宝貝がほとんど出土していない（図2〜4）。[12] その場合、一見すると宝貝を陪葬するのは中原文化の特徴で、それゆえ宝貝は南方遺址に陪葬されなかったとも考えられなくはない。あるいは、南海付近の人びとにとって宝貝はいつでも容易に入手しうるがゆえに陪葬されなかった可能性もないとはいいきれない。しかし実際には、殷文化との関わりがある長江中流域の盤龍城遺址や新干大洋洲商墓などからも宝貝は出土していない。[13] またこれらの遺址は、中原ほどではないが、やはり南海から遠く隔たっている。よって、殷代宝貝が「南海→南嶺→江淮→中原」経由で運ばれたとする説には、文化的にも地理的にもまだ検討の余地がある。むしろ後述するように、これらの遺址が点在する長江中流域に宝貝が伝わったのは、かなり後世になってからである可能性の方が高い（付表1）。

そこで次に検証すべきが、殷周宝貝がベンガル湾やハノイ沖から雲南・四川を経由し、長江中流域もしくは周原をつたって中原に流入したとする説と（図1B・C）、[14] ベンガル湾などから新疆を経て中原に入ったとする説である（図1D）。[15] たしかに、ベンガル湾やハノイ沖は宝貝の産地として古来有名で、三星堆遺址や雲南元謀遺址からは宝貝が、雲南の戦

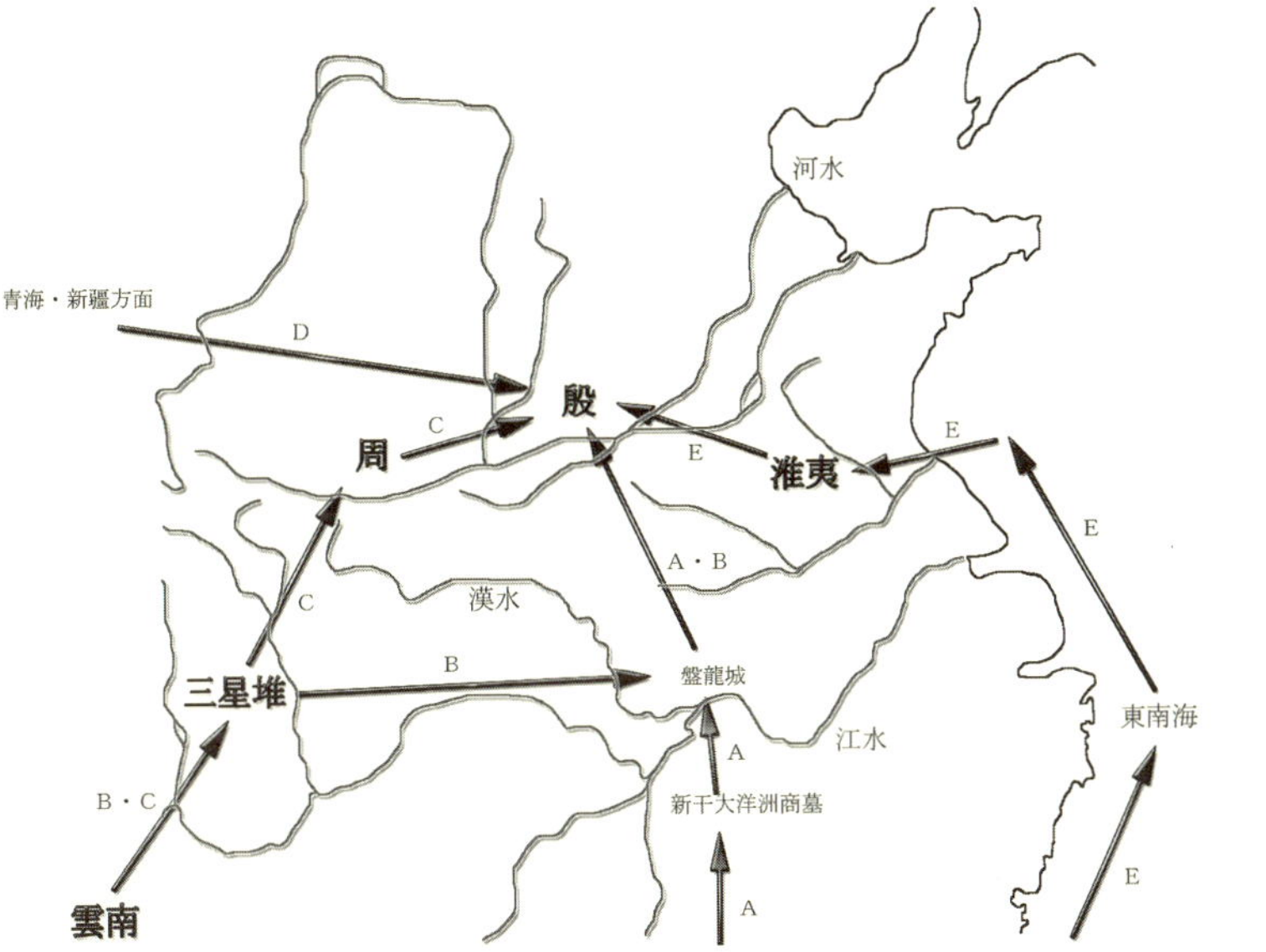

図１　殷周宝貝の流入経路に関する諸説

国秦漢墓からは宝貝と貯貝器が出土しているので、[16] これらの説には全く根拠がないわけではない。しかもとくに新疆経由説に関しては、現に中国最古のものとおぼしき宝貝が青海地方から出土している。さらに殷墓からは新疆以西のものとされる玉が出土しており、[17] 中原—新疆間に交易があったことを窺わせる。しかし、紀元前千年前後のベンガル湾やハノイ沖と雲南との間における宝貝の出土例はあまりにも少ない。また、三星堆遺址からは大量の宝貝が出土しているが、それが長江中流域を経由して中原に流入したという物証もない。[18] むしろ既述のごとく、長江中流域に位置する盤龍城遺址などからは宝貝が出土していないので、当該経路で宝貝が輸送された可能性は低いであろう。その上、四川の宝貝よりも中原の宝貝の方が量的に圧倒的に多く、後者の方が起源も古い。よって、中原から四川に周原経由で宝貝文化が伝播したことはあっても、四川から中原に宝貝が伝播することはなかったと考えられる。さらに新疆経由説に関しても、ベンガル湾—新疆間の殷周宝貝の出土例がほとんどなく、青海省で出土した新石器時代の宝貝も孤立しているので、まだ検討の余地がある。

ここで最後に想定されるのは、「南海→東南海沿岸→淮夷→中原」という経路の可能性である[19]（図1E）。これはつとに江上波夫氏が指摘し、木下尚子氏の「南海→東南海沿岸→山東半島→中原」説とも類似するもので、[20]現に黄河下流域と淮水下流域に挟まれた領域からは非常に多くの殷周宝貝が出土している。しかも殷周時代の墓葬からは、そもそも宝貝以外の海貝も出土しているが、それらはいずれも東南海産といわれている。[21]これは、殷周時代に「東南海沿岸→中原」という交易路が存在したことの証左である。すると、殷周宝貝の主たる流入経路としては、やはり「(南海→)東南海沿岸→淮夷（山東半島も含む）→中原」こそがもっとも妥当ではないか。現に殷周金文には、宝貝を担いで乗船す

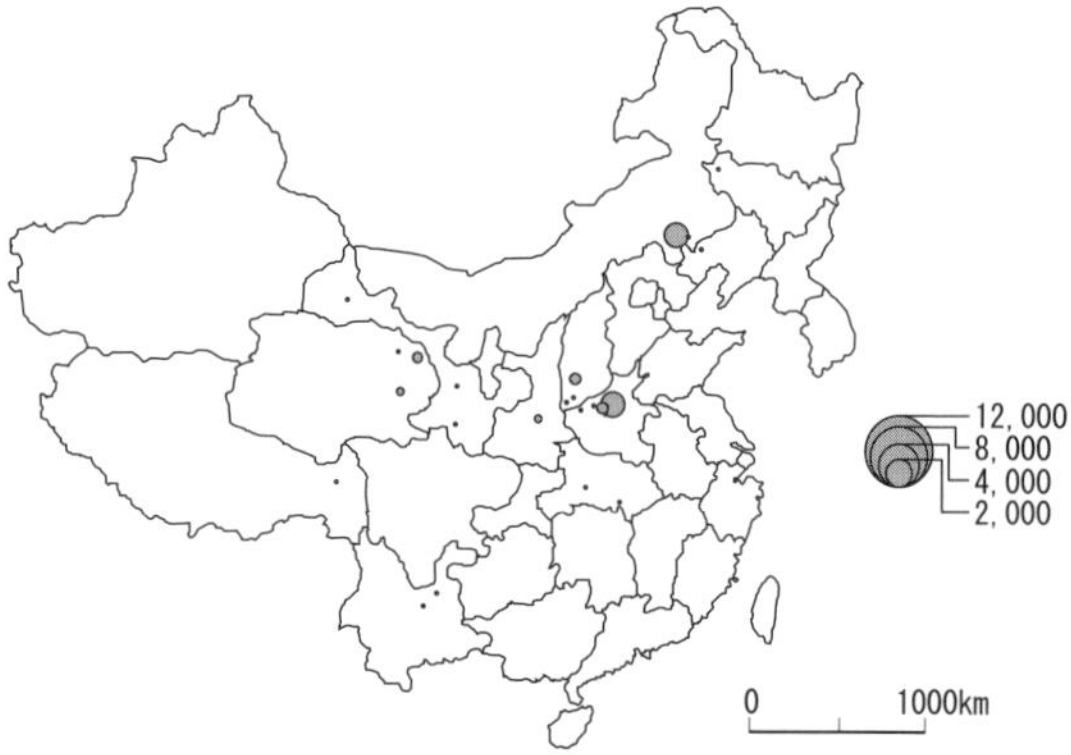

図２　殷代以前の宝貝・倣具出土地

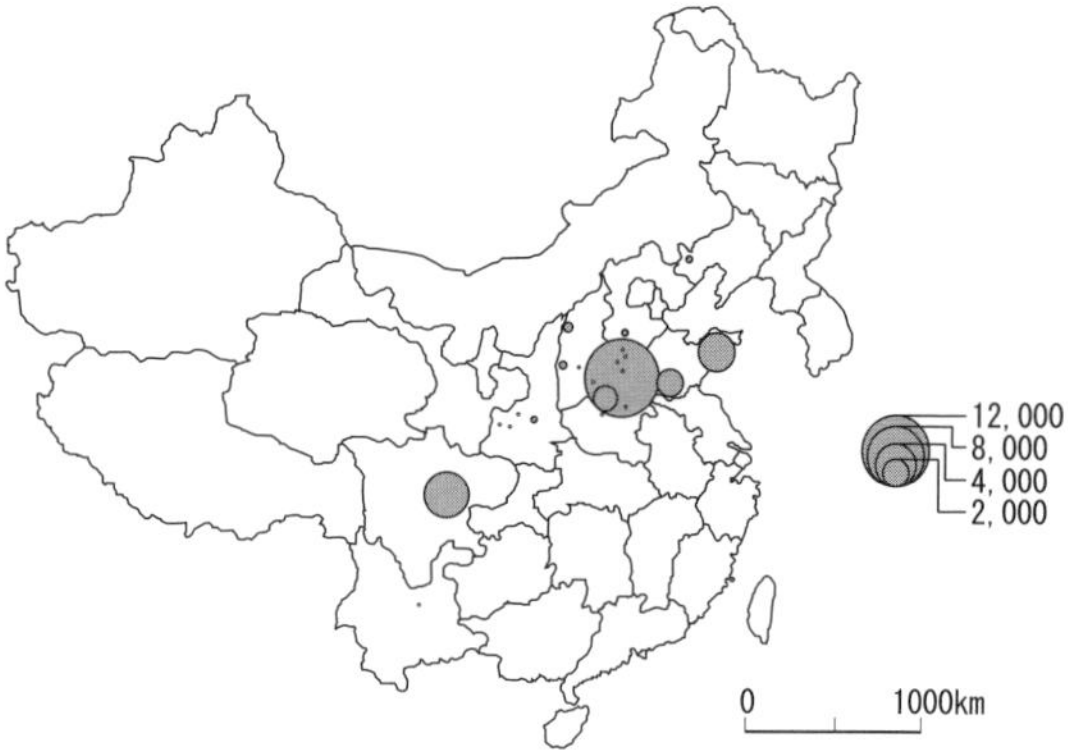

図３　殷代の宝貝・倣具出土地

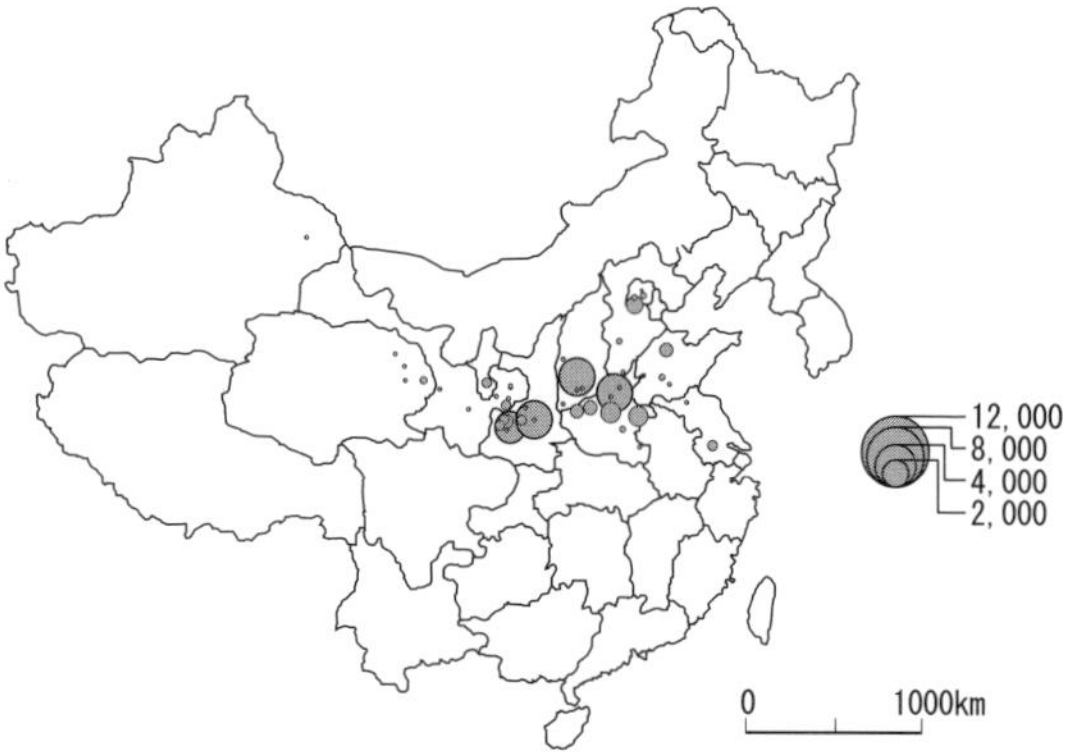

図４　西周時代の宝貝・倣具出土地

る者の図象記号が散見し（集成1006・集成1838・集成3151）(22)、宝貝の流入経路に水路が含まれていた可能性がある（殷代は東南海における珊瑚礁の形成期にあたるといわれており(23)、宝貝は現在よりもやや北側の海で採れた可能性もある）(24)。その場合、孤例の青海省出土宝貝や三星堆遺址出土宝貝は周原地方などを経由して、やはり中原から輸入されたと推測できる(25)。また金文をみると、そこにも殷周が、淮夷との交渉や戦闘を通じて宝貝を得ていたことがしるされている。

　これ十又九年、王、厈に在り。王姜、作冊睘に令して夷伯を安んぜしむ。夷伯、睘に貝・布を賓《おく》り、王姜の休《たまもの》に揚《こた》えて用て文考癸の寶障器を作る（集成5407、卣139－西周ⅠB(26)。集成5989と関連）。

　これ王、東夷を伐つ。濂公、𡩁と史旃に令して曰く、「師氏と有𤔲後國とを以《ひき》いて腞を𢦏伐せよ」と。𡩁、貝を俘《と》る。𡩁、用て𥨊公の寶障彝を作る。（集成2740）

　𠭯《ここ》東夷、大いに反す。白懋父、殷の八𠂤を以《ひき》いて東夷を征す。これ十又一月、𦣻𠂤より遣わされ、遂に東して海眉を𢦏伐す。雩《ここ》に厥の復帰して牧𠂤に在り。白懋父、王令を承《う》け、𠂤もて遾征して五より齵《と》れる貝を賜う。小臣謎、蔑歴せられ、眔《およ》び貝を賜う。用て寶障彝を作る（集成4238）

第一の史料は夷伯（淮夷の長）から作冊睘に宝貝と布が献呈されたこと、第二・第三の史料は𡩁と白懋父が東夷（淮夷）を討伐した時に宝貝を得たことをしめすものである。これは、淮夷がもともと宝貝を保有していたことを意味する(27)。その上、このような「夷」は、西周金文では「𧵥晦臣」や「𧵥晦人」とも称され、「𧵥（賷）」・「責（貯蔵物の類）」・「進人（奴隷の類）」を供出すべき存在とみなされており(28)、その中の「𧵥（賷）」は「白（帛）」と「貝」の合文で、絹織物と宝貝の総称と解釈できる(29)。するとこれも、淮夷が本来宝貝などを西周に納付すべき存在とされていたことの証左といえるのではないか。ともあれこれより、殷周宝貝はおもに「（南海↓）東南海沿岸↓淮夷↓中原」という経路で輸入されていたと考えられる。第三節で述べるように、殷周宝貝は王権の維持に必要不可欠であったので、このように宝貝の流入経路上に位置する淮夷との関係は、殷周王権にとってまさに死活問題であったといえよう。するとここで改めて、殷周時代のいわゆる人方（淮夷）討伐の意義が問われることになる。[30] これは従来、銅資源の確保や領土の拡大、もしくは殷の残党の追捕《ついぶ》などを目的としたものと解されてきたが、[31] 以上の検討によれば、そこには宝貝の確保という目的もあったと推測されるのである。それでは、このように収集された宝貝は一体どのような形で流布していたのか。

第二節　殷周宝貝の流布形態――「〓」字考――

甲骨文・金文をみると、宝貝は一般に「〓」単位で流布していたようである。その字釈に関しては次の三つの説がある。

第一は「〓＝〓（玨）」とする説である。[32] だが後漢・許慎『説文』玨部に

　玨は、二玉相《あい》合して一珏を爲す。

とあるように「玨」は玉の単位であって、宝貝の単位ではない。しかも「玨」は一般に甲骨文字の「〓」にあたるとされているが、「〓」と「〓」は字形上明らかに異なる。[33] さらに「〓」は宝貝関係の文脈では用いられておらず、「〓」と「〓」には意味上の違いがあったと考えられる。

第二は「〓＝朋」とする説である。[34] だが両字は字形上全く合致しない。

第三は「〓＝朋」とする説である。だが「朋」はそもそも現行の『説文』にみえない字なので、後漢以前に「朋」があったか否かは確定できない。また「朋」の構成要素をみると、その祖形は次の四字のどれかに相当するとみられる。

（イ）「月」。甲骨文で月の象形である「〓（合集12973）」[36] に作る。

（ロ）「舟」。甲骨文で「〓（合集16940）」、石鼓文で「〓」に作り、本来「〓（月）」とは字形が異なる。しかし、たとえば『説文』糸部の「縢」は、小篆では「舟」を構成要素にもつ字とされるが、現在では「月」を要素とする字

に楷書化されている。また「朝」は本来「月」に従う字であるが、小篆では「舟」に従う字に作ることがある。よって、「月」と「舟」は混同される傾向にあったといえる。

（ハ）「丹」。甲骨文で「〓（合集716正）」に作り、「〓（月）」とは字形が異なる。しかし、戦国秦の睡虎地秦簡「為吏之道」（第七一四簡）では「〓」に作る。また同簡（第六八四簡）では「丹」を構成要素に持つ「静」を「〓」に作る。よって秦代以後に両字は混同された可能性がある。

（ニ）「肉」。甲骨文で「〓（合集21319。肉の象形）」に作り、「〓（月）」とは字源が異なるが、『説文』の小徐本が「〓（月）」と「〓（肉）」を区別する一方で、大徐本は「月」と「肉」の両方を「〓」に作る。よって、両者の小篆は漢代以前に混同される傾向にあったといえる。

これより、もし甲骨文に「朋」字の祖形があったとすれば、それは「〓」・「〓」・「〓」・「〓」のどれかを構成要素とする字であったと想定される。つまり「朋」の祖形は、「〓」とは全く異なるものであったと考えざるをえないのである。ところが、甲骨文・金文には前三者が左右に連なった字はなく、「〓」二つに従う「〓（合集3246）」は「多」に釈されている。したがって、「朋」の字源を構成要素の分析から探ることには限界がある。

そこで次に視点を変えて「朋友」という熟語に着目すると、そもそもそれは金文に「〓」としてみえ、一般に「倗友」に釈されている。ところが金文には、「〓」のヴァリエーションとして「〓（集成12012B）」とあり、戦国秦の睡虎地秦簡「日書」（第四一三簡）にも「匌友」とあり、両者はともに「勹」を構成要素とする同一の字と解される。また、後漢の尹宙碑に「〓」、潘乾碑に「〓」とあり、[40] そこにも「勹」の残滓がみてとれる。するとこれより、「〓→〓→匌→〓→朋」という一連の字形変化が想定されよう。つまり、「朋」の祖形は「〓」であったのである。もしそうであれば、「〓」と「〓」が別字である以上、「朋」と「〓」も別字であることになる。これは、「〓＝朋」説や「〓＝倗」説が誤釈であったことを意味する。戦国秦漢時代の出土文字資料には小篆の繁文《はんぶん》や省文《しょうぶん》が散見するので、おそらくこのときに「〓」と「〓」の混同や、「朋（〓）」の繁文化（＝「倗」）が生じたのであろう。つまり、「〓」が「朋」と「倗」を生む一方で、「〓」は戦国時代以降に廃れていったと考えられるのである（図５）。では結局、「〓」の意味を明らかにすることは困難なのであろうか。

そこで注目すべきは、「〓〓（朋友）」の語からもわかるように、「〓」が人間同士の繋がりを意味していたことである。(41) これは、「〓」から人偏を除いた「〓」も、本来何らかの「繋がり」を意味していたことをしめしている。その場合、金文には「貝冑（集成2839）」・「貝一具（集成5380）」などの語もみえるので、「〓」はそれらと区別されるような特定の形状の「繋がり」であったと考えられる。そこで甲骨文・金文をみると、一つに繋がれた宝貝を首に担った人の図象記号「〓（集成1006）」・「〓（集成3151）」がみえ、その「繋がり」の形状はまさに「〓」と合致する。また『今文尚書』盤庚篇下には

朕《われ》（＝殷王盤庚）は好貨を肩にせず。

とあり、この「好貨」が宝貝であるとするならば（『説文』貝部「古者貨貝」）、これも「〓」の状態をさしたものと解釈できる。つまり本文は、殷王盤庚が貴重な物財たる宝貝を頸部に掛けて独占しないことを民の前で宣誓したものと解されるのである。とすると「〓」は、このような頸部に掛けた宝貝の繋がりを意味していたのではないか。現に、鄭州商城や西周琉璃河遺址などからは、頸部に掛けた宝貝の実物が出土している。

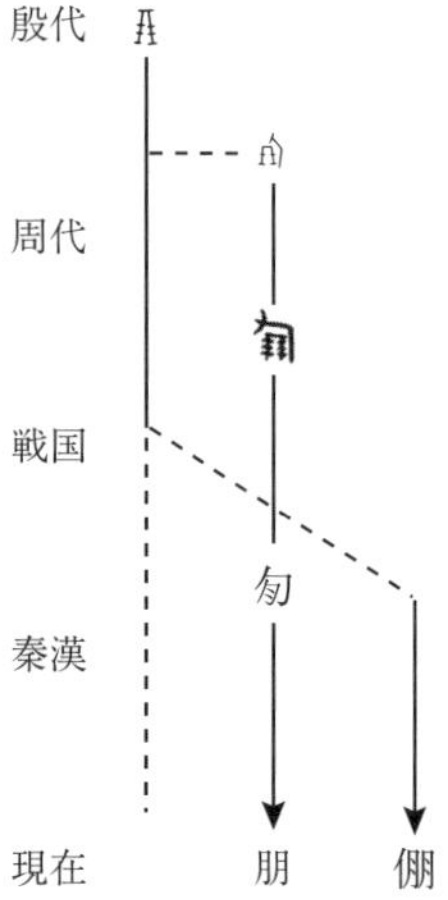

図５「朋」の系譜

そうすると、最後に問題となるのは「〓」に含まれる宝貝の数である。これについては従来、貝二個(42)・五個(43)・一〇個(44)・二〇〜二六個(45)・二〇〇個(46)に相当する等々と推測されてきた。しかし、出土宝貝の種類や数量は実に不規則で、「〓」を構成する宝貝の数が固定的であったと

は考えがたい[47]。また宝貝は、既述のごとく「貝冑」や「貝一具」などとしても賜与されることがあったが、その場合もやはり宝貝の厳密な数量は不問に付されているごとくである。よってこれより、宝貝の厳密な数量自体はさほど重要ではなかったと考えられる。つまり殷周宝貝は、その数が二、三、四個と増えるにつれてその価値も二、三、四倍と正比例に増えていくような物財として流通していたのではなく、その価値は必ずしも経済的有用性に依拠していたわけではなかったのである。それにもかかわらず、殷周宝貝がしばしば「朋」単位で数えられているのは、そこに含まれる宝貝の厳密な数が重要であったからではなく、あくまでもシンボルとしての集合体である「朋」の数が一定の目安となっていたからではなかろうか。

以上本節では、宝貝の単位である「朋」が首飾を意味すること、それを構成する宝貝の数量が非固定的であったことを論じた。そして宝貝の価値が、その総数ではなく、あくまでもシンボルとしての「朋」の数にあった可能性を指摘した。では、殷周宝貝は、なぜこのように非経済的な価値物として認められ、具体的にどのように用いられていたのか。

第三節　殷周宝貝の社会的機能――宝貝の呪術的価値と宝貝賜与形式金文――

殷周宝貝の主たる価値の所在については、従来、①貝殻の美しさにあったとする説[48]、②経済的交換手段としての有用性にあったとする説（いわゆる「宝貝＝貨幣」説）、③入手の困難さ（希少性）にあったとする説[49]、④貝殻の堅さや、それに含まれるカルシウム成分の有用性にあったとする説[50]、⑤呪術的重要性にあったとする説が出されてきた[51]。また他にも、とくに西周宝貝については、⑥西周王権がそれを賜与し、代わりに受賜者に高価な青銅器を買わせて差益を得るための道具であったとする説（＝宝貝自体は安価であったとする説）などがある[52]。

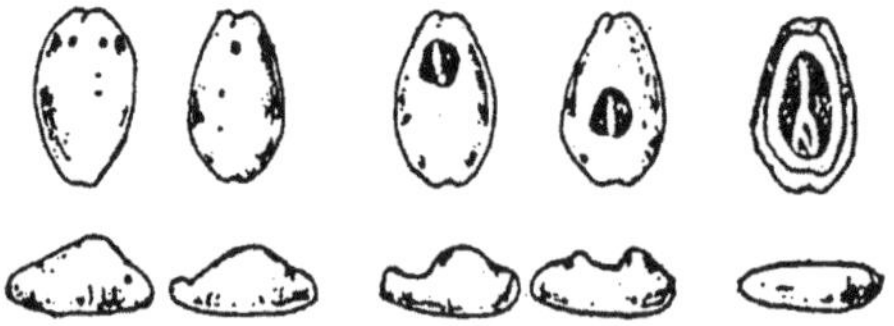

図6　宝貝背部の開口

ところが、殷周宝貝の大半は背部が故意に削り取られており、その種類を識別する指標でもある背部の色彩が美的対象として重視されていたとは考えにくい（図6）[53]。また腹部には独特の開口があり、それが美的対象であった可能性もあるが、殷周宝貝には美的対象と解するだけでは説明困難な側面が多く含まれている（後述）。よって、まず①には検討の余地がある。次に②に関してであるが、これにも疑問がある。前節でのべたごとく、そもそも宝貝の大半は首飾としてシンボル化することで流布しており、それは厳密な意味での経済的有用性に基づくものではなかった。また、殷周の人びとは宝貝を死者の口に含めたり、手に握らせて陪葬しており、宝貝には別の呪術的な意義があったと解される。そしてこのような観点からみると、③・④・⑥も全て説明が不十分といわざるをえない。しかも③は、宝貝が遠く南海に産する希少財で、かつ殷周王権だけがその収集経路を確保できた点に威信財たる宝貝の価値を求めているが、そのような南海産の海貝には他にもマクラガイなどがある。さらにその説によれば、南海の海産物全てが価値物たりえたことになるが、それでは宝貝のみが重視された理由を説明できない。④は宝貝のカルシウム成分に着目する説であるが、そもそも殷周時代には宝貝以外にもさまざまな海貝・淡水貝が流布しており、これではなぜ宝貝のみが重視されたのか不明である。⑥も、なぜ賜与物が他の「安価な物」ではなく、宝貝でなければならなかったのかが論証できていない（そもそも宝貝が青銅器より安価であった証拠もなく、そのような比較が可能であったか否かにも検討の余地がある）。

そこで最後に注目すべきが、宝貝の価値を呪術的重要性に求める⑤である。それは、殷周人が宝貝の腹部を女性性器に見立てることで宝貝を「生命と再生のシンボル」であるとみなし、それが死後の再生を願う呪術的信仰と結びついて、含貝・握貝などの習俗を胚胎したとする説である。たしかに、こうした習俗は通文化的に存在するので[54]、殷周時代もそうであった可能性が高い。現に、殷周宝貝の腹部のほとんどは無傷で残っている。殷周土器などにみえるいわゆる貝紋《ばいもん》も、宝貝の腹部の形を強調したものである（ただし、含貝・握貝の対象には宝貝以外の海貝が選ばれることがある。[55]また含貝・握貝に先行する習俗として含玉・握玉があり、[56]その玉の形状は女性性器と異なる。よって含貝・握貝の慣行自体は、宝貝の形状から「宝貝＝生命と再生のシンボル」とみなす慣行と、それとは別に発生した含玉・握玉の慣行が、後に習合して生まれたものと考えられる）。

では、このような原義を有する殷周宝貝は、具体的にどのように用いられたのか。そこで検討すべきが、いわゆる宝貝賜与形式金文である。[57]宝貝賜与形式金文とは、上位者からの宝貝の賜与を記念して下位者（受賜者）の作った青銅器の銘文のことで、宝貝に関係する金文の95％以上を占め、付表2によると次のような特徴がある（これは、いわゆる偽器の可能性が低い1～19、46～89、132～151、164を中心に検出した特徴で、結果的に残りの事例とも矛盾しない）。

Ⅰ．宝貝賜与形式金文は、ほとんどが授者・受者・授与動詞・宝貝・作器記事の五項目を含み、統一的な書式に則って起草されたことを窺わせる。授者が誰（王や諸侯）であるかに関わらずそうであることから、この書式は殷周王朝に服属する者に共有されていたと考えられる。ただし、宝貝賜与形式金文の文章構造をみると、A．「賜与者＋賜与動詞＋貝＋受賜者＋作器」、B．「受賜者＋賜与動詞＋貝＋于＋賜与者＋作器」、C．「休＋賜与者＋賜与動詞＋貝＋受賜者＋作器」という三つの構文があり、Aが大半を占め、残りのほとんどはBである。その原因は不明だが、Bは一例（集成5956）を除き、王以外の者による宝貝賜与の金文にみられるので、あるいはここに銘文起草主体の違いがあらわれているのかもしれない。

Ⅱ．林巳奈夫氏の編年に従った場合、ほとんどが殷後期Ⅲ～西周ⅡBに作られたものとなる。

Ⅲ．賜与者の大半は「王」である。

Ⅳ．賜与を意味する動詞のほとんどは「易」・「賞」である。

Ⅴ．金文のほとんどが「父」のための青銅器（とくに大半が「（寶）隮彝」）に鋳込まれている。(58)

Ⅵ．「父」の名のほとんどが十干名である。(59)

Ⅶ．貝ともに臣妾・羊・酒・青銅器・玉器・衣服・布帛・田などが賜与される例もある。

Ⅷ．図象記号の大半は「業」・「亞」・「黿」・「冊」を含む。(60)


殷周宝貝は基本的に支配者層の墓葬で出土するので（付表1）、そのあり方はまさに支配者層の宝貝賜与形式金文にこそ見出されると思われる。そこでその内容をみると、少なくとも西周前期以降の宝貝は、賜与者と受賜者のヴァリエーションが豊富で、一般に王権と服属諸氏族、もしくは服属諸氏族とその配下の贈与物としての役割を幅広く担っていたと考えられる。そしてそのような宝貝の賜与が行われると、受賜者はそれにおうじて、原則的に祖先祭祀用の青銅器を作っている（付表2）。そのプロセスについては、宝貝で青銅器を買ったとする説（いわゆる「宝貝＝貨幣」説）と、宝貝賜与を記念して青銅器を作ったとする説がある。(61)しかし既述のごとく、「宝貝＝貨幣」とは考えられない。また、賜与された「朋」の数と、その金文のある青銅器の規格も、必ずしも正比例には対応していない。しかも宝貝賜与形式金文では、宝貝とともに青銅器などを賜与する例（82）があるが、王などから直接授かった青銅器をわざわざ売却して新しい青銅器を購入するというのも不自然である（しかもこの説によると、作器がいわゆる王室工房で行われた場合、賜与物は結局王室に回収されることになるので、王による賜与行為自体が無意味となる）。よって、前者の「宝貝＝貨幣」説には従いがたい。しからば宝貝は、やはりそれ自体が「生命と再生のシンボル」としての価値を有し、それゆえに受賜者は賜与にこたえて祖先祭祀用の青銅器を作り、その恩恵を受賜者の祖先にまで及ぼそうとしたのではないか。これは、宝貝賜与形式金文に「某（授者）の休《たまもの》を對揚し、某器を作る」などの表現がみえることからも裏付けられる。つまり、宝貝は受賜者一族の繁栄を象徴する役割を担っており、それによって賜与者（王など）と受賜者（王朝中枢官や諸氏族）の紐帯を強化する役割を担っていたのである。

以上本節では、殷周宝貝が「生命と再生のシンボル」として支配者間の贈与交換に用いられていたことを論じた。また、宝貝賜与形式金文を収集・分類し、そのような宝貝を媒介とする贈与交換の実態について検討した。そこで改めて甲骨文・金文をみると、宝貝は基本的に「取貝六百（侯17）[62]」・「陟貝（合集11428）」「俘貝（集成2740）」のごとく未加工の状態で収集され、「朋（宝貝製首飾）」として再分配されたごとくである（宝貝の中には未加工のまま賜与された例もあるので、宝貝の加工自体に欠くべからざる重要な意義があったとは限らないが、殷周が宝貝を「朋」として賜与することが多かったことも事実である。よって、当時の人びとが「朋」を重んじる傾向にあったことは疑いえない）。つまり殷周宝貝は、「（南海→）東南海沿岸→淮夷→中原」という経路をつたって収集され、おもに「朋（宝貝製首飾）」として服属諸氏族などに贈与されたのであり、殷周王権はこれによって服属諸氏族との結合関係を意図的に強めることができたのである。

第四節　殷周宝貝文化の拡散――宝貝賜与形式金文と冊命形式金文――

では、このような殷周宝貝文化は、時代が下るにつれてどのように変化したのか。ここで注意すべきは、そもそもこのような宝貝文化が殷代に急成長したという事実である。これは、中原における宝貝文化の主たる担い手が〝殷系人（殷王族やその親族、あるいは殷王族と友好的もしくは統属的な結合関係を有する人びと）〟であったことを意味する。すると、このような宝貝文化は、殷が勢力を拡大し、〝殷系人〟が地方に拡散するにつれて、各地に広まっていった可能性が高い。その場合、宝貝は殷の支配者層が独占していたので、そのような宝貝文化の拡大は支配者層の意向に沿って行われていたと考えられる。たとえば、盤龍城などの南方殷系遺址では宝貝が出土していないが、これは殷王権による当地への宝貝賜与が行われなかったからであろう。その一証として、当地出土の殷系青銅器の中には宝貝賜与形式金文が一つもない。これより、長江中流域に宝貝が広く伝播したのは、その辺りで宝貝の出土が急増する西周中期後半以降のことであったと推測される（付表1、図7）。

ところがその反面、西周中期後半（いわゆる西周ⅡB）以降になると宝貝賜与形式金文は大きく減少する。宝貝の陪葬慣行がそれ以降も残存し続けている以上、これは、宝貝文化自体が消滅したり、宝貝の入手が急遽困難になるなどの要因によるものではなく、それとは別の要因によるものであったと想定される。しかも、このような宝貝賜与の儀礼は、西周王権と服属諸氏族の間で交わされた金文だけでなく、服属諸氏族とその配下の間で交わされた金文にもみえなくなる。よってこれは、西周王権主導の全国的な現象であったと考えねばならない。そこで改めて当該金文の特徴（とくにⅤ・Ⅵ・Ⅷ）をみると、それも基本的には、もともと〝殷系人〟に関わるものであったとみられる。すると、当該金文の急激な減少の背景には、〝殷系人〟が賜与対象に意図的に選ばれなくなった可能性と、宝貝以外の物財の賜与を重視するような儀礼上の変化があった可能性の二つが想定されよう。

そこでまず前者の可能性を確認すると、賜与者の大半は周王であったので（Ⅲ）、〝殷系人〟はこの頃から西周王権との関係を弱めていったことになる。これに関連して白川静氏は、ちょうどこの頃に殷以来の神権政治を反映する「乍册」系の諸官が衰退し、代わりに「史」が台頭したとのべている[63]。これは、西周王権の中枢から〝殷系人〟の一部が離脱した可能性を強

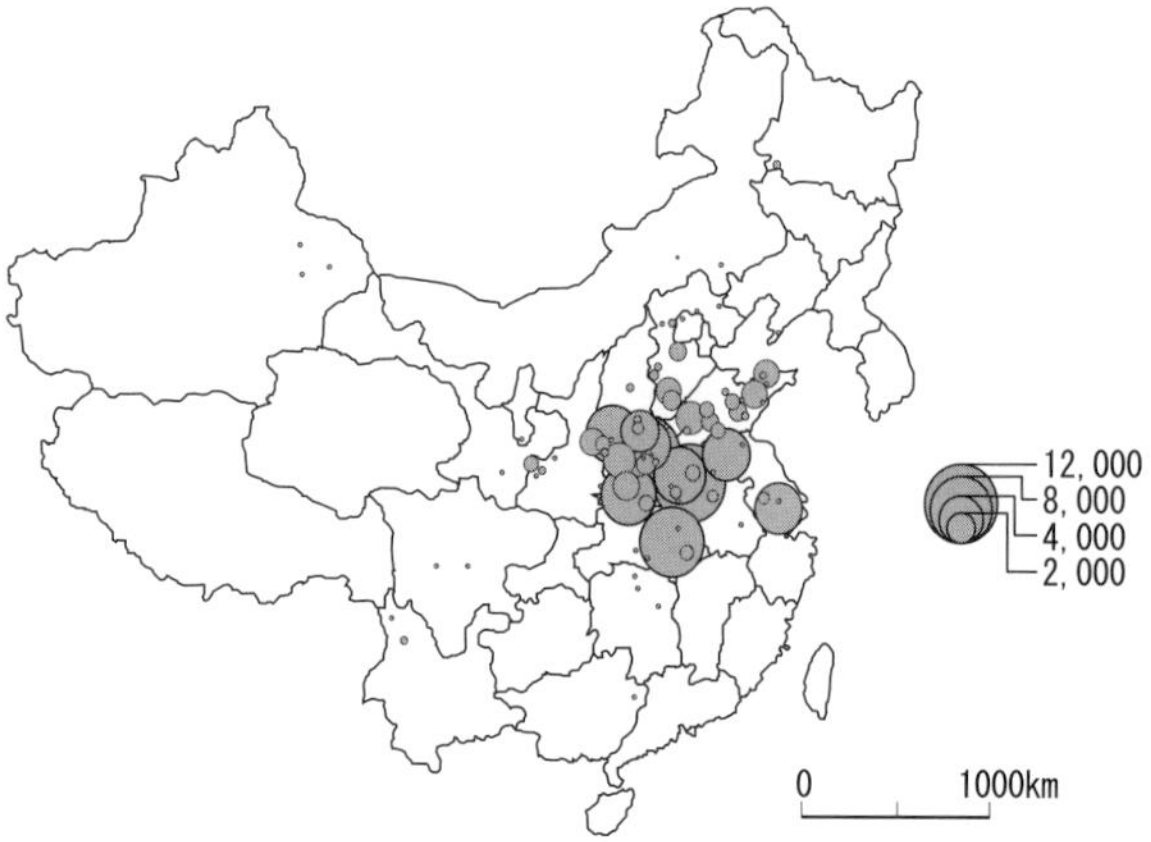

図7　春秋戦国時代の宝貝・倣具出土地

く裏づける。一方、後者の可能性（＝儀礼上の変化）については、西周中期後半以降に宝貝賜与形式金文が減少する一方で、西周ⅡB以降にいわゆる冊命形式金文（後述）が急増したことが知られる。(64)もっとも先学の多くは、このような「宝貝賜与形式金文から冊命形式金文への変化」を、単に「軍功に対する恩賞から職事任命に対する恩賞への変化」と解するにとどまっているようである。しかし実際には、前者の全てが軍功報賞に関係しているわけではない（付表2）。また、前者は賜与物が宝貝であることを基準に分類された金文、後者は冊命儀礼の有無を基準に分類された金文で、そもそも両者の分類基準は異なっている。よって論理上は「宝貝賜与冊命形式金文」もありうるはずであり、史料161はまさにその実例と解される（付表2）。しかし、冊命儀礼では宝貝がほとんど賜与されないことも事実である。では、冊命儀礼で宝貝以外のものが積極的に賜与されたのはなぜか。そこで改めて武者章氏による冊命形式金文の定義を確認すると、それは三つに分類される。(65)

第一類　「冊令」・「冊命」・「冊」字を有する金文

第二類　冊命金文第一類に共通する内容・表現を有し、かつ職事に言及する金文

第三類　冊命金文第一類に共通する内容・表現を有し、かつ職事に言及しない金文

ただし、第二類・第三類における「冊命金文第一類に共通する内容・表現」の基準はやや曖昧で、それを冊命儀礼の金文とみるか否かには異説もある。(66)そのため吉本道雅氏は、とりあえず第一類のみを基準に冊命儀礼を復元した上で、その賜与物が衣・市・黄・舄・戈・攸勒・旂などであること、それらが賜与対象者の職事と対応関係にあることを指摘している。(67)これによると、西周中期後半以降の賜与物は、対象者の拝命した各職事をはっきりと象徴するようなものへと編制されていたことになる。しからばこれは、賜与物の弁別を通じて職事の区分を明確にしようとする西周王権の意志をもしめしているといえよう。現に松井嘉徳氏によれば、冊命形式金文の定式化以降、職掌を具体的に指示する「□辟〜」という表現の一般化や「辟□」という職名の定着が起こり、職事の配分がさかんに行われるようになったという。(68)

もっとも、そのような各職事はまだ固定的な職掌を伴っておらず、基本的には冊命時に随時その権限が決定されるようなものであったが[69]、これは逆に言えば、だからこそ冊命時に各職事を象徴する物を賜与し、職事の分化を図っていたとも解釈できる。冊命形式金文の中には職事への言及がないものもあるが、これも、賜与物の種類から、与えられた職事の内容を受賜者が容易に認識できたことによる省略であろう。現に被冊命者の中には、冊命形式金文内に職事叙任の記載がないにもかかわらず、実際には職事を有していた者もいたことが知られている[70]。つまり冊命形式金文とは、西周王朝が〝殷系人〟を中心とする神聖政治の体制から脱却し、西周独自の政治を行うための職事の編制と分化を推進する装置であり、かつ被冊命者自身が特定の権益を譲渡・配分されたことを提示・顕揚するための装置でもあったと考えられるのである。すると、冊命儀礼に宝貝賜与が伴わない理由は、それが基本的に〝殷系人〟への賜与ではないからであるとともに、宝貝の「生命と再生のシンボル」という抽象的な性質が冊命による職事の分化にも結び付きにくいものであったからであろう[71]。これより、宝貝賜与形式金文の減少は、このような西周中期後半における政治形態と国家儀礼の両者の変化によるものであったと結論付けられる。

第五節　殷周宝貝文化の「記憶」

前節では、殷周宝貝文化と宝貝賜与形式金文の関係について検討し、西周中期後半における政治形態と国家儀礼の変化こそが宝貝賜与形式金文の減少をもたらしたと論じた。ところがその一方で、宝貝を陪葬する慣行自体は、その後も各地に残存し続けた。そしてそれは、しばしば倣貝《レプリカ》の陪葬という形をとり、各地に伝播していった（図7）。これは、宝貝賜与形式金文の廃止によって西周王権が宝貝を積極的に収集しなくなった結果、中原にのみ宝貝が集積されることがなくなり、さらに旧来の宝貝文化に属する〝殷系人〟が権威を失って各地に分散していったことを意味する。つまりこれ以降、西周王権による宝貝の「収集—再分配」という太い物流は解体し、宝貝は各地でそれぞれ収集されるようになったのである。その実例として、たとえば春秋以降の楚では、殷周宝貝文化の保持者の一部が集まり、再び新たな宝貝文化を開花させている。このように楚で宝貝文化が根付いた理由はまだ不明であるが、殷室に仕えていた卜官の一部が楚の公室に流れ込んだとする松丸道雄氏の説によれば[72]、あるいはそのような祖先祭祀の媒介たる宝貝文化も、それに伴って楚に流入したのかもしれない（ただし、それにもかかわらず、楚などで宝貝賜与形式金文が復活することはなかった。それは、各地の支配者層がかつてほど宝貝を権力の要《かなめ》とは考えていなかったこと、そしてそのような宝貝賜与に依存しない支配のあり方を見い出していたことを物語る。この問題については別途考証する必要があろう）。

では、このような殷周宝貝文化の「記憶」は、その後どのように伝達され、「宝貝＝貨幣」とする認識を生んだのか。そもそも殷周時代の宝貝が貴重な価値物として受容されていたことは周知の事実であり、これまでにも繰り返し述べてきたところである。ただしそれは「生命と再生のシンボル」として、受賜者一族の繁栄のために贈与交換され、必ずしも現代貨幣と同じような機能を有していたわけではなかった。現に別稿で論じたように、春秋以前にいわゆる売買行為を意味する「賣る」・「買う」の語はなく、殷周時代に貨幣経済が発展していたとみるのは困難である[73]。また現代貨幣は、究極的には「他者がそれを受け取るから自分もそれを受け取る」という自己循環論法的な期待に基づいて流通するものであるが、既述のごとく、殷周宝貝はそのような経済的交換手段としての側面よりも、むしろ呪術的な側面にこそ主たる存在意義があったと考えられる。また、宝貝賜与形式金文の中には地名を冠する宝貝が出てくるが（3・6・8・9・26・28・30・101・108・140）、これは宝貝が本来どこの「生命と再生のシンボル」であったのかが重視されていたことを意味する[74]。これは、基本的に地縁性を持たない現代貨幣との大きな違いである。これより、「宝貝＝貨幣」とする後世の認識は、必ずしも殷周宝貝文化のあり方を正確に伝えたものではないと考えられる。つまり宝貝を贈与物として重んじる殷周時代の「記憶」は、形を変えて後世に継受されたのである。[75]

そこで注目すべきは、別稿で論じたように、戦国時代に銭・黄金・布帛を中心とする貨幣経済が急速に各地で展開したという点である。[76] しかもそのさいに銭などは、それ自体の物質的な使用価値や呪術的性質などによるよりも、むしろ基本的には国家による強制と、民間における流動性選好に基づいて流通していた。[77]『漢書』巻二四食貨志上には

洪範八政に、一に曰く食、二に曰く貨、と。食は農殖嘉穀の食すべきの物を謂い、貨は布帛の衣るべきもの及び金刀龜貝の財を分かち利を布きて有無を通ずる所以の者を謂うなり。二は生民の本にして、神農の世より興る。

とある。とすると、「宝貝＝貨幣」とする「記憶」は、貨幣経済の常識の中で生きる人びとが「古の宝貝＝（贈与物・呪物として）貴重なもの」という認識と「貴重なもの＝貨」という認識、そして「貨＝財を分かち利を布きて有無を通ずる所以の者」という認識を混交《ブリコラージュ》した結果、[78]新たに創造されたものではないか。現に前掲食貨志上をみると、まさしく漢代の班固が自らの認識枠組《フィルター》みを通して『今文尚書』洪範篇を拡大解釈し、そこから「宝貝＝貨＝財を分かち利を布きて有無を通ぜし所以の者」という「記憶」を補強していることがわかる。

では、このような「宝貝＝貨幣」とする「記憶」自体は、いつごろから形成されたのか。これについて佐原康夫氏は、それを漢代以降のことと推測している。[79] しかし貨幣経済の展開は戦国時代に遡るので、[80] そのような「記憶」もまた、戦国時代にすでに萌芽していた可能性がある。そこで戦国秦の睡虎地秦簡をみると

凡そ入月の五日、月不盡の五日には、以て室を築くも居せず、羊牢・馬廏を爲るも亦た居せず、以て垣宇を用いて貨貝を閉《まも》れ（「日書」甲種室忌篇第一〇三正壹簡）

●吏に五失有り。……五に、士を賤みて貨貝を貴ぶを曰う（「為吏之道」第一三貳～第一八貳簡）。

とあり、「貨貝」の語がみえる。これは一見すると「貨財」に読み替えるべきもののごとくであるが、睡虎地秦簡には別に「貨財」を意味する「貨材」の語がある。よって本句は、そのまま「貨貝」と読むべきで、宝貝を高価な物財とする

当時の認識をしめすものと解される。ところが実際には、戦国秦において宝貝はほとんど流通していなかった。これは、「貨貝」の語が必ずしも当時の現実を反映しておらず、あくまでも物財一般の象徴として定着していたことを意味する。つまり宝貝は、このときすでに殷周以来の呪術性・神聖性といった脈絡から切り離され、貨幣経済における物財一般の象徴となっていたのである。そして戦国時代以降の人びとは、このようにして生み出された「宝貝＝物財一般の象徴＝貨幣」という認識をもって殷周宝貝文化を再解釈し、それを貨幣誕生の記録として「記憶」化したのである。

おわりに

以上小論では、殷周宝貝文化の実態について検討し、さらにその「記憶」が戦国時代に「宝貝＝貨幣」という認識を生み出したことを論じた。すなわち殷周王権は、そもそも「（南海↓）東南海沿岸↓淮夷↓中原」という経路で宝貝を収集し、「朋（宝貝製首飾）」の形で服属諸氏族に再分配して、彼らとの結びつきを維持していた。その内実をしめすのが、いわゆる宝貝賜与形式金文である。それによると、「生命と再生のシンボル」たる宝貝を賜与して受賜者一族の繁栄を顕揚するという贈与慣行は、とくに〝殷系人〟に信奉されたようである。これに対して西周では中期後半以降、殷以来の神権政治からようやく脱却し、冊命儀礼による職事の分配に基づく周人独自の行政が目指されるようになった。その結果、従来神聖政治を担ってきた〝殷系人〟は退けられ、彼らを西周王権に結びつけるための宝貝賜与も行われなくなった。そしてその代わりに冊命儀礼に沿った宝貝以外の物財の賜与も行われるようになった。これが宝貝賜与形式金文の急激な減少をもたらした。しかし宝貝文化自体は、宝貝賜与形式金文の消滅後も各地で残存した。さらに〝殷系人〟の地方分散化に伴い、宝貝文化も各地に伝播していった。とくに楚などでは、全く新たな独自の宝貝文化が花開いた。そして「宝貝＝貴重品」とする「記憶」は、形を変えて後世にも伝達され、戦国秦漢時代に貨幣経済が展開すると、新たに「殷周宝貝＝貨幣」という認識を生み出すに至ったのである。

注

（1）「記憶」の語は、ノラ．P編（谷川稔監訳）『記憶の場――フランス国民意識の文化＝社会史』（岩波書店、二〇〇二～二〇〇三年）。その含意については後掲注75参照。

（2）謝世平「〓字考」（『甲骨学研究』一九八七年第一輯）は、「〓」がもともと貝類全体を指す語で、その意味は宝貝に限定されないとする。しかし、たとえば「買車觚」（集成7048。集成については後掲注22参照）に「〓（買）」とあり、「〓」を「〓」に作る。よって「〓」はもとより宝貝の象形字と解される。

（3）ここでいう貨幣と商品は、いずれも物財（特定の人間社会と関わりを持ち、その規範・価値体系において有用とされたモノの総称）に包括される概念で、特定の人間社会の規範・価値体系に基づく物財同士の関係（差異の体系）によって定位される関係規定態《ポジション》の謂である。これによって、マルクス経済学のいわゆる「（商品を）売ることの困難」が発生する。

（4）「宝貝＝貨幣」とする先行研究に関しては、拙稿「文字よりみた中国古代における〝貨幣〟の展開」（『史滴』第二九号、二〇〇七年）の注1参照。他にも蔡雲章「西周貨幣購買力浅論――兼談西周物価的若干問題」（同『甲骨金文与古史新探』中国社会科学出版社、一九九六年）や陳旭「商代使用貨幣弁析」（同『夏商文化論集』科学出版社、二〇〇〇年）など。

（5）佐原康夫「貝貨小考」（『奈良女子大学文学部研究年報』第四五号、二〇〇一年）、Yung-Ti. Li (2003) On the Function of Cowries in Shang and Western Zhou China, *Journal of East Asian Archaeology*, vol.5, no.1-4, pp.1-26, BRILL、宮澤知之『中国銅銭の世界――銭貨から経済史へ――』（思文閣出版、二〇〇七年）。

（6）ポラニー．K（吉沢英成・野口建彦・長尾史郎・杉村芳美訳）『大転換――市場社会の形成と崩壊――』（東洋経済新報社、一九七五年）、ポランニー．K（玉野井芳郎・平野健一郎編訳、石井溥・木畑洋一・長尾史郎・吉沢英成訳）『経済の文明史』（筑摩書房、二〇〇三年）など。

（7）岡村秀典『中国古代王権と祭祀』（学生社、二〇〇五年）。ただし Granovetter, M.（1985）Economic Action and Social Structure: The Problem of Embeddedness, *American Journal of Sociology*, vol.91, no.3, pp.481-580 が指摘するように、現代でも経済は社会から完全には離床していない。また現代経済学の仮構する経済合理的人間像に対しても、経済学の中でさえ、セン．A（大庭健・川本隆史訳）『合理的な愚か者——経済学＝倫理学的探求』（勁草書房、一九八九年）が揶揄して以降、行動経済学者や神経経済学者などの批判がある。これらの認識をふまえ、小論ではとくに殷周経済が社会にどのように埋め込まれていたのかに注目する。

（8）鍾柏生「史語所蔵殷墟海貝及其相関問題初探」（『中央研究院歴史語言研究所集刊』第六四本第三分、一九九三年）によると、殷墟出土宝貝にはホシダカラ（C.tigris）・クチグロキヌタ（C.onyx）・ヤクシマダカラ（C.arabica）・ツマムラサキメダカラ（C.fimbriata）・ナツメダカラモドキ（C.errones）・ハツユキダカラ（C.erosa）などもあるが、やはりキイロダカラ・ハナビラダカラの出土数が傑出している。なお宝貝以外の貝類に関しては、甲元真之「新石器時代の貝の採取活動」（同『中国新石器時代の生業と文化』中国書店、二〇〇一年）。

（9）宝貝の現棲息地については、Lorenz, F. & Hubert, A.（2000）*A guide to worldwide cowries (2nd)*, Hackenheim: Conchbooks。

（10）郭沫若『十批判書』（科学出版社、一九五〇年）、王育銓『我国古代貨幣的起源和発展』（科学出版社、一九五七年）など。

（11）劉聰「香港大湾出土商代牙璋串飾初論」（『文物』一九九四年第一二期）。

（12）先秦時代の南海考古に関しては、肖一亭『先秦時期的南海島民——海湾沙丘遺址研究』（文物出版社、二〇〇四年）も参照。

（13）江西省博物館・江西省文物考古研究所・新干県博物館『新干商代大墓』（文物出版社、一九九七年）、湖北省文物考古研究所編著『盤龍城 一九六三－一九九四年考古発掘報告』（文物出版社、二〇〇一年）。

（14）渡辺芳郎「中国新石器時代タカラガイ考」（横山浩一先生退官記念事業会編『生産と流通の考古学』横山浩一先生退官記念事業会、

一九八九年）は新石器時代の宝貝が雲南経由で流入した可能性に言及。また葉大槐「南叢路使用貝幣的浅見」（『西南金融』一九九三年第九期）などは三星堆出土宝貝が雲南経由で流入したとする。

(15) 彭柯・朱岩石「中国古代所用海貝来源新探」（『考古学集刊』第一二集、一九九九年）。

(16) 楊寿川編著『貝幣研究』（雲南大学出版社、一九九七年）参照。

(17) 中国社会科学院考古研究所『殷墟的発現和研究』（科学出版社、一九九四年）。

(18) 平尾良光編『古代東アジア青銅の流通』（鶴山堂、二〇〇一年）は、殷代中期に三星堆付近の鉛が盤龍城などを経由し殷に流入したとする。このとき殷から三星堆に宝貝が流入した可能性もあるが、盤龍城付近で殷代宝貝が出土していない以上、やはりこの交易路は「宝貝の道」でなかったと考えられる。しかも平尾氏によれば、三星堆の鉛原料は殷墟二期以降に中原から消え去ったが、これは殷末以降の宝貝文化の拡大とは正反対である。

(19) 江上波夫「東アジアにおける子安貝の流伝」（同『江上波夫文化史論集2 東アジア文明の源流』山川出版社、一九九九年）、渡辺注14前掲論文、近藤喬一「商代宝貝の研究」（『アジアの歴史と文化』第二輯、一九九五年）。ただし近藤氏は他説の可能性にも言及しており、やや曖昧である。

(20) 木下尚子「古代中国からみた琉球列島のタカラガイ」（『世界に拓く沖縄研究』第四回「沖縄研究国際シンポジウム」実行委員会、二〇〇二年）。木下氏は殷周宝貝と沖縄との関係にも言及。

(21) 木下尚子「東アジアの貝珠文化」（後藤直・茂木雅博編『東アジアと日本の考古学Ⅲ』同成社、二〇〇三年）。

(22) 中国社会科学院考古研究所編『殷周金文集成』（中華書局、一九九四年）、中国社会科学院考古研究所編『殷周金文集釈文』（香港中文大学中国文化研究所、二〇〇一年）。

(23) 何業恒「近五千年来華南気候冷暖的変遷」（『中国歴史地理論叢』第一輯、一九九九年）。

(24) 渡辺注14前掲論文。なお鄭家相「古代的貝貨」（『文物』第三期、一九五九年）、彭信威『中国貨幣史』（上海人民出版者、一九五八年）、

鍾注8前掲論文は殷周宝貝を東海産とするが、生物学的・海洋学的・貝類学的にそこまでいえるかどうかは疑問である。

(25) 新石器時代の黄河上流域の宝貝が中原から運ばれたことは渡辺注14前掲論文、三星堆出土宝貝が中原から運ばれたことは劉世旭「〝南方叢綢路〟出土海貝与貝幣浅論」(『中国銭幣』一九九五年第一期)も参照。

(26) 林巳奈夫『殷周時代青銅器の研究 殷周青銅器綜覧1』(吉川弘文館、一九八四年)。

(27) 『周礼』春官宗伯疏引『尚書大伝』に「散宜生…之江淮之浦取大貝如車渠是也」とあるが、これも長江－淮水間(淮夷の勢力範囲)で殷周宝貝が入手されていたことを背景とする伝承か。一方、「呂行壷」(集成9689)によると、宝貝は北伐でも得られたごとくであるが、拓本をみると本銘の「貝」字は通常と大きく異なり、別字の可能性も否めない。しかも本文をみても、白懋父がどこを起点に北伐したのかは不明で、北東の山東半島付近であれば、それは淮夷の範囲に入ることになり、私見と矛盾しない。

(28) 「師寰簋」(集成4314、簋377－西周ⅢB)、「芈白殷」(集成4331)、「兮甲盤」(集成10174、盤74－西周ⅢB)参照。

(29) 「貟」には他にも帛とする説や、『書』禹貢篇の「織貝(織物の一種)」とする白川静『字統』(平凡社、一九九四年)の説などがあるが、「乙未鼎(集成2425)」に「帛」、「舍父鼎(集成2629)」・「九年衛鼎(集成2831)」・「相医殷(集成4136)」に「帛金」とあり、金文には別途「帛」がみえるので、「貟＝帛」説には問題がある。また白川説も伝世文献による推論にすぎない(正義によると「織」と「貝」は二語とされる)。

(30) その時期には諸説ある。落合淳思『殷王世系研究』(立命館東洋史学会、二〇〇二年)参照。

(31) 青銅器原料の産地には、①淮夷産出説以外にも、②南方産出説、③中原産出説、④四川産出説があり、これらが併存していた可能性もある。

(32) 王国維「説珏朋」(同『観堂集林』巻三、中華書局、一九五九年)など。

(33) 島邦男編『殷墟卜辞綜覧』(星文社、一九六七年)。

(34) 徐中舒編『甲骨文字典』(四川辞書出版社、一九八八年)など。

(35) 胡厚宣編『甲骨文合集釈文』(中国社会科学出版社、一九九九年)。
(36) 胡注35前掲書。
(37) 裘錫圭『文字学概要』(中華書局、一九九四年)。
(38)《雲夢睡虎地秦墓》編写組『雲夢睡虎地秦墓』(文物出版社、一九八一年)。
(39) 白川静『白川静著作集別巻 説文新義』(平凡社、二〇〇二～二〇〇三年)。
(40) 永田英正編『漢代石刻集成』(同朋舎出版、一九九四年)。
(41) 西周金文の「朋友」には、親族とする説とそれ以外も含むとする説がある。池澤優『「孝」思想の宗教学的研究 古代中国における祖先崇拝の思想的発展』(東京大学出版社、二〇〇二年)参照。
(42)『易』損卦六五・崔憬注、『漢書』巻二四食貨志下王莽即位年条・顔師古注。
(43)『詩』小雅・菁菁者莪・鄭箋。
(44) 王注32前掲論文、蕭清『中国古代貨幣史』(人民出版社、一九八四年)、楊升南『商代経済史』(貴州人民出版社、一九九二年)。なお近藤喬一「西周時代宝貝の研究」(『アジアの歴史と文化』第三輯、一九九八年)は、「朋」の宝貝数が時代ごとに変化した可能性に言及。
(45) 江上注19前掲論文。
(46) 唐蘭『西周青銅器銘文分代史徵』巻二下(中華書局、一九八六年)の「裴方鼎」条注六参照。
(47) 喬志敏「『貝』『朋』新論」(『中原文物』一九八八年第二期)。
(48) 戴志強「安陽殷墟出土貝貨初探」(同『戴志強銭幣学文集』中華書局、二〇〇六年)は小孔式を装飾品とし、孔の拡大とともに貨幣化が進んだとする。古代宝貝全般を装飾品と解するものに柳田国男『海上の道』(岩波書店、一九七八年)。
(49) 郭沫若『両周金文辞大系』(文求堂、一九三二年)、本田貴彦「殷代の金文について」(『立命館史学』第二三号、二〇〇二年)。また佐原注5前掲論文は、希少性と呪術性の両者に注目。

(50) 原宗子「古代中国の貝」(『流通経済大学創立三十周年記念論文集』経済学部篇、一九九六年)。
(51) アンダーソン.J.G(松崎寿和訳)『黄土地帯－北支那の自然科学とその文化－』(座右宝刊行会、一九四三年)、高去尋「殷礼的含貝握貝」(『中央研究院院刊 慶祝朱家驊先生六十歳論文集』第一輯、一九五四年)、近藤注19前掲論文など。高氏・近藤氏はとくに宝貝の呪術性と含貝を関連現象とする。
(52) 落合淳思「金文の賜与物と王権」(『東亜文史論叢』二〇〇六年特集号)。
(53) 戴注48前掲論文。戴氏は孔の開き方を時代差によるものとするが、付表1によると、そのような規則性はみいだせない。
(54) アンダーソン注51前掲書。
(55) 甲元注8前掲論文。
(56) 近藤注19前掲論文。
(57) 貝塚茂樹『貝塚茂樹著作集』第四巻(中央公論社、一九七七年)。
(58) 「父」が実父か否かには諸説ある。落合注30前掲書参照。
(59) 殷系文化の特徴の一つである十干名に関しては諸説ある。落合注30前掲書参照。
(60) 「𦣞」・「亞」は殷系、「黽」・「囗」はかつて殷を支持していた勢力の図象記号とされる。甲元真之『東北アジアの青銅器文化と社会』(同成社、二〇〇六年)参照。「冊」は作冊の職事を授かった者の図象記号か。尹盛平主編『西周微氏家族青銅器群研究』(文物出版社、一九九二年)参照。
(61) 江上注19前掲論文。
(62) 董作賓「安陽侯家荘出土之甲骨文字」(『田野考古学報』第一冊、一九三六年)。
(63) 白川静「作冊考」(同『白川静著作集別巻 甲骨金文学論叢[上]』平凡社、二〇〇八年)。
(64) 冊命形式金文は官職車馬衣服賜与策命形式金文とも称され、貝塚注57前掲書以来の分類である。

(65) 武者章「西周冊命金文分類の試み」(松丸道雄編『西周青銅器とその国家』東京大学出版会、一九八〇年)。
(66) 冊命形式金文に関する諸説は、岡本真則「冊命形式金文に見る周王と服属諸氏族の結合原理」(『史観』第一四四冊、二〇〇一年)参照。
(67) 吉本道雅「西周後半期の周王朝――冊命金文の分析――」(同『中国先秦史の研究』京都大学学術出版会、二〇〇五年)。
(68) 松井嘉徳「「王家」と宰」(同『周代国制の研究』汲古書院、二〇〇二年)。
(69) 吉本注67前掲論文・松井注68前掲論文。
(70) 武者章「三式癲鐘銘より見た西周中期社会の一動向」(『中国の歴史と民俗』第一書房、一九九一年)。
(71) 宝貝賜与が職事の分化にそぐわない点は、佐藤信弥「会同型儀礼から冊命儀礼へ――儀礼の参加者と賜与品を中心として見る――」(『中国古代史論叢』四集、二〇〇七年)も指摘。
(72) 「シンポジウムパネルディスカッション」(『早稲田大学長江流域文化研究所年報』第二号、二〇〇三年)。
(73) 拙稿注1前掲論文。
(74) 貝塚茂樹「殷末周初の東方経略に就いて」(同『貝塚茂樹著作集』第三巻、一九七七年)も参照。
(75) この点は佐原康夫「中国古代の貨幣経済論と貨幣史認識をめぐって」(中国史学会編『中国の歴史世界――統合のシステムと多元的発展』東京都立大学出版会、二〇〇二年)も指摘している。ただし佐原氏は「作られた歴史」という表現を用いているが、White, H. (1973) *Metahistory: The Historical Imagination in Nineteenth-Century Europe*, Baltimore: Johns Hopkins 以降、Jenkins, K. (1991) *Rethinking History*, London: Routledge や Jenkins, K. (2003) *Refiguring History*, London: Routledge も指摘するように、「歴史」は「過去」と異なり、基本的に全て「作られた」ものであろう。そこで小論ではノラ注1前掲書に従い、あえて真偽対象とは次元の異なる「記憶」の語を用いた。
(76) 拙稿注4前掲論文。
(77) 戦国秦漢貨幣経済については、拙稿注4前掲論文、拙稿「秦漢時代における物価制度と貨幣経済の構造」(『史観』第一五五冊、二〇〇六年）、拙稿「漢代における銭と黄金の機能的差異」（『中国出土資料研究』第一一号、二〇〇七年）、拙稿「秦漢帝国による「半兩」銭の管理」（『歴史学研究』第八四〇号、二〇〇八年）、拙稿「前漢初期の盗鋳銭と盗鋳組織」（『東洋学報』第九〇巻第一号、二〇〇八年）、拙稿「戦国秦漢時代における布帛の流通と生産」（『日本秦漢史学会会報』第九号、二〇〇八年）など。

（78）このような戦国秦漢時代の人びとの思考方法は、まさにレヴィ＝ストロース．C（大橋保夫訳）『野生の思考』（みすず書房、一九七六年）のいう「ブリコラージュ」（bricolage. ありあわせの道具、材料の集合による器用作業＝神話的思索）の好例であろう。

（79）佐原注75前掲論文。

（80）拙稿注4前掲論文。

〔付記〕小論は、著者の学部卒業論文（二〇〇三年十二月提出）に基づくもので、その一部はすでに拙稿「殷代宝貝の社会的機能について――中国貨幣史の始源を探るための基礎的検討――」（『歴史民俗』第二号、二〇〇四年）として発表済である。しかし当該論文は卒論の一部を強引に切り抜いたもので、初歩的な誤りも少なくなく、必要な議論も紙幅の関係上一部省かざるをえなかった。そこで小論では、卒論を再整理して不備を補った。これを現段階での定稿とする。前稿と若干議論が重複する箇所もあるが、かような仕儀にて御寛恕を願う次第である。小論は平成二〇年度文部科学省科学研究費補助金特別研究員奨励費（研究課題「中国古代貨幣史の研究－中国古代の「貨幣」に関する経済人類学的研究－」）による研究成果の一部である。

〔付表 1〕殷周宝貝出土地一覧

時期	地点	時代	遺址	数量	質	形態	出典
殷以前	西蔵昌都	新石器	房址	10	真	半枚穿孔	昌都
	陝西西安	仰韶半坡	頭口腹	30	真		姜寨 p410
	陝西西安	殷前	頭胸脚	13	真		老牛 p49
	陝西西安	殷前		22	真		老牛 p54
	吉林白城	新石器	堆積層	不明	真		文参 58-11
	青海楽都	新石器	墓葬	3	真		文物 76-1
	青海楽都	新石器	墓葬	15	真	穿孔	青海柳湾
	青海楽都	新石器		6	石	菱形	青海柳湾
	青海楽都	夏殷		36	真		青海柳湾
	青海楽都	新石器			骨石		考古 76-6
	青海貴南	斉家	墓葬	多数	真		論文集 2
	青海楽都	馬家窑	墓葬	18	真		論文集 2
	青海楽都	馬家窑	墓葬		石		論文集 2
	青海楽都	斉家	墓葬	36	真		論文集 2
	青海貴南	夏殷			真		考古 86-4
	青海貴南	夏殷			骨		工作
	青海大通	新石器			真	装飾	文物 78-3
	山西臨汾	陶寺早			石	一孔	文物 98-12
	山西臨汾	陶寺		169	石灰		学報 99-4
	山西芮城	新石器	遺址		真		起源 p11
	山西夏県	夏殷		1	真	小孔	夏県 p207
	雲南元謀	新石器	墓葬	2	真		学報 77-1
	雲南禄勧	新石器	洞穴	20+	真	磨孔	考古 93-3
	甘粛蘭州	新石器		1	陶		学報 80-2
	甘粛玉門	夏	口等		真		工作
	甘粛卓尼	寺洼		1	石		文物 94-1
	内蒙赤峰	夏殷	墓葬	659	真	穿孔	大甸子 p183
	内蒙赤峰	夏殷	墓葬	552	倣		大甸子 p185
	内蒙赤峰	夏殷	墓葬	1	銅		大甸子 p191
	内蒙敖漢	殷前			真		考古 75-2 文物 76-1
	遼寧北票	夏殷	頸部	10	真	成串	考古 76-3
	遼寧凌源	夏家店上層		1	石		学報 96-2
	湖北洪湖	新石器	採集	1	真	微残	考古 87-5
	湖北清江	早殷	堆積	1	真		文物 95-9
	河南偃師	夏	遺址		真		考古 65-5
	河南偃師	夏	墓葬	128	真		考古 86-4
殷以前	河南偃師	夏	棺内北側等	12	真	一孔	考古 76-4
	河南偃師	夏	遺址	7	真	穿孔	考古 92-4
	河南偃師	二里頭		3	真	特殊	二里頭 p69
	河南偃師	二里頭		2	石	特殊	二里頭 p121
	河南偃師	二里頭		1	真	特殊	二里頭 p240
	河南偃師	二里頭		1	骨		二里頭 p333
	河南偃師	二里頭		5	真		二里頭 p333
	河南偃師	二里頭		1	真		二里頭 p365
	河南巩県	二里崗	なし	1	真		華夏 93-2
	河南登封	二里頭	穿孔	7	真		中原 06-3
	河南三門峡	夏殷		1	骨	一孔	学報 60-1
	河南洛陽	夏	胸側	5	真		文叢 5
	河南鄭州	夏	足	4	骨石	一孔	考古 66-1
	河南鄭州	殷前		460	真		文叢 1
	河南鄭州	二里崗		460+	真	有孔	学報 57-1
	河南鄭州	殷前		数百	真		文物 57-8
殷代	四川成都	殷後		4600	真		三星堆
	四川成都	殷中		62	真		三星堆
	四川成都	殷晩		1	玉		文物 04-4, 金沙
	四川広漢	殷代	銅頭像		真		文物 87-10
	河南鄭州	殷晩			真		文物 54-6
	河南鄭州	殷代	墓葬	93	真	首飾	文物 03-4
	河南鄭州	殷代		6	真		華夏 96-3
	河南偃師	殷代			真	磨孔	考古 65-5
	河南安陽	殷代	腰坑	1	真	小孔	考古 83-2
	河南安陽	殷晩	遺址等	7	真		考古 63-4
	河南安陽	殷代		6	真	小孔	考古 86-2
	河南安陽	殷晩	墓葬等	7	真		通訊 58-8
	河南安陽	殷晩	墓葬	120	真		通訊 58-10
	河南安陽	殷代	口	1	真	小孔	考古 86-12
	河南安陽	殷晩	祭祀坑	4	真	背磨	考古 77-1
	河南安陽	殷代			真		考古 72-5
	河南安陽	殷晩		2459	真		学報 79-1
	河南安陽	殷晩		2	銅		学報 79-1
	河南安陽	殷晩	口	4	真	磨孔	学報 81-4
	河南安陽	殷代	腰坑	21	真	小孔	学報 87-1

	地点	時代	遺址	数量	質	形態	出典
殷代	河南安陽	殷代		1	真	小孔	中原 86-3
	河南安陽	殷代		300+	真		考古 61-2
	河南安陽	殷代	殉坑	3 堆	真		考古 60-7
	河南安陽	殷晩		35+	真		考古 64-8
	河南安陽	殷代			真		集刊 2
	河南安陽	殷晩	文化層	11	真	小孔	学報 58-3
	河南安陽	殷晩		50+	真		考古 55-9
	河南安陽	殷晩		3	銅		考古 55-9
	河南安陽	殷晩	殉死坑	多数	真		考古 61-12
	河南安陽	殷代	口等	1	真	一孔	考古 88-10
	河南安陽	殷代		100+	真	馬飾	考古 88-10
	河南安陽	殷代	口	多数	真		考古 89-2
	河南安陽	殷代	口		真	墓	考古 91-2
	河南安陽	殷代		6	真		文物 93-10
	河南安陽	殷晩	口手 灰坑	238	真		学報 55-9
	河南安陽	殷代		2	真大		文物 93-10
	河南安陽	殷晩		160	真		安陽発掘 4
	河南安陽	殷代	口手足	603	真	小孔	殷墟
	河南安陽	殷代	祭祀坑	718	真	小孔	殷墟
	河南安陽	殷代		6880 +	真		婦好
	河南安陽	殷代		6	松石		婦好
	河南安陽	殷代		11	真		学報 92-1
	河南安陽	殷代	墓葬	73	真	穿孔	考古 05-1
	河南安陽	殷代	口内	40	真		華夏 97-2
	河南安陽	殷代	口内	100	真	穿孔	華夏 97-2
	河南安陽	殷代		16	真	穿孔	華夏 97-2
	河南安陽	殷代		20	真		華夏 95-1
	河南安陽	殷代		13	真	一孔	華夏 92-1
	河南安陽	殷代	墓葬	53	真	穿孔	考古 06-1
	河南安陽	殷代		5	真		考古 07-1
	河南安陽	殷代	袋等	718	真		考古 07-6
	河南安陽	殷代	墓葬	3	真	一孔	集刊 15
	河南安陽	殷代		1	真	小孔	集刊 9
	河南安陽	殷代	墓葬	20	真	小孔	考古 04-5
	河南安陽	殷代	墓葬		真		考古 04-1
	河南安陽	殷代	墓葬	8	石	大孔	考古 98-10
	河南安陽	殷代		302	真	大孔 小孔	郭家 p66

	地点	時代	遺址	数量	質	形態	出典
殷代	河南孟県	殷晩		2	真		考古 61-1
	河南輝県	殷晩			真		輝県
	河南輝県	殷代		1548	包金		文物 74-8
	河南杞県	殷代					文物 94-8
	河南登封	殷代		3	真	穿孔	登封 p169
	河北邯鄲	殷代	灰坑		真		考古 59-10
	河北磁県	殷代			真		学報 79-2
	河北藁城	殷代	口腰間	55	真	小孔	藁城 p86,142
	河北藁城	殷代			真		文物 79-6
	河北邢台	殷代			真		学報 58-4
	河北邢台	殷代	文化層	1	真		文参 58-10
	河北武安	殷中			真		学報 92-3
	山東滕州	殷晩	棺底等	1432	真	磨背	学報 92-3
	山東滕州	殷晩		163	真	穿孔	学報 92-3
	山東滕州	殷周	多数		真		前挙 p 474
	山東青島	殷晩	墓葬	3	真		海岱 1
	山東青島	殷晩	墓葬	3790	真		文物 72-8
	遼寧喀左	殷周		77	真		遼海 89-2
	陜西西安	殷晩		12	真		老牛 p232
	陜西西安	殷晩		106	真		老牛 p303
	陜西扶風	殷代	頸部		真		文物 84-7
	陜西彬県	殷代		20	真	大孔	学報 99-1
	陜西宝鶏	殷代			真		考古 98-4
	陜西宝鶏	殷晩	青銅器 内, 口	7	真		考文 00-5
	雲南元謀	殷晩		2	真		学報 77-1
	湖北巴東	殷代		貝紋			考古 99-1
	山西霊石	殷晩	腰坑 胸	2	真		文物 86-11
	山西石楼	殷晩			真		文物 59-3
	山西石楼	殷代		2	真		文物 58-1
	山西石楼	殷晩	墓葬	5	真		文物 81-8
	山西石楼	殷代			真		考古 72-4
	山西保徳	殷晩		112	真		文物 72-4
	山西保徳	殷晩		109	銅		文物 72-4
	山西長子	殷代		50	真		文物 59-2
	山西柳林	殷晩		3	真		考古 81-3
西周	新疆哈密	殷周	頭手	4	真		学報 89-3
	青海循化	殷周		大量	真		青考 3

	地点	時代	遺址	数量	質	形態	出典
西周	青海循化	殷周		1	真		考古 85-7
	青海西寧	殷周			真		青考 3
	青海貴徳	殷周	胸	28	真		学報 87-2
	青海貴徳	殷周		7	石		学報 87-3
	青海布吟	西周		4	真	小孔	考古 78-1
	青海大通	西周			真		考古 86-4
	青海大通	西周			金石		工作
	遼寧大連	西周早		2	骨	二孔	文物 83-9
	甘粛霊台	西周		52	真	小孔	考古 81-6
	甘粛霊台	西周		22	真	穿孔	考古 76-1
	甘粛霊台	西周		130	真		学報 77-2
	甘粛慶陽	西周	口足	37	真	背磨	考古 85-9
	甘粛永靖	西周		1	真	小孔	考古 80-4
	甘粛涇川	西周早	顎手	7	真		文物 77-9
	甘粛崇信	西周	頭腰手	19	真	小孔	考文 86-1
	甘粛西峰	西周晩		40+	陶	穿孔	文博 91-3
	甘粛甘谷	西周晩		1	陶	一孔	学報 87-3
	寧夏固原	西周	腰	195	真	磨孔	考古 83-11
	北京房山	西周	口顎 脚手	多数	真		考古 84-5
	北京房山	西周	身傍	500+	真	穿孔	考古 74-5
	北京 琉璃河	西周	口脚 骨盤等	多数	真	一孔	琉璃河 p241
	北京 琉璃河	西周早				一孔	考古 90-1
	北京 門頭溝	西周	窖藏	70	真	大孔	銭幣 90-3
	北京昌平	西周	頭箱	10	真	背磨	考古 76-4
	河北磁県	西周	灰坑	2	真	小孔	学報 75-1
	河北磁県	西周	口腰	15	真		文物 60-1
	河北元氏	西周	墓葬	56	真	磨背	銭幣 94-2
	陝西武功	西周	墓葬	37	真	磨孔	考古 88-7
	陝西旬邑	早周?	墓葬	28	真	磨背	考文 84-4
	陝西銅川	西周	墓室外	3	真	小孔	考古 86-5
	陝西銅川	西周	口頭腹	43	真		考文 87-2
	陝西岐山	西周			真		考古 76-1
	陝西岐山	西周		201	真	穿孔	文叢 8
	陝西岐山	西周		35	真	小孔	文博 85-5
	陝西岐山	西周	口		真	小孔	集刊 3
	陝西岐山	西周		10+	真		文物 72-6
	陝西岐山	西周	口		真		考古 63-12

	地点	時代	遺址	数量	質	形態	出典
西周	陝西岐山	西周			玉		考古 63-12
	陝西岐山	西周		38	玉	一孔	文叢 8
	陝西岐山	西周		6	石	一孔	考古 76-1
	陝西岐山	西周	二層台	1	玉	一孔	文博 85-5
	陝西宝鶏	西周	顎胸		真		文物 83-2
	陝西宝鶏	西周	椁外	数枚	真	加工	文博 85-2
	陝西宝鶏	西周	刻歯	1	玉		魚国
	陝西宝鶏	西周		23	真		魚国 p388
	陝西宝鶏	西周中			真		文物 76-4
	陝西宝鶏	西周	墓葬	85	真		考文 96-3
	陝西宝鶏	西周早	器内 口	3	真		考文 00-5
	陝西鳳翔	西周中	口頭胸	95	真		考文 87-4
	陝西鳳翔	西周初	口頭胸	61	真		考文 82-4
	陝西鳳翔	西周晩		6	真		考文 85-1
	陝西扶風	西周初		330+	真		文物 73-1
	陝西扶風	西周	手	330+	真		文物 86-8
	陝西扶風	西周中			真		文物 76-6
	陝西扶風	西周			真		文物 80-4
	陝西扶風	西周		53	玉		文物 80-4
	陝西扶風	西周	頭	5+	真		文物 84-7
	陝西扶風	西周	口体	86	真		考古 60-8
	陝西扶風	西周	口椁	30	真	一孔	文博 87-4
	陝西扶風	西周		5	真	穿孔	文博 86-5
	陝西扶風	西周		167	真		論文集 3
	陝西扶風	西周		271	石		論文集 3
	陝西扶風	西周		69	玉		論文集 3
	陝西扶風	西周 中晩		17	真		案板
	陝西扶風	西周	車馬坑	57	真	穿孔	文物 05-4
	陝西扶風	西周	車馬坑	4	玉		文物 05-4
	陝西扶風	西周 中晩	墓葬	84	真		考文 94-3
	陝西扶風	西周 中晩	墓葬	8	玉		考文 03-4
	陝西扶風	西周後	脚胸 手口	17	真	穿孔	考文 98-6
	陝西扶風	西周	二層台		真		考文 03-4
	陝西扶風	西周	窖藏	1	真		新典 pp.7-8
	陝西扶風	西周	窖藏	3	玉		新典 pp.7-8
	陝西扶風	西周		293	石	無孔	文博 94-5
	陝西扶風	西周		2	玉		文博 94-5

	地点	時代	遺址	数量	質	形態	出典
西周	陝西扶風	西周		13+	真		文博 94-5
	陝西扶風	西周		35+	真	口等	文博 90-3
	陝西鳳翔	西周		85	真	一孔	考文 07-1
	陝西西安	西周	車馬坑等	800+	真		考古 81-1（張家坡）
	陝西西安	西周	口頸	4	真		考古 84-9
	陝西西安	西周	口		真	一孔	考古 86-3
	陝西西安	西周	二層台	300	真		考古 86-11
	陝西西安	西周	口手		真		考古 87-1
	陝西西安	西周	馬飾	数百	真	二孔	文物 86-1
	陝西西安	西周	馬飾腰	1000+	真玉石	一孔	灃西 p 128
	陝西西安	西周		11	石		考古 65-7
	陝西西安	西周	口頸		真玉		文物 94-11
	陝西西安	西周			真		学報 00-2
	陝西西安	西周	頭	1	真		文叢 5
	陝西西安	西周中		137	真	部分小孔	文博 88-1
	陝西西安	西周	馬飾		真		考古 59-10
	陝西西安	西周早	口腰	11	真		考古 62-1
	陝西西安	西周		58	真		文物 55-2
	陝西西安	西周早	頭脚	69	真	磨孔	学報 54-8, 学報 57-1
	陝西西安	西周中	腰坑	56	真	一孔	学報 57-1
	陝西西安	西周中		7	真	磨孔	考古 64-9
	陝西西安	西周	口等	多数	真	一孔	学報 80-4（張家坡）
	陝西西安	西周		40	玉石		学報 80-4（張家坡）
	陝西西安	西周	口手	多数	真		考古 87-1
	陝西西安	西周	口等		真		考古 88-9
	陝西西安	西周	口		真		考古 89-6
	陝西西安	西周	棺		真		考古 90-6
	陝西西安	西周	口脚		真		考古 94-10
	陝西西安	西周後	墓葬	1	真		考古 04-9
	陝西西安	西周早			真		文物 77-8
	陝西渭南	西周初		10	真	磨孔	文叢 3
	陝西淳化	西周早	棺椁内	180	真	大孔背磨	考文 80-2
	河南新鄭	西周晩		21	真		文叢 2
	河南新鄭	西周晩		990	骨		文叢 2
	河南鄭州	西周早		多数	真		中原 01-2
	河南安陽	西周	墓葬	123	真		考古 05-1
	河南安陽	西周		4	真	穿孔	華夏 06-4

	地点	時代	遺址	数量	質	形態	出典
西周	河南洛陽	西周	口	115	真	背磨	中州 p60
	河南洛陽	西周	口手足	23	真		文物 81-7
	河南洛陽	西周早	頭	12	真		考古 72-2
	河南洛陽	西周初	頭腰坑	3	真	加工	考古 56-1
	河南洛陽	西周		27	真	一孔	文物 72-10
	河南洛陽	西周			真		考古 72-3
	河南洛陽	西周早中	胸脚	15	真		文物 92-3
	河南洛陽	西周早	狗肚上	1	真		文物 99-3
	河南洛陽	西周		1	真		洛陽 p99
	河南洛陽	西周早	墓葬	1	真	大孔	文物 06-3
	河南洛陽	西周早	墓葬	24	骨		文物 03-12
	河南洛陽	西周晩	墓葬	105	真		文物 99-9
	河南新蔡	西周			真		文物 55-5
	河南登封	西周		1	真	一孔	登封 p183
	河南浚県	西周	体傍	3472	真	小孔背磨	辛村 p67
	河南浚県	西周春秋	填土	若干	骨		辛村 p69
	河南湯陰	西周早			真		中原 77-1
	河南鹿邑	西周初	墓葬	995	真		考古 00-9, 鹿邑 p198
	河南平頂山	西周晩	椁頂	95	骨		華夏 88-1
	河南三門峡	西周	棺椁間		石	穿孔	文物 00-12
	河南三門峡	西周晩		23	真		虢国 p180
	河南三門峡	西周晩		15	玉		虢国 p184.
	河南三門峡	西周晩		65	真		虢国 p295
	河南三門峡	西周晩		240	真		虢国 p378
	河南三門峡	西周晩		41	石		虢国 p397
	河南三門峡	西周晩		6	石		虢国 p400
	河南三門峡	西周晩		14	真		虢国 p402
	河南淇県	西周		1	骨	穿孔	集刊 10
	山東済陽	西周早	足	77	真	穿孔	文物 81-9
	山東済陽	西周早	棺椁間	1	真	一孔	文物 85-12
	山東曲阜	西周	頸		真		文物 82-12
	山東曲阜	西周	墓葬				論文集 3
	山東曲阜	西周	頭	50	真	一孔	曲阜
	山東済陽	西周前		460	真	磨背	文物 96-12
	山東滕州	西周初	墓葬		真		考古 00-7
	山東滕州	西周初	車馬坑		真		考古 00-7
	山西翼城	西周			真		考古 63-4

	地点	時代	遺址	数量	質	形態	出典
西周	山西長子	西周		50	真	穿孔	文物 59-2
	山西長子	西周		50+	真		論文集 1
	山西洪洞	西周		2000+	真		文物 55-3
	山西洪洞	西周早	口腰足		真		文物 55-4
	山西洪洞	西周	棺槨間	650	石		文物 87-2
	山西洪洞	西周	棺槨間	180+	真		文物 87-2
	山西洪洞	西周早			骨		文物 57-8
	山西洪洞	西周	墓葬	61	真		三晋 1
	山西洪洞	西周	墓葬	248	石		三晋 1
	山西芮城	西周	馬飾	12	骨	穿孔	考古 89-10
	山西曲沃	西周早中	槨内		石		文物 01-8
	山西曲沃	西周早中	棺蓋上		真		文物 01-8
	江蘇丹徒	西周	墓葬	180+	真		史前 85-2
	江蘇新沂	西周	文化層		真		論文集 3
	江蘇新沂	西周	遺址内		真		考古 60-7
西周以降	江蘇丹徒	春秋初	疑頭	178	真	磨貝	考古 85-11
	江蘇丹徒	春秋晩	頭上	10+	骨	二孔	東南 88-4
	江蘇東海	春秋早中	頸椎	5	真	磨穿	考古 86-12
	江蘇無錫	春秋	墓葬		緑松	二孔	真山 p21
	江蘇邳州	戦国			銅		学報 64-2
	江蘇邳州	春秋晩	墓葬	数千	真		考古 02-5
	江蘇邳州	春秋晩	墓葬		真		考古 99-11
	江蘇蘇州	春秋中晩	墓	数千	真	磨背	文物 96-2
	江蘇蘇州	春秋中晩	墓	122	緑松石	磨背	文物 96-2
	陝西宝鶏	春秋早	棺外頭側	3	真	磨背	考古 65-7
	陝西宝鶏	春秋中晩	左棺外	4	石		考古 65-7
	陝西鳳翔	春秋戦国	槨内	38	真		文叢 3
	陝西鳳翔	春秋戦国	槨内	5	石		文叢 3
	陝西鳳翔	春秋戦国			玉		文叢 3
	陝西長武	春秋戦国		30	真		考文 84-3
	陝西丹鳳	戦国早		2	真		丹鳳 p154
	陝西隴県	春秋早		290+	石	一孔	文物 88-11
	陝西隴県	春秋早	槨内	126	石		考文 86-6
	陝西韓城	春秋早		1	玉		考文 07-2
	陝西韓城	春秋早	葬具	603	真		考文 07-2
	陝西韓城	春秋早	葬具	869	石		考文 07-2
	北京延慶	西周春秋	頸	1	真		文物 89-8

	地点	時代	遺址	数量	質	形態	出典
西周以降	内蒙赤峰	春秋早		4	真	磨背	赤峰
	内蒙寧城	春秋早	胸前頭側	104	真	一孔	学報 75-1
	寧夏	春秋晩	墓葬	5	真	一孔	考古 90-5
	河北平山	春秋早	槨内	101	真	磨背	集刊 5
	河北平山	戦国	槨内	4	銀		文物 79-1
	河北霊寿	戦国	墓葬	11	骨		霊寿 p86
	河北霊寿	戦国	車馬坑	11	真	磨背	霊寿 p243
	河北霊寿	戦国	車馬坑	22	真	磨背	霊寿 p248
	河北平泉	西周春秋	頸	10	真		考古 77-1
	河北邢台	戦国晩	墓室	389	骨		考古 59-7
	河北邢台	春秋戦国	墓葬	532	包金銅		考古 01-2
	河北邢台	春秋戦国	墓葬	2	骨	二孔	考古 01-2
	河北邢台	春秋戦国	墓葬	328	真		考古 01-2
	河北易県	戦国晩		1	骨	二孔	考古 65-11
	河北易県	戦国早		216	骨	二孔	学報 65-2
	河北易県	戦国早		515	石	二孔	学報 65-2
	河北邯鄲	戦国中		619	骨	大孔	学報 62-12
	河北平山	戦国		5	銀		譽墓 p154
	河南三門峡	西周春秋		275+	真	穿孔	上村 p23
	河南三門峡	西周春秋	棺槨蓋上	216	陶		上村 p23
	河南三門峡	西周春秋	棺槨蓋上	794+	石	有孔	上村 p22
	河南三門峡	東周	墓葬	984	真		山彪 p44
	河南三門峡	戦国		1	骨	二孔	華夏 03-4
	河南安陽	東周		2	骨	穿孔	華夏 00-2
	河南淮陽	戦国		296	銅	孔	考古 90-12
	河南淮陽	戦国晩	旗上	数千	真		文物 84-10
	河南淮陽	戦国	塡土	1	銅		中原 80-1
	河南新鄭	春秋中	口	数十	真	一孔	中原 87-4
	河南新鄭	戦国晩		1	骨	二孔	華夏 90-2
	河南新鄭	戦国		5	骨石		文叢 3
	河南輝県	春秋		800+	骨	二孔	文叢 2
	河南輝県	戦国		210			輝県
	河南輝県	東周	墓葬	1000+	包金		山彪 p44
	河南輝県	東周	墓葬	9	銅		山彪 p44
	河南輝県	東周	墓葬	1100	真		山彪 p44
	河南輝県	東周	塡土	785	真		輝県
	河南輝県	東周		210	骨		輝県

	地点	時代	遺址	数量	質	形態	出典
西周以降	河南衛輝	戦国		3000+	真	磨背	山彪 p42
	河南衛輝	戦国	墓葬	3000+	真		山彪 p40
	河南洛陽	戦国中		34	石	一孔	文叢 9
	河南洛陽	戦国		22	骨	磨背	中原 84-3
	河南洛陽	戦国早	頭	38	真	磨背	文物 92-3
	河南洛陽	戦国早	頭	223	骨	磨背	文物 92-3
	河南洛陽	東周		700	骨		学報 00-3
	河南洛陽	東周		1	真		学報 00-3
	河南洛陽	戦国中	墓葬	39	骨		文物 03-12
	河南洛陽	春秋晩	二層台	466	真	磨背	考古 81-1
	河南洛陽	戦国早	右臂		真		学報 58-2
	河南洛陽	戦国		70	真	磨背	考古 80-6
	河南洛陽	東周		1008	骨		中州 p115
	河南洛陽	春秋晩		48	石	二孔	文物 81-7
	河南洛陽	春秋中晩		1	石	一孔	考古 85-6
	河南洛陽	東周	盗洞墳土	19	真		文報 99-5
	河南洛陽	東周	盗洞墳土	26	包金銅		文報 99-5
	河南洛陽	東周	盗洞墳土	3	銅		文報 99-5
	河南洛陽	戦国中前	墓葬	5	真		文物 04-7
	河南洛陽	戦国晩	墓葬	1	玉		文物 99-8
	河南洛陽	戦国晩	墓葬	1	骨		文物 99-8
	河南洛陽	春秋中晩		20	石	二孔	文物 99-8
	河南洛陽	春秋中晩		520	骨	磨背二孔	考文 03-2
	河南淅川	春秋晩	墓葬	609	石		和尚 p212
	河南淅川	春秋晩	墓葬	6	真		和尚 p214
	河南淅川	春秋晩	墓葬	40	真		和尚 p114
	河南淅川	春秋晩	墓葬	1008	石		和尚 p171
	河南淅川	戦国早	墓葬	32	石		和尚 p329
	河南淅川	戦国早	墓葬	4	石		和尚 p342
	河南淅川	戦国中	墓葬	265	石		和尚 p348
	河南淅川	戦国中	墓葬	221	石		和尚 p242
	河南淅川	戦国晩	墓葬	160	真		和尚 p21
	河南淅川	春秋晩		4432	真		文物 80-10 淅川 p203
	河南淅川	春秋晩		137	骨		淅川 p292,p307
	河南淅川	戦国早中		200?	石	二孔	文物 04-3
	河南登封	春秋前	棺椁間	271	真		文物 06-4
	河南登封	春秋前	棺椁間	364	玉		文物 06-4

	地点	時代	遺址	数量	質	形態	出典
西周以降	河南新野	春秋戦国		14	銅		文物 95-3
	河南新野	春秋戦国		467	骨		文物 95-3
	河南新野	春秋早	墓坑底		石	一孔	文叢 2
	河南新野	春秋早			骨		文物 73-11
	河南鄭州	春秋中		3	真		文物 56-3
	河南舞陽	戦国		1	銅		考古 58-2
	河南正陽	戦国中晩	頭箱	26	木	削制	華夏 88-2
	河南上蔡	戦国		126	石		考文 86-6
	河南上蔡	戦国		85	骨		中原 86-1
	河南上蔡	戦国	椁室	多数	骨		華夏 92-2
	河南西峡	戦国	罐	1298	銅	鋳文	中原 86-1
	河南偃師	春秋戦国	墓葬	1	真	小孔	考古 04-12
	新疆哈密	西周春秋			真		新疆考古
	新疆哈密	春秋早晩？	体体側	3	真		学報 89-3
	新疆鄯善	春秋戦国	盆骨下	2	真		考古 84-1
	新疆木垒	戦国			真	磨背	考古 85-6
	山東海陽	春秋			石		考古 96-9
	山東淄博	戦国早	串		真	有孔	学報 77-1
	山東淄博	春秋晩		137	銅		考古 91-6
	山東淄博	春秋晩		226	骨		考古 91-6
	山東梁山	戦国中	墓葬	126	真		考古 99-5
	山東栖霞	戦国早		9	石		考古 92-1
	山東曲阜	西周春秋		28	石		曲阜
	山東曲阜	春秋晩	墓葬	7	真		新典 ,p16
	山東曲阜	春秋晩	墓葬	588+	銅		新典 ,p16
	山東曲阜	春秋晩	墓葬	170	骨		新典 ,p16
	山東陽谷	春秋晩		1700	骨	二孔	考古 88-1
	山東沂水	春秋	器上頭		金玉		文物 84-9
	山東沂水	戦国晩		704	石	大孔	文物 92-5
	山東莒県	春秋晩	器坑	117	骨	二孔	学報 78-3
	山東蓬莱	春秋	体側	16	石		考古 90-9
	山東蓬莱	戦国		112	石		考古 90-9
	山東平度	戦国		1212	石		考古 62-10
	山東平度	戦国		18	骨		考古 62-11
	山東済南	戦国？			骨		文物 95-3
	山東済南	春中晩	馬飾	500+	真		文物 98-9
	山東長島	戦国早		600	骨		学報 93-1

	地点	時代	遺址	数量	質	形態	出典
西周以降	山東長島	戦国早		460	真		学報 93-1
	山東長島	戦国早		450	石	磨背	学報 93-1
	山東昌楽	西周 戦国	口	12	真		学報 90-1
	山東滕州	春秋 早中		380	真		学報 91-4
	山東滕州	春秋 早中		3	玉		学報 91-4
	山東広饒	東周	腰	56	真		海岱 1
	安徽寿県	春秋晩	墓葬	128	真	磨背	寿県 56
	安徽寿県	戦国早	墓葬	多数	真		文参 55-8
	安徽宿州	戦国			銅		文物 56-12
	安徽臨泉	戦国		3000 +	銅		中原 85-1
	安徽臨泉	戦国	陶罐	3355			中原 85-1
	安徽臨泉	戦国		3000 +	銅	鋳文	考文 85-2
	安徽臨泉	戦国		2355	銅	鋳文	文物 85-6
	安徽亳州	春秋 戦国		368	骨		考古 61-6
	安徽亳州	春秋 戦国		98	陶		考古 61-6
	安徽亳州	東周		4	真	穿孔	考古 06-9
	安徽繁昌	戦国			銅范		文物 90-10
	河北宣化	春秋 戦国		6	真		文物 87-5
	河北灤平	戦国早	頸	若干	真		文叢 7
	河北邯鄲	戦国	馬飾	63	真	磨背	考古 82-6
	河北邯鄲	戦国中		61	真	一孔	考古 62-12
	河北平山	春秋早		177	石		集刊 5
	河北平山	東周			真石 金銀		新典、 pp18-19
	河北懐来	春秋晩		138	真	磨背	考古 66-5
	河北霊寿	戦国	墓葬		真金		文物 86-6
	四川雅江	戦国 中晩		1	真	一孔	考文 83-4
	四川宝興	戦国 中晩			貝	磨背	学報 99-3
	山西長治	戦国		99	真		学報 57-1
	山西長治	戦国		1000 +	真		文物 72-4
	山西長治	戦国早	椁内	352	真		考古 64-2
	山西長治	春秋中	椁	8	真	一孔	学報 74-2
	山西長治	春秋 戦国		1641	骨		学報 74-2
	山西長治	戦国		98	骨		学報 57-1
	山西長治	戦国		10+	包金		文物 72-4
	山西長治	戦国早		21	骨	二孔	考古 85-4
	山西長子	戦国中		12	真		学報 84-4
	山西長子	戦国中		126	骨	二孔	学報 84-4

	地点	時代	遺址	数量	質	形態	出典
西周以降	山西長子	戦国 中晩	椁内	126	骨玉	二孔	学報 84-4
	山西太原	春秋晩	墓葬	151	真		太原 p163
	山西侯馬	春秋 戦国	墓葬	1000 +	真		銭幣 91-4
	山西侯馬	春秋 戦国	墓葬	4	鉛		銭幣 91-4
	山西侯馬	春秋 戦国	墓葬	600+	銅		銭幣 91-4
	山西侯馬	春秋 戦国	墓葬	40+	包金		銭幣 91-4
	山西侯馬	春秋 戦国	墓葬	2000 +	骨		銭幣 91-4
	山西侯馬	春秋 戦国	墓葬	180+	石		銭幣 91-4
	山西侯馬	春秋 早中	墓葬	8	真		考古 63-5
	山西侯馬	春秋 早中	墓葬	1600 +	銅		考古 63-5
	山西侯馬	春秋 早中	墓葬	100	骨		考古 63-5
	山西侯馬	春秋 早中	墓葬	32	包金		考古 63-5
	山西侯馬	春秋 戦国		1	骨	二孔	侯馬
	山西侯馬	春秋 戦国		45	銅范		文物 87-6
	山西侯馬	春秋早	頸	3	真		文物 88-3
	山西侯馬	春秋 戦国		536	真		上馬 p94
	山西侯馬	春秋 戦国		2	包金		上馬 p94
	山西潞城	戦国初		100+	真		文物 86-6
	山西潞城	戦国初	棺椁角	30+	包金	二孔	文物 86-6
	山西芮城	戦国早	棺椁間	66	骨	二孔	文物 87-12
	山西聞喜	春秋 戦国	墓葬		真		三晋 1
	山西臨猗	東周	墓	400+	骨		考古 91-11
	遼寧大連	戦国		1	真	穿孔	考古 60-8
	遼寧大連	春秋		2	真	大孔	双砣 p86
	湖北江陵	春秋		32	骨	二孔	考古 84-6
	湖北江陵	戦国中			骨		文物 66-5
	湖北大悟	戦国中		1	銅		江漢 85-3
	湖北孝感	戦国		5000 +	銅		考古 65-12
	湖北孝感	戦国		4000 +	銅		考古 64-7
	湖北孝感	戦国 中晩			銅	有文	文物 94-4
	湖北黄岡	戦国		430	銅	鋳文	考古 84-12
	湖北黄岡	戦国晩		8	銅	鋳文	学報 01-2
	湖北荊州	戦国中		26	骨	一孔	文物 99-4
	湖南常徳	戦国			銅		考古 59-4
	湖南常徳	戦国中			銅		文物 64-9
	湖南長沙	戦国			銅		文物 56-4
	湖南臨澧	戦国中		2	陶		湖輯 3

	地点	時代	遺址	数量	質	形態	出典
西周以降	甘粛礼県	春秋早	墓葬	9	真		文物 02-2
	甘粛礼県	春秋早	墓葬	4	石		文物 02-2
	甘粛礼県	春秋中晩	墓葬	3	玉		文物 05-2
	広西賀州	戦国晩		12	真		考古 93-4
	黒龍江泰来	春秋戦国	墓葬		銅真		考古 89-12
	黒龍江泰来	春秋戦国			真	磨製	考古 89-12
	黒龍江泰来	春秋戦国	墓葬	25	真		平洋 p117
	黒龍江泰来	春秋戦国	墓葬	9	真		平洋 p154
	雲南剣川	春秋戦国	頭	47	真	磨背	文物 86-7
	雲南剣川	戦国～漢	頭等	47	真		学報 90-2
	雲南徳欽	春秋早		1	真	両面磨	考古 83-3
その他	山西侯馬	殷～戦	棺槨	2100+	銅		文物 89-6
	山西侯馬	殷～戦	棺槨	1200+	骨		文物 89-6

	地点	時代	遺址	数量	質	形態	出典
その他	内蒙林西	夏家店～			骨		考文 04-1
	内蒙林西	夏家店～		2	銅		考文 04-1
	内蒙赤峰	夏家店					考古 92-4
	内蒙赤峰	夏家店上層		4	骨		北方 06-4
	遼寧金州	不明		1	真	穿孔	遼海 92-1
	青海湟中	卡約		40	真		集刊 8
	青海湟中	卡約		9	骨		集刊 8
	青海大通	斉家～卡約		12	真		文物 94-3
	青海化隆	卡約	墓葬	17	真		考古 98-1
	青海化隆	卡約早		9	石		考文 98-4
	青海化隆	卡約	墓葬		真		考古 96-8
	青海循化	半山～卡約		9	真	貝飾	学報 94-4

※本表は、先秦宝貝の出土地・出土状況・出土数などを列記したものである。「先秦貨幣出土情況表」(馬飛海編『中国歴代貨幣大系（先秦貨幣)』東方書店、1988 年)、彭柯・朱岩石「中国古代所用海貝来源新探」(『考古学集刊』第 12 集、1999 年)、黄錫全『先秦貨幣通論』紫禁城出版社、2001 年）も照合した。もっとも、発掘報告書の大半は宝貝に関する記載がきわめて曖昧で、海貝と淡水貝の区別や海貝同士の区別、宝貝の数量、形状、出土情況、時代などの点で不明確な点が多い。また一つの発掘内容が異なる雑誌に掲載されている例も少なくない。ただし小論では本表から宝貝出土地を析出することが当面の目的なので、これらの問題点が論旨に影響を与えることは少ないと考える（出土年代のみ問題となるが、これも一応の相対年代として分節しておく)。そこで現時点での調査結果をここに掲載することとし、細部の分析は今後の課題とする。

※出土地には省名と市県名を、時代欄にはおおよその出土宝貝の属する時代をしるした。質は宝貝の質。出典は、まず 2007 年 12 月までに刊行された報告。すなわち、文物は『文物』、考古は『考古』、学報は『考古学報』、考文は『考古与文物』、銭幣は『中国銭幣』、遼海は『遼海文物学刊』、通訊は『考古通訊』、中原は『中原文物』、集刊は『考古学集刊』、文叢は『文物資料叢刊』、青考は『青海考古会刊』、北方は『北方文物』、内蒙古は『内蒙古文物与考古』、東南は『東南文化』、華夏は『華夏考古』、江漢は『江漢考古』、湖輯は『湖南文物輯刊』、文参は『文物参考資料』、海岱は『海岱考古』、三晋は『三晋考古』、文報は『中国文物報』、史前は『史前研究』。また論文集は『中国銭幣論文集』、赤峰は『赤峰紅山後』(東亜考古学会、1938)、輝県は『輝県発掘報告』(科学出版社、1956)、寿県は『寿県蔡侯墓地出土遺物』(科学出版社、1956)、起源は王毓銓『我国古代貨幣的起源和発展』北京出版社、1957)、山彪は『山彪鎮与琉璃閣』(科学出版社、1959)、上村は『上村嶺虢国墓地』(科学出版社、1959)、中州は『洛陽中州路』(科学出版社、1959)、辛村は『濬県辛村』(科学出版社、1959)、灃西は『灃西発掘報告』(文物出版社、1963)、工作は『文物考古工作三十年 1949-1979』(文物出版社、1979)、婦好は『殷墟婦好墓』(文物出版社、1980)、青海柳湾は『青海柳湾 楽都柳湾原始社会墓地』(文物出版社、1984)、藁城は『藁城台西商代遺址』(文物出版社、1985)、昌都は『昌都卡若』(文物出版社、1985)、殷墟は『殷墟発掘報告』(文物出版社、1987)、姜塞は『姜塞 新石器時代遺址発掘報告』(文物出版社、1988)、魚国は『宝鶏魚国墓地』(文物出版社、1988)、夏県は『夏県東下馮』(文物出版社、1988)、洛陽は『洛陽発掘報告』(北京燕山出版社、1989)、平洋は『平洋墓葬』(文物出版社、1990)、淅川は『淅川下寺春秋楚墓』(文物出版社、1991)、登封は『登封王城崗与陽城』(文物出版社、1992)、候馬は『候馬鋳銅遺址』(文物出版社、1993)、上馬は『上馬墓地』(文物出版社、1994)、琉璃河は『琉璃河西周燕国墓地 1973-1977』(文物出版社、1995)、太原は太原『太原晋国趙卿墓』(文物出版社、1996)、大甸子は『大甸子―夏家店下層文化遺址与墓地発掘報告』(科学出版社、1996)、双砣は『双砣子与崗上―遼東史前文化的発見和研究』(科学出版社、1996)、冥墓は『冥墓―戦国中山国国王之墓』(文物出版社、1996)、郭家は『安陽殷墟郭家荘商代墓葬』(中国大百科全書出版社、1998)、真山は『真山東周墓地』(文物出版社、1999)、虢国は『三門峡虢国墓』(文物出版社、1999)、二里頭は『偃師二里頭』(中国大百科全書出版社、1999)、三星堆は『三星堆祭祀坑』(文物出版社、1999)、扶風は『扶風案板遺址発掘報告』(科学出版社、2000 年)、金沙は『金沙淘珍』(文物出版社、2002)、老牛は『老牛坡』(陝西人民出版社、2002)、和尚は『淅川和尚岭与徐家岭楚墓』(大象出版社、2004)、霊寿は『戦国中山霊寿城―1975 ～ 1993 年考古発掘報告』(文物出版社、2005)、鹿邑は『鹿邑太清宮長子口墓』(中州古籍出版社、2000)、丹風は『丹風古城楚墓』(三秦出版社、2006)。

※本稿第 1 章の図 2,3,4,7 は、付表 1 を地図表記したものである。当該図では、ＧＩＳのデータ処理上、全宝貝出土地の宝貝数に初めから 10 を付加した。また「不明」は 10、「多数」は 100、「数百」は 500、「数千」は 5000、「数字＋」は数字＋ 10、「堆」は 100、「数枚」は 5、「若干」は 10 として算入した。

〔付表 2〕　宝貝賜与形式金文一覧

	期	授者	動詞	受者	貝	作器	図像	金文	林編年	集成	出土	収録	引得	備考
1	殷代	王	易	小臣邑	貝十朋	母癸隮彝	亞矣	癸巳、王易小臣邑貝十朋。用乍母癸隮彝。隹王六祀彡日。才四月。亞矣。	殷後Ⅱ（斝 85）	殷代	—	9249	2368	殷 8
2		司	商易	羿婦	貝	父乙彝	—	羿婦商易貝于司。乍父乙彝。	殷後Ⅲ（方鼎 31）	殷～西周早	伝出于河南	2433 2434	3791	—
3		欶	商	又正𡆥	嬰貝才穆朋二百	母己隮鬻	㠱医亞矣	丁亥、欶商又正𡆥嬰貝才穆朋二百。𡆥展欶商用乍母己隮鬻。㠱医亞矣。	殷後Ⅲ（方鼎 17）	西周早	遼寧喀左	2702	3935	金 38 付
4		王	易	—	貝	父己隮彝	亞畳	己亥、王易貝。才䆒。用乍父己隮彝。亞畳。	殷後Ⅲ	殷代	伝出于洛陽	3861	4807	—
5		子（君）	商	小子省	貝五朋	父己寶彝	㽙	甲寅。子商小子省貝五朋。省揚君商用乍父己寶彝。㽙。	殷後Ⅲ（卣 26）	殷代	—	5394	2803	殷 17
6		弜師	易	肄	𠂤戶䵼貝	父乙寶彝	㡀	戊辰、弜師易肄𠂤戶䵼貝。用乍父乙寶彝。才十月一。隹王日祀㽞日。遘于匕戊武乙𡗝、象一。㡀。	殷後Ⅲ	殷代	—	4144	4943	殷 9
7		子	易	小子𡠥	貝二朋	母辛彝	㽙母辛	乙巳、子令小子𡠥先以人于堇、子光商𡠥貝二朋。子曰貝隹蔑女曆。𡠥用乍母辛彝。才十月。月隹子曰令望人方霉。㽙母辛。	殷後Ⅲ（卣 35）	殷代	—	5417	2825	殷 12
8		王	易	箙亞	𩰫奚貝？	父癸彝	—	丙申、王易葡亞𩰫奚貝。才。用乍父癸彝。	殷後Ⅲ（角 7）	殷代	—	9102	988	—
9		王	易	小臣艅	夒貝	—	—	丁巳、王省夒㠯。王易小臣艅夒貝。隹王來正人方。隹王十祀又五肜日。	殷後Ⅲ	殷代	寿張	5990	2101	殷 10 金 37e
10		子	光商	小子敔	貝	文父辛隮彝	㽙	子光商小子敔貝。用乍文父辛隮彝。㽙	殷後Ⅲ（觚形尊 38）	殷代	—	5965	2077	殷 19
11		王	易	宰椃	貝五朋	父丁隮彝	庚册	庚申、王才𣪘。王各。宰椃从。易貝五朋。用乍父丁隮彝。才六月。隹王廿祀翌又五。庚册	殷後Ⅲ（角 5）	殷代	—	9105	989	殷 15
12		婦	易賞	羿婦	貝	父乙彝	—	羿婦易賞貝于婦。用乍父乙彝。	殷後ⅢA（觚 126）	殷代	輝県	7311	1407	—
13		王	商	戍嗣子	貝廿朋	父癸寶𩰤	犬魚	丙午、王商戍嗣子貝廿朋。才䦜宗。用乍父癸寶𩰤。隹王饔䦜大室。才九月。犬魚。	殷後ⅢB（鼎 127）	殷代	安陽後崗	2708	3944	殷 11 付
14		王	易	𡧊魚	貝	父丁彝	—	辛卯、王易𡧊魚貝。用乍父丁彝。	—	殷代	殷墟西区	9101	959。新 141	—
15		王	易	亞魚	貝	兄癸隮	亞魚父丁	壬申、王易亞魚貝。用乍兄癸隮。才六月。隹王七祀翌日。亞魚父丁。	—	殷晚	殷墟西区	—	3910 新 140	—
16		王	易	子黄	貝百朋等	—	—	乙卯、子見才大室。白□□一琅九、㞢百牢。王商子黄瓚一・貝百朋。子光商姒貝。用乍己□盤。㽙。	—	殷～西周早	陝西長安	6000	2109	殷 20
17		子	易	姒	貝	己□盤	㽙							
18		匽医	易	亞	貝	父乙寶隮彝	亞㠱医矣	亞㠱医矣。匽医易亞貝。乍父乙寶隮彝。	—	殷代	伝出于盧溝橋	9439	2288	金 38b
19		沚	光賞	刿	貝	父□彝	刿	乍父□彝。沚光賞刿貝。用栥□。才寝。王庚寅。刿	—	殷代	伝近出	741	—	亞内
20		王	易	寑敄□	貝二朋	且癸寶隮	—	辛亥、王才寑。賞寑敄□貝二朋。用乍且癸寶隮。	—	殷代	—	3941	4833	—
21		卿旃	易	小子䍜	貝二百	父丁隮毀	㽙	乙未、卿旃易小子䍜貝二百。用乍父丁隮毀。㽙。	—	殷代	—	3904	4828	—
22		王	易	？	貝	父丁隮彝	亞受	戊寅、王曰𪊰隐馬。酌。易貝。用乍父丁隮彝。亞受。	—	殷代	—	2594	3889	—
23		王	商	宗庚豊	貝二朋	父丁䵼	亞𡿧	乙未、王商宗庚豊貝二朋。肜日乙。豊用乍父丁䵼。亞𡿧。	—	殷代	—	2625	3902	殷 7 付作器
24		王	賞	戍甬	貝二朋	父乙鬻	亞印	丁卯、王令宜子迨西方于省。隹返。王賞戍甬貝二朋。用乍父乙鬻。亞印。	—	殷代	—	2694	3933	—
25		尹	商	䢅	貝	父丁彝	𡆧	乙亥、王餗在𠂤。王鄉酉。尹光䢅、隹各商貝。用乍父丁彝。隹王正井方。𡆧。	—	殷代	—	2709	3942	殷 2
26		乍册友史	易	寢蔑	䵼貝	父乙隮	羊册	庚午、王令寢蔑省北田四品。才二月。乍册友史易䵼貝。用乍父乙隮。羊册。	—	殷代	—	2710	3941	—
27		王	商	乍册豊	貝	父己寶鬻	—	癸亥、王迖于乍册般新宗。王商乍册豊貝。大子易東大貝。用乍父己寶鬻。	—	殷代	—	2711	3945	—
28		大子	易		東大貝									

	期	授者	動詞	受者	貝	作器	図像	金文	林編年	集成	出土	収録	引得	備考
29	殷代	王	易	麗	貝二朋	大子丁	耶須	辛巳、王酓多亞。耶亯京。麗易貝二朋。用乍大子丁。耶須。	—	殷代	—	3975	4854	左上
30		王	光商	阩	沚貝	父乙彝	—	辛巳、𨚕尋飠。才小圃。王光商阩沚貝。用乍父乙彝。	—	殷代	—	3990	4871	亞内
31		𠂤	商	小子𡨦	貝十朋	文父丁隮彝	𠱎	癸巳、𠂤商小子𡨦貝十朋。才上𠙶。隹𠂤令伐人方。□□用乍文父丁隮彝。才十月四。𠱎。	—	殷代	—	4138	4932	殷13 作器?
32		子	易	富	貝	凡彝	瘖	辛卯。子易富貝。用乍凡彝。瘖。	—	殷代	—	5353	2766	—
33		王	易	𡧊	貝朋	母乙彝	—	丙寅。王易𡧊貝朋。用乍母乙彝。	—	殷代	—	5367	2779	—
34		𠂤	易	孝	貝	且丁彝	亞𠣳 医矣	丁亥。𠂤易孝貝。用乍且丁彝。亞𠣳医矣。	—	殷代	—	5377	—	—
35		王	易	馭)(	貝一具	父己隮彝	戠?	戠。辛巳。王易馭)(貝一具。用乍父己隮彝。	—	殷代	—	5380	—	—
36		王	光宰	甫	貝五朋	寶𪔂	—	王來獸自豆彔。才𩰫餗。王鄉酒。王光宰甫貝五朋。用乍寶𪔂。	—	殷代	—	5395	2804	—
37		𠂤	賞	小子夫	貝二朋	父己隮彝	𢭏	𠂤賞小子夫貝二朋。用乍父己隮彝。𢭏。	—	殷代	—	5967	2081	—
38		子	易	□	貝	文嫊己寶彝	𠱎	丙寅、子易□貝。用乍文嫊己寶彝。才十月又三。	—	殷代	—	9301	2402	—
39		𠂤	易	麇婦	貝	辟日乙隮彝	叡	甲午、麇婦易貝于𠂤。用乍辟日乙隮彝。叡。	—	殷代	—	7312	1408	金90a
40		子	易	奞䑣	貝	父癸隮彝	—	甲寅、子易奞䑣貝。用乍父癸隮彝。	—	殷代	—	9100	986	—
41		王	商	趞	貝	父癸寶隮	—	癸未、王才圃雚京。王商趞貝。用乍父癸寶隮。	—	殷代	—	9890	2151	—
42		康	商	𧗿	貝十朋	丁宗彝	—	己酉、戍鈴隮宜于𠂤。康𢈥𧗿九律。𧗿商貝十朋、万豕。用宔丁宗彝。才九月。隹王十祀。𠁁日。五隹來東。	—	殷代	—	9894	2154	殷1
43		𧗿	万	康	豕									
44		王	商	𩏂	貝	父丁寶隮彝	魚	乙未、王賓文武帝。乙彡日自𦎫偁王返入𦎫。王商[𩏂]貝。用乍父丁寶隮彝。才五月、隹王廿祀又二。魚。	—	殷晩	—	—	新1566	殷11, 偽?
45		王	賞	𠃬𡠉	貝二朋	𡠉隮彝	—	𠃬𡠉堇于王。癸日、賞𡠉貝二朋。用乍𡠉隮彝。	—	殷～ 西周早	—	2579	3889	
46	西周初期	医	易	復	貝三朋	父乙寶隮彝	𠱎	医賞復貝三朋。復用乍父乙寶隮彝。𠱎。	西周IA (鼎144)	西周早	北京 琉璃河	2507	3837	金38付 作器
47		王	易	𡨦父	貝	厥寶隮彝	—	休王易𡨦父貝、用乍厥寶隮彝。	西周IA (方鼎52)	西周早	—	2453 2454 2455	3798	金46
48		成王	商	獻医𩒨	貝	丁医隮彝	奞	唯成王大𡍧。才宗周。商獻医𩒨貝。用乍丁医隮彝。奞。	西周IA (鬲鼎81)	西周早	—	2626 2627	3906	金29
49		□子	易	𠂤	貝廿朋	父丁隮彝	—	辛未、□子易𠂤貝廿朋。𠂤用乍父丁隮彝。	西周IA (簋117)	西周早	—	3905	4811	作器
50		王	賓	𠨘其	貝五朋	—	亞獏 父丁	丙辰、王令𠨘其兄𢀛于夆田。𢀛、賓貝五朋。才正月。遘于匕丙肜日。大乙爽。隹王二祀。既𠂤于上下帝。	西周IA (卣76)	殷代	安陽	5412	2818	殷4
51		王	易	𠨘其	貝	—	亞獏 父丁	乙巳、王曰隮文武帝乙宜。才𠂤大庙。遘乙翌日。丙午𩰫、丁未𩰫。己酉、王才梌。𠨘其易貝。才四月。隹王四祀、翌日。	西周IA (卣65)	殷代	安陽	5413	2822	殷5
52		王	易	𨜒𠛬	貝朋	朕高且缶尊彝	—	王徙楙。易𨜒𠛬貝朋。用乍朕高且缶尊彝。	西周IA (觚形尊61)	西周早	—	5977	2087	金18
53		王	易	㓝	貝卅朋	□公寶隮彝	—	(㓝尊。釈文は長文なので省略)	西周IA (觚形尊83)	西周早	寶雞	6014	2117	金補1
54		周公	易	小臣單	貝十朋	寶隮彝	—	王後坂克商。才成師。周公易小臣單貝十朋。用乍寶隮彝。	西周IA (觶85)	西周早	—	6512	1674	金9
55		公大𠑹	賞	御正良	貝	父辛尊彝	𠃌	隹四月既望丁亥。公大𠑹賞御正良貝。用乍父辛尊彝。𠃌。	西周IA	西周早	—	9103	960	金8
56		朕公君匽医	易	圉	貝	寶隮彝	—	休朕公君匽医易圉貝用乍寶隮彝。	西周IB (方鼎72)	西周早	北京 琉璃河	2505	3822	金38付
57		王	商	子	貝	—	—	乙亥、子易小子𦣻王商貝。才𥨊師。𦣻用乍父己寶隮。𠱎。	西周IB (鬲鼎95)	殷代	—	2648	3909	殷16 作器
58		子	易	小子𦣻	貝	父己寶隮	𠱎							
59		王	易	徝	貝廿朋	寶隮彝	—	隹三月、王才成周。延珷福自鎬咸。王易徝貝廿朋。用乍寶隮彝。	西周IB (方鼎62)	西周早	—	2661	3919	金54

	期	授者	動詞	受者	貝	作器	図像	金文	林編年	集成	出土	收録	引得	備考
60	西周初期	王	賞	奠	貝十朋	寶彝	—	癸卯、王來奠新邑【二】旬又四日。丁卯、【往】自新邑于東。王賞貝十朋。用乍寶彝。	西周 IB (鬲鼎 101)	西周早	伝出于扶風任家村	2682	—	—
61		大保	賞	董	貝	大子癸寶𩰫鬻	餗	匽侯令董𩰬大保于宗周。庚申、大保賞董貝。用乍大子癸寶𩰫鬻。餗。	西周 IB (鼎 190)	西周早	北京琉璃河	2703	3937	—
62		?	遣	我?	貝五朋等	父己寶𩰫彝	亞若	隹十月又一月丁亥、我乍邙禜且乙匕乙・且己匕癸。征礿㯱。二母咸㝬、遣禰二𥃝貝五朋。用乍父己寶𩰫彝。亞若。	西周 IB (方鼎 73,74)	西周早	伝出于洛陽	2763	3976	金 16c
63		王?	易	史䛐	貝十朋	彝?	—	乙亥、王曻畢公。廼易史䛐貝十朋。䛐由于彝。其于之朝夕監。	西周 IB (簋 151)	西周早	陝西岐山	4030 4031	4885	金 50
64		王	易	遣	采	姞寶彝	—	隹十又三月辛卯、王才序。易遣采。曰趞。易貝五朋。遣對王休。用乍姞寶彝。	西周 IB (卣 148, 觶形尊 3)	西周早	—	卣 5402 觶 5992	2102	金 17
65					貝五朋									
66		商	賞	庚姬	貝卅朋	—	—	隹五月辰才丁亥。帝司。賞庚姬貝卅朋。廼𢆶廿寽、商用乍文辟日丁寶𩰫彝。𠱾。	西周 IB (觚形尊 115, 卣 131)	西周早	扶風	觚 5404 卣 5997	2105	殷 22・金補 15a
67		庚姬	廼	商	𢆶廿寽	文辟日丁寶𩰫彝	𠱾							
68		夷白	賓	乍册睘	貝等	文考癸寶𩰫器	—	隹十又九年。王才序。王姜令乍册睘安夷白。夷白賓睘貝布。揚王姜休用。乍文考癸寶𩰫器。	西周 IB (卣 139)	西周早	—	5407	2816	尊 5989 と関連 金 22
69		匽侯	易	白矩	貝	父戊𩰫彝	—	才戊辰。匽侯易白矩貝。用乍父戊𩰫彝。	西周 IB (鬲 17)	西周早	北京琉璃河	689	4182	金 38 付
70		匽侯	賞	復	貝等	父乙寶𩰫彝	𠱾	匽侯賞復冂衣・臣妾・貝。用乍父乙寶𩰫彝。𠱾。	西周 IB (觚形尊 100)	西周早	北京琉璃河	5978	2090	金 38 付
71		王	易	𠹭士卿	貝朋	父戊𩰫彝	子黑	丁巳王才新邑。初𩛥。王易𠹭士卿貝朋。用乍父戊𩰫彝。子黑。	西周 IB (觚形尊 86)	西周早	伝出于洛陽	5985	2095	金 27
72		公	商	𨻰	貝	父乙寶𩰫彝	—	隹公遹于宗周。𨻰從公亥既。洛于官。商𨻰貝。用乍父乙寶𩰫彝。	西周 IB (觚形尊 94)	西周早	河県辛村	5986	2097	—
73		夷白	賓	余乍册睘	貝等	朕文考日癸𡔈寶	亢	才序。君令余乍册睘安夷白。夷白賓用貝布。用乍朕文考日癸𡔈寶。亢。	西周 IB (觚形尊 105)	西周早	—	5989	2100	卣 5407 と関連 金 22b
74		𠀠季受(厥)	休	𣌭	貝二朋	考付父𩰫彝	—	𣌭休于𠀠季受貝二朋。揚厥休用乍考付父𩰫彝。	西周 IB (觚形尊 96) = 西周 II B (觚形尊 136)	西周中	—	5981	2091	左上
75		王(天子)	易	白姜	貝百朋	寶𩰫彝	—	隹正月既生霸。庚申王才葊京。溼宮天子㳚宦白姜。易貝百朋。白姜對揚天子休。用乍寶𩰫彝。用夙夜明亯于卲白日庚。天子萬年。𠕅孫孫子子受厥屯魯。白姜日受天子魯休。	—	西周早	長安	2791	3994	—
76		王𡚬	易	弔𧊒	貝	寶𩰫彝	—	弔𧊒易貝于王𡚬。用乍寶𩰫彝。	—	西周早	9888 は洛陽	尊 5962 彝 9888	2150	𡚬 ;9888 →姛
77		王	易	圛	貝	寶𩰫彝	—	王𠦪于成周。王易圛貝。用乍寶𩰫彝。	—	西周早	北京琉璃河 382 は遼寧喀左	甗 935 卣 3824 卣 3825 卣 5374	4761 4859 5179	—
78		王	商	乍册般	貝	父己𩰫	來册	王宜人方無敄。咸。王商乍册般貝。用乍父己𩰫。來册。	—	西周早	北京琉璃河	944	5184	殷 14
79		公中	易	𢀛	貝	寶𩰫彝	—	乙丑、𢀛易貝于公中。用乍寶𩰫彝。	—	西周早中	北京琉璃河	6509	新 1355	—
80		公仲	易	庶	貝十朋	寶𩰫彝	—	乙丑、公仲易庶貝十朋。庶用乍寶𩰫彝。	—	西周早中	北京琉璃河	6510	1673	作器
81		孟□父	休	孟員	貝十朋	𠂤寶旅彝	—	孟□父休于孟員易貝十朋。孟員□用乍𠂤寶旅彝。	—	西周早中	陝西長安	—	新 697 3903	—
82		王	易	?	貝廿朋等	安公寶𩰫彝	—	乙卯、王𡨦葊京。王𠦪辟舟臨舟龍、咸𠦪。白唐父告備。王各□辟舟、臨𠦪白旂、用射□□虎貉白鹿于辟池咸𠦪。□蔑暦。易矩𩰪一・卣・貝廿朋、對揚王休、乍安公寶𩰫彝。	—	西周早中	陝西長安	—	新 698	—
83		王	易	?	貝五朋	寶器鼎	—	兄厥師眉𡨦。王爲周[illegible]。易貝五朋。用爲寶器鼎。二毀二其用亯。于厥帝考。	—	西周早中	鳳翔	鼎 2705 毀 4097	3938	—
84		庚宮	易	保侃母	貝	寶毀	—	保侃母易貝于庚宮。乍寶毀。	—	西周早	伝出于河北	3743 3744	4714	金 72g

	期	授者	動詞	受者	貝	作器	図像	金文	林編年	集成	出土	収録	引得	備考
85	西周初期	王	易	巂卣	貝	兄癸彝	㕚	丁巳、王易巂卣貝。才𠂤。用乍兄癸彝。才九月。隹王九祀𠭯日。	—	西周早	伝得于鄴	5397	2805	殷 3
86		公	易	乍冊䢅	貝等	父乙寶𢀛彝	冊殸舟	隹明𠈇殷成周年、公易乍冊䢅鬯貝。䢅揚公休。用乍父乙寶𢀛彝。冊殸舟。	—	西周早	伝出于洛陽	5400	2809	金 26
87		王	朁	士上・史寅	豚	父癸寶𢀛彝	臣辰冊⺈	隹王大龠于宗周、徃寱莽京年。才五月既望辛酉。王令士上眔史寅𢊁于成周。朁百生豚眔賞卣鬯・貝。用乍父癸寶𢀛彝。臣辰冊⺈	—	西周早	伝出于洛陽	卣 5421 卣 5422 盉 9454	2827	金 30
88		百生	賞		貝等							尊 5999	2110	
89		周公	賞	㘰	貝百朋	𢀛鼎	—	隹周公于征伐東夷・豐白・尃古、咸𢦏。公歸㮚于周廟。戊辰龡秦龡。公賞㘰貝百朋。用乍𢀛鼎。	—	西周早	伝出于鳳翔	2739	3962	金 10g
90		姛	休易	厥瀕史	貝	隣寶彝	—	姛休易厥瀕史貝。用乍隣寶彝。	—	西周早	—	643	4162	—
91		—	易	—	貝	母辛𡚬彝	—	易貝。用乍母辛𡚬彝。	—	西周早	—	2327	3730	左上
92		王	易	徃	貝廿朋	寶𢀛彝	—	王易徃貝廿朋。用乍寶𢀛彝。	—	西周早	—	鼎 2405 段 3733	3767	金 54a
93		白姜	易	從	貝卅朋	寶鼎	—	白姜易從貝卅朋。從用乍寶鼎。	—	西周中	—	2435	3789	作器
94		医	易	中	貝三朋	且癸寶鼎	—	医易中貝三朋。用乍且癸寶鼎。	—	西周早	—	2458	3815	—
95		王	易	交	貝	寶彝	—	交從嘼𢦏即。王易貝。用乍寶彝。	—	西周早	—	2459	3808	—
96		尹	商	斉	貝三朋	父丁𢀛彝	—	□卯、尹商斉貝三朋。用乍父丁𢀛彝。	—	西周早	—	2499	3820	—
97		康医	易	乍冊疐	貝	寶彝	—	康医才朽𠂤。易乍冊疐貝。用乍寶彝。	—	西周早	—	2504	3851	金 15
98		王	易	𡗜	貝	且乙𢀛	田告亞	己亥、王易𡗜貝。用乍且乙𢀛。田告亞。	—	西周早	—	2506	3833	—
99		𤔲公	易	小臣𤯍	貝五朋	寶𢀛彝	—	𤔲公□匽、休于小臣𤯍貝五朋。用乍寶𢀛彝。	—	西周早	—	2556	3874	金 44
100		王	賞	匽医旨	貝廿朋	又始寶𢀛彝	—	匽医旨初見事于宗周。王賞旨貝廿朋。用乍又始寶𢀛彝。	—	西周早	—	2628	3907	金 38
101		天君	賞	厥征人	厂貝	父丁𢀛彝	奞	丙午、天君鄉禟酉。才厂。天君賞厥征人厂貝。用乍父丁𢀛彝。奞。	—	西周早	—	2674	3924	金 72 付
102		王	易	庚嬴	貝十朋等	寶鼎	—	隹廿又二年四月既望己酉。王寴琱宮、衣事。丁巳、王蔑庚嬴曆易裸𣪘・貝十朋。對王休用乍寶鼎。	—	西周早	—	2748	3968	金 80a
103		王	易	小臣夌	貝等	季娟寶𢀛彝	—	正月、王才成周。王迖于楚麓。令小臣夌先省楚应。王至于迖应。無譴。小臣夌易貝、易馬兩。夌拜𩒨首。對揚王休用乍季娟寶𢀛彝。	—	西周早	—	2775	3983	—
104		—	—	𨻰白睘	貝十朋又四朋	寶𢀛彝	—	𨻰白睘乍寶𢀛彝。用貝十朋又四朋。	—	西周早	—	3763	4725	金 100a 作器
105		小臣(厥)	易	易央	貝三朋等	父丁𢀛彝	—	易央曰、趞弔。休于小臣貝三朋・臣三家。對厥休用乍父丁𢀛彝。	—	西周早	—	4042 4043	4888	—
106		公姛	易	奢	貝	父乙寶彝	—	隹十月初吉辛巳、公姛易奢貝。才莽京。用乍父乙寶彝。其子孫永寶。	—	西周早	—	4088	4908	金 72d
107		王	易	弔徃	貝十朋等	寶𢀛彝	—	王易弔徃臣𢦏十人・貝十朋・羊百。用乍寶𢀛彝。	—	西周早	—	3942	4835	金 53
108		我天君	商	厥	斤貝	父丁𢀛彝	奞	癸亥、我天君鄉飲酉。商貝。厥征斤貝。用乍父丁𢀛彝。奞。	—	西周早	—	4020	4878	—
109		王＝天子	易	厥臣父㚸瓚	瓚	寶𢀛彝	—	隹正月甲申、㚸各。王休易厥臣父㚸瓚。王祼貝百朋。對揚天子休用乍寶𢀛彝。	—	西周早	—	4121	4929	金 58b
110			祼		貝百朋									
111		王姜＝王	易	小臣伯	貝二朋	寶鼎	—	隹二月辛酉、王姜易小臣伯貝二朋。揚王休用乍寶鼎。	—	西周早	—	—	新 1696	—
112		王	商	臣高	貝十朋	文父丁寶𢀛	㽙	乙未、王商臣高貝十朋。用乍文父丁寶𢀛。㽙。	—	西周早	—	—	新 1749	—
113		王	易		貝二朋等	父辛𢀛	□父丙	戈北單冊冊。壬寅。州子曰僕麻余易帛・𡨦貝、蔑女。王休二朋。用乍父辛𢀛。□父丙。	—	西周早	—	—	新 1753	—

	期	授者	動詞	受者	貝	作器	図像	金文	林編年	集成	出土	收録	引得	備考
114	西周初期	侯	?	搏	貝五朋等	□中好寶	—	隹十月初吉壬申、□戎大出于□□。搏戎執□隻馘□侯□□馬四匹・臣一家・貝五朋。□揚侯休用乍□中好寶。	—	西周早	—	—	新1891	偽?
115		公	賓	縣	貝十朋等	癸寶隮彝	—	隹十又一月。初吉辛亥。公令縣伐于曩白。白蔑縣曆。賓□𣪕廿・貝十朋。縣對揚公休。用乍且癸寶隮彝。	—	西周早	—	4146	4944	—
116		—	賞	小臣豊	貝	父乙彝	—	賞小臣豊貝。用乍父乙彝。	—	西周早	—	5352	2772	—
117		王?	易	网刼	貝朋	朕高且寶隮彝	亞?	王征棥。易网刼貝朋用乍朕高且寶隮彝。	—	西周早	—	5383	2790	亞内
118		姜	易	息白	貝	父乙寶隮彝	—	隹王八月。息白易貝于姜。用乍父乙寶隮彝。	—	西周早	—	5385 5386	2798	金 22b
119		王	易	呂	貝三朋等	寶隮彝	—	辛子、王祭□。才成周。呂易鬯一卣・貝三朋。用乍寶隮彝。	—	西周早	—	—	新1894	—
120		公	易	逪	貝	父乙寶隮彝	冉[illegible]	公易逪貝。對公休用乍父乙寶隮彝。冉[illegible]。	—	西周早	—	5975	2086	—
121		厥咎公	易	能匋	貝	文父日乙寶隮彝	𠔉	能匋易貝于厥咎公。矢宣五朋。能匋用乍文父日乙寶隮彝。𠔉。	—	西周早	—	5984	2096	—
122		公	易	臣衛宗𨰸	貝四朋	父辛寶隮彝	—	唯四月乙卯。公易臣衛宗𨰸貝四朋。才新喬。用乍父辛寶隮彝。	—	西周早	—	5987	2099	—
123		公	易	乍册䢅	貝等	父乙寶隮彝	册殸	隹明僳殷成周年。公易乍册䢅鬯・貝。䢅揚公休用乍父乙寶隮彝。册殸。	—	西周早	—	5991	2103	—
124		庚姜	易	保攸母	貝	簟彝	—	保攸母易貝于庚姜。用乍簟彝。	—	西周早	—	10580	5755	金 72h
125		公仲?	易	彔	貝五朋	父辛隮彝	𩑋	隹八月甲申。公仲才宗周。易彔貝五朋。用乍父辛隮彝。𩑋。	—	西周早	—	10581	5756	金 55b
126		?	易	三	貝卅朋	文父宗祀隮彝	—	乙亥…丙…隮…天子…或…于…易三貝卅朋。乍文父宗祀隮彝。	—	西周早	—	—	3940	—
127		公	易	望	貝	父甲寶彝	—	公易望貝。用乍父甲寶彝。	—	西周早	—	9094	956	金 130b
128		㚤	商	征	貝	父辛彝	亞矣	丁未、㚤商征貝。用乍父辛彝。亞矣。	—	西周早	—	9099	987	金 16b
129		㝬白	賓	盂	貝	父寶隮彝	—	隹王初桒于成周。王令盂寧㝬白。賓貝。用乍父寶隮彝。	—	西周早	—	9104	961	金 35
130		公	歸	万亞	五十朋等	父己	夫册	乙未、公大保買大珼于万亞。才五十朋。公令亢歸万亞五十朋以□□鬯□牛一。亞賓亢□金二勻。亢對亞宦用乍父己。夫册。	—	西周早	—	—	新1439	—
131		王	易	蔡	貝十朋	宗彝	—	王才魯。蔡易貝十朋。對揚王休。用乍宗彝。	—	西周早中	—	5974	2085	—
132	西周中期	医	易	富	貝等	嘼白父辛寶隮彝	—	隹九月既生霸辛酉。才匽。医易富貝金。揚医休、用乍嘼白父辛寶隮彝。富萬年子子孫孫。寶光用大侼。	西周Ⅱ A (鼎 209)	西周早	寿張	2749	3969	金 40
133		医	賞	攸	貝三朋	父戊寶隮彝	—	医賞攸貝三朋。攸用乍父戊寶隮彝。啟乍綦。	西周Ⅱ A (簋 234)	西周早	北京琉璃河	3906	4829	金 38 付作器
134		王姜=皇王	商	乍册夨令	貝十朋等	丁公寶毀	鳥形册	隹王于伐楚。白才炎。隹九月。既死霸丁丑。乍册夨令隮宜于王姜。姜商令貝十朋・臣十家・鬲百人・公尹白丁父兄于戍戍冀嗣三。令敢揚皇王宦。丁公文報。用顈後人亯。隹丁公報。令用奔辰于皇王。令敢辰皇王宦。用乍丁公寶毀。用隮史于皇宗。用鄉王逆𨑓。用愿寮人。婦子後人永寶。鳥形册	西周Ⅱ A (簋 267)	西周早	洛陽	4300 4301	5038	金 24
135		王	易	章白馭	貝十朋	朕文考寶隮	—	隹王伐逨魚。徙伐淖黑。至燎于宗周。易章白馭貝十朋。敢對揚王休用乍朕文考寶隮。毀其萬年。子子孫孫其永寶用。	西周Ⅱ B (簋 295)	西周早	伝出于西安	4169	4961	金 80 付
136		兮公	室	盂	貝十朋等	父丁寶隮彝	[illegible]	兮公室盂鬯束・貝十朋。盂對揚公休用乍父丁寶隮彝。[illegible]。	西周Ⅱ B (卣 202)	西周早	伝出于陝西	5399	2808	金 35a
137		王	易	庚嬴	貝十朋等	厥文姑寶隮彝	—	隹王十月既望、辰才己丑。王逄于庚嬴宮。王穫庚嬴曆易貝十朋又丹一庌。庚嬴對揚王休用乍厥文姑寶隮彝。其子子孫孫。萬年永寶用。	西周Ⅱ A (卣 179)	西周早	—	5426	2828	金 80
138		王	易	公	貝五十朋	—	—	隹四月初吉甲午。王雚于嘗、公東宮內鄉于王。王易公貝五十朋。公易厥涉子效王休貝廿朋。效對公休。用乍寶隮彝。烏虖。效不敢不萬年。夙夜奔走揚公休。亦其子子孫孫永寶。	西周Ⅱ A (觶形尊 10)	西周中	伝出于洛陽	卣 5433 尊 6009	2115	金 81
139		公	易	厥涉子效	王休貝廿朋	寶隮彝	—							

	期	授者	動詞	受者	貝	作器	図像	金文	林編年	集成	出土	収録	引得	備考
140	西周中期	王	易	白懋父	自五鷀貝	—	—	叡東夷大反。白懋父以殷八自征東夷。唯十又一月。遣自覺自。述東陕。伐海眉。雩厥復歸才牧自。白懋父承王令。易自逹征自五鷀貝。小臣謎蔑曆眔易貝。用乍寶隣彝。	西周Ⅱ A (簋 259)	西周早	伝出于浚県	4238 4239	4997	金 63
141		王？	易	小臣謎	貝	寶隣彝								
142		王	易	剌	貝卌朋	黃公隣鬻彝	—	唯五月、王才衣、辰才丁卯。王啻用牡于大室、啻卲王。剌卸。王易剌貝卅朋。天子萬年。剌對揚王休用乍黃公隣鬻彝。粊孫孫子子永寶用。	西周Ⅱ B (鼎 239)	西周中	—	2776	3981	金 97
143		大趺	易	豊	貝等	父辛寶隣彝	木羊册	隹六月。既生霸乙卯。王才成周。令豊庭大趺。大趺易豊金貝。用乍父辛寶隣彝。木羊册。	西周Ⅱ B～ⅢA (卣 221) = 西周ⅡB (觶形尊 23)	西周中	扶風	5403 5996	2812 2107	金補 2e
144		白雍父	易	彔	貝十朋	文考乙公寶隣彝	—	王令彧曰。叡、淮夷敢伐內國。女其以成周自氏戍于珅自。白雍父蔑彔曆易貝十朋。彔拜頟首、對揚白休、用乍文考乙公寶隣彝。	西周Ⅱ B (卣 199)	西周中	—	5419 5420	2826	金 91b
145		公	易	畾	貝五朋等	辛公毀	—	隹正月。初吉丁卯。畾造公。公易畾宗彝一鬫。易鼎二。易貝五朋。 畾對揚公休。用乍辛公毀。其萬年孫子寶。	西周Ⅱ B (簋 281)	西周中	—	4159	4948	金 57
146		王	易	不栺	貝十朋	寶鬻彝	—	隹八月既望戊辰。王才上医应夅祼。不栺易貝十朋。不栺拜頟首、敢揚王休用乍寶鬻彝。	西周Ⅱ (方鼎 77)	西周中	扶風	2735 2736	3961	金補 2b
147		王	易	吕夫	貝卌朋等	寶鼒	—	隹五月既死霸、辰才壬戌。王饔呑大室、吕延于大室。王易吕夫鬯三卣・貝卅朋。對揚王休用乍寶鼒。子子孫孫永用。	西周Ⅱ (方鼎 80)	西周中	—	2754	3972	金 96
148		公	易	旅	貝十朋	父丁隣彝	[illegible]	隹公大保俘來伐反夷。年才十又一月。庚申、公才盩自。公易旅貝十朋。旅用乍父丁隣彝。[illegible]。	—	西周中	黄県	2728	3957	作金 5 器
149		王	易	義	貝十朋	寶隣盉	—	隹十又一月。既生霸甲申。王才魯。卿即邦君。者医。正。又嗣大射。義蔑曆。眔于王。逨義易貝十朋。對揚王休。用乍寶隣盉。子子孫孫其永寶。	—	西周中	長安	9453	—	—
150		王	嗌	尸白	貝十朋	尹姞寶毀	—	隹王征月初吉、辰才壬寅。尸白尸于西宮、嗌貝十朋、敢對陽王休用乍尹姞寶毀。子子孫孫永寶用。	—	西周中	扶風	—	新 667	—
151		王＝天子	易	師遽	貝十朋	文考旄弔隣毀	—	隹王三祀四月既生霸辛酉、王才周、客新宮。王征正師氏。王乎師朕、易師遽貝十朋。遽拜頟首。敢對揚天子不伓休。用乍文考旄弔隣毀。世孫子永寶。	—	西周中	伝出于岐山	4214	4988	金 100
152		王	易	穆公	貝廿朋	寶皇毀	—	隹王初女𩱛。廼自商自復還至于周□夕。鄉醴于大室。穆公峉□王。兮宰□易穆公貝廿朋。穆公對王休。用乍寶皇毀。	—	西周中	—	4191	4969	—
153		白氏＝公	易	皽	貝五朋等	—	—	唯八月初吉丁亥。白氏賨皽。易皽弓矢束馬匹貝五朋。皽用從。永揚公休。	—	西周中	—	4099	4912	金 93a
154		師淮父	易	稆	貝卅孚	文考日乙寶隣彝	戉	稆從師淮父、戍于古自。蔑曆易貝卅孚。稆拜頟首。對揚師淮父休用乍文考日乙寶隣彝。其子子孫。永寶。戉。	—	西周中	—	5411	2821	金 90c
155		王	易	鬲	貝	父甲寶隣彝	—	鬲易貝于王。用乍父甲寶隣彝。	—	西周中	—	5956	2072	—
156		王	易	懋	貝	父丁寶壺	—	隹八月既死霸戊寅、王才葊京。溼宮。寴令史懋路筭。咸。王呼伊白易懋貝。懋拜頟首對王休。用乍父丁寶壺。	—	西周中	—	9714	1799	—
157		王	？	鮮	貝廿朋等	—	—	隹王卅又四祀。唯五月既望戊午。王才葊京。啻于珋王。鮮蔑曆。祼王䙵祼玉三品・貝廿朋。對王休用乍子孫其永寶。	—	西周中	—	10166	5404	—
158		王	易	小臣靜	貝五十朋	父丁寶隣彝	—	隹十又三月、王客葊京。小臣靜卽事、王易貝五十朋、揚天子休、用乍父丁寶隣彝。	—	西周中	—	—	2813 新 1960	金 84b
159		王	易	爯身	貝卅朋等	文考釐公隣彝	—	隹王十又一月初吉丁亥、王才姑。王弗忘應公室。●寶爯身。易貝卅朋・馬三匹。爯對揚王不顯休寶。用乍文考釐公隣彝。其萬年用夙夜明享。其永寶。	—	西周中	—	—	4989	—
160		晉侯	休	□	貝十朋等	寶毀	—	隹七月初吉丙申、晉侯令□追于倗休又禽侯釐□穩冑毋戈弓矢束貝十朋受茲休用乍寶毀。其孫孫子子永用。	—	西周中	—	—	新 1445	—
161		王	賓	士山	貝等	文考釐中寶隣般盉	—	隹王十又六年九月既生霸甲申。王才周新宮。王各大室即立。士山入門立中廷北卿、王乎乍册尹册令士曰。于入葬侯徙□□□□服眔大虘服履六孳服葬侯□□賓貝金山拜頓首。敢對揚天子子不顯休用乍文考釐中寶隣般盉。山其萬年永用。	—	西周中	—	—	新 1555	—

	期	授者	動詞	受者	貝	作器	図像	金文	林編年	集成	出土	收録	引得	備考
162	西周中期	王	易	爯	貝卅朋等	文考釐公寶隣	—	隹王十又一月初吉丁亥、王才姑。王弗望應公室、滅宝爯身易貝卅朋・馬四匹。爯對揚王不顯休。宝用乍文考釐公寶隣。其萬年用夙夜明乖其永寶。	—	西周中	—	—	新1606	—
163		王	易	乎老來	貝廿朋等	寶設	—	隹十又一月既生霸戊申、王才周康宮、鄉醴。來部。王蔑乎老來曆、易玉十又二瑴・貝廿朋。來拜旺首曰、天子其萬年來其永老妾來、敢對揚王休、用乍寶設。其孫孫子子用。	—	西周中	—	—	新1958 新1959	—
164	西周後期	王	賷	乎士	貝卅朋等	寶隣彝	—	隹十又四月、王彭大册桼。才成周咸桼王乎殷乎士、賷弔夨以□衣・車馬・貝卅朋、敢對王休用乍寶隣彝。其萬年對揚王光乎士。	—	西周晚	天馬曲村	—	新915	—
165		王？	嗌	敖弔	貝十朋	寶設	—	隹王三月。初吉癸卯。敖弔微[illegible]于西宮。嗌貝十朋。用乍寶毀。子子孫孫。其壐年永寶用。	—	西周晚	—	4130	—	—
166		王	釐	敔	貝五十朋等	隣毀	—	隹王十月、王才成周。南淮夷遷及、内伐涅昴參泉裕敏陰陽洛。王令敔、追鄧于上洛炻谷。至于伊、班。長榤蕺首百・執訊四十、奪孚人四百。獻于焚白之所。于炻衣諱、復付厥君。隹王十又一月、王各于成周大廟。武公入右敔、告禽馘百・訊四十。王蔑敔曆、事尹氏受。釐敔圭章・娶・貝五十朋。易田于敆五十田、于早五十田。敔敢對揚天子休用作隣毀。敔其儞年。子子孫孫永寶用。	—	西周晚	—	4323	5051	金164
167		王姛	易	�侃母	貝	寶壺	—	王姛易�侃母貝。揚姛休用乍寶壺。	—	西周晚	—	9646	1767	—
168	不明	王	易	贏氏	貝	公寶隣彝	—	丙戌、王格于公室。贏氏蔑曆、易貝、用乍公寶隣彝。	—	—	—	—	—	金80付
169		白□父	易	彔	貝十朋	文考乙公寶隣彝	—	王令閔曰、叡淮夷敢伐内國、女其以成周師氏戍于□自。白□父蔑彔曆、易貝十朋、彔拜旺首、對揚白休用乍文考乙公寶隣彝。	—	—	—	—	新1961	—

注1 本表は宝貝に関する金文を収集・整理したものである。 出典は林編年・収録・引得。黄然偉『殷周史料論集』（三聯書店、1995）も適宜参照。「林編年」は林巳奈夫『殷周時代青銅器の研究 殷周青銅器綜覧1』（吉川弘文館、1984年）、「集成」と「収録」は中国社会科学院考古研究所編『殷周金文集成釈文』（香港中文大学中国文化研究所、2001年）、「引得」は教育部人文社会科学重点研究基地・華東師範大学中国文字研究与応用中心編『金文引得（殷商西周巻）』（広西教育出版社、2001年）、当該欄の「新＋数字」は鍾柏生・黄銘崇・陳昭容・袁国華編『新収殷周青銅器銘文暨器影彙編』（芸文印書館、2006年）による。

注2「出土」は青銅器出土地。「備考」には白川静の『金文通釋』の収録番号（金＋番号）と『殷文札記』の収録番号（殷＋番号）を付した。また金文が「亞」字形内に記されている場合は「亞内」、金文に作器者が明記されている場合は「作器」、金文が左上から書き始められている場合は「左上」、偽器の可能性がとりわけ高いものは「偽？」と注記した。

関中地区における西周王朝の服属諸氏族について

岡本　真則

はじめに

西周王朝は、紀元前11世紀末に殷王朝を打倒した後、一族・功臣を中心とする人々を国の守りとして各地に領土を与えて諸侯とした所謂「封建」を行ったとされる。この「封建」について、『左伝』昭公九年条に「文・武・成・康の、母弟を建て、以て周に藩屛とす」、同昭公二八年条に「昔、武王商に克ちて天下を光有し、その兄弟の國せるもの十有五人、姫姓の國せるもの四〇人、みな親を擧ぐるなり」、同僖公二四年条に「昔、周公二叔の咸からざるを弔み、故に親戚を封建し、以て周室に藩屛す。管・蔡・郕・霍・魯・衞・毛・聃・郜・雍・曹・滕・畢・原・酆・郇、文の昭なり。邘・晉・應・韓、武の穆なり。凡・蔣・邢・茅・胙・祭、周公の胤なり」とあり、殷王朝打倒後から康王の時代にかけて王の兄弟や同姓の者が多く諸侯として封建されたことが語られ、僖公二四年条では26の姫姓諸侯が挙げられている。しかし、文献史料からはこれら諸侯国の西周時代における動静は殆どわからない。例えば、『史記』の世家では周初に封建された諸侯国のうち、呉・斉・魯・燕・管・蔡・陳・杞・衛・宋・晋・楚の歴史が記されているが、これら諸国の動静が詳しく記されるのは西周末～春秋時代以降からで、西周時代の大半は歴代の諸侯の名が確認できる程度にすぎない。つまり、文献史料から西周王朝がこれら諸侯をどのように支配していったのかは明らかにし難い。そこで注目されるのが、近年陸続と公表されている西周時代の墓葬や銅器窖蔵（青銅器を埋めた窖穴）などの考古資料である。西周時代の墓葬には、虢・衛・魯・燕・晋などの姫姓諸侯国の墓地や、西周王朝の直轄地であった陝西省の関中地区や河南省洛陽市一帯で発見された高級貴族墓地などがあり、さらに関中地区では銅器窖蔵が多数発見されており、これら遺構から多くの銘文を持つ青銅器（以下、これを有銘青銅器と記す）が出土している。(1) 筆者はこれらの考古資料を活用して、西周王朝が諸侯をどのように支配していたのかを明らかにすることを目的とし、本稿では西周王朝の直轄地であった関中地区を対象として、この問題を考察する。

関中地区では、文王・武王が都を置いた豊京・鎬京の地と考えられている灃河中流域の豊鎬遺跡地区、及び文王の祖父古公亶父が集落を作った「岐下」の地と考えられる周原遺跡を含む周原地区に墓葬・銅器窖蔵が集中的に分布している。そこで本稿では、関中地区を、①豊鎬遺跡地区、②周原地区、③豊鎬・周原地区を除く陝西省中部・東部地区、④甘粛省の涇河上流域を含む陝西省西部地区の4区域に分けて検討していくこととする。

一、豊鎬遺跡地区

豊鎬遺跡は、陝西省西安市長安区西北の灃河中流域に位置し、灃河西岸（灃西）の豊京遺跡と灃河東岸（灃東）の鎬京遺跡からなる。以下、灃西（豊京遺跡）地区・灃東（鎬京遺跡）地区に分けて検討していく。

（一）灃西（豊京遺跡）地区

1、墓葬

表1は灃西地区で発掘・整理された主要な西周墓をまとめたものである。墓葬の大半は盗掘などによる撹乱を受けているため、出土遺物は多くないが、表中に挙げた853基の墓葬のうち、約四分の一にあたる215基に腰坑が見られ、その多くには坑内に殉犬が認められる。腰坑とは墓室下部に設けられた坑穴のことで、坑内には犬を殉葬させることが多い。この腰坑・殉犬の葬俗は殷人のものと考えられている(2)。また、これら腰坑を持つ墓から出土した青銅器の多くに族徽や「父乙」「父辛」などと親族称謂に十干を加えた祖先名（以下、人名の一部に十干が用いられたものを干名と称す）が見られる。張懋鎔氏によれば、族徽や干名は殷人が盛んに用いたもので、周人は用いなかったという(3)。従って、腰坑を持つ墓葬、及び族徽や干名を銘に持つ青銅器などは、殷の遺民、ないしは殷王朝と密接な関係にあった氏族の遺民（以下、殷系統氏族と称す）が残したものと考えられる。

灃西地区で注目されるのは、張家坡で発見された井叔家族墓地である。報告によれば、井叔家族の墓葬は7基あり、そのうち墓道を持つ大墓4基の墓主は、それぞれ西周中期後段（懿王～孝王時期頃）の世代の異なる井叔と考えられている。報告者は、西周時代の墓葬で墓道を持つものは諸侯国君やその夫人レベルの墓葬であること、また藍田県寺坡村銅器窖蔵（表7②）から出土した弭叔簋や伝世器の免諸器（簋・卣・尊）などでは、井叔が冊命儀礼の右者を務めていることなどから、井叔家族は代々朝廷の重臣、高級貴族であったと指摘する(4)。西周金文で井字を冠する人名は、井叔のほかに井侯・井公・井伯・井季・奠井叔・豊井叔などが見られ、いずれも井氏に属すと考えられている。徐中舒氏によれば、井は文献では邢に作り、畿内の井氏は、『左伝』僖公二四年に「凡・蔣・邢・茅・胙・祭、周公の胤なり」とある周公の子で初代邢侯の次子の後裔である(5)。朱鳳瀚氏は、畿内の井氏は井伯が大宗で、井叔はその一支、井公は井叔の後裔、奠井叔・豊井叔・井季は井叔から更に分族した一支で、井伯は今の鳳翔県一帯に、井叔・豊井叔は灃西一帯に領地を持っていたと指摘する(6)。

2、銅器窖蔵

西周時代の銅器窖蔵は豊鎬遺跡地区及び周原地区から多数発見されている（表2・6参照）。窖蔵出土青銅器は、基本的に窖穴の中に並べ置かれており、廃棄されたのではなく、埋納されたものと考えられる。また、青銅器を窖蔵に埋納した時期とその背景については、西周後期に厲王が国人暴動によって彘へ逃れた際、ないしは西周末年に犬戎の侵攻により周室が洛陽へ東遷する際、これに従った貴族達が、それまでに伝世してきた青銅器を住居附近に埋納したもので、その大多数は西周末年の周室東遷時と考えられている。(7) また、李学勤氏は、同一窖蔵から出土した器物は、一人ないしは一家族の数世代にわたる人達が製作したものと指摘する。(8) 表2・6に示したように、同一窖蔵から出土した青銅器には複数以上の作器者が見られることが多く、作器者名や銘文に記された共通する祖先名などから、これらが同一家族のものと実証されるものもあるが、作器者間の関係を明らかにし難いものも多い。しかし、同一窖蔵から出土した以上、少なくともこれらの青銅器は同一氏族が所持していたものと考えられる。

表2は灃西地区で発掘された主要な銅器窖蔵と出土青銅器の作器者をまとめたものである。張家坡・馬王村・新旺村一帯に7つの窖蔵が分布しており、これらは7氏族が残したものと考えられる。張家坡（表2①）出土青銅器は、銘文の殆どが短文であるため、作器者間の具体的関係は不詳とせざるを得ないが、元年師旋簋では師旋が遅公を右者として王の冊命を受け、王室直営地の管理と軍隊の輔佐を命ぜられている。なお右者遅公の出自は不明。また筍侯盤に「筍侯、叔姫の媵盤を作る」、伯百父鎣に「伯百父、孟姫の媵鎣を作る」、伯百父盤に「伯百父、孟姫の媵盤を作る」とあり、これらはいずれも筍侯・伯百父が女の叔姫・孟姫の為に作った媵器（嫁入り道具として嫁ぎ先に持ってきた青銅器）であるから、この窖蔵を残した氏族は非姫姓と考えられる。

馬王村一帯では、一九六七年出土（表2②）の鄦男鼎に「鄦男、成姜𧻚母の媵尊鼎を作る」とあり、報告者は鄦を許の通仮字とし、許国国君がその女の成姜𧻚母（姜姓）のために作った媵器とするが、(9) この窖蔵を残した氏族の出自は不明。一九七三年出土（表2③）の衛簋では衛が栄伯を右者として王の賜予を受けている。右者栄伯の出自について、呂文郁氏が指摘するように『史記』周本紀に「成王既に東夷を伐ち、息慎來りて賀す、王、栄伯に賜いて賄息慎之命を作らしむ」とあり、裴駰集解に引く馬融の言に「栄伯、周と同姓、畿内諸侯、卿大夫たるなり」とあるのによれば(10)、姫姓である。

新旺村一帯では、一九六七年出土（表2④）の𨕖盂に𨕖が先祖を「文祖己公」と干名を用いて称しており、𨕖は殷系統氏族の出自と推定される。一九八〇年出土（表2⑥）の史恵鼎の作器者史恵はその名から史官であったことがわかる。一九八二年出土（表2⑦）の青銅器には作器者名は記されていないが、族徽や干名が見られ、殷系統氏族のものと考えられる。

(二) 灃東（鎬京遺跡）地区

表3は灃東地区で発掘・整理された主要な西周墓の一覧である。資料数は少ないが、9基中8基に腰坑が見られ、かつ普渡村M2号墓・長甶墓・花園村M15・M17号墓から出土した青銅器銘文には族徽・干名が見られ、これらは殷系統氏族の墓葬と推定される。また長甶墓出土の長甶盉には長甶が井伯に従って穆王の饗醴儀礼に参加したことが記されており、長甶は王官であったと考えられる。井伯は前述したとおり、姫姓井氏の出自である。

(三) 小結

以上、本節では豊鎬遺跡地区の墓葬・銅器窖蔵を個別に検討したが、最後にこの地区全体の特徴をまとめておく。

灃西地区の墓葬は、約四分の一が殷系統氏族のものと考えられた。張家坡の井叔家族墓地は、周公の後裔で代々王朝の重臣であった姫姓井氏の一支のもので、井叔一族はこの一帯に領地を持っていたと考えられた。また、銅器窖蔵を残した7氏族のうち、4氏族は王官として周王朝に服属した貴族であり、出自の推定可能な3氏族はみな殷系統氏族を含む非姫姓であった。

灃東（鎬京）地区の墓葬はいずれも殷系統氏族が残したものと考えられ、そのうち長由墓の墓主長由は王官として周王朝に服属していたと考えられた。

以上から、豊鎬遺跡地区には王官として周王朝に服属した殷系統氏族を含む非姫姓貴族、姫姓貴族の居住地と領地があったと考えられる。

二、周原地区

周原は、関中の西部に位置し、その範囲は広義には千河以東、漆水河以西、渭河の北、岐山の南の狭長区域を指し、おおむね今の鳳翔県・岐山県・扶風県一帯に当たる。狭義には周原遺跡を指し、その範囲は扶風・岐山両県北部の法門鎮・京当郷一帯で、東西約6km、南北約5km、総面積は約30平方キロメートルである。[11] 周原地区では周原遺跡の範囲に特に多くの墓葬や銅器窖蔵が分布しており、本節では、周原地区を周原遺跡地区とその周囲に広がる周原地区とに分けて検討する。

（一）周原地区の墓葬

1、周原遺跡地区

表4は周原遺跡地区における主要な西周墓をまとめたものである。以下、これに従って検討していく。

岐山賀家村一帯ではこれまでに122基の墓葬が整理されており（表4①～④）、年代の推定が可能な墓葬63基のうち、ほぼ半数の31基が先周時期の周人墓である[12]。賀家村一帯では腰坑を持つ墓は3基と少ないが、この地に先周時期からの周人が多くいたことがその背景にあると思われる。

扶風斉家村ではこれまでに212基の墓葬が整理されているが、詳細なデータが公表されているのは30基程度と少ない（表4⑦～⑫）。斉家村・雲塘村・黄堆村・荘李村・召李村・上康村の墓葬（表4⑦～⑫、⑯～⑲、㉑）で、その構造がわかるもの98基のうち、35基、三分の一強の墓葬に腰坑が見られ、族徽・干名をもつ青銅器も数点出土しており、これらは殷系統氏族の墓葬と考えられる。

扶風劉家村で発見された豊姫墓（表4⑬）から出土した𢡊季遽父卣・尊には「𢡊季遽父、豊姫の寶尊彝を作る」とあり、𢡊季遽父がその妻で墓主の豊姫の為に作器したことが記され、豊姫は姫姓であるから、𢡊季遽父は非姫姓である[13]。また、荘白村西南で発見された伯㦀墓（表4⑭）から出土した㦀鼎・㦀簋には墓主の㦀が虎臣や有司・師氏を率いて淮夷征伐に参加したことが記されており、㦀は将軍職にあったと考えられる。また銘文中で祖先を「文祖乙公」等と干名を用いて称しており、㦀は殷系統氏族と考えられ、朱鳳瀚氏が指摘するように、荘白村に㦀の墓地があることから、この一帯に㦀一族の居住地があったと推定される[14]。

2、周原地区

表5は周原地区における主要な西周墓を一覧にしたものである。

周公廟遺跡（表5①～③）は周原遺跡の西27㎞の岐山県西部に位置する。詳細な報告はまだ発表されていないが、遺跡内には墓地が5箇所あり、そのうち陵坡・白草坡・樊村の3箇所から墓道を持つ大墓25基を含む250基以上の墓葬が発見された。報告によれば、陵坡墓地は高級貴族墓地、白草坡墓地は中型墓を主とする貴族墓地、樊村墓地は小型墓を主とする低級貴族・平民墓地であるという[15]。

周原遺跡の南にある扶風楊家堡村では4基の墓葬（表5④）が発見され、そのうちM4号墓について、報告者は、副葬品の多さ、陪葬車馬坑の存在、さらに村南には南北1km、東西250mに及ぶ西周時代の遺跡があることから、楊家堡墓地を大奴隷主貴族の家族墓地、村南の遺跡をその領地とするが[16]、この墓地を残した氏族の出自は不明。

周原の南縁に位置する扶風北呂周人墓地（表5⑤）、西縁に位置する鳳翔南指揮西村墓地（表5⑥）、及び東縁に位置する武功黄家河西周墓地（表5⑦）は、出土した土器の分析から、いずれも周人の墓地と考えられている。これら3箇所の墓地には、腰坑が見られない、小型墓が多いという共通点が認められる。西村墓地の報告者は、当該墓地を自由人身分の周人の墓地と推定しており[17]、上述の共通点をふまえれば、北呂周人墓地、武功黄家河墓地についても自由人身分の周人の墓地と推定される。

(二) 周原地区の西周青銅器窖蔵

表6は周原地区で発見された銅器窖蔵を一覧にしたもので、表6①~⑬は周原遺跡地区、⑭~⑱が周原地区のものである。以下、これに従って検討していくが、紙幅の都合上、重要なものについてのみ言及する。

1、周原遺跡地区

董家村一号窖蔵（表6①）出土青銅器には作器者として裘衛・此・公臣ら12名が見られる。李学勤氏は青銅器の年代や作器者名の分析に基づき、これらを一家族のものとする[18]。裘衛簋では裘衛が南伯を右者として、此鼎では此が司土毛叔を右者として王の冊命を受けており、また公臣簋では公臣が虢仲の命を受けて虢仲の百工の管理を命ぜられている。南伯の出自は不明であるが、毛叔は文王の子毛叔鄭の後裔[19]、虢仲は文王の弟虢仲の後裔と考えられ[20]、いずれも姫姓貴族である。また、此鼎に見える此の祖先「皇考癸公」や善夫伯辛父鼎の作器者「伯辛父」などに干名が見られること、及び善夫旅伯鼎に「善夫旅伯、毛仲姫の尊鼎を作る」とあり、善夫旅伯の妻の毛仲姫は姫姓であることなどから、董家村一号窖蔵は非姫姓の殷系統氏族が残したものと考えられる。

強家村一号窖蔵（表6③）出土青銅器には作器者として師䚄・即・師丞・恒の4名が見える。李学勤・朱鳳瀚氏らは、師䚄・即・師丞の3人を伝世器の師望鼎と関係づけ、これら銘文に共通する祖先名に基づき、師䚄→師望→即→師丞という連続した4世代の世系を復元する。また師䚄鼎に「朕が考郭（虢）季易父」、師丞鐘に「朕が烈祖虢季宄公幽叔」とあることから、この一家を虢季氏とする。李・朱両氏の考証によれば、虢季氏は周王室と同姓の西虢虢叔氏から分族した一支である。[21] また、師䚄・師丞はその名から師職（武官）であったことがわかり、即は定伯を右者として王の冊命を受けている。なお、右者定伯の出自は不明。

雲塘村一号、二号窖蔵（表6④⑤）出土青銅器には、作器者として伯公父・伯多父の2名が見える。朱鳳瀚氏は二号窖蔵出土の伯公父簠に「伯大師の小子伯公父」、「卿事を召し王に辟う」とあることから、伯公父を伯大師属下の師職にあった王官とし、また伯公父の作器した青銅器が伯多父のそれより古いことから、伯公父・伯多父を同一家族の二代と推測する。[22] 一号窖蔵出土の伯公父壺蓋に「伯公父、叔姫の醴壺を作る」とあり、叔姫は伯公父の妻と解されるから、伯公父一族は非姫姓である。

斉家村三号窖蔵（表6⑥）出土青銅器には7名の作器者が見え、その中に中友父のものが6点、中義のものが8点あることから、朱鳳瀚氏はこの一族を中氏とする。[23] 柞鐘では柞が仲大師を右者として王の冊命を受けたことが記されており、呉鎮烽氏は仲大師を執政大臣とするが、[24] その出自は不明。また、仲伐父甗に「仲伐父、姫尚母の旅甗を作る」とあり、仲伐父がその妻「姫尚母」の為に作器しており、中氏は非姫姓と考えられる。

斉家村四号、八号窖蔵（表6⑦⑧）出土青銅器に見える作器者は琱我父1名で、銘文はいずれも作器したことを記したのみであるが、朱鳳瀚氏は扶風法門鎮康家村（現上康村）出土と伝えられる函皇父鼎に函皇父がその妻を「琱妘」と記していることから、琱氏を娟姓とする。[25] これに従えば、琱我父は非姫姓である。

斉家村五号窖蔵（表6⑨）出土青銅器には作器者名が記されていないが、先祖を干名を用いて「文考日己」と称し、銘文に族徽を記したものがあることから、これらは殷系統氏族のものと考えられる。

荘白一号窖蔵（表6⑪）出土青銅器には折・豊・墻・㾓ら8名が作器者として見え、報告者は、各銘文に共通してみられる族徽と祖先名などから、折・豊・墻・㾓を同一家族の四世代（折→豊→墻→㾓）とし、さらに㾓が自らを「微伯㾓」「微㾓」と記していること等から、この家族を微氏とする。[26] また、折は自らを作冊折、墻は史墻と称していることなどから、微氏は代々史官系統の職にあったと考えられる。微氏の出自については、折・豊・㾓の青銅器の多くに族徽が見られることから、殷系統氏族と推定される。なお朱鳳瀚氏は、史墻盤に見える「青幽高祖」を微子啓、「微史烈祖」を微子の庶子とし、微氏家族を微子の庶子の後裔とする。[27]

召陳村一号窖蔵（表6⑬）出土青銅器には作器者として散伯車父（散車父）・歸叔山父の2名が見える。銘文は作器したことを記したのみであるが、白川静・朱鳳瀚氏らは、散伯車父の青銅器が扶風召陳村から出土したこと、また伝世器の散氏盤によれば、散氏の領地が渭水南岸の眉県一帯にあったと考えられることから、散氏の居住地は召陳一帯、領土は眉県一帯にあったとし、さらに白川氏は伝世器の散姫鼎に「散姫、尊鼎を作る」とあるのを散姫の自作器、散伯簋に「散伯、夨姫の寶簋を作る」とあるのを媵器と解し、散氏を姫姓とする。[28]

2、周原地区

扶風北橋村は周原遺跡の東南5～6㎞に位置する。一号窖蔵（表6⑭）出土青銅器には伯吉父が作器者として見える。銘文は作器したことを記したのみであるが、伝世器に伯吉父匜があり、これと一九四〇年扶風任家村出土と伝えられる善夫吉父鬲は、共に「京姫」という女性の為に作器したことが記されており、白川静氏は伯吉父と善夫吉父を同一人物か同族関係にあるとする[29]。これに従えば、伯吉父の一族は非姫姓で、善夫の職にあった貴族と考えられる。

扶風五郡西村の銅器窖蔵（表6⑮）出土青銅器には作器者として琱生・伯遅父の名が見え、報告者は、この琱生を伝世器の五年琱生簋、六年琱生簋に見える琱生と同一人物とする[30]。六年琱生簋に「朕が烈祖召公」とあることから、琱生が召公の後裔であることがわかり、その出自は『史記』周本紀に「召公奭、周と同姓、姓は姫氏」とあるのによれば、姫姓である。前述したように琱氏は媯姓であるが、呉鎮烽氏は琱生を琱氏の外甥とする[31]。また、伝世器の師嫠簋で師嫠の冊命儀礼の右者として宰琱生とあり、琱生は宰職にあった姫姓貴族と考えられる[32]。

眉県李家村銅器窖蔵（表6⑯）出土青銅器の作器者は盠1名で、盠方尊・盠方彝では盠が穆公を右者として王の冊命を受け、六師等の軍隊の管理を命ぜられている。

李家村の西に隣接する楊家村では一九八五・二〇〇三年にそれぞれ銅器窖蔵が発見された。一九八五年出土青銅器には作器者として逨、二〇〇三年出土青銅器には作器者として逨・単叔（単五父・叔五父）の名が見え、両窖蔵に共通する逨は同一人物とみられる[33]。逨と単叔との関係について、両者を同一人物とする見解と[34]、単叔を逨の父とする見解とに分かれるが[35]、逨盤に「丕顕なる朕が皇高祖單公」とあることや、単叔・単五父などの称謂から、この氏族を単氏とすることに異論はない。報告者は、逨盤に逨の先祖として見える「皇高祖恵仲盠父」を前述の李家村出土青銅器に見える盠と同一人物とし、盠駒尊に「王、厥の舊宗の小子を忘れず」とあることから、単氏一族を周王室と同姓の姫姓とする[36]。前述したように、盠は六師の管理を命ぜられており、また、逨については、逨鐘・逨盤では王命を受けて山林藪沢の管理を命ぜられ、また四三年逨鼎では司馬寿を右者として逨が王の冊命を受けて「歴人」の管理[37]を命ぜられており、単氏一族は代々王官として周王朝に服属していたことがわかる。なお、右者司馬寿の出自は不明。

武功任北村銅器窖蔵（表6⑱）出土青銅器には作器者として楚・内叔窿父・𡔷叔の3名が見られる。楚簋では楚が仲倗父を右者として王の冊命を受けたことが記され、𡔷叔簋には「𡔷叔・𡔷姫、伯媿の媵簋を作る」とあり、𡔷叔と妻の𤼈姬が女の伯媿の為に媵器を作ったことが記されている。簡報では、内叔𡧍父の内を芮の通仮字と見て、内叔𡧍父を芮族成員、楚を内叔𡧍父と同一家族、𤼈叔簋の伯媿を内叔𡧍父の妻とし、さらに武功任北村一帯に芮族成員の領地があったとする(38)。これに従えば、この窖蔵は芮族が残したもので、その出自については、『史記』秦本紀徳公元年に「梁伯・芮伯、來朝す」とあり、司馬貞索隠に「芮、姫姓なり」とある。

(三) 小結

本節では、周原地区における西周時代の墓葬・銅器窖蔵、及びそこから出土した青銅器を検討した。以下に、これらをふまえて、周原地区の特色をまとめておく。

周原遺跡地区では、先周時期から続く周人墓地を主とする岐山賀家村墓葬区以外の扶風斉家村・雲塘村・黄堆村・召李村・荘李村・上康村では、三分の一強の墓葬に腰坑が見られ、また、腰坑を持つ墓葬から出土した有銘青銅器の多くに族徽・干名が見られることから、これらは殷系統氏族のものと推定された。また、扶風劉家村の豊姫墓・荘白村の伯㦸墓を残した𤓰季遽父一族・伯㦸一族は共に非姫姓、特に伯㦸一族は西周王朝の将軍職にあった殷系統氏族と推定された。銅器窖蔵については、周原遺跡地区に11氏族の残した13の窖蔵が集中し、出自の推定可能な8氏族のうち6氏族は非姫姓である。また、これら11氏族のうち6氏族の残した青銅器については、作器者名や王の冊命等の銘文内容から、彼らが王官として周王朝に服属していたと考えられた。

以上をふまえれば、周原遺跡地区は周王朝に王官として服属した殷系統氏族を含む非姫姓諸貴族が集中して居住した地域といえる。また、朱鳳瀚氏は、周原遺跡地区に多くの貴族の住居が集中していること、及び召陳村一号窖蔵を残した散氏一族の居住地は召陳一帯、領地は眉県一帯にあると考えられることから、周原遺跡地区は貴族の居住地区にすぎず、領地は周原遺跡地区内にはない、即ち、貴族の住居と領地は空間的に離れていたと指摘する(39)。散氏の領地とされる眉県一帯が周原地区にあることをふまえれば、周原遺跡地区に居住していた他の諸貴族の領地についても、その周囲の周原地区に分布していたと推定される。また、周原遺跡地区に分布する墓葬群は、そこに居住していた貴族の属下にあって、その周囲、即ち彼らの領地に居住していた氏族たちが残したものと考えられよう。

周原地区では、周原遺跡のすぐ南に位置する扶風楊家堡に貴族の家族墓地があり、岐山西部の周公廟遺跡には墓道を持つ大墓25基を含む250基以上の墓葬群が分布している。正式な発掘報告がまだ発表されていないため、具体的なことは議論できないが、周公廟遺跡も貴族達が集合していた地域であろう。さらに周原地区の周縁に位置する扶風北呂・鳳翔南指揮西村・武功黄家河の周人墓地は、先述した貴族の住居と領地に関する朱鳳瀚氏の指摘をふまえれば、周原遺跡地区や周公廟遺跡にいた貴族達の領地に居住していた人々のものと考えられる。周原地区の銅器窖蔵については、伯吉父一族・琱生一族・単氏家族・姫姓芮族の4氏族のものがあり、その出自は伯吉父一族以外全て姫姓と考えられた。また、出土青銅器から、伯吉父一族以外の3氏族は王官として周王朝に服属していたことがわかり、周原地区にも王官として西周王朝に服属した諸貴族の住居や領地が点在していたと考えられる。

以上、周原地区は、周王朝に王官として服属した諸貴族の居住地・領地が分布する地域と考えられ、特に周原遺跡地区には殷系統氏族を含む非姫姓諸氏族が集中的に居住していたという特色が見られた。これは、周王朝の非姫姓諸氏族、特に殷遺民に対する政策を考える上で、注目すべき重要な現象である。

三、陝西省東部・中部地区

（一）陝西省東部（韓城市）

陝西省韓城市昝村鎮の韓城梁帯村墓地は黄河西岸に位置し、二〇〇四〜二〇〇五年の考古調査で墓葬103基、車馬坑17基が発見され、これまでに西周後期〜春秋前期と考えられる墓道を持つ大墓を含む墓葬29基・車馬坑2基が整理された。M19号墓から出土した銅鬲に「内（芮）太子」「内（芮）公」とあることから、報告者は当該墓地を芮国の貴族墓地とする[40]。墓葬年代が西周後期以降であること、及び陝西省東部という墓地の立地、また上述したように、武功任北村に芮族成員が残したと考えられる銅器窖蔵（表6⑱）があることをふまえれば、梁帯村墓地は周室東遷の際にこれに従った芮族が残したものかもしれない。

（二）陝西省中部（西安市・咸陽市・銅川市）

1、墓葬

陝西省中部の重要な西周墓は、豊鎬遺跡地区と周原地区の中間にある咸陽市の涇河流域に分布している。以下にそれらを検討したい。

（A）高家堡戈国墓地

高家堡戈国墓地は、涇河流域の咸陽市涇陽県興隆鎮高家堡村に位置し、これまでに墓葬6基が整理された。M6号墓以外の5基には腰坑が見られ、出土青銅器の分析から墓葬年代は西周前期前段〜前期後段と推定されている。報告者は出土青銅器の多くに戈形族徽が見られることから、この墓地を戈族族長の家族墓地とする[41]。また、張懋鎔氏は、戈形族徽が殷代の青銅器によく見られ、出土地点の明確なものの多くは殷墟（河南省安陽市）であることから、高家堡戈国墓地を殷末周初に殷墟からこの地に遷ってきた戈族一支の遺構とする。[42] 戈国墓地を残した戈族は、西周前期以後の消息はわからないが、西周前期の一期間、この地に居住していた殷の遺民と考えられる。

（B）淳化史家塬一号墓

史家塬一号墓は涇陽高家堡の北約８㎞の咸陽市淳化県石橋郷にある史家塬遺跡の東部墓葬区内にある。遺跡西部には西周前期〜中期と見られる居住址があり、一九八〇年に西周墓10余基、車馬坑１基が発見され、そのうちＭ１号墓が整理された。墓には腰坑・殉犬が見られ、墓主は殷系統氏族の出自と考えられる。墓は盗掘を受けていたため有銘青銅器は出土しなかったが、高さ122㎝に及ぶ大銅鼎が出土しており、報告者は副葬品の分析から墓葬年代を康王期以前の西周前期とし、墓主を諸侯或いは大夫身分の人物とする。[43]

（C）旬邑下魏洛西周前期墓

旬邑下魏洛西周前期墓は、涇河支流の三水河流域に位置する咸陽市旬邑県赤道郷下魏洛村にあり、二〇〇三年に墓葬１基が整理された。墓には腰坑・殉犬が見られ、出土青銅器19点（礼器11）には戈形を含む６種類の族徽が見られる。報告者は墓葬年代を殷末周初とし、出土青銅器の多さから墓主を貴族身分の殷遺民とする。[44]

２、窖蔵

表７は陝西省中部の咸陽・西安・銅川市で発見された銅器窖蔵をまとめたものである。

咸陽市永寿県店頭鎮好畤河村で発見された銅器窖蔵（表７①）からは仲枏父・伯考父の作器した青銅器が出土した。仲枏父鬲には「師湯父の有𤔲中枏父」とあり、中枏父が師湯父の家臣であることがわかるが、両者の出自は不明。また、伯考父の青銅器も作器したことを記したのみで、その出自は不明。表７①に示したように、好畤河村一帯で師湯父の家臣である仲枏父の青銅器が集中して出土しており、この地一帯には師湯父の居住地か領地があったと推測される。

西安市の東南にある藍田県寺坡村の銅器窖蔵からは、弭叔・訇の作器した青銅器が出土した（表7②）。また、寺坡村の東南13kmの輞川郷内で、一九六三年に弭伯簋1点が発見され、[45]さらに伝世器には弭仲簠がある。弭伯・弭仲・弭叔はその称謂から同一氏族（弭氏）と考えられる。[46]弭叔簋では弭叔が井叔を右者として王の冊命を受けたこと、弭伯簋では弭伯が栄伯を右者として王の冊命を受けたことが記されており、弭氏は王官として西周王朝に服属していたことがわかる。右者の井叔・栄伯は前述したとおり、当時の重臣の姫姓貴族である。訇簋では訇が益公を右者として王の冊命を受け、虎臣（武官）等の管理を命ぜられている。なお、右者益公の出自は不明。また訇は祖先を「烈祖乙伯同姫」と干名を用いて称しており、殷系統氏族と考えられる。郭沫若氏は弭叔・訇の器が同一窖蔵から出土したことを論拠に両者を同族とし、弭氏の領地は藍田一帯にあったとする。[47]

藍田県輞川郷枝家湾村で発見された銅器窖蔵（表7③）からは、仲其父・宗仲の作器した青銅器が出土したが、いずれも作器したことを記したのみで、出自は不明。

銅川市耀州区下高埝郷の丁家溝村銅器窖蔵（表7④）からは、殷の作器した簋2点が出土した。銘文には殷が士戍を右者として王の冊命を受けたことが記されているが、両者の出自はともに不明。

（三）小結

本節では陝西省東部・中部に分布する墓葬・窖蔵を検討した。以下、その要点をまとめておく。

陝西東部の韓城梁帯村墓地については、詳細な報告を待って改めて検討する必要があるが、現在公表された情報からは、周室東遷の際にこれに従ってこの地に遷ってきた芮族が残したものという可能性が指摘される。また陝西中部では涇河流域の3箇所に墓地が分布しており、そのうち高家堡戈国墓地と旬邑下魏洛西周墓はいずれも西周前期の殷遺民の残したものであるが、両氏族の西周前期以降の消息はわかっていない。この点は殷の遺民の問題を考える上で重要な現象といえる。

陝西中部では、4氏族が残した窖蔵が発見されているが、出自などの詳細がわかるのは、殷系統氏族と考えられる弭氏のみである。また出土青銅器の銘文から、弭氏一族は王官として周王朝に服属し、藍田寺坡村一帯に住居・領地があったと考えられた。

この地域の墓葬・銅器窖蔵は、豊鎬遺跡地区や周原地区のような集中的分布は認められず、点在している程度である。このことは、豊鎬遺跡地区・周原地区が西周王朝の中心地であったという特殊性を示すものと理解できる。

四、陝西西部・甘粛涇河上流域

本節では、周原地区西縁を流れる千河流域以西の宝鶏市西部一帯と周原・宝鶏市の北に位置する甘粛省の涇河上流域に分布する西周墓、及びこの地域で発見された青銅器について検討する。

（一）　宝鶏強国墓地

宝鶏強国墓地は宝鶏市区の渭河北岸にある紙坊頭と渭河南岸の竹園溝・茹家荘の3箇所に分布し、これまでに墓道を持つ大墓2基を含む墓葬27基・車馬坑2基・馬坑4基が整理された。紙坊頭M1号墓から「強伯」、竹園溝M4号墓から「強季」、茹家荘M1号墓から「強伯」の銘を持つ青銅器が出土したことから、これらは強族の墓地と推定された(48)。報告によれば、墓葬年代は西周前期前段～中期前段（成王～穆王期頃）で、同墓地から出土した青銅器・土器の中には四川の成都平原一帯に分布した早期蜀文化や甘粛省南部に分布した寺窪文化と同一系統に属すものがあるという。このことから、強族の出自について、殷代後期に甘粛南部～漢中盆地一帯にいた族集団とする見解(49)と秦嶺山脈南部の陝西省鳳県～成都平原一帯にいた族集団とする見解(50)とがあるが、非姫姓とする点は同じである。強国墓地は、周王朝の文化とは異なる系統の文化を持った非姫姓氏族が、西周初年に宝鶏市一帯に居り、周王朝に服属していたことを示している。

(二) 夨国青銅器

夨国は文献には見られず、伝世器や近年の考古発掘により出土した青銅器中に見える。表8は出土地点の明確な夨国銅器をまとめたもので、盧連成・尹盛平両氏によれば、夨国は宝鶏市の隴県曹家湾鎮南坡村から陳倉区賈村鎮・上官村・霊隴村に至る千河流域一帯に位置し、西周前期～後期まで存続した。(51)夨国関連青銅器の特色として、「夨王」と称するものの多い事が挙げられる（夨王方鼎・夨王尊・夨王簋蓋・同卣・散氏盤等）。この点について、王国維氏は彔伯𢦏簋に「天子の丕顯なる休に對揚し、用て朕が皇考武𢓊幾王の尊簋を作る」とあり、𢓊伯簋に「敢えて天子の丕顯なる魯休に對揚し、用て朕が皇考釐王の寶尊簋を作る」、𢓊伯の青銅器で先祖を「王」と称している例があることを指摘し、古代、上下の分は厳格ではなく、諸侯は自国内で王を称する俗があったとする。(52)彔伯𢦏は前述したように殷系統氏族であり、𢓊伯の出自については諸説あるが、非姫姓とすることに異論はない。(53)また、夨国の出自に関して、盧連成・胡智生氏は伝世器の散伯簋に「散伯、夨姫の寶簋を作る」とある「夨姫」を夨国姫姓の女性と解し、夨国を姫姓とするが、白川静氏は散姫鼎に「散姫、尊鼎を作る」とあることから、散氏を姫姓、散伯簋を媵器と解し、夨国を非姫姓とする。(54)夨国以外に王を称した氏族がみな非姫姓であることをふまえれば、夨国も非姫姓と考えられよう。

(三) 高廟村西周墓群

高廟村西周墓群は宝鶏市陳倉区(虢鎮)陽平鎮に位置し、これまでに墓葬20基が整理された。小型墓が多く、腰坑はない。8基の墓葬が盗掘を受けていることもあり、出土遺物に青銅礼器はない。報告によれば、墓葬年代は西周前期〜中期前段で、報告者は文献の記載によれば当地が文王の弟虢叔が封ぜられた西虢の地であること、及び墓地内には畳圧・切り合い関係が見られないことから、高廟村西周墓群を西虢の「邦墓」とする。(55) 有銘青銅器が無いため確定的なことは言えないが、高廟村西周墓群はこの地一帯に領地を持っていた姫姓貴族或いはその属下にあった周人のものであろう。

(四) 甘粛霊台白草坡西周墓

白草坡西周墓は、甘粛省平涼市霊台県西屯郷白草坡村にあり、涇河支流の達渓河中下流域に位置する。これまでに西周墓9基と車馬坑1基が整理された。7基の墓葬に腰坑・殉犬が見られ、また、M1・M2号墓の2基から有銘器22点を含む34点の青銅礼器が出土し、M1号墓から「潶伯」、M2号墓から「㦰伯」の銘を持つ青銅器が多く出土したことから、潶伯・㦰伯がそれぞれの墓主で、両者は同宗関係にあると推定された。これら2基の墓葬年代は西周前期後段(康王〜昭王頃)、他の7基は西周中期とされる。簡報では文献の記述に基づき、霊台県一帯が密須国の故地であること、及び『史記』周本紀で文王が密須を征伐していること、さらに西周時代、霊台県の北方には異民族の玁狁がいたことなどを指摘し、潶伯・㦰伯らは、これら方国や異民族を鎮撫するためにこの地に封ぜられたとする。(56) 白草坡墓地には腰坑・殉犬の葬俗が多く見られること、またM1号墓出土青銅器には族徽や干名を持つものが多く見られることから、潶伯・㦰伯らは殷系統氏族の出自と考えられる。

（五）小結

本節では陝西西部・甘粛省の涇河上流域に分布する西周墓、及びこの地区から出土した青銅器を検討した。周原地区西縁の陳倉区高廟村西周墓群が姫姓氏族のものと考えられる以外、宝鶏強国墓地・夨国銅器群は非姫姓、霊台白草坡墓地は殷系統氏族のものと考えられた。強国墓地・霊台白草坡墓地出土の青銅器、及び夨国青銅器の銘文は、豊鎬遺跡地区や周原地区出土の青銅器に冊命儀礼などを記した長銘ものが多く見られるのとは異なり、その殆どが作器したこと記しただけの短銘のものばかりで、西周王朝の王官として服属した形跡は認められないという共通点が指摘される。この相違は、強国墓地・霊台白草坡墓地・夨国青銅器を残した諸氏族と豊鎬遺跡地区・周原地区の諸氏族との周王朝に対する関わり方の違いを示していると考えられる。以下にこの点について考察したい。

強国墓地で強族集団の首領と推定される墓葬は、紙坊頭M1号墓、竹園溝M13号墓・M7号墓、茹家荘M1号墓の4基で、それぞれ19・26・16・42点の青銅礼楽器が出土し、また茹家荘M1号墓は墓道を持つ大墓である。既に述べたように、西周墓において、墓道を持つのは諸侯国君やその夫人レベルの墓葬である。墓葬の規格の高さや副葬青銅礼器の多さをふまえれば、強族集団の首領は諸侯レベルの身分にあったと考えられる。また、霊台白草坡墓地には墓道を持つ墓は無いが、M1号潶伯墓から青銅礼器23点・青銅兵器130点、M2号㶆伯墓から青銅礼器11点、青銅兵器97点が出土しており、副葬青銅器の多さを考慮すれば、潶伯・㶆伯も諸侯レベルの身分にあったと考えられる。従って、強族集団首領・潶伯・㶆伯は、いずれも諸侯レベルの身分にあったと考えられ、このことと先に述べた出土有銘青銅器に周王朝の王官として服属した形跡が認められないという特色をふまえれば、彼らは周王朝に直属した小国、即ち畿外で諸侯国の属下にあった附庸国の国君のような存在であったと考えられるのではないだろうか。夨国については、青銅器銘文の資料しかないが、銘文中で「夨王」と称していることをふまえれば、強族集団や潶伯・㶆伯同様、周王朝に直属した小国と考えられよう。

おわりに

本稿は、周王朝の直轄地である関中地区に分布する西周時代の墓葬・銅器窖蔵、及びそこから出土した青銅器銘文の検討を通じて、これら遺構・遺物を残した諸氏族の出自、及び彼らが西周王朝とどのように関係したかを個別に検討した。以下にその検討結果を関中地区における服属諸氏族と周王朝との関係という視点から総括したい。

関中地区の陝西省西安市・咸陽市・宝鶏市東部一帯には、西周王朝の中心地区であった豊鎬遺跡地区・周原地区を中心として服属諸氏族の居住地・領地が分布し、宝鶏市西部及び甘粛の涇河上流域には、西周王朝に直属した強や夨などの小国が分布する。特に周原遺跡地区には、諸氏族の居住地が集中的に分布し、その周囲の周原地区に居住地と空間的に離れた形でその領地が分布していたと考えられた。また、これら諸氏族の一部が残した銅器窖蔵から出土した青銅器には冊命儀礼を記したものが少なからず見られ、彼らは王の冊命を通じて王官となることで西周王朝に服属したと考えられる。そして、これら諸氏族の特色として、非姫姓の多いことが指摘される。本稿では、22氏族の銅器窖蔵を検討したが、出自の推定可能な16氏族のうち非姫姓は11氏族で、さらにこの11氏族のうち殷系統氏族は6氏族であった。これに対して、姫姓貴族が残したと考えられる墓葬・銅器窖蔵は、本稿の分析によれば、5氏族で、非姫姓・殷系統氏族のものと比べると明らかに少ない。しかし、姫姓貴族は窖蔵出土有銘青銅器中に冊命儀式の右者として比較的多く見られる。例えば、本稿で言及した姫姓の右者には、栄伯、司徒毛叔、井叔、宰琱生、穆公らがおり、このうち司徒毛叔は文王の子毛叔鄭の後裔、井叔・穆公は周公の後裔、宰琱生は召公の後裔で、いずれも周初の王族や功臣の後裔である。彼らが冊命儀礼の右者であったということは、換言すれば、彼らが周王朝の支配機構の中核であったということであり、更に言えば、本稿で検討した西周王朝の王官として服属した非姫姓・殷系統氏族を含む諸貴族は、周王の冊命を通じて、周初の王族や功臣の後裔である姫姓貴族を中核とする支配機構に属することで周王朝に服属したと考えられる。さらに、これら服属諸氏族と周王室との関係を考える上で注目されるのは、荘白一号窖蔵（表6⑪）から出土した史墻盤である。その銘文には「武王の既に殷を𢦏つに雫び、微史烈祖、迺ち來りて武王に見ゆ。武王則ち周公に令して圉を周に舍えて處ら卑む」とあり、武王克殷後に微史烈祖が周王朝に帰属し、武王の命を受けて周に居処（圉）を与えられたことが記されている。これをふまえれば、関中地区の服属諸氏族は、周王の命を受けて居住地を与えられ、さらに王の冊命などを通じて周王朝の支配機構に組み込まれたと考えられる。また、関中地区西部の西周王朝に直属した諸小国についても、王命を受け、当該地区に居ることを許されたものと推測される。

以上を要すれば、関中地区における西周王朝の服属諸氏族は、その多くが王朝の中心地である豊鎬遺跡地区及び周原地区に集中的に分布し、王命を受けて居住地を与えられ、王の冊命を通じて王官となることによって、周初の王族・功臣の後裔の姫姓貴族を中核とする王朝の支配機構に属することで周王朝に服属したと考えられる。そしてこれら諸氏族には殷系統氏族を含む非姫姓氏族が多く含まれているという特色が見られ、これは西周王朝の非姫姓氏族、特に殷遺民に対する政策と深く関わるものと考えられるが、この問題については今後の研究課題としたい。

注

（1）本稿で検討の対象とする青銅礼楽器は、基本的に祖先祭祀で用いられた彝器と称されるもので、墓葬出土青銅器は副葬品として埋納されたものであり、窖蔵出土青銅器の背景については本論（豊鎬遺跡地区の銅器窖蔵の項）で述べた通りである。これら青銅器は、墓葬出土青銅器の一部が埋葬用に作られた明器であるほか、①墓葬・窖蔵を残した氏族ないしはその祖先が作器したもの、②女性の被葬者が、ないしは窖蔵を残した氏族に嫁いできた女性が、嫁入り道具として持って来た媵器、③或いはその夫が妻の為に作ったもの、④通婚・寄贈などにより他の氏族から入手したもの等がある。本稿ではこのような青銅器の資料的性格をふまえた上で、特に①②③

に着目して、これらを残した氏族の出自と西周王朝との関わりを考察する。また、青銅器とその銘文について、作器者（製作主体者）及び銘文の作文者（銘文の起草主体者）が周王室側、諸侯（服属氏族）側の何れかという問題があるが、これについては拙稿「冊命形式金文に見る周王と服属諸氏族の結合原理」（『史観』第一四四冊、二〇〇一年三月）を参照されたい。

（2）北京市文物研究所『琉璃河燕国墓地 1973-1977』（文物出版社、北京、一九九五年七月）二五〇～二五一頁。宮本一夫「西周の燕と遼西」（『中国古代北疆史の考古学的研究』中国書店、福岡、二〇〇〇年二月）一二二頁。

（3）張懋鎔「周人不用日名説」『歴史研究』一九九三年第五期、同「周人不用族徽説」『考古』一九九五年第九期（後、共に張懋鎔『古文字与青銅器論集』科学出版社、北京、二〇〇二年六月に再録）。

（4）中国社会科学院考古研究所編著『張家坡西周墓地』（中国大百科全書出版社、北京、一九九九年五月）一六～三五、四一～四六、九二～九五、三七六～三八一頁。張長寿「論井叔銅器－1983～1986年灃西発掘資料之二」『文物』一九九〇年第七期（後、張長寿『商周考古論集』文物出版社、北京、二〇〇七年五月に再録）。

（5）徐中舒「禹鼎的年代及其相関問題」『考古学報』一九五九年第三期

（6）朱鳳澣『商周家族形態研究（増訂本）』（天津古籍出版社、天津、二〇〇四年七月）三四八～三五一頁。

（7）郭沫若「長安県張家坡銅器群銘文匯釈」『考古学報』一九六二年第一期。陝西省博物館・陝西省文物管理委員会編『扶風斉家村青銅器群』（文物出版社、北京、一九六三年）五頁。羅西章「周原青銅器窖蔵及有関問題的探討」『考古与文物』一九八八年第二期。

（8）李学勤「試論董家村青銅器群」『文物』一九七六年第六期。

（9）珠葆「長安灃西馬王村出土〝鄦男〟銅鼎」『考古与文物』一九八四年第一期。

（10）呂文郁『周代的采邑制度（増訂版）』（社会科学文献出版社、北京、二〇〇六年三月）七〇～七三頁。

（11）北京大学考古文博学院・北京大学古代文明研究中心編『吉金鋳国史』（文物出版社、北京、二〇〇二年六月）一四頁。

（12）徐錫台「岐山賀家村周墓発掘簡報」『考古与文物』一九八〇年創刊号。陝西周原考古隊「陝西岐山賀家村西周墓発掘報告」（『文物資料叢刊8』文物出版社、北京、一九八三年一二月)。
(13)陝西省考古研究所・陝西省文物管理委員会・陝西省博物館編『陝西出土商周青銅器(三)』(文物出版社、北京、一九八〇年一二月)図版説明六~八頁。
(14)朱鳳瀚『商周家族形態研究(増訂本)』三六三~三六五頁。
(15)徐天進「陝西岐山周公廟遺址」(国家文物局主編『二〇〇五中国重要考古発現』文物出版社、北京、二〇〇六年五月)。
(16)羅西章「扶風白家窯水庫出土的商周文物」『文物』一九七七年第一二期。羅西章「陝西扶風楊家堡西周墓清理簡報」『考古与文物』一九八〇年第二期。
(17)韓偉・呉鎮烽「鳳翔南指揮西村周墓的発掘」『考古与文物』一九八二年第四期。
(18)李学勤「試論董家村青銅器群」『文物』一九七六年第六期。
(19)呉鎮烽『金文人名彙編(修訂本)』(中華書局、北京、二〇〇六年八月)五四~五五頁。
(20)『左伝』僖公五年に「虢仲・虢叔、王季の穆なり、文王の卿士爲り」とある。
(21)李学勤「西周中期青銅器的重要標尺」『中国歴史博物館館刊』一九七九年第一期(後、李学勤『新出青銅器研究』文物出版社、北京、一九九〇年六月に再録)。朱鳳瀚『商周家族形態研究(増訂本)』三五九~三六三頁。
(22)朱鳳瀚『商周家族形態研究(増訂本)』三六七~三七一頁。
(23)朱鳳瀚『商周家族形態研究(増訂本)』三五四~三五七頁。
(24)呉鎮烽『金文人名彙編(修訂本)』一一〇頁。
(25)朱鳳瀚『商周家族形態研究(増訂本)』三五一~三五四頁。
(26)陝西周原考古隊「陝西扶風荘白一号西周青銅器窖蔵発掘簡報」『文物』一九七八年第三期。陝西周原考古隊・尹盛平主編『西周微氏家族青銅器群研究』(文物出版社、北京、一九九二年六月)五八頁。

(27) 朱鳳瀚『商周家族形態研究（増訂本）』三六七頁。
(28) 白川静『金文通釈6』（白川静著作集別巻、平凡社、東京、二〇〇五年七月）一九七〜二〇三頁。朱鳳瀚『商周家族形態研究（増訂本）』三五七頁。
(29) 白川静『金文通釈6』五二二頁。
(30) 劉軍社等「扶風五郡西村西周青銅器窖蔵」（国家文物局主編『2006中国重要考古発現』文物出版社、北京、二〇〇七年四月）。
(31) 呉鎮烽『金文人名彙編（修訂本）』三〇六頁。
(32) 白川静『金文通釈3［下］』（白川静著作集別巻、平凡社、東京、二〇〇四年九月）七七〇頁。呉鎮烽『金文人名彙編（修訂本）』三〇六頁。
(33) 陝西省考古研究所・宝鶏市考古工作隊・眉県文化館楊家村聯合考古隊「陝西眉県楊家村西周青銅器窖蔵発掘簡報」『文物』二〇〇三年第六期。同「陝西眉県楊家村西周青銅器窖蔵」『考古与文物』二〇〇三年第三期。
(34) 前掲注（33）の簡報の他、李学勤「眉県楊家村新出青銅器研究」『文物』二〇〇三年第六期。董珊「略論西周単氏家族窖蔵青銅器銘文」『中国歴史文物』二〇〇三年第四期。
(35) 張天恩「从逨盤銘文談西周単氏家族的譜系及相関銅器」『文物』二〇〇三年第七期。曹瑋「単氏家族銅器群」（『周原遺址与西周銅器研究』科学出版社、北京、二〇〇四年一月）。
(36) 注（33）参照。
(37) 歴人について、李学勤氏は『尚書』梓材に見える「歴人」をふまえ、これを廷臣の監察・審査の意とする（李学勤「眉県楊家村新出青銅器研究」『文物』二〇〇三年第六期）。
(38) 盧連成・羅英杰「陝西武功県出土楚簋諸器」『考古』一九八二年第二期。
(39) 朱鳳瀚『商周家族形態研究（増訂本）』三七五〜三八四頁。
(40) 孫秉君・陳建凌・程蕊萍「陝西韓城梁帯村両周遺址」（国家文物局主編『2005中国重要考古発現』文物出版社、北京、二〇〇六年五月）。張天恩・呂智栄「陝西韓城梁帯村墓地二〇〇七年考古発掘」（国家文物局主編『2007中国重要考古発現』文物出版社、北京、二〇〇八年四月）。
(41) 陝西省考古研究所『高家堡戈国墓』（三秦出版社、西安、一九九五年六月）一一三～一一九頁。
(42) 張懋鎔「高家堡出土青銅器研究」『考古与文物』一九九七年第四期（後、同『古文字与青銅器論集』に再録）。
(43) 淳化県文化館「陝西淳化史家塬出土西周大鼎」『考古与文物』一九八〇年第二期。
(44) 咸陽市文物考古研究所・旬邑県博物館「陝西旬邑下魏洛西周早期墓発掘簡報」『文物』二〇〇六年第八期。
(45) 応新・子敬「記陝西藍田出土的西周銅簋」『文物』一九六六年第一期。
(46) 白川静『金文通釈3〔上〕』（白川静著作集別巻、平凡社、東京、二〇〇四年七月）、四八三頁。
(47) 郭沫若「弭叔簋及訇簋考釈」『文物』一九六〇年第二期。
(48) 盧連成・胡智生『宝鶏強国墓地』（文物出版社、北京、一九八八年一〇月）一六頁。
(49) 盧連成・胡智生『宝鶏強国墓地』四五一～四六二頁。
(50) 西江清高「西周時代の関中平原における「強」集団の位置」（『論集中国古代の文字と文化』汲古書院、東京、一九九九年八月）。
(51) 盧連成・尹盛平「古矢国遺址、墓地調査記」『文物』一九八二年第二期。盧連成・胡智生『宝鶏強国墓地』四一六～四二〇頁。
(52) 王国維「古諸侯称王説」（『観堂別集』巻一所収）。
(53) 白川静『金文通釈3〔上〕』二八七～二九三頁。呉鎮烽『金文人名彙編（修訂本）』二〇四頁。
(54) 白川静『金文通釈3〔上〕』二一二～二二〇頁。
(55) 宝鶏市考古工作隊・宝鶏市博物館「宝鶏県陽平鎮高廟村西周墓葬」『考古与文物』一九九六年第三期。なお「邦墓」については『周礼』春官・墓大夫に「墓大夫、凡そ邦墓の地域を掌りて、之が圖を爲す」とあり、その鄭玄注に「凡そ邦中の墓地とは、萬民葬むる所の地」とある。報告者の言う西虢の「邦墓」とは、官吏によって管理された西虢の平民墓地ということであろう。

(56) 甘粛省博物館文物組「霊台白草坡西周墓」『文物』一九七二年第一二期。甘粛省博物館文物隊「甘粛霊台白草坡西周墓」『考古学報』一九七七年第二期。

表1　灃西（豊京）地区における西周墓

名称・地点	発掘年	墓数	腰坑	青銅礼楽器の出土	墓葬年代	備考
①張家坡西周墓地	1956-1957	131、車馬坑4	40	4基から6点。有銘器無。	西周全時期	＊1
	1967	124、車馬坑5、馬坑3、牛坑4	41	11基から25点。有銘器は6基から10点。	先周後期～西周後期	＊2。4基の腰坑墓から族徽・干名を持つ青銅器が出土。
	1983-1986	365、車馬坑22、馬坑3	32	41基から72点。有銘器は14基から27点。	西周全時期	＊3。井叔家族墓地が含まれる。
②張家坡村東南	1955-1956、1979-1981、1983	16、車馬坑1	5	3基から7点、有銘器は2基から3点。	先周後期～西周後期	＊4。2基はいずれも腰坑墓、族徽・干名を持つ青銅器が出土。
③張家坡村東北	1964	1	無	9点、有銘器は5点2種。	西周後期	＊5
④張家坡村西南・東南	1976・1978	10	5	2基から3点、有銘器1点。	西周前期・後期	＊6。腰坑墓からの出土無。
⑤客省荘	1955-1957、1977、1983	53	15	1基から5点、有銘器無。	先周後期～西周後期前段	＊1、＊4③、＊6。
⑥大原村	1998	4、車馬坑1	無	無。	西周後期	＊7
⑦張家坡・客省村・馬王村等6地点	1984-1985	44	27	4基から9点、有銘器1。	西周全時期	＊8。腰坑墓から「父乙」爵。
⑧張家坡村南・馬王村西・大原村北等5地点	1996-1997	32	19	1基から3点、有銘器1。	先周後期～西周後期	＊9。腰坑墓から「族徽＋父己」爵。
⑨馬王村	1963	1	無	9点、有銘器2点。	西周前期	＊10
⑩馬王村・張家坡村東	1961-1962	31	16	6基から13点、有銘器は1基より5点。	西周前期～後期前段	＊11。腰坑墓から「族徽＋父某」3点、「父某」2点
⑪馬王鎮・馬王村・張家坡村南	1992	35（公表は32）	12	1基から4点、有銘器無。	西周前期～後期	＊12
⑫新旺村	1979-1981	6	3	1基から1点。	西周後期	＊4②

＊1　中国科学院考古研究所編『灃西発掘報告』（考古学専刊丁種第十二号、文物出版社、北京、1963年2月）
＊2　中国社会科学院考古研究所灃西発掘隊「1967年度張家坡西周墓的発掘」『考古学報』1980年第4期
＊3　中国社会科学院考古研究所編著『張家坡西周墓地』（中国大百科全書出版社、北京、1999年5月）
＊4　①陝西省文物管理委員会「陝西長安灃西張家坡西周遺址的発掘」『考古』1964年第9期；②中国社会科学院考古研究所灃西発掘隊「1979-1981年長安灃西、灃東発掘報告」『考古』1986年第3期；③中国社会科学院考古研究所豊鎬工作隊「長安灃西早周墓葬発掘紀略」『考古』1984年第9期
＊5　中国科学院考古研究所灃西考古隊「陝西張家坡西周墓清理簡報」『考古』1965年第9期
＊6　中国社会科学院考古研究所灃西発掘隊「1976-1978年長安灃西発掘簡報」『考古』1981年第1期
＊7　中国社会科学院考古研究所豊鎬発掘隊「陝西長安県灃西大原村西周墓葬」『考古』2004年第9期
＊8　中国社会科学院考古研究所豊鎬工作隊「1984-1985年灃西西周遺址、墓葬発掘報告」『考古』1987年第1期
＊9　中国社会科学院考古研究所豊鎬工作隊「1997年灃西発掘報告」『考古学報』2000年第2期
＊10 梁星彭・馮孝堂「陝西長安、扶風出土西周銅器」『考古』1963年第8期
＊11 趙永福「1961-62灃西発掘簡報」『考古』1984年第9期
＊12 中国社会科学院考古研究所豊鎬隊「1992年灃西発掘簡報」『考古』1994年第11期

表２　灃西（豊京）地区における西周銅器窖蔵

地点	発掘年	出土点数	有銘器	青銅器の年代	主要作器者	出自	備考
①張家坡	1961	53	32 点 11 種	西周中期後段～後期後段	盂・師旋・伯喜・伯梁父・伯庸父・伯百父・筍侯	非姫姓	＊1
②馬王村	1967	6	4 点 3 種	西周中期～後期	鄦男	不明	＊2
③馬王村	1973	25	9 点 5 種	西周中期後段～後期	衛・[illegible]要・姞□母・[illegible]	不明	＊3
④新旺村	1967	2	1 点 1 種	西周後期	𨕘	非姫姓（殷系統氏族）	＊4
⑤新旺村	1973	2	無	西周前期前段・後期		不明	＊3
⑥新旺村	1980	2	2 点 2 種	西周中期	史恵	不明	＊5
⑦新旺村	1982	2	2 点 2 種	殷末周初	2 種の族徽	非姫姓（殷系統氏族）	＊6

＊1　中国社会科学院考古研究所編輯『長安張家坡西周銅器群』（文物出版社、北京、1965 年 3 月）
＊2　珠葆「長安灃西馬王村出土“鄦男”銅鼎」『考古与文物』1984 年第 1 期
＊3　西安市文物管理処「陝西長安新旺村、馬王村出土的西周銅器」『考古』1974 年第 1 期
＊4　陝西省博物館「陝西長安灃西出土的𨕘盂」『考古』1977 年第 1 期
＊5　陳穎「長安新旺村出土的両件青銅器」『文博』1985 年第 3 期
＊6　中国社会科学院考古研究所灃西発掘隊「陝西長安県新旺村新出西周銅鼎」『考古』1983 年第 3 期；張長寿「記陝西長安県新旺村新出西周両件銅鼎」『考古』1983 年第 3 期

表３　灃東（鎬京）地区における西周墓

地点	発掘年	墓数	腰坑	青銅礼楽器の出土	墓葬年代	備考
普渡村	1953-1954	2	2	1 基（M2）から 8 点、うち有銘器は 4 点 3 種	西周中期	＊1。発見は 1951 年。銘文に執戈形族徽、祖辛。
普渡村（長由墓）	1954	1	1	22 点、うち有銘器 9 点 8 種	西周中期前段	＊2。彝器に戈形族徽・祖己。
普渡村・花園村	1980-1981	6、車馬坑 2	5	6 基から 31 点、有銘器は 3 基から 22 点 14 種	西周前期～中期	＊3。花園村 M15,M17 号墓（腰坑・殉犬有）出土銅器に族徽「[illegible]」

＊1　石興邦「長安普渡村西周墓葬発掘記」『考古学報』第 8 冊、1954 年；陝西省博物館・陝西省文物管理委員会『青銅器図釈』（文物出版社、1960 年 6 月）図 6-11。
＊2　陝西省文物管理委員会「長安普渡村西周墓的発掘」『考古学報』1957 年第 1 期
＊3　陝西省文物管理委員会「西周鎬京附近部分墓葬発掘簡報」『文物』1986 年第 1 期。簡報では 12 基の墓葬を整理したとあるが、資料が公表されたのは 6 基のみ。

表４　周原遺跡地区における西周墓

名称・地点	発掘年	墓数	腰坑	青銅礼楽器の出土	墓葬年代	備考
①岐山京当郷賀家村西北	1963	54、車馬坑１	無	無	先周後期～西周前期前段	＊1
②岐山京当郷賀家村西壕	1966-1967	1	無	17点、有銘器５点４種	西周前期後段	＊2。出土有銘器に史速・史䛐・尹丞の作器。史䛐簋に「畢公」の名が見える。
③岐山京当郷賀家村西壕	1973	10（報告は４基）	無	４基から16点、有銘器は３基から６点６種	西周前期～後期	＊3。出土有銘器はM1に族徽銘２点、M3に栄有司、伯車父、M5に羊庚茲・衛の名が見える。
④岐山京当郷賀家村一帯	1976-1978	57、車馬坑４	3	２基から４点、有銘器は２基から４点	先周後期～西周後期	＊4。腰坑墓は全て西周中後期。
⑤岐山京当郷礼村	1957	2	無	無	西周後期	＊19
⑥岐山京当郷王家嘴・衙里	1980	5、車馬坑１	無	王家嘴M1号墓より２点、うち有銘器１点	西周前期	＊5。銘文は「族徽＋父丁」。
⑦扶風法門鎮斉家村・荘白村	1960	29（報告は６基）	多	M8より２点	西周全時期	＊6。出土青銅器は「父丁」爵・「父己」觶。
⑧扶風法門鎮斉家村東	1962	14	3	無	西周後期	＊7。全て小型墓。
⑨扶風法門鎮斉家村東壕	1978	30（報告は19号墓１基）	有	12点、有銘器７	西周中期前段	＊8。族徽銘１点有。M19の墓主の身分は士クラス。
⑩扶風法門鎮斉家村東壕	1991	2	不明	２基より４点、有銘器１	西周中期前段	＊9。有銘器は師湯父鼎。残墓からの出土品のみが紹介された。
⑪扶風法門鎮斉家村東	1999	96（報告は６基）	半数近く	１基より３点、有銘器１	西周全時期	＊10。大多数は小型墓。
⑫扶風法門鎮斉家村北	2002-2003	41（報告は３基）	13	２基より９点	西周前期後段～西周後期	＊11。いずれも小型墓。青銅器の修復・除銹作業が終わっていないため紋様・銘文の有無は不詳。
⑬扶風法門鎮劉家村豊姫墓	1972	1	不明	17点、有銘器８点６種	西周前期後段	＊12
⑭扶風法門鎮荘白伯㦰墓	1975	1（残墓）	不明	14点、有銘器11点11種	西周中期	＊13
⑮扶風法門鎮荘白村	1996	1（残墓）	不明	１点、有銘器無	西周前期後段	＊9
⑯扶風法門鎮雲塘村	1976	20	12	３基より19点、うち有銘器10点10種	西周前期・西周後期	＊14。青銅礼器出土の３基はいずれも腰坑墓。
⑰扶風法門鎮黄堆村	1980-1981・1992	57（車馬坑・馬坑を含む。報告は墓葬16、車馬坑１、馬坑３）	３（16基中）	５基より９点、うち有銘器２基より２点２種	西周前期後段～西周後期	＊15

表４（続）　周原遺跡地区における西周墓

名称・地点	発掘年	墓数	腰坑	青銅礼楽器の出土	墓葬年代	備考
⑱扶風法門鎮荘李村	2003	15（車馬坑含む。報告は墓葬2、車馬坑1）	1（2基中）	M9より14点、有銘器無。	西周前期（報告された2基）	＊16
⑲扶風法門鎮召李村	1975	1	1	4点、うち有銘器2。	西周中期後段	＊17
⑳扶風法門鎮強家村	1981	1	無	18点、うち有銘器4点2種	西周中期後段懿孝時期	＊18。有銘器は夷伯夷・伯幾父の作器
㉑扶風法門鎮上康村	1957	5	2	M2より4点、有銘器無。	西周後期	＊19

＊1　徐錫台「岐山賀家村周墓発掘簡報」『考古与文物』1980年創刊号
＊2　長水「岐山賀家村出土的西周青銅器」『文物』1972年第6期
＊3　陝西省博物館・陝西省文物管理委員会「陝西岐山賀家村西周墓葬」『考古』1976年第1期
＊4　陝西周原考古隊「陝西岐山賀家村西周墓発掘報告」（『文物資料叢刊8』文物出版社、北京、1983年12月）
＊5　巨万倉「陝西岐山王家嘴、衙里西周墓発掘簡報」『文博』1985年第5期
＊6　陝西省文物管理委員会「陝西扶風、岐山周代遺址和墓葬調査発掘報告」『考古』1963年第12期
＊7　中国社会科学院考古研究所扶風考古隊「一九六二年陝西扶風斉家村発掘簡報」『考古』1980年第1期
＊8　陝西周原考古隊「陝西扶風斉家十九号西周墓」『文物』1979年第11期
＊9　羅西章「陝西周原新出土的青銅器」『考古』1999年第4期
＊10周原考古隊「1999年度周原遺址IA1区及Ⅳ A1区発掘簡報」（北京大学中国考古学研究中心・北京大学震旦古代文明研究中心編『古代文明』第2巻、文物出版社、北京、2003年6月）
＊11周原考古隊「2002年周原遺址（斉家村）発掘簡報」『考古与文物』2003年第4期
＊12陝西省考古研究所・陝西省文物管理委員会・陝西省博物館編『陝西出土商周青銅器（三）』（文物出版社、北京、1980年12月）、図版説明6-8頁
＊13羅西章・呉鎮烽・雒忠如「陝西扶風出土西周伯㦰諸器」『文物』1976年第6期
＊14陝西周原考古隊「扶風雲塘西周墓」『文物』1980年第4期
＊15陝西周原考古隊「扶風黄堆西周墓地鑽探清理簡報」『文物』1986年第8期；羅紅侠「扶風黄堆老堡三座西周残墓清理簡報」『考古与文物』1994年第3期；羅紅侠「扶風黄堆老堡西周残墓清理簡報」『文博』1994年第5期
＊16周原考古隊「陝西周原遺址発現西周墓葬与鋳銅遺址」『考古』2004年第1期
＊17羅西章・呉鎮烽・尚志儒「陝西扶風県召李村一号西周墓清理簡報」『文物』1976年第6期
＊18周原扶風文管所「陝西扶風強家一号西周墓」『文博』1987年第4期
＊19陝西省文物管理委員会「陝西岐山、扶風周墓清理記」『考古』1960年第8期

表5　周原地区における西周墓

名称・地点	発掘年	墓数	腰坑	青銅礼楽器の出土	墓葬年代	備考
①岐山周公廟陵坡墓地	2004	37（2基発掘）	?	出土しているが不詳。	多くは西周前期	＊1
②岐山周公廟白草坡墓地	2004	200余（3基発掘）	?	有銘器が2点出土しているが不詳。	多くは西周前期	＊1
③岐山周公廟樊村墓地	2004	29、馬坑2基を整理	?	不詳	多くは西周前期	＊1
④扶風法門鎮楊家堡	1979	4、馬坑1	無	M2から2点、M4から残片5。うち有銘器2点。	M4は西周前中期の際	＊2。有銘器2点は「族徽＋父己」、「族徽＋父丁」
⑤扶風上宋郷北呂周人墓地	1977-1981	283、馬坑1	無	3基、点数不明。有銘器無。	先周後期～西周中後期の際	＊3
⑥鳳翔南指揮鎮西村周墓	1979-1980	210	無	4基から7点、有銘器は2基から2点2種	先周後期～西周中期	＊4。有銘器は「鼎」「亞父辛」。
⑦武功游鳳鎮黄家河墓地	1982-1983	49、馬坑2	無	無	西周前期～中期	＊5

＊1　徐天進「陝西岐山周公廟遺址」（国家文物局主編『2005中国重要考古発現』文物出版社、北京、2006年5月）

＊2　羅西章「陝西扶風楊家堡西周墓清理簡報」『考古与文物』1980年第2期

＊3　扶風県博物館「扶風北呂周人墓地発掘簡報」『文物』1984年第7期

＊4　韓偉・呉鎮烽「鳳翔南指揮西村周墓的発掘」『考古与文物』1982年第4期

＊5　中国社会科学院考古研究所武功発掘隊「1982-1983年陝西武功黄家河遺址発掘簡報」『考古』1988年第7期

表6　周原遺跡・周原地区銅器窖蔵

名称・地点	出土年	点数	有銘器	出土青銅器の年代	作器者	出自	備考
①岐山京当郷 董家村一号窖蔵	1975	37	30点16種	西周中期後段～ 後期	裘衛・此・善夫旅伯・ 善夫伯辛父・公臣・ 旅仲・廟孱・仲涿父・ 儹・仲南父・成伯孫父・ 栄有司爯	非姫姓 殷系統	＊1。有銘器には 亞形族徽を持つ 亞鼎1点がある。
②岐山京当郷 鳳雛村一号窖蔵	1978	5	3点2種	西周後期	伯寛父・伯尚	不明	＊2
③扶風法門鎮 強家村一号窖蔵	1975	7	5点4種	西周中期後段～ 後期	虢季家族（虢季易父・ 師𩛥・師望・即・師丞	姫姓	＊3
④扶風法門鎮 雲塘村一号窖蔵	1976	9	8点4種	西周後期	伯公父・伯多父	非姫姓	二号窖蔵は一号窖蔵 の南20 m。＊4
⑤扶風法門鎮 雲塘村二号窖蔵	1977	1	1点1種				
⑥扶風法門鎮 斉家村三号窖蔵	1960	39	28点12種	西周後期前段	幾父・柞・中友父（友父）・ 中義・伯邦父・𠟭遺・ 仲伐父	非姫姓	＊5
⑦扶風法門鎮 斉家村四号窖蔵	1961	3	3点1種	西周中期～ 後期	琱我父（琱氏）	非姫姓 最姓	両窖蔵間の距離は 20 m。＊6
⑧扶風法門鎮 斉家村八号窖蔵	1984	7	3点1種				
⑨扶風法門鎮 斉家村五号窖蔵	1963	6	5点2種	西周中期～ 後期	天《族徽》・它	非姫姓 殷系統	＊7
⑩扶風法門鎮 下務子村 一号窖蔵	1981	2	1点1種	西周後期	師同	不明	＊8
⑪扶風法門鎮 荘白村一号窖蔵	1976	103	74点29種	西周前期後段～ 後期前段	微史家族；折・豊・墻・ 癲。商・陵・盂・ 伯先父	非姫姓 殷遺民	＊9。商・陵の器 にはそれぞれ析子孫 形族徽・単形族徽が 見える。
⑫扶風法門鎮 荘白村二号窖蔵	1976	5	3点3種	西周中期～後期	㝬姒・與中雩父・仲太 師	不明	＊10
⑬扶風法門鎮 召陳村一号窖蔵	1960	19	14点5種	西周後期	散伯車父（散車父）・ 歸叔山父	姫姓	＊11
⑭扶風法門鎮 北橋村一号窖蔵	1972	9	2点2種	西周後期	伯吉父	非姫姓	＊12
⑮扶風県城関鎮 五郡西村	2006	25	5点	西周後期前段	琱生・伯𤔲父・𦪇仲 衍	姫姓	＊13。他に1組103 点の馬具、玉飾が 出土。
⑯宝鶏市眉県 馬家鎮李家村	1955	5	5点4種	西周中期後段	盠	姫姓	＊14
⑰宝鶏市眉県 馬家鎮楊家村	1985	13	4点2種	西周後期	逨		＊15
	2003	27	27点8種		単氏家族 （逨・単叔）		＊16。他に天を 族徽とする銘をも つ盂1点が出土。
⑱咸陽市武功県 蘇坊鎮任北村	1978	10	10点3種	西周後期	楚・内叔𠊎父・𢾔叔	姫姓？	＊17

（表6続）

＊1　岐山県文化館・陝西省文管会「陝西省岐山県董家村西周銅器窖穴発掘簡報」『文物』1976 年第 5 期
＊2　陝西周原考古隊「陝西岐山鳳雛村西周青銅器窖蔵簡報」『文物』1979 年第 11 期
＊3　呉鎮烽・雒忠如「陝西省扶風県強家村出土的西周銅器」『文物』1975 年第 8 期；呉鎮烽・雒忠如「記扶風強家村出土的西周窖蔵銅器」（呉鎮烽『考古文選』科学出版社、北京、2002 年 10 月）
＊4　陝西周原考古隊「陝西扶風県雲塘、荘白二号西周銅器窖蔵」『文物』1978 年第 11 期；周原考古隊「周原出土伯公父簠」『文物』1982 年第 6 期
＊5　陝西省博物館・陝西省文物管理委員会編『扶風斉家村青銅器群』（文物出版社、北京、1963 年）
＊6　趙学謙「陝西宝鶏、扶風出土的几件青銅器」『考古』1963 年第 10 期；付昇岐「扶風新出土的青銅器」『文博』1984 年創刊号；周原扶風文管所「扶風斉家村七、八号西周銅器窖蔵清理簡報」『考古与文物』1985 年第 1 期
＊7　梁星彭・馮孝堂「陝西長安、扶風出土西周銅器」『考古』1963 年第 8 期
＊8　陝西周原扶風文管所「周原発現師同鼎」『文物』1982 年第 12 期
＊9　陝西周原考古隊「陝西扶風荘白一号西周青銅器窖蔵発掘簡報」『文物』1978 年第 3 期；陝西周原考古隊・尹盛平主編『西周微氏家族青銅器群研究』（文物出版社、北京、1992 年 6 月）
＊10 陝西周原考古隊「陝西扶風県雲塘、荘白二号西周銅器窖蔵」『文物』1978 年第 11 期
＊11 史言「扶風荘白大隊出土的一批西周銅器」『文物』1972 年第 6 期
＊12 羅西章「陝西省扶風県北橋出土一批西周青銅器」『文物』1974 年第 11 期
＊13 劉軍社等「扶風五郡西村西周青銅器窖蔵」（国家文物局主編『2006 中国重要考古発現』文物出版社、北京、2007 年 4 月）
＊14 李長慶・田野「陝西郿県発掘四件周代銅器」『文物参考資料』1957 年第 4 期
＊15 劉懐君「眉県出土一批西周窖蔵青銅楽器」『文博』1987 年第 2 期
＊16 陝西省考古研究所・宝鶏市考古工作隊・眉県文化館楊家村聯合考古隊「陝西眉県楊家村西周青銅器窖蔵発掘簡報」『文物』2003 年第 6 期；陝西省考古研究所・宝鶏市考古工作隊・眉県文化館楊家村聯合考古隊「陝西眉県楊家村西周青銅器窖蔵」『考古与文物』2003 年第 3 期；陝西省文物局・中華世紀壇芸術館『盛世吉金―陝西宝鶏眉県青銅器窖蔵』（北京出版社、北京、2003 年 3 月）
＊17 盧連成・羅英杰「陝西武功県出土楚簋諸器」『考古』1982 年第 2 期

表7　陝西省中部地区の銅器窖蔵

<table>
<tr><th>名称・地点</th><th>出土年</th><th>点数</th><th>有銘器</th><th>青銅器の年代</th><th>作器者</th><th>出自</th><th>備考</th></tr>
<tr><td rowspan="3">①咸陽永寿県店頭鎮好畤河村</td><td>1962</td><td>4</td><td>1 点 1 種</td><td rowspan="3">西周後期</td><td rowspan="3">仲枏父・伯考父</td><td rowspan="3">不明</td><td>＊1</td></tr>
<tr><td>1962（伝）</td><td>3</td><td>3 点 2 種</td><td>1984 年収集。＊2</td></tr>
<tr><td>1967</td><td>4</td><td>4 点 2 種</td><td>＊3</td></tr>
<tr><td>②西安藍田県寺坡村</td><td>1959</td><td>16</td><td>8 点 4 種</td><td>西周中期後段～西周後期</td><td>弭叔・訇</td><td>非姫姓殷系統</td><td>＊4</td></tr>
<tr><td>③西安藍田県輞川郷枝家湾村</td><td>1974</td><td>4</td><td>4 点 3 種</td><td>西周後期</td><td>宗仲・仲其父</td><td>不明</td><td>＊2</td></tr>
<tr><td>④銅川耀州区下高埝郷丁家溝</td><td>1984</td><td>6</td><td>2 点 1 種</td><td>西周中期後段</td><td>殷</td><td>不明</td><td>＊5</td></tr>
</table>

＊1　陝西省文物管理委員会「陝西省永寿、武功県出土西周銅器」『文物』1964 年第 4 期
＊2　康楽「陝西武功県征集到三件西周青銅器」『考古与文物』1985 年第 4 期
＊3　呉鎮烽・朱捷元・尚志儒「陝西永寿、藍田出土西周青銅器」『考古』1979 年第 2 期
＊4　段紹嘉「陝西藍田県出土弭叔等彝器簡介」『文物』1960 年第 2 期
＊5　呼林貴・薛東星「耀県丁家溝出土西周窖蔵青銅器」『考古与文物』1986 年第 4 期

表8　出土地点の明確な𠂤国青銅器

名称・地点	発見年	器物	年代	備考
隴県曹家湾鎮南坡村西周前期墓	1974	M6号墓出土の戈「𠂤中」、 M2号墓出土の当盧3点「𠂤」	西周前期	＊1
隴県牙科郷梁甫村	1979	銅泡「𠂤」	西周前期	＊2
鳳翔県長青鎮西周墓	1972	当盧・銅泡各1点に「𠂤」	西周前期	＊3
陳倉区賈村鎮上官村	1974	𠂤王簋蓋「𠂤王作奠姜尊簋、子子孫孫萬年永寶用」	夷厲時期 （西周中期後段～後期前段）	＊4
陳倉区賈村鎮霊隴村西周一号墓	1974	当盧1点に「𠂤」	西周前期	＊1
陳倉区賈村鎮浮陀村西周墓	1983	𠂤賸銅方盨「𠂤賸乍寶旅盨、永用」	西周後期	＊5
宝鶏市金台区闘鶏台（代家湾）溝東区B3墓葬	1934	当盧2点に「𠂤」	西周前期	＊1
宝鶏弜国墓地紙坊頭一号墓	1980-1981	𠂤伯鬲「𠂤伯作旅鼎」	西周前期前半	＊6
岐山県青化鎮丁童村	1984	𠂤叔簋「𠂤叔作旅簋」	西周中期	＊7

＊1　盧連成・尹盛平「古𠂤国遺址、墓地調査記」『文物』1982年第2期

＊2　陝西省考古研究所・陝西省文物管理委員会・陝西省博物館編『陝西出土商周青銅器（三）』（文物出版社、北京、1980年12月）単色図版154

＊3　盧連成・胡智生『宝鶏弜国墓地』（文物出版社、北京、1988年10月）417頁

＊4　王光永「宝鶏賈村塬発現𠂤王簋蓋等青銅器」『文物』1984年第6期

＊5　高次若「宝鶏賈村再次発現𠂤国銅器」『考古与文物』1984年第4期

＊6　盧連成・胡智生『宝鶏弜国墓地』24頁

＊7　龐文龍・崔玫英「陝西岐山近年出土的青銅器」『考古与文物』1990年第1期

前漢における「帝賜」の構造と変遷
―二十等爵制の機能をめぐって―

楯身　智志

はじめに

漢代の二十等爵制について、西嶋定生氏はかつて以下のような論を展開した。すなわち、秦・漢代の皇帝は下詔によってしばしば民衆一人一人に爵位を賜与（＝民爵賜与）していたが、それは①恩赦によって皇帝と民衆の関係を更新した後、②民衆の社会生活の場たる郷里社会（＝里）を単位として牛肉・酒を賜与するとともに、③さらに群飲酒を許可（＝賜酺）することで郷飲酒礼の実施を促し、④その際の席次によって民衆それぞれの爵級を相互に確認させることを目的とした施策であった。つまり、当時の皇帝支配とは春秋・戦国時代の戦乱で崩壊した郷里社会を爵制的秩序によって再編成し、かつその秩序を従来の郷里社会の秩序（＝年功序列の歯位に基づく秩序）に合致させることで民衆を個別的に支配する正当性を獲得するものであった、と[1]。これに対し、籾山明氏は、民爵賜与とその他の賜与物とを切り離して考察すべきとした上、民爵賜与とは皇帝と民衆の直接的な「距離」を規定するための施策であったと論じている[2]。西嶋氏の業績は二十等爵制が「個別人身的支配」という皇帝支配の実現に大きな役割を果たしていたことを初めて指摘した点において現在に至るまで強い影響力を持つものであるが、近年では爵制による皇帝支配が郷里社会の秩序化を通じて達成されていたとする氏の理解に疑義が呈され、代わってそれが皇帝と民衆の直接的な支配・被支配関係を規定することによって達成されていたとする籾山氏の説を支持する見解も出てきている[3]。

こうした爵制研究の新たな傾向は、近年、中国本土で出土文字史料が陸続と発見・公表され、そこに従来知られることのなかった関係史料が豊富に含まれていたことに起因するのであろう。とりわけ、戦国秦・前漢初期の法制史料を含む睡虎地秦簡・張家山漢簡からは、当時の有爵者が政治的・経済的にさまざまな特権を与えられていたことを窺うことができる。それゆえ、秦・漢代の皇帝が賜爵によって自身と民衆の「距離」を規定していたとする籾山氏の理解を踏まえた上で、その「距離」が爵位に付随する特権として表現されていたと考えられたのであろう。中でも宮宅潔氏は、前漢初期の律令である張家山漢簡「二年律令」を基に、漢代の皇帝が全国に広く賜与物を下す（＝「帝賜」を実施する）際[4]、その賜与物の質・量が民衆の爵級に応じて決定されていたと推測した上、籾山氏のいう皇帝と民衆との「距離」、すなわち「爵の高下」が賜与物の多寡によって「視覚的に顕示され」ていたと論じている[5]。氏の説によれば、民爵賜与は皇帝と民衆の「距離」を規定するために実施されていたが、その「距離」を皇帝・民衆が相互に再確認するために「帝賜」が実施されていたことになろう。先述したように、民爵賜与と恩赦・牛酒賜与・賜酺とが密接に関係していたとする西嶋氏の説については籾山氏による批判もあるが、賜爵と「帝賜」がそれぞれ別の機能を果たしつつも相互に補完し合う関係にあったことが宮宅氏によってあらためて提示されたと言える。

ただし、問題はなお残されている。それは第一に、二十等爵制が民衆だけでなく王侯・官吏をもその秩序下に組み込む制度であったという点である。前稿で指摘したように、前漢景帝期以降、官吏にそれぞれの官秩に応じた爵位が賜与され（＝官爵賜与）、これによって官秩と爵位は丞相＝列侯、御史大夫＝関内侯、中二千石・二千石＝左更・右庶長、六百石＝五大夫というように対応させられるに至った[6]。また、前漢を通じて王侯・官吏に黄金・馬・銭・帛などが盛んに賜与されている（後掲【表2】・【表3】参照）。これらのことを踏まえれば、皇帝と民衆の関係のみならず、皇帝と王侯・

官吏の関係にも注視する必要があろう。そして第二に、籾山氏のいう「距離」が具体的には何を意味するものであったのかという問題である。この点、籾山氏は皇帝と民衆の関係を「公共的事業の組織者」と「奉仕者」と理解し、両者の「距離」が民衆の担う兵役・徭役と関係していたことを推測しており、筆者もまた前稿でこの籾山説に従って民爵賜与の成立過程を検討した(7)。しかし、それでもなお籾山氏の言う「距離」の内実は不明瞭である。民爵賜与によって皇帝と民衆が籾山氏の言うように結合されていたとしても、「奉仕者」たる民衆を王侯・官吏などとともに二十等爵制という一つの秩序体系によって序列化するところにいかなる意味があるのかがいまだ明らかになっていないのである。これら二点を総じて言えば、二十等爵制の機能の明らかにするためには、皇帝と王侯・官吏・民衆とがいかなる原理で結合され、かつそれが爵制という序列化された一つの秩序体系として体現されていることの意味を、賜爵と「帝賜」の機能的差異に留意しながら総合的に考察していく必要があることになろう。

そこで本稿では、張家山漢簡「二年律令」賜律と文献史料中に見える賜与事例との比較検討を手がかりとして、上記の問題に私案を提示してみたい。「二年律令」賜律には賜与対象者の爵級に応じて賜与物の質・量を規定する条文が含まれており、宮宅氏はこれを基に先述したような「帝賜」の機能を導き出したのであった。しかし、氏は必ずしも賜律の条文を逐一検討しているわけではなく、また『史記』本紀・『漢書』帝紀に見える賜与事例についても、一例を挙げて「二年律令」との関係を推測するにとどまっている。それゆえ、賜爵と「帝賜」の機能的差異を明らかにするには、賜律より窺える「帝賜」の構造と文献史料より窺える「帝賜」の構造をそれぞれ別個に考察した上、まずは両者がどのような関係にあるのかを探る必要があろう。その上で、「二年律令」賜律が前漢初期のいかなる状況を反映するものであるのか、さらにそれが秦から漢に至る史的展開の中にどのように位置づけられるのかを分析し、皇帝と王侯・官吏・民衆との結合原理、さらにはその変遷過程について検討していかなければならない。

以下、本稿では、張家山漢簡「二年律令」賜律と文献史料中の賜与事例との比較検討から賜爵と「帝賜」の機能的差異を解明する作業を通じ、二十等爵制の機能とその時期的変遷について探っていくこととしたい。

第一節　張家山漢簡「二年律令」と賜与事例

先述したように、宮宅氏は皇帝が民衆に「帝賜」を実施する際、その内容が対象者の爵級に応じて決定され、そこに籾山氏のいう皇帝と民衆の「距離」が表現されていたと論じた。氏は、張家山漢簡「二年律令」賜律に賜与対象者の爵級に応じて賜与物の質・量を規定する条文が見えることを指摘した上、『漢書』巻七昭帝紀・元鳳四年条に、

四年春正月丁亥、帝、元服を加え、高廟に見ゆ。諸侯王・丞相・大將軍・列侯・宗室以下吏民に至るまでに金帛牛酒を賜うこと各〃差有り。

とあるように、文献史料中の賜与事例に「各〃差有り」とだけある場合、爵級を基準に賜与物の具体的な内容が決定されていた可能性を指摘している。しかし、「二年律令」賜律に爵級に応じて賜与物の内容を決定する条文が含まれているとしても、それらの条文が賜律全体の中でどのように位置づけられるのかを検討しなければ、前漢初期において王侯・官吏・民衆すべての爵位が「賜与物の多寡を定める目安」であったとは必ずしも言えないであろう。また、前引『漢書』昭帝紀に見える「各〃差有り」も、氏の理解を踏まえるならば上は諸侯王から下は民衆に至るまでに彼らの爵級に応じて黄金・帛・牛肉・酒すべてを賜与した記述と解さなければならないが、そのように解し得るか否かを判断するためには前漢において黄金・帛・牛肉・酒が実際にいかなる者に対して賜与されていたのかを検討する必要がある。

そこで、まず「二年律令」賜律を見ると、そこには衣類・棺槨・飲食物を賜与する場合、その質・量をいかなる基準で決定するのかを規定する条文が含まれているが、例えば(8)、

衣を賜う者は六丈四尺ならば、縁五尺・絮三斤とせよ。襦二丈二尺ならば、縁丈・絮二斤とせよ。絝（袴）二丈一尺ならば、絮一斤半とせよ。衾五丈二尺ならば、縁二丈六尺・絮十一斤とせよ。五大夫以上は錦もて表とし、公乘以下は縵もて裏とし、皆な帛もて裏とせよ。司寇以下は布もて表・裏とせよ。…（下略）…（第二八二～二八四簡）

棺享（椁）を賜わるに чн齎を受けんと欲する者には、卿以上ならば棺銭を賜うこと級ごとに千とし、享（椁）は級ごとに六百とせよ。五大夫以下の棺銭は級ごとに六百、享（椁）は級ごとに三百とせよ。爵毋き者には棺銭三百とせよ。（第二八九簡）

とあるように、確かに上は「卿」（＝第十八級大庶長～第十級左庶長）以上の高爵所有者から、下は司寇以下の刑徒までもが賜与対象者として想定されている。しかも、彼らに賜与される衣類の質（「錦」・「縵」・「布」）や棺銭・椁銭の額は爵級に応じて決定されており、これらの条文によれば爵級が「賜与物の多寡を定める目安」として機能していたごとくである。ところが一方で、

吏爲らざるもの及び宦皇帝者に賜うに、關内侯以上は二千石に比し、卿は千石に比し、五大夫は八百石に比し、公乘は六百石に比し、公大夫・官大夫は五百石に比し、大夫は三百石に比し、不更は有秩に比し、簪裹は斗食に比し、上造・公士は佐史に比せよ。爵毋き者には飯一斗・肉五斤・酒大半斗・醬少半升とせよ。司寇・徒隷には、飯一斗・肉三斤・酒少半斗・鹽廿分の升一とせよ。（第二九一～二九三簡）

とあるように、爵位を有する「吏爲らざるもの」や「宦皇帝者」に賜与される飲食物（穀物・肉・酒・調味料）の内容は官吏に準じて規定されている(9)。官吏に賜与される飲食物の内容は例えば、

吏に酒食を賜うには、衛（率）ね秩百石ごとにして肉十二斤・酒一斗とせよ。斗食の令史には肉十斤、佐史には八斤、酒は各〻一斗とせよ。（第二九七簡）

とあるように官秩に応じて規定されているが、これによれば、官吏に対しては官秩、それ以外の者に対しては爵級に応

じて飲食物の量が決定されていたことになる（【表1a】・【表1b】[10]）。すると、先に見た衣類・棺椁賜与に関する条文も、全国の官吏・民衆に対して一斉に衣類・棺椁を賜与し、その質の違いによって彼らの爵級を表現するためのものではない可能性が出てこよう。実際、

一室の二肂、堂に在らば、縣官は一棺を給え。三肂、堂に在らば、二棺を給え。（第二八八簡）

とあり、ここでは疫病などの災害で二人以上の死者が出た戸に棺を賜与すべきことが規定されているが、賜与される棺の質によって死者の爵級が表現されていたとは考え難い。というのも、例えば二人の死者に一棺を賜与する際、その棺の質が爵級に応じて決定されていたとすると、二人のうちいずれかの爵級に応じて棺の質が決定されていたことになるが、それでは棺を賜与されなかったもう一人の死者の爵級は棺の質によって表現されないことになってしまうためである。また、

☐室の以て相饗する毋き者には、米二石・一豚・酒一石を賜え。（第二八七簡）

とあるように、ここでは賜与対象者の爵級に関わらず賜与される飲食物の量が「米二石・一豚・酒一石」と規定されている。これらの条文はいずれも主に民衆を賜与対象として想定したものと解されるが、広く民衆に「帝賜」を実施する際にその内容が必ずしも爵級に応じて決定されていなかったことを示唆しよう。となれば、「二年律令」賜律とは、官吏・民衆・刑徒すべての者に同一の物品を一斉に賜与することを想定したものではなく、官吏に対して行われる「帝賜」と民衆に対して行われる「帝賜」をそれぞれ別個に定めた法規であった可能性があるのではないか。そして、「吏爲らざるもの」と「宦皇帝者」に対して賜与する飲食物の量を規定した第二九一〜二九三簡などは、本来ならば官吏に対して行われる「帝賜」が例外的に官吏以外の者に対して行われるケースを想定した特別規定なのではないか。賜律において官吏に下される賜与物の量が爵位ではなく官秩に応じて規定され、かつそこで官吏・民衆・刑徒すべての者に同一の物品を賜与することが想定されていないとなれば、少なくとも賜律からは、爵位が「賜与物の多寡を定める目安」で、賜

【表１a】

		衣類賜与	棺椁賜与					飲食物賜与								
		282-284	289				計	291-293,298-300				291-293,298-300				302
20	徹侯	錦表帛裏	棺銭級千	20000	椁銭級六百	12000	32000	糳・粲・穤各一升	4.5ℓ	醯・醤各二升、芥一升	600mℓ	（肉二百四十斤）	60kg	（酒二十斗）	40ℓ	上尊酒
19	関内侯			19000		11400	30400									
18	大庶長			18000		10800	28800	食二盛（＝米18升）	3.6ℓ	醯・醤各一升	400mℓ	（肉百二十斤）	30kg	（酒十斗）	20ℓ	
17	駟車庶長			17000		10200	27200									
16	大上造			16000		9600	25600									
15	少上造			15000		9000	24000									
14	右更			14000		8400	22400									
13	中更			13000		7800	20800									
12	左更			12000		7200	19200									
11	右庶長			11000		6600	17600									
10	左庶長			10000		6000	16000									
9	五大夫		棺銭級六百	5400	椁銭級三百	2700	8100					（肉九十六斤）	24kg	（酒八斗）	16ℓ	
8	公乗	縵表帛裏		4800		2400	7200					（肉七十二斤）	18kg	（酒六斗）	12ℓ	
7	公大夫			4200		2100	6300	食一盛（＝米９升）	1.8ℓ	醤半升	100mℓ	（肉六十斤）	15kg	（酒五斗）	10ℓ	下尊酒
6	官大夫			3600		1800	5400									
5	大夫			3000		1500	4500					（肉三十六斤）	9kg	（酒三斗）	6ℓ	
4	不更			2400		1200	3600					肉十二斤	3kg	酒一斗	2ℓ	
3	簪褭			1800		900	2700					肉十斤	2.4kg	酒一斗		
2	上造			1200		600	1800					肉八斤	2kg			
1	公士			600		300	900									
	公卒		棺銭三百	300			300	飯一斗（＝米５升）	1ℓ	醤少半升（＝1/3升）	67mℓ	肉五斤	1.3kg	酒大半斗（＝2/3斗）	1.3ℓ	和酒
	士伍															
	庶人															
	隠官															
	司寇	布表裏						飯一斗（＝米５升）		鹽廿分升一（＝1/20升）	10mℓ	肉三斤	750g	酒少半斗（＝1/3斗）	670mℓ	
	徒隷															

【表１b】

	死亡官吏に対する賜与	飲食物賜与								
	282-284	298-300				297				302
二千石	衣・繻・棺・官衣・官裳	糳・粲・穤各一升	4.5ℓ	醯・醤各二升、芥一升	600mℓ	（肉二百四十斤）	60kg	（酒二十斗）	40ℓ	上尊酒
千石	棺・官衣	食二盛（＝米18升）	3.6ℓ	醯・醤各一升	400mℓ	（肉百二十斤）	30kg	（酒十斗）	20ℓ	
八百石						（肉九十六斤）	24kg	（酒八斗）	16ℓ	
六百石						（肉七十二斤）	18kg	（酒六斗）	12ℓ	
五百石	棺	食一盛（＝米９升）	1.8ℓ	醤半升	100mℓ	（肉六十斤）	15kg	（酒五斗）	10ℓ	下尊酒
三百石						（肉三十六斤）	9kg	（酒三斗）	6ℓ	
二百石						（肉二十四斤）	6kg	（酒二斗）	4ℓ	
百石						肉十二斤	3kg	酒一斗	2ℓ	
斗食						肉十斤	2.4kg			
佐史						肉八斤	2kg			

	馬	金銭	田宅	布帛	米粟	酒肉
王侯	4	14		3		
官吏		12		11		3
三老孝悌力田		1		12		1
貞夫順女				1		
鰥寡孤独高年		1		27	3	1
貧窮者					1	
天下貧民				1		
民衆		3	1	1	1	30
蛮夷				1		

【表3】賜与事例における賜与対象と賜与物の関係

与物の多寡によってすべての官吏・民衆の「爵の高下が視覚的に顕示され」ていたとは言えないことになる。

同様の傾向は文献史料中の賜与事例からも窺うことができる。【表2】は、皇帝が下詔によって全国の王侯・官吏・民衆などに馬・金銭・田宅・布帛・米粟・酒肉などの物品を賜与した事例を『史記』本紀・『漢書』帝紀から収集したものであるが[11]、各事例においていかなる者にどのような賜与物が下されていたのかを逐一調査し、それらを整理すると【表3】のようになる。これによると、①王侯＝馬・金銭、②官吏＝金銭・布帛、③三老孝悌力田＝布帛、④鰥寡孤独高年＝布帛、⑤民衆＝酒肉という対象者と賜与物の対応関係が明確に浮かび上がってくる[12]。しかも、両表によれば、前漢において上は王侯から下は貧民に至るまでに同一の物品が一斉に賜与された事例は一つとして見出されない。このことは、宮宅氏の引用した『漢書』昭帝紀に「諸侯王・丞相・大将軍・列侯・宗室以下吏民に至るまでに金帛牛酒を賜うこと各〻差有り」とあったとしても、それは諸侯王から民衆までに黄金・帛・牛肉・酒すべてを賜与したことを示すものではなく、諸侯王・列侯・宗室に黄金、丞相・大将軍・吏に黄金・帛、民衆に牛肉・酒をそれぞれ賜与したことを省略した表現であることを示していよう。つまり、文献史料中の賜与事例において「賜与物の多寡を定める目安」は必ずしも爵位ではなく、王侯・官吏・三老孝悌力田・鰥寡孤独高年・民衆といった賜与対象者の区別なのである。

では、結局のところ、賜律と文献史料中の賜与事例との関係をどのように理解すれ

宣帝	41	神爵4年	B.C.58	二月	賜民爵一級、女子百戸牛酒、鰥寡孤獨高年帛。	民衆 鰥寡孤独高年	牛酒 帛	漢8
	42	神爵4年	B.C.58	四月	穎川太守黄霸太守以治行尤異中二千石、賜爵關内侯、黄金百斤。 及穎川吏民有行義者爵、人二級、力田一級、貞婦順女帛。	官吏＊ 貞夫順女	金 帛	漢8
	43	五鳳元年	B.C.57	正月	皇太后賜丞相・將軍・列侯・中二千石帛、人百匹、大夫人八十匹、夫人六十匹。	王侯・官吏	帛	漢8
	44	五鳳3年	B.C.55	三月	其賜天下吏爵二級、民一級、女子百戸牛酒。加賜鰥寡孤獨高年帛	民衆 鰥寡孤独高年	牛酒 帛	漢8
	45	甘露2年	B.C.52	正月	賜諸侯王・丞相・將軍・列侯・中二千石金錢各有差。 賜民爵一級、女子百戸牛酒、鰥寡孤獨高年帛。	王侯・官吏 民衆 鰥寡孤独高年	金銭 牛酒 帛	漢8
	46	甘露3年	B.C.51	二月	其賜汝南太守帛百匹、新蔡長吏・三老・孝弟力田・鰥寡孤獨各有差。	官吏＊・三老孝悌力田＊・鰥寡孤独＊	帛	漢8
元帝	47	初元元年	B.C.48	正月	賜諸侯王・公主・列侯黄金、吏二千石以下錢帛各有差。	王侯 官吏	金 銭・帛	漢9
	48	初元元年	B.C.48	四月	賜宗室有屬籍者馬一匹至二駟、三老・孝者帛五匹、弟者・力田三匹、 鰥寡孤獨二匹、吏民五十戸牛酒	王侯 三老孝悌力田・鰥寡孤独 官吏・民衆	馬 帛 牛酒	漢9
	49	初元2年	B.C.47	正月	賜雲陽民爵一級、女子百戸牛酒。	民衆＊	牛酒	漢9
	50	初元2年	B.C.47	四月	賜御史大夫爵關内侯、中二千石右庶長、天下當爲父後者爵一級、 列侯錢各二十萬、五大夫十萬。	王侯	銭	漢9
	51	初元4年	B.C.45	三月	賜民爵一級、女子百戸牛酒、鰥寡高年帛。	民衆 鰥寡高年	牛酒 帛	漢9
	52	初元5年	B.C.44	四月	賜宗室子有屬籍者馬一匹至二駟、三老・孝者帛、人五匹、 弟者・力田三匹、鰥寡孤獨二匹、吏民五十戸牛酒。	王侯 三老孝悌力田・鰥寡孤独 官吏・民衆	馬 帛 牛酒	漢9
	53	永光元年	B.C.43	正月	賜民爵一級、女子百戸牛酒、高年帛。	民衆 高年	牛酒 帛	漢9
	54	永光元年	B.C.43	三月	賜吏六百石以上爵五大夫、勤事吏二級、爲父後者民一級、 女子百戸牛酒、鰥寡孤獨高年帛。	民衆 鰥寡孤独高年	牛酒 帛	漢9
	55	永光2年	B.C.42	二月	賜民爵一級、女子百戸牛酒、鰥寡孤獨高年・三老・孝弟力田帛。 又賜諸侯王・公主・列侯黄金、中二千石以下至中都官長吏各有差、 吏六百石以上爵五大夫、勤事吏各二級。	民衆 鰥寡孤独高年・三老孝悌力田 王侯・官吏	牛酒 帛 金	漢9
	56	建昭5年	B.C.34	三月	賜民爵一級、女子百戸牛酒、三老・孝弟力田帛。	民衆 三老孝悌力田	牛酒 帛	漢9
成帝	57	建始元年	B.C.32	二月	賜諸侯王・丞相・將軍・列侯・王太后・公主・王主・吏二千石黄金、 宗室諸官吏千石以下至二百石及宗室子有屬籍者・三老・孝弟力田・鰥寡孤獨錢帛、 各有差、吏民五十戸牛酒	王侯 官吏 三老孝悌力田・鰥寡孤独 民衆	金 金銭・帛・牛酒 銭・帛 牛酒	漢10
	58	鴻嘉元年	B.C.20	二月	其賜天下民爵一級、女子百戸牛酒、加賜鰥寡孤獨高年帛。…（中略）…以新豐戯 郷爲昌陵縣、奉初陵、賜百戸牛酒。	民衆 鰥寡孤独高年	牛酒 帛	漢10
	59	永始4年	B.C.13	正月	賜雲陽吏民爵、女子百戸牛酒、鰥寡孤獨高年帛。	民衆＊ 鰥寡孤独高年＊	牛酒 帛	漢10
	60	永始4年	B.C.13	三月	行幸河東、祠后土、賜吏民如雲陽、行所過無出田租。	民衆＊ 鰥寡孤独高年＊	牛酒 帛	漢10
	61	綏和元年	B.C.8	二月	賜諸侯王・列侯金、天下當爲父後者爵、三老・孝弟力田帛、各有差。	王侯 三老孝悌力田	金 帛	漢10
哀帝	62	即位年	B.C.7	四月	賜宗室王子有屬籍者馬一駟、吏民爵、百戸牛酒、三老・孝弟力田・鰥寡孤獨帛。	王侯 民衆 三老孝悌力田・鰥寡孤独	馬 牛酒 帛	漢11
	63	建平元年	B.C.6	三月	賜諸侯王・公主・列侯・丞相・將軍・中二千石・中都官郎吏金錢帛、各有差。	王侯・官吏	金銭・帛	漢11
平帝	64	元始4年	A.D.4	二月	賜天下民爵一級、鰥寡孤獨高年帛。	鰥寡孤独高年	帛	漢12

〔凡例〕

・原文欄…『史記』・『漢書』間の異同は「/」で示した。網掛は賜与対象と賜与物を対照させ得ない事例を示す。
・賜与対象欄…宗室は「王侯」として扱った。＊は対象が限定された事例を示す。
・賜与物欄…布・帛・錦・絮は「帛」として扱った。
・出典欄…史＝『史記』、漢＝『漢書』（数字は巻数を示す）

【表2】前漢の賜与事例

皇帝		年	西暦	月	原文	賜与対象	賜与物	出典
始皇帝	1	31年	B.C.216	十二月	賜黔首里六石米、二羊。	民衆	米・羊	史6
高祖	2	2年	B.C.205	二月	舉民年五十以上、有修行、能帥衆爲善、置以爲三老、鄕一人。 擇鄕三老一人爲縣三老、與縣令丞尉以事相敎、復勿繇戍。以十月賜酒肉。	三老	酒肉	史8
恵帝	3	即位年	B.C.195	五月	賜給喪事者、二千石錢二萬、六百石以上萬、五百石・二百石以下至佐史五千。 視作斥上者、將軍四十金、二千石二十金、六百石六金、五百石以下至佐史二金。	官吏	金・銭	漢2
呂后	4	8年	B.C.180	七月	遺詔賜諸侯王各千金、將相列侯郞吏皆以秩賜金。/遺詔賜諸侯王各千金、 將相列侯下至郞吏各有差。	王侯・官吏	金	史9・漢3
文帝	5	即位年	B.C.180	閏月	朕初即位、其赦天下、賜民爵一級、女子百戸牛酒、酺五日。	民衆	牛酒	史10・史22・漢4
	6	元年	B.C.179	三月	賜天下鰥寡孤獨窮困及年八十已上孤兒九歳已下布帛米肉各有數。/有司請令縣道、 年八十已上、賜米人月一石、肉十斤、酒五斗。其九十已上、又賜帛人二疋、絮三斤。	鰥寡孤独高年	米・酒肉・帛	史10・漢4
	7	3年	B.C.177	五月	舉功行賞、諸民里賜牛酒。	民衆	牛酒	史10・漢4
	8	12年	B.C.168	三月	其遣謁者勞賜三老・孝者帛人五匹、悌者・力田二匹、廉吏二百石以上率百石者三匹。	三老孝悌力田・官吏	帛	漢4
	9	13年	B.C.167	六月	賜天下孤寡布帛絮各有數。	鰥寡孤独高年	布帛絮	漢4
	10	後7年	B.C.157	六月	賜諸侯王以下至孝悌力田金錢帛各有數。			漢4
景帝	11	後3年	B.C.141	正月	遺詔賜諸侯王以下至民爲父後爵一級、天下戸百錢。/遺詔賜諸侯王列侯馬二駟、 吏二千石黃金二斤、吏民戸百錢。	民衆 王侯	銭 馬・金	史11・漢5
武帝	12	建元3年	B.C.138	春	賜徙茂陵者戸錢二十萬、田二頃。	民衆＊	銭	漢6
	13	元狩元年	B.C.122	四月	皇帝使謁者賜縣三老・孝者帛、人五匹、鄕三老・弟者・力田帛、人三匹、 年九十以上及鰥寡孤獨帛、人二匹、絮三斤、八十以上米、人三石。	三老孝悌力田 鰥寡孤独高年	帛 帛・米	漢6
	14	元狩6年	B.C.117	十月	賜丞相以下至吏二千石金、千石以下至乘從者帛、蠻夷錦各有差。	官吏 蛮夷	金・帛 錦	漢6
	15	元鼎4年	B.C.113	十月	賜民爵一級、女子百戸牛酒。	民衆	牛酒	漢6
	16	元封元年	B.C.110	四月	賜民百戸牛一酒十石、加年八十孤寡布帛二匹。/賜天下民爵一級、女子百戸牛酒。	民衆 鰥寡孤独高年	牛酒 帛	史12・史28・漢6
	17	元封2年	B.C.109	四月	赦所過徒、賜孤獨高年米、人四石。	孤独高年	米	漢6
	18			六月	其赦天下、賜雲陽都百戸牛酒。	民衆＊	牛酒	
	19	元封5年	B.C.106	三月	賜鰥寡孤獨帛、貧窮者粟。	鰥寡孤独 貧窮者	帛 粟	漢6
	20	元封6年	B.C.105	三月	賜天下貧民布帛、人一匹。	天下貧民	布帛	漢6
	21	太始3年	B.C.94	冬	賜行所過戸五千錢、鰥寡孤獨帛人一匹。	民衆＊ 鰥寡孤独	銭 帛	漢6
昭帝	22	始元元年	B.C.86	二月	賜諸侯王・列侯・宗室金錢各有差。	王侯	金銭	漢7
	23			七月	赦天下、賜民百戸牛酒。	民衆	牛酒	
	24	始元3年	B.C.84	秋	募民徙雲陵、賜錢田宅。	民衆＊	銭・田宅	漢7
	25	始元4年	B.C.83	六月	賜長公主・丞相・將軍・列侯・中二千石以下及郞吏宗室錢帛各有差。 徙三輔富人雲陵、賜錢、戸十萬。	王侯・官吏	銭・帛	漢7
	26	元鳳2年	B.C.79	四月	吏民獻牛酒者賜帛、人一匹。	民衆＊	帛	漢7
	27			六月	賜郞從官帛、及宗室子錢、人二十萬。	官吏 王侯	帛 銭	漢7
	28	元鳳4年	B.C.77	正月	賜諸侯王・丞相・大將軍・列侯・宗室以下至吏民金帛牛酒各有差。			漢7
宣帝	29	即位年	B.C.74	十一月	賜諸侯王以下金錢、至吏民鰥寡孤獨各有差。			漢8
	30	本始元年	B.C.73	五月	賜天下人爵各一級、孝者二級、女子百戸牛酒。	民衆	牛酒	漢8
	31	本始2年	B.C.72	六月	賜民爵一級、女子百戸牛酒。	民衆	牛酒	漢8
	32	本始4年	B.C.70	三月	賜丞相以下至郞吏從官金錢帛各有差。	官吏	金銭・帛	漢8
	33	地節3年	B.C.67	三月	其加賜鰥寡孤獨高年帛。	鰥寡孤独高年	帛	漢8
	34			四月	賜廣陵王黃金千斤、諸侯王十五人黃金各百斤、列侯在國者八十七人黃金各二十斤。	王侯	金	
	35	元康元年	B.C.65	三月	賜勤事吏中二千石以下至六百石爵、自中郞吏至五大夫、佐史以上二級、民一級、 女子百戸牛酒。加賜鰥寡孤獨・三老・孝弟力田帛。	民衆 三老孝悌力田・鰥寡孤独	牛酒 帛	漢8
	36	元康2年	B.C.64	二月	賜丞相以下至郞從官錢帛各有差。	官吏	銭・帛	漢8
	37			三月	賜天下吏爵二級、民一級、女子百戸牛酒、鰥寡孤獨高年帛。	民衆 鰥寡孤独高年	牛酒 帛	
	38	元康3年	B.C.63	三月	賜諸侯王・丞相・將軍・列侯・二千石金、郞從官帛、各有差。 賜天下吏爵二級、民一級、女子百戸牛酒、鰥寡孤獨高年帛。	王侯 官吏 民衆 鰥寡孤独高年	金 金・帛 牛酒 帛	漢8
	39	元康4年	B.C.62	三月	其賜天下吏爵二級、民一級、女子百戸牛酒。 加賜三老・孝弟力田帛、人二匹、鰥寡孤獨各一匹。	民衆 三老孝悌力田・鰥寡孤独	牛酒 帛	漢8
	40	神爵元年	B.C.61	三月	賜天下勤事吏爵二級、民一級、女子百戸牛酒、鰥寡孤獨高年帛。	民衆 鰥寡孤独高年	牛酒 帛	漢8

ばよいのであろうか。そこで、睡虎地秦簡「秦律十八種」軍爵律を見ると[13]、

軍に従いて勞を以て論及び賜に當たるものの、未だ拜せずして死し、辠有りて灋もて其の後を耐・䙴（遷）せられしもの、及び灋もて耐・䙴（遷）せられし者は、皆な其の爵及び賜を受くるを得ず。…（下略）…

（第一二〇・一二一簡）

とあるように、「軍に従」って「勞」（＝従軍日数）を累積した者に「賜」が与えられていたことが窺える。つまり、戦国秦においては、爵位を有していれば自動的に賜与物を得ることができたわけではなく、爵位を有していたとしても従軍しなければ賜与物を与えられることはなかったと解し得る。ところが、「二年律令」爵律に、

爵及び賜を捧（拜）するに當たり、未だ捧（拜）せずして罪耐有る者は、賜を捧（拜）すること勿れ。

（第三九二簡）

とあるように軍爵律とほぼ同内容の条文が見えるが、そこでは「軍に従いて…」の部分が削除されており、前漢初期においては従軍せずとも賜与物を受け取ることができたと考えられる。すると、官吏に対しては官秩、官吏でない者に対しては爵位に応じて賜与物の質・量を規定する賜律とは、従軍した者にのみ賜与物が与えられていた戦国秦から、皇帝の下詔によって王侯・官吏・民衆などに無条件に「帝賜」が行われるようになる前漢に至る過渡期を反映している可能性があろう。【表二】によると、高祖・恵帝・呂后期には「帝賜」がわずか二回しか行われておらず、文帝期以降には「帝賜」が頻繁に行われているが、そのような「帝賜」の実施頻度の変化と賜律との関係から前漢初期における「帝賜」の変化を考察していく必要があるのである。

では、上記のごとき「帝賜」の時期的変遷の背景を戦国秦の状況も加味して考察していくために、われわれはいかなる点に注目すればよいのであろうか。そこで手がかりとなるのが、官吏の官秩に応じて賜与物の質・量を規定する賜律の条文である。前引軍爵律によれば、戦国秦では官吏であろうと民衆であろうと従軍しなければ賜与物を与えられること

はなかったと推測し得るが、加藤繁氏によれば漢代においては官吏に対して定期的に「帝賜」が行われていたという[14]。すると、前漢初期に至って従軍せずとも賜与物を受け取ることができるようになったのは、当時、何らかの理由で官吏に対する定期的な「帝賜」が行われるようになったことに起因する可能性が出てこよう。そこで次節では、漢代において官吏に対して行われていた「帝賜」にいかなる意図が込められ、それがどのような要因で発生したのかについて検討を進めていくこととしたい。

第二節　祭祀・儀礼の制定と「帝賜」の構造の変化

【表2】・【表3】を一見して明らかな通り、前漢ではしばしば皇帝の下詔によって官吏に黄金・銭・帛などが賜与されていたが、それ以外に朝会儀礼を始めとする祭祀・儀礼でもそこに参加した官吏に「帝賜」が実施されていた。すなわち、『続漢書』礼儀志中・朝会条に、

> 歳首正月毎に、大朝を爲して賀を受く。其の儀。夜漏、未だ七刻を盡くさざるに、鐘鳴り、賀を受く。贄に及び、公・侯は璧、中二千石・二千石は羔、千石・六百石は鴈、四百石以下は雉もてす。…（中略）…百官、賜を受けて宴饗し、大いに樂を作す。

とあり、ここでは毎年正月に行われる朝会儀礼において、百官が皇帝に謁見してそれぞれ自身の官秩に見合った「贄」（＝貢物）を奉ると、皇帝が彼らに「賜」を下して饗宴を催したことが記されている。そして、ここで下される賜与物は、同じく礼儀志中・臘条の劉昭注引「漢官名秩」に、

> 大將軍・三公には、臘に銭各〃三十萬、牛肉二百斤、粳米二百斛を賜う。特侯には十五萬、卿には十萬、校尉には

五萬、尚書丞・郎には各〃五千、千石・六百石には各〃七千、侍御史・謁者・議郎・尚書令には各〃五千、郎官・蘭臺令史には三千、中黄門・羽林・虎賁士には二人ごとに共に三千とす。以て爲に門戸を祠るの直に當て、各〃多少に隨いて受くるなり。

とあり[15]、さらに同書・立秋条の劉昭注引「漢官名秩」にも、

太尉・將軍に各〃六十匹、執金吾・諸校尉に各〃三十匹を賜う。武官は文官に倍す。司徒・司空に帛四十匹、九卿に十五匹を賜う。

とあるように、百官の官秩や官職に応じてその量が決定されていた。佐藤達郎氏によると、「漢官名秩」は応劭『漢官儀』の一部と目され、特にここで引用した部分は「二年律令」賜律のような「帝賜」に関する漢律を基に記述された可能性があるという[16]。このことは賜律が前漢初期の祭祀・儀礼で実施される「帝賜」の方法を規定した法規であったことを推測せしめるであろう。前節末尾で推測した「帝賜」の時期的変化は、前漢初期における祭祀・儀礼の制定と密接に関係すると考えられるのである。

そこで、まずは前漢初期の祭祀・儀礼がいかなる目的で行われていたのかを見るために、次の『史記』巻九九叔孫通列伝に注目したい。

羣臣、酒を飲みて功を争い、酔いて或いは妄りに呼び、劍を拔きて柱を撃つに、高帝、之を患う。叔孫通、上の益〃之を厭うを知るや、上に説きて曰く、「…（中略）…臣、願わくは魯の諸生を徵し、臣の弟子と共に朝儀を起てん」と。…（中略）…漢七年、長樂宮成り、諸侯・羣臣皆な十月に朝す。…（中略）…是に於いて皇帝の輦、房を出づるに、百官は戟を執りて警を傳え、諸侯王以下吏の六百石に至るまでを引きて次を以て賀を奉る。諸侯王自り以下、震恐肅敬せざるは莫し。禮、畢わるに至り、盡く伏し、法酒を置く。…（中略）…朝に竟《おわ》りて置酒するも、敢えて讙譁して禮を失する者無し。是に於いて高帝曰く、「吾れ迺ち今日、皇帝の貴爲るを知るなり」と。

ここには前漢成立直後の高祖七年、叔孫通によって朝会儀礼の次第が制定された顚末が記されている。すなわち、劉邦は自身の面前で酒を呑んで暴れる功臣に苦慮していたが、それを見かねた叔孫通が「朝儀」の制定を提言した。その結果、高祖七年に行われた長楽宮落成の際の祝賀儀礼では、劉邦に拝謁して祝賀の辞を述べる際にも、またその後の饗宴（＝「法酒」）においても礼を失する態度を取る者はいなかった、とある。渡辺信一郎氏が指摘するように、こうした前漢初期の祝賀儀礼は『続漢書』礼儀志に見える一連の祭祀・儀礼の源流と言えようが[17]、その当初の主たる目的は皇帝に謁見する際に臣下が取るべき態度を厳格に規定することで、彼らに「皇帝の貴爲る」ことを知らしめようとするところにあったのである。

では、こうした祭祀・儀礼で実施される「帝賜」にはどのような意味が込められていたのであろうか。この点、前引『続漢書』礼儀志中・朝会条において、百官が「贄」を奉った後に皇帝が賜与物とともに「宴饗」を催していることに注意される。この「宴饗」は前漢初期の儀礼の次第を記した叔孫通列伝の「法酒」に相当するものであるが、そこには単に儀礼に参加した百官を接待するだけでなく、それ以上の特別な意味が込められていたと考えられる。すなわち、『史記』巻五七絳侯周勃世家附周亜夫世家に、

之を頃して、景帝、禁中に居るに、條侯を召し、食を賜う。獨り大胾のみ置き、肉を切ること無く、又た櫡を置かず。條侯、心に平らかならず、顧みて尚席に謂いて櫡を取らしむ。景帝、視て笑いて曰く、「此れ君の所に足らざるや」と。條侯、免冠して謝す。上、起つに、條侯、因りて趨して出づ。景帝、目を以て之を送りて曰く、「此の怏怏たる者は少主の臣に非ざるなり」と。

とあり、ここで景帝は元丞相の條侯周亜夫を召し出して彼に「食を賜」わったが、切り分けられていない肉の塊だけを卓上に載せ、箸すら用意しなかった。周亜夫は尚席に命じて箸を取らせ、一度は肉を食する姿勢を見せたが、景帝の皮肉に耐え切れずに席を立っている。周亜夫世家において、景帝が自身の意見にことごとく反対する周亜夫を疎み、彼を

免官に追い込んだ後に挿入されたエピソードであるが、両人の関係の決裂が景帝の用意した会食の席に象徴的に示されていると言えよう。つまり、景帝は周亜夫に「食を賜」わったものの、故意に食事をさせないことによって彼が景帝の「臣に非ざる」ことを明示したと解されるのである。このことは、裏を返せば皇帝と「臣下」が共に同じ空間で会食することに、両者の結合関係を再確認する意義が込められていたことを物語っていよう。やや時代は下るものの、後漢末に曹操の魏公就任に反対した荀彧が曹操から「食を饋《おく》」られた際、受け取った容器が空であったのを見て服毒自殺した事例も同様に解することができる[18]。また、秦末に沛公劉邦が咸陽に進撃する途中で陳留郡高陽県の隠者・酈食其が劉邦軍に加わった際、劉邦は彼に「食を賜」っており[19]、漢王劉邦が咸陽を陥落させた頃に項羽の都尉であった陳平が漢に投降したときにも劉邦は彼を含む七名に「食を賜」わっているが[20]、これらはいずれも劉邦が酈食其・陳平らを集団に迎え入れるために行った通過儀礼とも言うべきものであろう。このように君主が「臣下」に「食を賜」うことで両者の結合関係を構築ないし再確認する行為は、少なくとも漢代には盛んに行われ、それは礼儀志に見える「宴饗」、叔孫通列伝に見える「法酒」として祭祀・儀礼にも組み込まれていたと考えられるが[21]、ただしそれが皇帝と「臣下」の間で個別的になされる場合と、祭祀・儀礼においてなされる場合とではかなり意味合いが異なっていたものと推測される。事実、酈食其の事例では劉邦が彼を「上坐に延」き、後段では「先生」とまで呼んでいるのに対し、叔孫通列伝では「法酒」の際に功臣が「震恐肅敬」したとある。つまり、「食を賜」う行為じたいには賜与主体者と賜与対象者との間で同属意識を共有する意味しかなく、あらゆる場面で行われたが[22]、それが厳粛な儀礼空間でなされることによって初めて賜与主体者と対象者との間で君臣関係を構築・再確認する機能を果たしたと解されるのである。すると、前漢成立以前より劉邦集団に参入し、劉邦よりたびたび「食を賜」わっていたような功臣は、劉邦の率いる集団の成員たることを自認してはいたが、彼が皇帝という至尊の存在であることを確認する場が設定されていなかったがゆえに、彼を敬おうとしなかったのではないか。そこで、叔孫通は朝会儀礼の次第を定めることで、今まで劉邦集団で行われてきた同属意識の構築・再確認の場を礼制によって厳格に規定するとともに、そこに参加し得る者を「諸侯王以下吏の六百石に至る」漢帝国の公的秩序の中で高位に位置づけられた者に限定することで[23]、皇帝劉邦と功臣との間に厳然たる君臣関係を確立させようとしたのであろう。

このように考えると、漢代に至って王侯・官吏にのみ祭祀・儀礼において定期的に「帝賜」が実施されるようになった理由も理解できる。すなわち、軍爵律より窺えるように、戦国秦においては従軍した者にのみ賜与物が与えられていた。これは当時の民衆が従軍する（＝「耕戦体制」に組み入れられる）ことによって秦王の「臣下」たり得たことを意味しよう。秦王と民衆は賜与と軍事的奉仕という相互行為によって君臣関係を構築・再確認していたのである[24]。こうした関係は、秦末・楚漢抗争期の劉邦集団においてもほぼ同様であったろう。集団の長たる劉邦は自身の集団に加入した者、あるいは軍功を挙げた者と会食して賜与物を与え、従軍者は劉邦のために軍事的奉仕を果たしていたのである[25]。しかし、劉邦集団においては、劉邦と従軍者がともに同一の軍事集団に所属しているという同属意識を共有していたに過ぎなかった。従軍者にとって劉邦はあくまで集団のリーダであるに過ぎなかったのである。そこで、前漢成立後、叔孫通は厳粛な朝会儀礼を制定することで、功臣に「皇帝の貴爲る」ことを示し、皇帝との間に厳然たる君臣関係を構築せんと図った。これにより、皇帝と謁見し、直接的に賜与物を受け取るには、高官に就くか皇帝に賞賛されるほどの高い功績を挙げることが必要とされるようになったのである。

そして、こうした朝会儀礼制定直後における「帝賜」の方法を規定した法規こそ「二年律令」賜律であったのではないか。そこでは儀礼に参加した官吏に賜与する物品の内容を彼らの官秩に応じて規定するとともに、功績を挙げた者に賜与する物品の内容を彼らの爵級に応じて定めていたと考えられよう。その後、前漢初期から後漢にかけ、祭祀・儀礼がさらに整備されると、儀礼空間の「帝賜」が官吏のみを賜与対象として想定した規定（＝「漢官名秩」）によって実施され、また儀礼空間に参加し得ない者（＝主に民衆）に対しては下詔によって「帝賜」が実施されるようになったのではないか。以上の理解に大過ないとすれば、前漢初期における朝会儀礼の制定とは、同じ軍事集団で劉邦とともに戦っていた従軍者が、儀礼空間に参加し得る王侯・官吏と、そこに参加し得ない民衆とに分化する契機を作り出すものであったと言えよう。そして、そのような分化の進展が「二年律令」賜律より窺える「帝賜」の二極分化―官吏に対しては祭祀・儀礼で定期的に「帝賜」を実施する一方、官吏以外の者に対しては功績を挙げた者にのみ「帝賜」を行う―、さらには祭祀・儀礼の「帝賜」と下詔による「帝賜」の分化を引き起こしたのである。

さて、以上の考察によれば、「帝賜」とは、もともとは賜与主体者と賜与対象者との間で同属意識を共有し、再確認するために行われていたが、それが厳粛な儀礼空間で行われることにより皇帝と「臣下」との間で君臣関係を構築・再確認する機能を備えるようになったことになる。そして、そのような儀礼空間の設定が「臣下」をそこに参加し得る者と参加し得ない者とに分化させ、それがさらに王侯・官吏・三老孝悌力田・鰥寡孤独高年・民衆に分化していったことになる。すると、次なる問題は、皇帝がかくも細かく分化した「臣下」をいかなる原理の下に二十等爵制に組み込んでいたのかという点であろう。

第三節　前漢における二十等爵制の機能―職務分掌としての賜爵―

先述したように、「二年律令」賜律においては、賜与対象者が官吏であれば官秩、それ以外の者であれば爵級に応じてそれぞれ賜与物の内容に差がつけられていた。このように官吏とそれ以外の者とで賜与物の決定基準が異なっていたのは、朝会儀礼の制定によって皇帝と直接的に君臣関係を構築・再確認し得る「臣下」が官吏や功績を挙げた者に限定されたためであったが、このことは、裏を返せば朝会儀礼が制定される以前、すなわち戦国秦および秦末・楚漢抗争期においては、従軍者に下される賜与物の内容が賜与対象者の爵級によって決定されていたことを推測せしめるであろう。事実、『商君書』境内篇には[26]、

能く甲首一を得る者には、爵一級を賞し、田一頃を益し、宅五畝を益す。

小夫の死する以上、大夫に至るまでは、其の官（棺）は級ごとに一等とし、其の墓樹は級ごとに一樹とす。

とあるように、商鞅爵制において従軍者に賜与する田宅の量や墓に植える樹木の数が爵級に応じて決定されていたことを示す記述が見える。戦国秦において爵位は確かに「賜与物の多寡を定める目安」であったのである[27]。ところが、朝会儀礼が制定されると、そこに参加する官吏には官秩に応じて賜与物の内容が決定されるようになり、果ては王侯・官吏・三老孝悌力田・鰥寡孤独高年・民衆といった細かな区別に応じて異なる物品が賜与されるようになる。つまり、爵位は徐々に「賜与物の多寡を定める目安」ではなくなっていくのである。しかし、これは決して「爵インフレ」による爵位の「軽濫化」などではない[28]。なぜなら、爵位が「賜与物の多寡を定める目安」ではなくなった後も、依然として吏民への賜爵は盛んに行われているためである。しかも、彼らに賜与される爵位の級数を見れば、例えば『漢書』巻八宣帝紀・本始元年条に、

吏の二千石・諸侯相、下は中都官の宦吏、六百石に至るまでに爵を賜うこと、各〻差有り、左更自り五大夫に至る。天下の人に爵各〻一級、孝者に二級、女子の百戸ごとに牛酒を賜う。

などとあるように、官吏・三老孝悌力田・民衆に賜与される爵級には明らかに差がつけられている[29]。これは「帝賜」の対象たる「臣下」が分化した後も、爵制が彼らを序列化する役割を果たしていたことを示唆していよう。皇帝は細かく分化した「臣下」を賜爵によって官吏（＝第九級五大夫～第二十級列侯）・三老孝悌力田（＝賜爵二級）、民衆（＝賜爵一級）と序列化するとともに①王侯＝馬・金銭、②官吏＝金銭・布帛、③三老孝悌力田＝布帛、④鰥寡孤独高年＝布帛、⑤民衆＝酒肉というように、彼らに賜与する物品を区別していたのである。すると、皇帝が分化した「臣下」をいかな

る原理の下に統一的に爵制に組み込んでいたのかを明らかにするには、爵級によって序列化されていた①~⑤が何を基準に区別されていたのかを探る必要があろう。そのためには、まず「帝賜」の際、「臣下」に賜与される物品の内容がいかなる基準によって区別されていたのかを検討しなければならない。

そこで参考になるのが、前節で引用した『続漢書』礼儀志中・朝会条に見える「贄」の意味である。そこでは、朝会儀礼で皇帝に謁見した官吏が、公・侯=璧、中二千石・二千石=羔、千石・六百石=鴈、四百石以下=雉という、自身の官秩に見合った「贄」(=貢物)を奉っていたが、「贄」の種類を決定する官秩の区分が周制による理念的な身分秩序、すなわち「公・卿・大夫・士」に対応することはつとに福井重雅氏らが指摘する通りである(31)。そして、その意味については、『白虎通』瑞贄篇に次のように見える。

臣の君に見ゆるに贄有るは何ぞや。贄とは、質なり。己の誠を質とし、己の悃愊を質とするなり。…(中略)…公侯の玉を以て贄と爲すは、玉もて其の燥かさるるも輕からず、濕るも重からず、公侯の徳の全きを明らかにするを取ればなり。卿は羔を以て贄と爲す。羔とは、其の羣るるも黨《したし》まず。卿の職は忠を盡くして下を率いるに在れば、阿黨せざるなり。大夫の鴈を以て贄と爲すは、其の飛びては行を成し、止まりては列を成すを取ればなり。大夫の職は命を奉じて四方に適くに在れば、動作の當に能く自ら正しうして以て君に事うべきなり。士の雉を以て贄と爲すは、其の之を誘うに食を以てし、之を攝《す》ぶるに威を以てすべからず、必ず死して生きながらにして畜うべからざるを取ればなり。士の行いは耿介、節を守りて義に死し、當に移轉すべからざるなり。

ここからは、「臣」の上呈する「贄」が「君」に対する彼らの「誠」・「悃愊」(=まごころ)を表すものであること、また「臣」たる公侯・卿・大夫・士それぞれの「贄」の性質とともに彼らが「君」に対して果たすべき「職」の内容を窺うことができる(32)。これによると、例えば卿の場合、彼らは「羔」を「贄」とするが、それは仲間と群れて生活しながら互いに親しむことのない「羔」の習性が、派閥を作ることなく下僚を率いてただ君主に忠義を尽くす卿の「職」と合致するためであるとされている。つまり、ここでは祭祀・儀礼において皇帝に奉られる「贄」が、そこに参加する百官の果たすべき「職」の内容を反映したものであることが説明されているのである。すると、百官が皇帝に対して行う「贄」とは単なる貢物の上呈であるに留まらず、「臣下」たる彼らがそれぞれ自身の果たすべき職務内容を「贄」に託して報告することで、皇帝に対する忠誠心をアピールする行為であったと言えよう。となると、そのような「贄」に応えて行われる「帝賜」とは、皇帝が百官の官秩・官職に応じて賜与物の内容を区別することで、その職務内容を再確認させるとともに彼らをさらなる職務遂行へと駆り立てる機能を担っていたと理解できる。前節で検討したように、祭祀・儀礼で行われる「帝賜」には君臣関係を構築・再確認する機能が備わっていたと考えられるが、皇帝はその際に賜与される物品の内容に差をつけることで彼らの担う職務内容の違いを表現しようとしていたことになろう。

しかし、このような職務分掌は、祭祀・儀礼に参加して皇帝に直接「贄」を上呈し得る王侯・官吏のみをその対象としていたわけではない。すなわち、『漢書』巻四文帝紀・十二年条の詔文に、

孝悌とは、天下の大順なり。力田とは、生を爲すの本なり。三老とは、衆民の師なり。廉吏とは、民の表なり。朕、甚だ此の二三大夫の行いを嘉す。

とあるように、三老・孝悌・力田と呼ばれる者は、いずれも官吏とともに民衆の模範として彼らを教え導く職務を担う存在であった[33]。また、それ以外の民衆も、以前に拙稿で指摘したように「傅」と民爵賜与によって兵役・傜役に従事していたが[34]、居延漢簡に[35]、

戍卒三人、候望を以て職と爲す。…(下略)…　(一八四・七)

とあり、戍卒として辺境防備を担うことが「職」として表現されているように、兵役・傜役に就くことが彼らの職務であったのである。さらに、『漢書』巻九元帝紀・初元元年条の詔文に、

方に田作の時に、朕、蒸庶の業を失うを憂えば、臨みて光祿大夫褒等十二人を遣わして天下を循行し、耆老・鰥寡・

孤獨・困乏の職を失いし民を存問し、賢俊を延登し、側陋を招顯し、因りて風俗の化を覽せしめん。

とあるように、耆老（＝老人）、鰥寡（＝鰥夫・寡婦）、孤独（＝孤児・孤老）、困乏（＝貧民）が「職を失いし民」と表現されているが[36]、それは彼らがやむなき理由によって皇帝から付与された職務を全うできない憐れむべき存在であるためであろう[37]。このように、王侯・官吏のみならず、三老孝悌力田・民衆までもが職務を有する存在として認識され、かつ耆老・鰥寡・孤独・困乏が職務を失った者として皇帝の憐れみの対象になっていることからすれば、①王侯＝馬・金銭、②官吏＝金銭・布帛、③三老孝悌力田＝布帛、④鰥寡孤独高年＝布帛、⑤民衆＝酒肉といった賜与物の区別が彼らの職務内容の違いを表現していたことはもはや明らかであろう。職務分掌の再確認は、祭祀・儀礼に参加し得ない者に対しても下詔による「帝賜」を通じて広く行われ[38]、さらにその対象が「職を失いし民」たる鰥寡孤独高年である場合には弱者救済のための恩典という意味を持ったのである[39]。

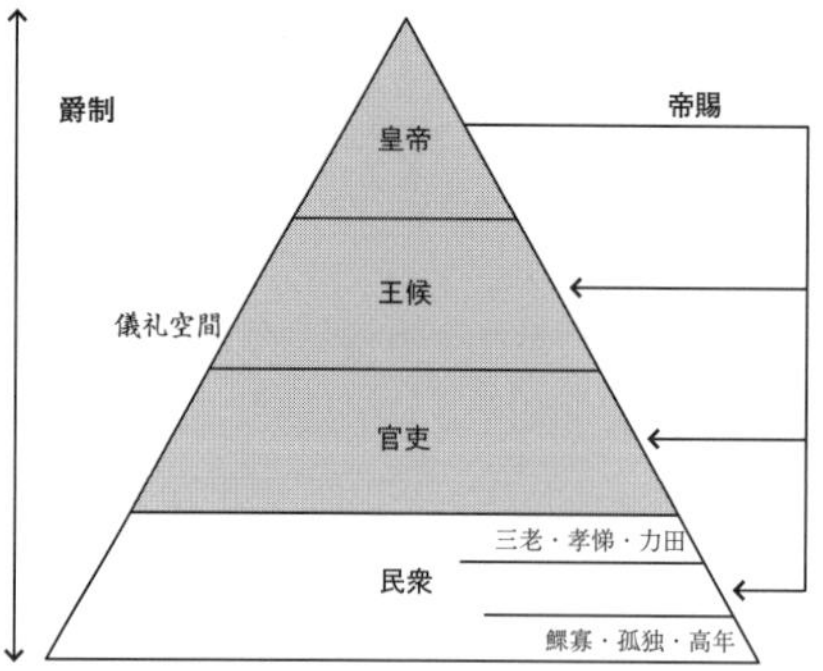

【図】二十等爵制と「帝賜」

そして、④を除く①・②・③・⑤が二十等爵制によって序列化されていたとすれば、皇帝は分化した「臣下」を職務分掌という原理の下に統一的に爵制に組み込んでいたと言えるのではないか。皇帝は「臣下」に職務を振り分けることで彼らとの間に君臣関係を構築した後、職務の重要度に応じて上下異なる爵位を賜与するとともに、「帝賜」によってその職務内容の違いを示したのである（【図】）。こうした職務分掌に基づく皇帝と「臣下」の結合関係の直接的な淵源は、劉邦が従軍者にそれぞれ異なる軍事的職務を付与し、その序列が爵級によって表現されていた秦末・楚漢抗争期の劉邦集団に求められよう。しかし、前漢建国後、軍事的職務のみならずさまざまな職務を担う者をその領域内に抱え込むようになるに至り、劉邦は儀礼空間を設定して重要な職務を担う王侯・官吏を民衆と区別し、その区別を「帝賜」によって表現するとともに、彼らをその職務の軽重に応じて一律に爵制によって序列化した。その結果、王侯・官吏・民衆など異なる職務を担う者が一律に爵制に組み込まれる一方、その職務の違いが「帝賜」の方法の違い、あるいは賜与物の内容の違いとして表現されるような状況が現出したのではないか。このように理解し得るとすれば、爵位とは「臣下」にとって自身が皇帝から職務を付与された漢帝国の成員たることを示すアイデンティティそのものであったと言えるであろう。『白虎通』爵篇に、

爵とは、盡くすなり。各〻其の職を量り、其の才を盡くすなり。

とあるように、爵位が「臣下」の「職」を序列化し、彼らに職務遂行を促すものであるとする定義は、上述のごとき爵制の本質的機能を踏まえたものであったのである(40)。

おわりに

以上、本稿では、張家山漢簡「二年律令」賜律と文献史料中の賜与事例の比較検討を手がかりとして二十等爵制と「帝賜」の機能について検討し、①「帝賜」が皇帝と「臣下」(=王侯・官吏・民衆)の君臣関係を構築・再確認するために行われていたこと、②そこでは皇帝が「臣下」の担う職務に応じて賜与物を区別することで、彼らに職務内容を再確認させるとともに、さらなる職務遂行を促していたこと、③二十等爵制とは「臣下」に異なる職務を分掌するとともに、彼らを序列化するための制度であったこと、を指摘した。総じて、「帝賜」とは、皇帝と「臣下」の君臣関係を構築・再確認し、かつ「臣下」の職務内容を再確認するために行われていたが、その際に賜与物を区別する基準となる「臣下」の職務が爵制によって序列化されていたということになろう。言い換えれば、「臣下」にとって、爵位とは皇帝から職務

を分掌され、漢帝国の成員になったことを示すと同時に、漢帝国の中で自身がどれほど重要な職務を担っているのかをその等級によって表示するアイデンティティそのものであり、「帝賜」とは自身の上に君臨する皇帝の存在を意識すると同時に、皇帝から付与された職務内容を再確認する機会であったのである。

そして、こうした二十等爵制に込められた漢の統治理念とは、強力な皇帝権力によって吏民を一方的に隷属させようとする露骨な支配意思ではなく、むしろ高祖十二年に劉邦が詔の中で述べるように「天下の豪士・賢大夫と共に天下を定め、同《とも》に之を安輯」し、「不義にして天下に背きて擅に兵を起こす者有らば、天下とともに之を伐誅せん」(41)、すなわち皇帝が先頭に立って漢帝国の成員とともに「天下」を治めんとする、換言すれば「臣下」に異なる職務を付与して皇帝支配に参加させようとするものではなかったか。それゆえにこそ、漢代の二十等爵制は、上は「天子」から下は民衆に至るまでを同一の秩序体系下に組み込む制度であったのである。そうであるとすれば、「臣下」たる吏民にとって、高爵を賜与されることで皇帝支配の中で重要な役割を果たすことはまさに「顕榮」であったろう(42)。爵位には政治的・経済的価値以上の精神的次元に属する特別な意味が込められていたのである。

このように考えられるとすれば、籾山氏の説く皇帝と民衆の「距離」、引いては皇帝と王侯・官吏の「距離」とは、彼ら「臣下」が皇帝から付与された職務の重要度によって規定されていたことになろう。ただし一方で、この「距離」の表現される場が儀礼空間の設定によって王侯・官吏と民衆との間で截然と区別されていたことを踏まえれば、西嶋氏が説くように、民衆の爵位が郷里社会、とりわけ「里人の宗教的結合の中心」たる里社で確認されていた可能性も残されている(43)。問題は皇帝が民衆に牛肉や酒を賜与する際、兵役・徭役という彼らの職務を再確認させ、さらなる職務遂行に駆り立てるのみならず、彼らに里社で郷飲酒礼を実施させることまで意図していたのかどうかという点であろうが、いずれにせよ、西嶋説と籾山説を統合的に理解するための視座を積極的に模索していく必要もあるのではないか。

また、前漢が「臣下」を皇帝支配に参加させるという統治理念を示しながら、実際には露骨な専制支配を敷いていたことも周知の通りである。前漢が二十等爵制によって示した統治理念は、武帝期までに中央集権政策が推進されていく中、ますます実態と乖離していったことであろう。しかし、そのような中においても、前漢は盛んに吏民に爵位を賜与することで彼らを皇帝支配に参加させるという統治理念を放棄することはなかった。それは、前漢が中央集権的な専制支配を確立させていく上で、そうした統治理念がなお重要な役割を果たしていたためであろう。前漢中・後期にかけて中央集権体制が確立していく中、二十等爵制がいかなる役割を担っていたのかをさらに検討していかなければならない。問題はなお多く残されているが、その詳細については別稿に委ねることとしたい。

注

（1）西嶋定生『中国古代帝国の形成と構造―二十等爵制の研究―』（東京大学出版会、一九六一年）。

（2）籾山明「爵制論の再検討」（『新しい歴史学のために』第一七八号、一九八五年）、同「皇帝支配の原像―民爵賜与をてがかりに―」（松原正毅編『王権の位相』弘文堂、一九九一年）。以下、籾山氏の説に言及する場合、すべてこれらの論文による。

（3）直接的に籾山説に賛意を表する研究として、藤田高夫「漢代の軍功と爵制」（『東洋史研究』第五三巻第二号、一九九四年）、楠山修作「女子百戸牛酒について」（『東洋文化学科年報』第一二号、一九九七年）、同「秦漢爵制に関する一考察」（追手門学院大学『アジア文化学科年報』第二号、一九九九年）、宮宅潔「漢初の二十等爵制―民爵に付帯する特権とその継承―」（冨谷至篇『張家山二四七号漢墓出土漢律令の研究　論考篇』朋友書店、二〇〇六年所収）などが挙げられる。

（4）本稿では皇帝が吏民に賜与物を下すことを「帝賜」と総称する。清木場東『帝賜の構造―唐代財政史研究　支出編―』（中国書店、一九九七年）三二五～三三九頁参照。

（5）注3前掲宮宅氏論文。以下、宮宅氏の説に言及する場合、すべてこの論文による。

（6）拙稿「秦・漢代の「卿」―二十等爵制の変遷と官吏登用制度の展開―」（『東方学』第一一六輯、二〇〇八年）。

（7）拙稿「前漢における民爵賜与の成立」（『史滴』第二八号、二〇〇六年）。

（8）張家山漢簡の釈文・簡番号は、彭浩・陳偉・工藤元男主編『二年律令与奏讞書－張家山二四七号漢墓出土法律文献釈読－』（上海古籍出版社、二〇〇七年）によった。また、「二年律令」賜律に分類された条文の語釈については、筆者が担当した本書の注釈を参照されたい。

（9）「宦皇帝者」については、拙稿「前漢における「宦皇帝者」の制定－秦末・楚漢抗争期～前漢初期における二十等爵制の変遷－」（『中国出土資料研究』第一二号、二〇〇八年）参照。

（10）もっとも、「吏官庳（卑）而爵高、以宦皇帝者爵比賜之」（第二九四簡）とあるように、第二九一～二九三簡で対応させられた自身の官秩より高い爵位を有する官吏の場合、官秩ではなく爵級に応じて賜与物の質・量が決定されていたが、これは前漢初期に高い爵位を与えられて優遇されていた「宦皇帝者」（＝楚漢戦争従軍者）を主たる対象とした特別規定であろう。注9前掲拙稿「前漢における「宦皇帝者」の制定」参照。

（11）福島大我「前漢後半期における皇帝制度と社会構造の変質」（『専修史学』第四二号、二〇〇七年）は、前漢におけるあらゆる恩典下賜の事例を収集し、その実施頻度を数値化・グラフ化している。

（12）黄金・銭の賜与については、柿沼陽平「漢代における銭と黄金の機能的差異」（『中国出土資料研究』第一一号、二〇〇七年）が『史記』・『漢書』を中心にその事例をことごとく収集している。また三老孝悌力田・鰥寡孤独高年に対する布帛賜与事例については、佐藤武敏『中国古代絹織物史研究』（風間書房、一九七七年。上巻三九二～三九七頁）が『西漢会要』巻四八に基づいて収集している。

（13）睡虎地秦簡の簡番号は《雲夢睡虎地秦墓》編写組『雲夢睡虎地秦墓』（文物出版社、一九八一年）、釈文は睡虎地秦墓竹簡整理小組『睡虎地秦墓竹簡』（文物出版社、一九九〇年）によった。

（14）加藤繁「漢代に於ける国家財政と帝室財政との区別並に帝室財政一斑」（初出一九一八～一九一九年。『支那経済史考証』上、東洋文庫、一九五二年所収）は、漢代の帝室財政の支出項目として「賞賜の費」を挙げ、これを①定期の賞賜、②善言嘉行・技芸に対する賞賜、

③功労に報いるための賞賜、④大官退任の場合の賞賜、⑤大官卒去の場合の賞賜、⑥寵臣に対する賞賜、⑦特別の賞賜に分類している。いずれも官吏を対象に行われ得るものであるが、②〜⑥は漢代では例外的に行われたもので、⑦は【表2】に収集した賜与事例に相当する。

(15) 同様の記述は『後漢書』巻四三何敞列伝・李賢注引『漢官儀』にも見える。また、同巻四一第五倫列伝にも第五倫の上書として「又聞臘日亦遺其在洛中者錢各五千、越騎校尉光、臘用羊三百頭、米四百斛、肉五千斤」とあるが、ここに見える臘祭の費用は「漢官名秩」に比べるとかなり多い。これは、第五倫の上書が明帝期に権勢を振るっていた外戚馬氏一族の奢侈を非難したものであることによるのであろう。

(16) 佐藤達郎「応劭「漢官儀」の編纂」(『関西学院史学』第三三号、二〇〇六年)。

(17) 渡辺信一郎『天空の玉座―中国古代帝国の朝政と儀礼―』(柏書房、一九九六年)第Ⅱ章。

(18) 『後漢書』巻七〇荀彧列伝「春、操饋之食、發視、乃空器也。於是飲藥而卒」。『三国志』魏書巻一〇荀彧伝・裴松之注引『魏氏春秋』にも同様の記述が見える。

(19) 『史記』巻九七酈生列伝「沛公至高陽傳舍、使人召酈生。…(中略)…於是沛公輟洗、起攝衣、延酈生上坐、謝之。酈生因言六國從横時。沛公喜、賜酈生食」。

(20) 『史記』巻五六陳丞相世家「平遂至修武降漢、因魏無知求見漢王、漢王召入。是時萬石君奮爲漢王中涓、受平謁、入見平。平等七人倶進、賜食」。

(21) 『後漢書』巻二明帝紀・永平十三年条に「十三年春二月、帝耕於藉田。禮畢、賜觀者食」とあり、藉田儀礼に参加した者に「食を賜」わった事例が見える。

(22) 『漢書』巻八一張禹伝には張禹が弟子の彭宣に「食」を賜与した事例が見え、同巻九七外戚伝上・孝宣霍皇后伝には霍皇后が宣帝の太子に「食を賜」った事例が見える。

(23) 臣下との謁見の機会を極力減らすことが、皇帝の権威を高めることにつながると考えられていたことは、『史記』巻六秦始皇本紀・二世皇帝二年条に趙高の言として「今陛下富於春秋、初即位、奈何與公卿廷決事。事即有誤、示羣臣短也。天子稱朕、固不聞聲」とあることより窺える。趙高は二世皇帝を朝議の場から退かせ、自身が専権を振るうためにこうした提言をしたのであるが、趙高の言を二世皇帝が拒絶しなかったのは、彼の言が当時の一般的な通念であったためであろう。

(24) 「耕戦体制」については古賀登『漢長安城と阡陌・県郷亭里制度』(雄山閣、一九八〇年)など参照。また、戦国秦における爵制の機能と変化については、注7前掲拙稿「前漢における民爵賜与の成立」、注6前掲拙稿「秦・漢代の「卿」」参照。

(25) 秦末・楚漢抗争期における爵制の内実については、注9前掲拙稿「前漢における「宦皇帝者」の制定」参照。

(26) 『商君書』境内篇の引用文は、ひとまず守屋美都雄「漢代爵制の源流として見たる商鞅爵制の研究」(初出一九五七年。『中国古代の家族と国家』東洋史研究会、一九六八年所収)によった。

(27) ただし、軍爵律より明らかなように、戦国秦においては従軍しなければ賜与物を得ることができなかったのであるから、賜与物の多寡によって「爵の高下が視覚的に顕示され」ていたとまでは言えない。

(28) 「爵インフレ」とは民爵賜与によって有爵者が増大した結果、爵位の「価値」が低下する現象のことを意味するものと思われる。好並隆司『秦漢帝国史研究』(未来社、一九七八年)二四九頁、山田勝芳「張家山第二四七号漢墓竹簡「二年律令」と秦漢史研究」(『日本秦漢史学会会報』第三号、二〇〇二年)参照。また、朱紹侯『軍功爵制研究』(上海人民出版社、一九九〇年)上篇五もこれと同様の現象を「軽濫」という語を用いて表現している。

(29) 官吏に対する賜爵(＝官爵賜与)については注6前掲拙稿「秦・漢代の「卿」」参照。

(30) なお、漢代にはこれ以外に「父の後爲る者」に一級の爵位が賜与されることもあったが、これが前漢初期の爵位継承と関係することは注7前掲拙稿「前漢における民爵賜与の成立」参照。

(31) 福井重雅『漢代官吏登用制度の研究』(創文社、一九八八年)第三章、阿部幸信「漢代官僚機構の構造―中国古代帝国の政治的上部

構造に関する試論―」（九州大学『東洋史論集』三一、二〇〇三年）など。

(32)「贄」の意味に言及した史料は、『礼記』曲礼下篇・『周礼』春官大宗伯・『公羊伝』荘公二十四年何休注・『春秋繁露』執贄篇・『説苑』修文篇・『続漢書』礼儀志中劉昭注引『決疑要注』などにも見える。

(33)三老・孝悌・力田については、鎌田重雄『秦漢政治制度の研究』（日本学術振興会、一九六二年）第二篇第十一章参照。鎌田氏の説によると、三老とは師として民衆に善行を奨励する者、孝とは親によく仕える者、悌とは長幼の序を弁えている者、力田とは農耕奨励者で三老とともに農事改良の指導にあたる者をそれぞれ意味する。

(34)注7前掲拙稿「前漢における民爵賜与の成立」。

(35)居延漢簡の簡番号・釈文は、謝桂華・李均明・朱国炤『居延漢簡釈文合校』（文物出版社、一九八七年）によった。

(36)『孟子』梁恵王下篇に「老而無妻曰鰥、老而無夫曰寡、老而無子曰獨、幼而無父曰孤、此四者天下之窮民而無告者」とある。

(37)例えば、『漢書』巻八宣帝紀・地節三年条に「孤寡孤獨高年貧困之民、朕所憐也」とある。

(38)注32で引用した「贄」に関する諸史料のうち、『礼記』曲礼下篇・『周礼』春官大宗伯・『説苑』修文篇などには「庶人」の「贄」に関する記述が見える。その意味については別途検討が必要であろうが、そこには何らかのかたちで戦国時代～漢代における民衆支配の原理が反映されているものと推測される。

(39)鰥寡・孤独・高年に対する救済措置は、おそらく「二年律令」傅律「大夫以上【年】九十、不更九十一、簪褭九十二、上造九十三、公士九十四、公卒・士五（伍）九十五以上者、稟鬻米月一石」（第三五四簡）に起源するものであろう。前漢初期においても老人が救済の対象になっていたことが窺える。

(40)こうした「爵」字に対する訓詁は、酒器としての「爵」に満たされた酒を飲み干す（＝「盡くす」）行為に由来する。清・陳立『白虎通疏証』巻一参照。

(41)『漢書』巻一高帝紀下・十二年条。

（42）『史記』巻六八商君列伝「有功者顕栄、無功者雖富無所芬華」。
（43）注1前掲西嶋氏著書三六八〜三六九頁。

秦・漢の亭卒について

水間　大輔

はじめに

私はこれまで秦律・漢律の中でも、犯罪とそれに対する処罰について定められた刑罰法規、つまり今日でいう刑法に相当する部分について検討し、秦・漢の刑法では犯罪の「一般予防」が極端に重視される傾向にあることを明らかにした[1]。一般予防とは法律の条文の中で犯罪に対して処罰を設け、あるいは罪を犯した者に対して実際に刑罰を執行することによって、罪を犯さないよう一般社会の人々を威嚇し、犯罪の発生を予防することである。

しかし、たとえ刑法の中で極端な一般予防が想定されていても、そのような条文を定めておくだけでは、一般予防の効果は必ずしも発生しない。一般予防を実現させるためには、犯罪が発生するたびに国家がそれを認知し、捜査を行い、被疑者を逮捕し、裁判を行い、刑罰を執行することによって、罪を犯せばかなりの確率で逮捕され、処罰されるという確信を人々に懐かせなければならない。つまり、刑法の中で想定されている一般予防を実現させるためには、犯罪の捜査から刑罰の執行へと至るまでの、一連の刑事手続制度が必要不可欠であるといえよう。また、このように犯罪の予防を重視するのであれば、他にも犯罪を未然に防止する防犯体制が設けられていてしかるべきである。

それでは、秦・漢ではいかなる刑事手続制度及び防犯体制が設けられていたのであろうか。この問題を解明するため、まずは「亭」について検討することから始めたい。亭とは一定の距離ごとに設置される機関であり[2]、文書の伝達を行ったり、宿泊施設としての機能を持つ他、治安の維持をも職務としていた。それゆえ、亭について検討することは、当時の刑事手続制度及び防犯体制の内容を明らかにするうえで必要不可欠といえよう。亭について検討すべき問題は多いが、まず亭の治安維持機能がいかなる者によって担われていたのかという問題について検討したい。具体的には、亭にはいかなる人員が配置されていたのか、また亭は他の機関といかなる関係にあったのかという問題である。本稿ではこれらの問題のうち、亭に置かれていたとされる「亭卒」について検討する。もっとも、これらの問題については既に多くの先行研究があるが、諸説あって必ずしも定説がないので、あえて検討する次第である。

第一節　亭卒の名称とその変遷

『漢書』巻一上高帝紀上の応劭注に[3]、

〔一〕求盜者、亭卒。舊時亭有兩卒。一爲亭父、掌開閉埽除。一爲求盜、掌逐捕盜賊。

とあるのによれば、亭には「亭父」・「求盗」という二種類の「亭卒」が置かれ、亭父は亭の開閉や掃除、求盗は盗賊の追捕を司るとされている。ところが、以下に列挙する通り、一見した限りでは〔一〕と矛盾する史料もある。

〔二〕舊亭卒名弩父。陳・楚謂之亭父、或云亭部。淮・泗謂之求盜也。（『史記』巻八高祖本紀『索隠』引応劭注）

〔三〕亭吏舊名負弩、改爲長。或謂亭父。（『續漢書』百官志五劉昭注引応劭『風俗通義』佚文）

〔四〕亭長者、一亭之長率也、爲率吏。陳・楚・宋・魏謂之亭父、齊海謂之師也。（『北堂書鈔』巻七九設官部三一亭長一八

一引『風俗通義』佚文)

〔五〕楚・東海之間、亭父謂之亭公。卒謂之弩父、或謂之褚。(揚雄『方言』巻三)

まず〔二〕では、亭卒はもともと「弩父」と呼ばれていたが、現在(後漢)陳・楚地方では亭父あるいは「亭部」、淮・泗地方では求盗と呼ばれていると記されている。つまり、亭父と求盗は地方によって呼び方が異なるだけであって、同一のものを指していることになる。すると、亭父と求盗を別のものとする〔一〕と矛盾するように見える。

また〔三〕では、亭吏はもともと「負弩」と呼ばれていたが、後に「長」と改称され、亭父とも呼ぶと記されている。この史料は亭について述べているので、ここでいう長も亭の長、すなわち「亭長」を指すと考えられる。亭長とは亭の責任者であり、盗賊の追捕を司る吏である。つまり、〔三〕によると亭父は亭長の別名であって、亭父を亭卒とする〔一〕と矛盾するように見える。

〔四〕では、陳・楚・宋・魏地方においては亭長のことを亭父と呼び、斉の沿岸部においては「師」と呼ぶと記されている。これも〔三〕と同様、亭父は亭長の別名とされている。

〔五〕では、楚と東海の間の地方においては亭父を「亭公」と呼び、亭卒を弩父あるいは「褚」と呼ぶと記されている。亭卒を弩父あるいは褚と呼ぶということは、〔五〕でいう亭父・亭公は亭卒に含まれないことになる。しかも、亭公は「公」という尊称が用いられているので、亭の中で最も尊い者、すなわち亭長を指すのであろう[4]。つまり、〔五〕でも亭父が亭長の別名とされていることになる。

以上、〔二〕~〔五〕には〔一〕と矛盾するように見える点が多い。しかも、〔二〕~〔四〕は〔一〕と同じく応劭が述べたことであるから、一見すると応劭が自己矛盾を犯しているとさえ受けとれる。それゆえ、従来の研究ではしばしば〔一〕及び〔二〕の内容と適合する史料のみを引用し、〔二〕~〔五〕については何の検討も加えずに無視するか、あるいは〔二〕~〔五〕に検討を加えたうえで、これらには誤りがあるとして排除するか[5]、さらには〔二〕~〔五〕に校訂を加え、〔一〕の内容と適合するよう字を改めるという方法がとられ、[6]亭長の下には亭父と求盗が置かれていたと理解されてきた。[7]しかし、もし〔一〕と〔二〕～〔五〕を矛盾なく解釈できるとすれば、これに勝る解釈はなく、何も特定の史料を排除したり、校訂を加えて字を改める必要はないであろう。

それでは、果して〔一〕と〔二〕～〔五〕を矛盾なく解釈することは可能であろうか。まず、〔一〕によると、亭には亭父・求盗という二種類の亭卒が設けられていたとされているが、堀敏一氏も指摘される通り、『史記』巻一〇四田叔列伝の褚少孫補記には、

〔任〕安以爲武功小邑、無豪、易高也。安留、代人爲求盜・亭父、後爲亭長。

とあり、任安が求盗・亭父、さらに亭長となったと記されているので、亭長の下に亭父と求盗が設けられていたこと自体は事実であろう。[8]亭長の下に求盗が設けられていたことは、他の史料からも明らかである。すなわち、『史記』高祖本紀には、

高祖爲亭長、乃以竹皮爲冠、令求盜之薛治之、時時冠之。

とあり、漢の高祖が亭長を務めていたとき、求盗を薛へ遣わして冠（いわゆる「劉氏冠」）を作らせたと記されている。また、睡虎地秦簡「封診式」には、[9]

羣盜　爰書、某亭校長甲・求盜才（在）某里曰乙・丙縛詣男子丁、斬首一、具弩二・矢廿、告曰、丁與此首人強攻羣盜人。自晝甲將乙等徼循到某山、見丁與此首人而捕之〻。（第六〇五簡・六〇六簡）

とあり、某亭の校長甲が求盗乙・求盗丙とともに警邏を行い、その最中に群盗を逮捕・殺害したと記されている。「校長」とは、少なくとも漢初までは亭長の正式名称であった。[10]さらに、張家山漢簡「奏讞書」の案例五には、[11]

●十年七月辛卯朔甲寅、江陵餘・丞鶩敢讞（讞）之、迺五月庚戌、校長池曰、士五（伍）軍告池曰、大奴武亡、見池亭西、西行〻。池以告與求盜視追捕武。（第三六簡・三七簡）

とあり、漢の高祖一〇年（前一九七年）(12)、校長池が求盗視とともに、主のもとから逃亡した大奴武を追捕したと記されている。これらの史料によると、確かに求盗は亭長ないし校長の部下のごとくである。

しかし、だからといって〔一〕が正しく、〔二〕～〔五〕が誤っているとは必ずしも言い切れない。なぜなら、〔一〕に「旧時亭有両卒」、〔二〕に「旧亭卒名弩父」、〔三〕に「亭吏旧名負弩」とある通り、亭の人員及びその名称については、時代によって変化があったことを窺わせる史料もあるからである。そこで、改めて〔一〕～〔五〕を見ると、まず〔一〕～〔四〕はいずれも応劭によって記されたものである。応劭は後漢末期の人であるから、これらの史料でいう「旧時」あるいは「旧」とは後漢末期よりも前のいずれかの時期を指し、逆に現状として記されているものは後漢末期の状況を示していることになる。一方、〔五〕の『方言』は揚雄の撰である。揚雄は前漢末期の人であり、かつ〔五〕は旧時のこととして記されているわけではないので、前漢末期の亭の人員及び名称について述べたものと考えられる。

以上の確認を踏まえたうえで〔一〕～〔五〕を見ると、まず〔一〕によれば、旧時すなわち後漢末期よりも前のいずれかの時期では、亭に亭父・求盗という二種類の亭卒が置かれていたとされている。逆にいえば、後漢末期では亭父・求盗という二種類の亭卒が置かれていなかったことになる。それでは、後漢末期ではいかなる者が亭に置かれていたのかというと、〔二〕では「旧亭卒名弩父」とあり、亭卒はもともと弩父と呼ばれていたとされている。それゆえ、少なくとも後漢末期では亭卒と呼ばれる者が置かれていたことになる。もっとも、亭父と求盗も亭卒の一種とされているので、遅くとも後漢末期までには亭父・求盗という区分が廃止され、亭卒へと一本化されたのであろう（図一）。

それでは、亭父と求盗はいつ亭卒へと統合されたのであろうか。〔五〕は

〔図一〕

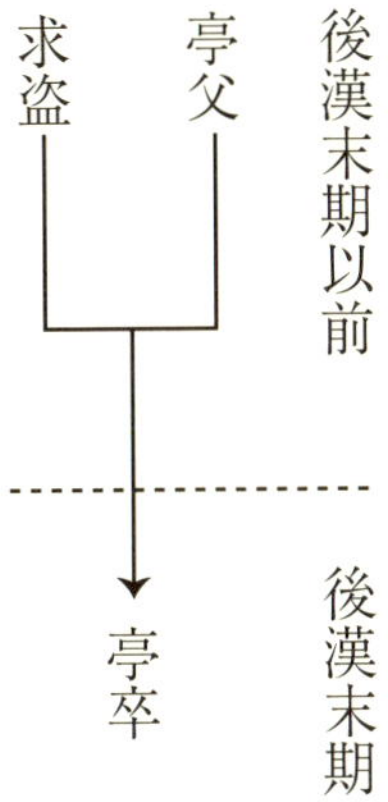

先述の通り、前漢末期の状況を記したものと考えられるが、これによると、楚と東海の間の地方では亭卒を弩父あるいは褚と呼ぶとされている。つまり、前漢末期では既に亭卒と呼ばれる者が置かれており、弩父あるいは褚とも呼ばれていたことになる。前漢末期において亭卒が弩父とも呼ばれていたことは、後漢末期に記された〔二〕において、亭卒がもともと弩父と呼ばれていたとされていることとまさに一致する。しかも、〔五〕では亭卒が弩父あるいは褚と呼ばれていたと記されているだけであり、亭父と求盗については全く言及されていない。後述する通り亭卒は、時期によっては亭父と求盗の総称として用いられた可能性もあるが、もし〔五〕の亭卒が亭父と求盗の総称であるとすれば、総称の別名として弩父と褚が挙げられていることになる。しかし、亭卒の種類を説明せずに別名だけを挙げるとは考えがたい。よって、〔五〕の亭卒は総称ではなく、前漢末期には既に亭父と求盗が亭卒へと統合されていたごとくである（図二）。

そこで、本当に前漢末期までには亭父と求盗が亭卒へと統合されていたかどうかを検証するため、以下、漢代以前について記した史料のうち、いかなる時期の史料に亭父・求盗・亭卒が見えるかを明らかにしたい。まず、求盗は先にも少し挙げた通り、睡虎地秦簡に散見するので、遅くとも戦国時代末期の秦では既に設けられていたことがわかる。一方、史料上の下限は〔一〕～〔五〕を除けば、前掲の『史記』田叔列伝か、さもなくば同巻一一八淮南列伝に、

王乃與伍被謀（中略）又欲令人衣求盗衣、持羽檄、従東方來、呼曰、南越兵入界、欲因以發兵。乃使人至廬江・會稽爲求盗、未發。

とあるのが最も新しいと思われる。後者では前漢・武帝の元朔五年（前一二四年）、淮南王劉安が漢に対して反乱を起

〔図二〕

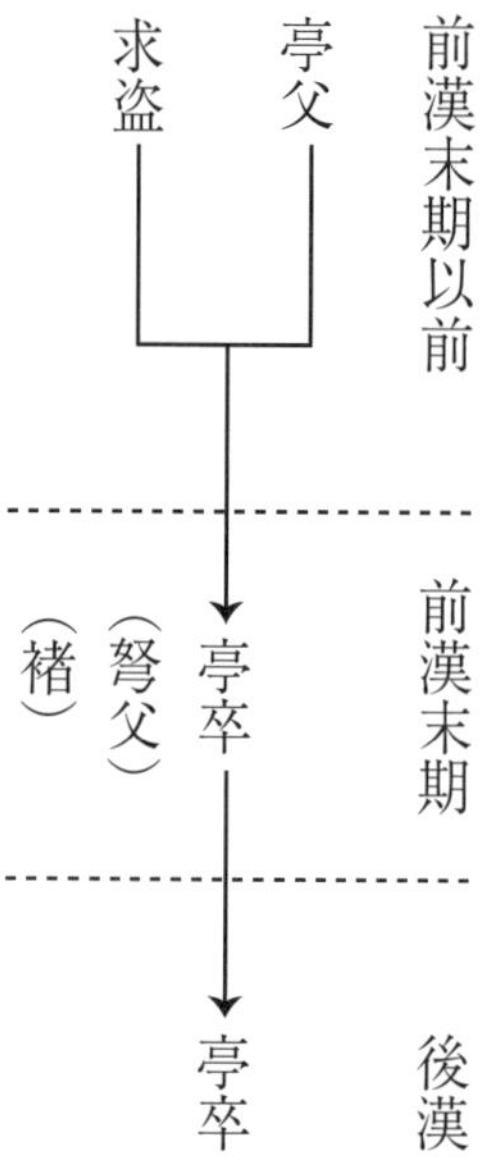

こそうと計画し、人に求盗の衣を着せて求盗に擬装させ、南越の軍隊が国境を越えて侵入したという偽報を流させようとしたと記されている。一方、前者では任安が求盗・亭父・亭長を歴任したとされている。任安がいつ求盗を務めていたのかは定かでないが、田叔列伝の褚少孫補記に、

其後除三老、擧爲親民、出爲三百石長、治民。（中略）乃爲衞將軍舍人。（中略）其後有詔募擇衞將軍舍人以爲郎。（中略）會賢大夫少府趙禹來過衞將軍。（中略）於是趙禹悉召衞將軍舍人百餘人、以次問之、得田仁・任安、曰、獨此兩人可耳。餘無可用者。

とあり、任安は求盗・亭父・亭長を務めた後、郷三老と三〇〇石の県長を歴任し、その後衛青の舎人となり、少府の趙禹によってその才能を見出されるに至る。『漢書』巻一九下百官公卿表下の元朔五年条に、

中尉趙禹爲少府。

とあり、また元鼎二年条に、

少府當。

とあるのによれば、趙禹が少府の任にあったのは武帝の元朔五年（前一二四年）～元鼎二年（前一一五年）であるから、任安が求盗を務めていたのは元鼎二年よりも前ということになる。それゆえ、淮南王が反逆の計画を立てたことよりも前か後かは判然としない。しかし、いずれにせよ以上の史料からすると、少なくとも前漢中期までは求盗が置かれていたことが確認される。そして、これ以降の史料では求盗の存在が確認できないので、前漢末期までに求盗が廃止されていたとする先の想定と矛盾しない。

ちなみに、二年律令「行書律」には、

畏害及近邊不可置郵者、令門亭卒・捕盜行之∠。（第二六六簡）

とあるように、害が発生する虞れがあったり、辺境に近いため、「郵」を置くことができないところでは、「門亭」の

「卒」と「捕盗」に文書を送達させると定められている。門亭とは城門あるいは重要な官府の門に設けられた亭である。[13]「門亭卒・捕盗」の門亭は卒と捕盗の双方にかかっているのか、それとも卒のみにかかっているのか、本条だけでは判然としない。前者とすれば「門亭卒・捕盗」は門亭の卒と門亭の捕盗、後者とすれば門亭の卒と、門亭とは必ずしも関係のない捕盗を指すことになる。しかし、二年律令「津関令」には、

一、御史言、越塞闌關、論未有令。●請闌出入塞之津關、黥爲城旦舂。越塞、斬左止（趾）爲城旦。（中略）縣邑傳塞、及備塞都尉・關吏・官屬・軍吏卒乘塞者、禁（？）其[挾]弩・馬・牛出。田・波（陂）・苑（？）・牧、繕治塞、郵・門亭行書者、得以符出入。（第四八八簡～四九一簡）

とあり、「門亭行書者」すなわち門亭の人員のうち文書を送達する者は、「符」（通行証）を有していれば、弩を所持したり、あるいは馬・牛を引き連れて辺境の渡し場・関所・国境線を出入りすることができると定められている。つまり、本条でいう「門亭行書者」とは、辺境において文書の送達を行う者であるから、行書律の門亭卒は少なくともこれに含まれるであろう。しかし、もし捕盗がこれに含まれないとすれば、本条では他に捕盗について言及されていないので、捕盗には本条が適用されないことになるが、同じく辺境で文書を送達するのに、捕盗のみ本条が適用されないとは考えがたい。それゆえ、捕盗も「門亭行書者」に含まれると考えられる。すると、捕盗も門亭の人員ということになるから、行書律の「門亭卒・捕盗」も門亭の卒と門亭の捕盗の意と解するべきであろう。張家山二四七号漢墓竹簡整理小組は〔一〕を根拠として、門亭卒を亭父、捕盗を求盗と解している。[14]この解釈によると、捕盗は求盗の別名ということになる。求盗は盗賊の追捕を司る者であるから、確かにその職務の内容は捕盗という名称と一致する。さらに、捕盗が求盗を指すことは、睡虎地秦簡「秦律雜抄」に、

●捕盜律曰、捕人相移以受爵者、耐。●求盜勿令送逆爲它。令送逆爲它事者、貲二甲。（第三六六簡・三六七簡）

とあり、求盗に関する規定が「捕盜律」と呼ばれていることからも裏づけられる。それゆえ、少なくとも戦国秦～漢初

においては、求盗が捕盗とも呼ばれていたごとくである。

次に、亭父は任安がこれを務めたとする史料が最も古く、それより前の史料には見えない。ただし、先述の通り張家山二四七号漢墓竹簡整理小組は〔一〕を根拠として、前掲の二年律令行書律の門亭卒を亭父、捕盗を求盗と解している。確かに〔一〕では旧時、亭には亭父・求盗という二種類の亭卒が置かれていたとされており、かつ捕盗が求盗の別名であることは先に検討した通りなので、門亭卒は亭父を指すと考えられる。それゆえ、前漢中期よりも前に亭父が置かれていなかったというわけではなさそうである。一方、史料上の下限は〔一〕～〔五〕を除けば、『後漢書』巻四六陳忠列伝の李賢注が引く三国呉・謝承『後漢書』に、

〔施延〕少爲諸生。（中略）家貧母老、周流傭賃。（中略）賃作半路亭父以養其母。

とあるのが最も新しい。すなわち、施延は若い頃、家が貧しかったため、亭父に雇われて働き、母を養ったと記されている。『後漢書』陳忠列伝に、

及鄧太后崩、安帝始親朝事。（中略）書御、有詔拜有道高第士沛國施延爲侍中。

とあるのによると、施延は鄧太后が死去した後、侍中となっている。同巻五孝安帝紀の建光元年条に、

三月癸巳、皇太后鄧氏崩。

とあり、鄧太后が死去したのは後漢・安帝の建光元年（一二一年）のことであるから、施延が亭父に雇われていたのはそれよりも前のはずである。それゆえ、後漢中期でも亭に亭父が置かれていたことになる。これは一見すると、亭父が前漢末期までに廃止されていたとする先の想定と矛盾するごとくである。[15] しかし、ここで注目すべきなのは、〔三〕～〔五〕では亭父がいずれも亭長の別名とされていることである。これらのうち〔三〕と〔四〕は後漢末期、〔五〕は前漢末期の現状を記したものであるから、少なくとも前漢末期から後漢末期へ至るまでは、亭父が亭長の別名として用いられていたことになる。つまり、亭卒としての亭父が、前漢末期へ至るまでのいずれかの時期に廃止された後、亭父は亭

長の別名として用いられるようになったのであろう。すると、前掲の謝承『後漢書』に見える亭父も、亭卒としての亭父ではなく、亭長の別名として用いられているものと思われる。現に、この史料の内容からしても、ここでいう亭父が亭卒としての亭父を指すとは考えがたい。というのも、後述する通り、亭卒としての亭父は徭役として職務に従事していたと考えられるが、徭役として亭の職務に従事している者が、人を雇って亭の職務に従事させるとは考えがたいからである。しかし、亭長であれば例えば亭の人手不足を補うため、人を雇って働かせることは十分ありえるであろう。現に、謝承『後漢書』では前掲の文章に続いて、

是時呉會未分。山陰馮敷爲督郵、到縣。延持箒往。敷知其賢者、下車謝、使入亭、請與飲食。

とあり、施延はほうきを持って、亭を訪れた督郵の馮敷を出迎えたと記されているが、これは亭の掃除を司る、亭卒としての亭父の職務とまさに一致する。この謝承『後漢書』と〔一〕～〔五〕を除けば、亭卒としての亭父が出てくる最も新しい史料は前掲の『史記』田叔列伝なので、やはり亭卒としての亭父が前漢末期までに廃止されていたとする先の想定と矛盾する史料は見えないといえよう。

次に、亭卒は漢代について記した文献史料や出土文字資料に散見する。それらのうち最も古いものは〔一〕～〔五〕を除けば、前掲の二年律令行書律の門亭卒である。この門亭卒は門亭に置かれた亭父の別名として用いられている。それゆえ、亭卒は既に漢初から亭父の別名として用いられていたことになる。つまり、前漢末期へ至るまでのいずれかの時期に亭父と求盗が統合され、そのときに初めて亭卒という語が成立したわけではなく、それまで亭父の別名として用いられていた亭卒という語が、新たに正式名称として転用されたのであろう。もっとも、〔一〕では亭父も求盗も亭卒の一種とされていることからすると、亭卒への統合より前においても、あるいは求盗も亭父とともに亭卒と総称されていたのかもしれない。亭父と求盗の区別が廃止されたことによって、それまで総称として用いられていた亭卒が正式な名称となったのではないであろうか。

以上から、前漢末期までに亭父と求盗が亭卒へと統合されていたとする想定は、他の史料と矛盾のないことが明らかになった。亭父と求盗が〔一〕～〔五〕を除けば、前漢の武帝期を最後に史料上見えないということは、亭卒へと統合された時期は前漢中期まで遡る可能性がある。それゆえ、結局前漢中期から末期までのいずれかの時期に、亭父と求盗が亭卒へ統合されたといえよう。ちなみに、亭卒の別名である弩父・亭部・褚などは、少なくとも亭卒を指す語としては〔一〕～〔五〕以外に見えないので、史料上の上限と下限を検証することはできない。

すると、〔一〕～〔五〕について残された問題は、〔二〕において亭卒が陳・楚地方では亭父あるいは亭部、淮・泗地方では求盗と呼ばれているとされていることである。〔二〕によると後漢末期当時、亭卒は地方によって亭父・亭部・求盗と呼ばれていたことになる。しかし、当時既に亭父・求盗という区分は廃止され、亭卒へ統合されていたはずである。それゆえ、確かに亭父・求盗という区分は前漢中期～末期に廃止されたものの、地方によってはその後も亭卒の俗称として用いられたのであろう。亭父と求盗が亭卒へ統合される以前であれば、亭父と求盗は別のものであるから、このように亭父も求盗も同一のものを指す語として用いられることはありえないが、統合後の亭卒は旧名である亭父と求盗のどちらでも呼ばれたのであろう。おそらく、後漢末期当時としては古風な呼称であったものと思われる。

ここで問題となるのは、〔四〕との関係である。すなわち、〔四〕によると後漢末期当時、陳・楚・宋・魏地方では亭長が亭父と呼ばれていたとされている。一方、〔二〕によると、陳・楚地方では亭卒が亭父と呼ばれていたとされているので、陳・楚地方では亭長も亭卒も亭父と呼ばれていたことになる。おそらく、陳・楚地方では亭長と亭卒を区別せず、亭に置かれた人員全体を指す場合に、亭父という語が用いられたのであろう。

ちなみに、〔二〕によると亭卒は、後漢末期の陳・楚地方では亭部とも呼ばれていた。亭部とは本来、亭の管轄区域を指す語である。[16] それゆえ、堀氏は「亭父の別名だという亭部は、後述するように亭の管轄範囲を指す語で、むろん方言とは関係ない」と述べられている。[17] しかし、この堀氏の解釈に対して佐竹靖彦氏は「われわれも日常の用語法では警官がくることを警察がくると言うことがあるように」、亭卒を亭部と呼ぶことも十分にありえると述べられている。[18] 実際に亭卒が亭部と呼ばれている例は、他の史料に見えないものの、おそらく佐竹氏の指摘される通りであろう。

以上の検討結果をまとめると、次の通りになる。まず、亭父は遅くとも漢初、求盗は遅くとも戦国秦から置かれていた。それゆえ、遅くとも漢初以降、亭には亭父・求盗という二種類の亭卒が置かれていたことになる。亭父は亭卒、求盗は捕盗とも呼ばれていた。その後、前漢中期～末期のいずれかの時期に亭父と求盗の区別が廃止され、亭卒へ統合された。統合後の亭卒は、少なくとも前漢末期の楚・東海間地方では弩父あるいは褚と呼ばれ、後漢末期の陳・楚地方では亭父あるいは亭部、淮・泗地方では求盗と呼ばれていた（図三）。

一方、亭長はもともと負弩と呼ばれていたが、後に亭長と改められた。亭長は、少なくとも前漢末期～後漢末期では亭父とも呼ばれ、また前漢末期の楚・東海間地方では亭公、後漢末期の斉の沿岸部では師と呼ばれていた。以上のよう

〔図三〕

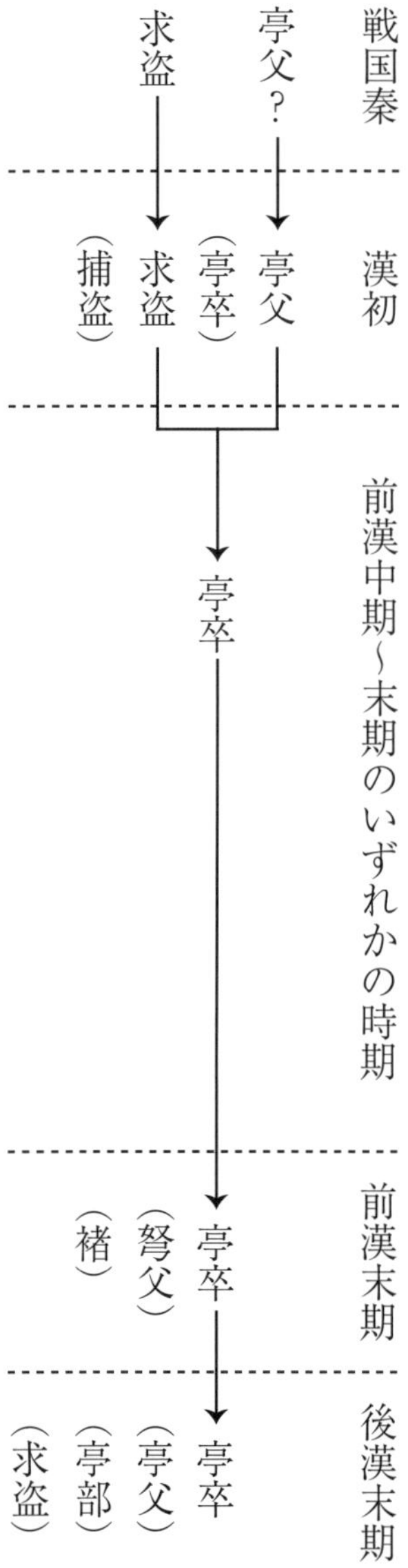

に解釈すれば、〔一〕と〔二〕～〔五〕を矛盾なく解釈できるはずである。もっとも亭長は、秦～漢初では校長とも呼ばれていたのであるが、亭長のさまざまな呼称と校長の関係については、稿を改めて検討することとしたい[19]。

第二節　亭卒の職務・人数・地位

先述の通り、亭父は亭の開閉と掃除、求盗は盗賊の追捕を主な職務としていたが、統合後の亭卒は亭父と求盗双方の職務を兼ねていたと思われる。すなわち、『風俗通義』怪神篇には、

　汝南汝陽西門亭有鬼魅。賓客宿止、有死亡。其厲猒者、皆亡髮失精。尋問其故、云、先時頗已有怪物。其後、郡侍奉掾宜祿鄭奇來。去亭六七里、有一端正婦人、乞得寄載。奇初難之、然後上車。入亭、趨至樓下。吏卒檄白、樓不可上。奇云、我不惡也。時亦昏冥、遂上樓、與婦人棲宿。未明發去。亭卒上樓掃除、見死婦、大驚、走白亭長。亭長擊鼓會諸廬吏、共集診之。乃亭西北八里呉氏婦新亡。以夜臨殯、火滅。火至失之。家即持去。奇發行數里、腹痛。到南頓利陽亭加劇、物故。樓遂無敢復上。

とあり、亭卒が亭の楼に登って掃除をしている。この話がいつの時代のことなのかは明記されていないが、『太平広記』巻三一七鄭奇にはこれが引用されており、その冒頭には「後漢時」と記されているので、後漢のときの話として記されているものと思われる。つまり、亭父と求盗が亭卒へ統合された後のことである。

一方、亭卒が盗賊の追捕を行っている明確な例は確認できないが、常に亭長一人で追捕を行っていたとは考えがたいので、当然亭卒も亭長に率いられて追捕を行っていたはずである。亭卒が前漢末期に弩父と呼ばれていたのも、亭卒が盗賊追捕などのために武装していたことを示すものであろう。

次に、亭父・求盗・亭卒は一つの亭に何人配置されていたのであろうか。〔一〕では亭に「両卒」がおり、そのうち一つは亭父、もう一つは求盗であったと記されている。傅挙有氏はこれを根拠として、秦では亭に亭父と求盗が一人ずつ、合計二人の亭卒が置かれていたと述べられている。[20] しかし、そうではなく、佐竹氏も指摘される通り、〔一〕は亭父・求盗という二種類の卒が置かれていたという主旨であろう。[21] それゆえ、〔一〕は亭父と求盗の人数を知りうる史料とはならない。

そこで注目されるのは、尹湾漢簡「集簿」に次のような記述が見えることである。[22]

亭六百八十八、卒二千九百七十二人。（YM六D一正）

この集簿は東海郡内の各種統計を記した文書である。作成された年代は前漢・成帝の永始四年（前一三年）かそれよりもやや後、つまり前漢末期と考えられている。[23] 右の記述によると、東海郡内には全部で六八八の亭があり、卒が二九七二人置かれていたとされている。ここでいう卒とは亭卒を指すのであろう。すると、謝桂華氏も指摘される通り、一亭あたり約四人の亭卒が置かれていたことになる。[24] これは西北部辺境でもおおむね同様であったらしい。すなわち、居延旧簡には以下のような記述が見える。[25]

〔六〕以食亭卒四人。四月庚申盡戊子廿九☐（一一・三）

〔七〕☐石六斗。　九月戊辰朔戊辰、通澤第二亭長舒付第七亭長病已、以食吏卒四人。（一四八・四三）

〔八〕出糜小石十二石。　征和三年十月丁酉朔丁酉、第二亭長舒付第七亭長病已、食吏卒四人。（二七五・二〇）

〔九〕入糜大石八石七斗、爲小石十四石五斗。　二年八月辛亥朔辛亥、第二亭長舒受第六長延壽、以食吏卒五人。人六升。辛亥盡己卯廿九日。積百卌五人。（二七五・二一）

〔一〇〕七月癸亥朔、以食亭卒五人。癸亥盡辛卯廿九日。積百卌五人。人☐（三〇八・四三）

〔八〕には武帝の征和三年（前九〇年）の紀年が記されている。また、他の木牘には紀年こそ明記されていないものの、月日が記されている。森鹿三氏は干支や内容などから、〔七〕の月日は征和三年、〔一〇〕は同四年（前八九年）、〔九〕は後元二年（前八七年）、〔六〕は昭帝の始元四年（前八三年）のものとされる。[26]つまり、これらはいずれも前漢中期のものということができる。これらは亭の吏卒に対する食糧支給の記録である。例えば、〔八〕では第二亭の亭長舒が「吏卒」四人分の食糧として、一二石のきびを第七亭の亭長病已に給付したと記されている。ここでいう吏卒とは、具体的には第七亭の亭長と亭卒を指すのであろう（当時、亭に亭長以外の吏は置かれていなかったので、亭の吏といえば亭長のみを指すはずである）。[27]つまり、当時この第七亭には亭長の他、三人の亭卒が置かれていたことがわかる。このことからすると、〔七〕「吏卒四人」では三人の亭卒、〔九〕「吏卒五人」では四人の亭卒が置かれていたことになろう。また、〔六〕では「亭卒四人」、〔一〇〕では「亭卒五人」と明記されている。以上から、西北部辺境でも一亭あたり四人前後の亭卒が置かれていたことが知られる。

もっとも、前掲の尹湾漢簡集簿、及び〔六〕～〔一〇〕に見える亭卒が亭父・求盗統合後の亭卒なのか、それとも統合前の亭卒、つまり亭父の別名あるいは亭父・求盗の総称として用いられているのかは判然としない。というのも、集簿は前漢末期の史料、また〔六〕～〔一〇〕は征和三年（前九〇年）～始元四年（前八三年）の史料であり、いずれも亭父と求盗の統合がなされたと思われる前漢中期（元鼎二年（前一一五年）以降）～前漢末期という幅の中に含まれるからである。ただし、たとえ集簿及び〔六〕～〔一〇〕の亭卒が統合前のものであったとしても、二年律令行書律のように亭父だけを指すわけではなく、亭父と求盗の総称として用いられているものと思われる。集簿は東海郡内の統計であるが、亭父の総人数だけを記録し、求盗の総人数を記録しない理由はない。また、〔六〕～〔一〇〕は亭の人員に対する食糧支給の記録であるが、亭父だけに食糧が支給され、求盗に支給されなかったとは考えがたいであろう。

それでは、亭父・求盗統合前において、亭父と求盗は一つの亭にそれぞれ何人ずつ置かれていたのであろうか。高敏氏は前掲の睡虎地秦簡封診式「群盗」条において、校長甲が求盗乙と求盗丙を率いていることから、亭には少なくとも二人以上の求盗が置かれていたとされる。[28] しかし、亭の職務を求盗一人だけ、あるいは校長と求盗一人で行っている例もある。すなわち、睡虎地秦簡封診式には、

盜馬　爰書、市南街亭求盜才（在）某里曰甲縛詣男子丙、及馬一匹、騅牝右剽∠、緹覆（複）衣、帛裏莽緣領褎（袖）、及履、告曰、丙盜此馬・衣。今日見亭旁、而捕來詣。（第六〇一簡・六〇二簡）

とあり、求盗甲が男子丙を亭の傍らで見つけ、馬と衣服を盗んだ罪により逮捕し、告発している。また、前掲の奏讞書案例五では校長池が求盗視とともに、主のもとから逃亡した大奴武を追捕している。それゆえ、求盗が一つの亭に必ず二人以上置かれていたとするのは、疑問の餘地がないでもない。しかし、いずれにせよ警邏や犯人の追捕・逮捕は校長の他、求盗一人ないし二人で行っている例しか見えず、しかも集簿及び〔六〕～〔一〇〕によると、亭卒は一亭あたり四人前後であったので、おそらく求盗は一つの亭にほんの数人しか置かれていなかったのであろう。亭父も同様と思われる。

次に、亭父・求盗・亭卒はいかなる地位の者であったのであろうか。先行研究では一般に吏の一種と解されてきた。[29] その根拠は示されていないが、確かに〔三〕と〔四〕では亭の吏が亭父と呼ばれている。しかし、既に明らかにした通り、〔三〕と〔四〕でいう亭父は前漢末期以降用いられた亭長の俗称であり、亭卒としての亭父とは異なる。亭卒としての亭父及び求盗・亭卒が吏と呼ばれている例は見えず、むしろ〔一〕～〔五〕などの史料によると、これらは「卒」とされており、吏とは厳格に区別されているように見受けられる。さらに、尹湾漢簡集簿では前掲の通り、東海郡内の亭と亭卒の数が記されているが、その三行後には、

吏員二千二百三人。大（太）守一人、丞一人、卒史九人、屬五人、書佐十人、嗇夫一人。凡廿七人。

とあり、「吏員二千二百三人」を先頭として、以下吏員の人数の内訳が三行にわたって記されている。つまり、亭卒は吏員に含まれていないことがわかる。よって、亭父・求盗・亭卒が吏でないことは明らかである。

一方、王毓銓氏は亭卒を「役卒」・「更卒」の一種と解されている[30]。その根拠は示されていないが、徭役として徴発された者が亭父・求盗・亭卒を務めていたことは、以下のような史料から裏づけられる。まず、敦煌漢簡には[31]、

千秋亭戍卒東馮里張常喜有方一完。（第一〇四〇簡）

とあり、千秋亭という亭に「戍卒」が置かれている。戍卒とは民の中から徭役として徴発され、あるいは刑罰として、辺境の防衛にあたる兵卒である。また、同じく敦煌漢簡には、

永和二年五月戊申朔廿九日丙子、虎猛候長異叩頭死罪敢言之、官録曰、今朝宜秋卒胡孫詣官□□虎猛卒馮國之東部責、邊塞卒戍不得去離亭尺寸□□□⊠……代適卒有不然負罰當所□⊠（第一九七四簡）

とあり、辺境の戍卒は亭から一尺一寸たりとも離れてはならないと述べられている。さらに、居延新簡には[32]、

戍卒居延昌里石恭、三年署居延代田亭。（EPT四・五）

とあり、戍卒の石恭という者が居延県の代田亭に勤めていたとされている。以上から、少なくとも西北部辺境では戍卒が亭卒を務めていたことがわかる。一方、前掲の『史記』田叔列伝によると、任安は人に代わって求盗・亭父となっているので、内地でも求盗・亭父は誰か代わりに務めて欲しいと思うほど、これを務めることは人々にとって負担と感じられるものであったのであろう。それゆえ、内地の求盗・亭父・亭卒も徭役として徴発された者が務めていたものと思われる。

結　語

本稿では亭に置かれていた人員のうち、亭卒について検討した。しかし、亭には他にも亭長が置かれており、さらに

先行研究の中には亭長・亭卒の他にも人員が置かれていたとするものもある。そこで、次稿では亭卒以外にいかなる人員が置かれていたかを検討したい[33]。さらに、それらの人員によって構成される亭という機関が、他の機関といかなる関係にあったのかを検討し、亭による治安維持機能がいかなる者たちによって担われていたのか明らかにする。そのうえで別稿においては、彼らによって担われる亭の治安維持機能が具体的にいかなるものであったのかを検討したいと考えている。それゆえ、本稿で明らかにしたことの意義については、次稿以降で検討する。ただし、本稿の検討から次のような問題があることを指摘しておきたい。第一に、亭卒は正式名称の他にも、俗称や方言などでさまざまに呼ばれていた。それは亭卒が民衆にとって身近な存在であったことを窺わせる。亭は最末端の治安維持機関であり、民衆との接点が比較的大きかったのであろう。

第二に、亭卒は一亭あたり四人前後置かれていた。求盗（亭卒への統合前）あるいは犯人の追捕にあたる亭卒（統合後）は、さらにそれよりも少なかったと考えられる。それゆえ亭は、治安維持機関としては極めて小規模であったといえそうである。

第三に、亭卒は徭役によって徴発された者であった。ということは、亭卒は必ずしも司法に関する詳細な知識を持っていなかった可能性がある。

次稿以下では以上の三点が亭の治安維持機能においていかなる意味を持っていたのかを明らかにしていきたい。

注

（1）拙著『秦漢刑法研究』（知泉書館、二〇〇七年）参照。ちなみに、拙著の奥付には「訳者　水間大輔」と記されているが、「訳者」は「著者」の誤植である。

（2）亭についての先行研究を比較的詳しく紹介しているものに、小嶋茂稔「漢代の国家統治機構における亭の位置」（『史学雑誌』第一一二編第八号、二〇〇三年）がある。

（3）『史記』巻八高祖本紀の『集解』が引く応劭注、同巻一〇四田叔列伝褚少孫補記の『集解』が引く応劭注にもほぼ同じ記述が見える。

（4）朱希祖氏は春秋時代以降、楚では県令が「県公」とも呼ばれていたこと、秦末に沛県の父老が子弟とともに「沛令」を殺害し、漢の高祖がこれに代わって「沛公」となったことを根拠として、漢代に太史令を務めていた司馬遷が「太史公」、太倉令を務めていた淳于公が「太倉公」とも呼ばれているのは、楚の俗に従った表現と解されている。同氏『中国史学通論』（荘厳出版社、一九七七年）七一・七二頁参照。楚と東海の間の地方で亭長が亭公と呼ばれていたのも、あるいはこのような楚の俗によるものなのかもしれない。

（5）堀敏一『中国古代の家と集落』（汲古書院、一九九六年）二七六～二七八頁（一九九〇年原載）参照。

（6）佐竹靖彦『中国古代の田制と邑制』（岩波書店、二〇〇六年）四五七～四六五頁参照。

（7）以上の他、厳耕望氏は、規模の大きな亭では亭父と求盗が置かれていたが、規模の小さな亭では一人の卒しか置かれていなかったため、求盗と亭父の名称をめぐる混乱が生じたと推測されている。同氏『中国地方行政制度史　甲部　秦漢地方行政制度』（中央研究院歴史語言研究所、一九八八年第三版。一九六一年初版）二四二・二四三頁参照。また、安作璋氏、熊鉄基氏は亭父を亭長の別名と推測されている。『秦漢官制史稿』（斉魯書社、二〇〇七年。一九八四年初版）七〇五頁参照。

（8）堀氏前掲書二七七頁参照。

（9）睡虎地秦簡の簡番号は雲夢睡虎地秦墓編写組編『雲夢睡虎地秦墓』（文物出版社、一九八一年）、釈文は同書及び睡虎地秦墓竹簡整理小組編『睡虎地秦墓竹簡』（文物出版社、一九九〇年）によった。

（10）拙稿「秦・漢の亭吏及び他官との関係」（未発表）参照。

（11）張家山漢簡の簡番号は張家山二四七号漢墓竹簡整理小組編『張家山漢墓竹簡〔二四七号墓〕』（文物出版社、二〇〇一年）、釈文は武漢大学簡帛研究中心・荊州博物館・早稲田大学長江流域文化研究所編『二年律令与奏讞書』（上海古籍出版社、二〇〇七年）によった。また、奏讞書の案例番号は江陵張家山漢簡整理小組「江陵張家山漢簡『奏讞書』釈文（一）」（『文物』一九九三年第八期）によった。

(12) 奏瓛書の各案例の年代については李学勤「『奏讞書』初論」(同氏『簡帛佚籍与学術史』江西教育出版社、二〇〇一年。一九九三年原載)、彭浩「談『奏讞書』中的西漢案例」(『文物』一九九三年第八期)参照。

(13) 李光軍「奏漢「亭」考述」(『文博』一九八九年第六期)参照。

(14) 前掲『張家山漢墓竹簡〔二四七号墓〕』一七〇頁「一郵十二室」条注〔四〕参照。

(15) もっとも、『太平御覧』巻八二九資産部九傭賃に引用されている謝承『後漢書』では「亭父」を「亭下」に作る。もし「亭下」に作るのが正しいとすれば、そもそも以下のような問題は発生しえなくなる。

(16) 亭部が亭の管轄区域を指すことは、周法高「説「亭部」」(同氏『金文零釈』中央研究院歴史語言研究所、一九五一年)参照。

(17) 堀氏前掲書二七六・二七七頁参照。

(18) 佐竹氏前掲書四五九頁参照。

(19) 注(10)参照。

(20) 傅挙有「有関秦漢郷亭制度的幾箇問題」(『中国史研究』一九八五年第三期)参照。

(21) 佐竹氏前掲書四五八頁参照。

(22) 尹湾漢簡の簡番号・釈文は連雲港市博物館・東海県博物館・中国社会科学院簡帛研究中心・中国文物研究所編『尹湾漢墓簡牘』(中華書局、一九九七年)によった。

(23) 滕昭宗「尹湾漢墓簡牘概述」(『文物』一九九六年第八期)参照。

(24) 謝桂華「尹湾漢墓簡牘和西漢地方行政制度」(『文物』一九九七年第一期)参照。

(25) 居延旧簡の簡番号・釈文は謝桂華・李均明・朱国炤『居延漢簡釈文合校』(文物出版社、一九八七年)によった。

(26) 森鹿三「居延漢簡の集成――とくに第二亭食簿について――」(同氏『東洋学研究　居延漢簡篇』同朋舎、一九七五年。一九五九年原載)参照。

(27) 亭には亭長以外の吏が置かれていなかったが、後漢になると「亭佐」と呼ばれる吏も置かれるようになった。注(10)参照。
(28) 高敏『睡虎地秦簡初探』(万巻楼図書、二〇〇〇年)二二三頁(一九八一年原載)参照。
(29) 私もかつては求盗を「盗賊追捕を職務とする吏」、「犯人の追捕にあたる官吏」などと解してきたが、以下の通りに解釈を改める。
(30) 王毓銓『莱蕪集』(中華書局、一九八三年)三一頁(一九五五年原載)参照。
(31) 敦煌漢簡の簡番号・釈文は甘粛省文物考古研究所編『敦煌漢簡』(中華書局、一九九一年)によった。
(32) 居延新簡の簡番号・釈文は甘粛省文物考古研究所・甘粛省博物館・中国文物研究所・中国社会科学院歴史研究所編『居延新簡』(中華書局、一九九四年)によった。
(33) 注(10)参照。

〔附記〕本稿は平成一八年度~二〇年度科学研究費補助金(特別研究員奨励費)による研究成果の一部である。

離日と反支日からみる「日書」の継承関係

森　和

はじめに

一九七五年一二月から翌七六年一月、湖北省雲夢県で発掘された睡虎地一一号秦墓から大量の法制資料と共に甲乙二種類の占書が出土した。その内容は時日の吉凶を判断選択するための占卜を主とし、乙種の末尾の竹簡背面に「日書」という書名が墨書されていたことから、爾来、これに類する占書が「日書」と呼ばれるようになり、現在までに十数件の「日書」の出土例を確認することができる。(1)「日書」が副葬されていた墓葬は湖北・河南・安徽・湖南など長江中流域に分布するが、特に湖北省に集中しており、時代的には戦国から秦漢時代にまで及ぶ。また、中国西北地域の漢代の軍事施設遺址から出土した、いわゆる辺境出土簡牘の中にも「日書」の残簡と見做されているものが存在している。(2)このような出土状況から、少なくとも漢代には「日書」やそれに類する占書・占卜が広範な地域で受け入れられていたことが容易に想像できよう。つまり、「日書」は秦漢時代の社会や人々の日常を窺い知ることのできる貴重な資料であると言える。ところが、これまでに図版と釈文が完全に公表されているのは十数件のうち半数にも満たず、内容的にも占卜の類似性や関連性が限定的であるため、その研究は最も豊富に占卜を収録する睡虎地秦簡「日書」に依拠せざるを得ず、資料横断的、通時代的な検討のできる余地はほとんどなかった。

そのような状況を一変させたのが、二〇〇六年六月に発掘報告とともに全テキストが公刊された孔家坡漢簡「日書」である。この「日書」が出土した湖北省随州市の孔家坡八号漢墓からは、六十干支と月の大小、節気などを記した編冊式年暦譜(3)七八枚（綴合後は六〇枚）と、墓主（被葬者）が死後の地下世界に移住するための「告地書」一枚も出土しており、それらの文字資料と副葬器物などから墓主は生前庫嗇夫の任にあった辟で、下葬年代は前漢景帝の後元二年（前一四二年）に比定されている。孔家坡「日書」は比較的保存状態が良く、収録する占卜も七十八篇の多きに上り、かつ半数近くの篇に睡虎地「日書」との共通性が確認される。すなわち、質・量ともに睡虎地に比肩し、出土地や時代も近接する孔家坡「日書」の出土・公表により、初めて本格的な「日書」の比較研究が可能になったのである。そこで、小論では、その第一歩として孔家坡と睡虎地のいずれの「日書」にも収録されている離日および反支日に関する占卜を検討して占法原理やその差異を明らかにし、そこから秦から前漢へと至る「日書」の継承関係とその意味するところについて考察してみたい。

一、離日と艮山図

「離日」とは、嫁娶や奴婢・家畜の購入、行旅などに対する忌日で、睡虎地「日書」甲種・艮山篇によって初めて知られたものである(4)。この艮山篇は上部に逆台形の艮山図（図１）を描き、その下に艮山図を用いた離日の求め方とその宜忌を次のように記している。

此所胃（謂）艮山、禹之離日也。従上右方數朔之初、日及枳（支）各一日。數之、而復従上數。□與枳（支）刺艮山之胃（謂）離＝日＝（離日。離日）不可以家（嫁）女・取（娶）婦及入人民・畜生。唯利以分異。離日不可以行＝（行、行）不反（返）。

（簡四七正弐～六〇正弐、四七正参～五三正参）

この艮山図と占辞について最も早い段階で重要な指摘をされたのは李学勤氏で、氏の指摘は次のような六点に整理することができる。(5)

［図1］睡虎地「日書」の艮山図（簡47正弐～60正弐）

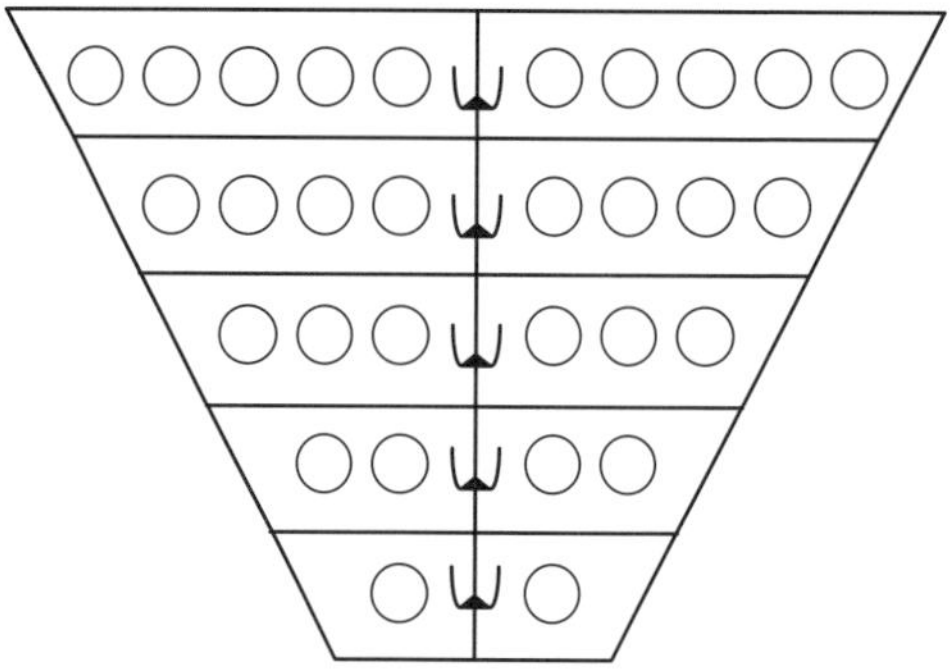

①逆台形の艮山図は、左右の斜辺と中央の縦線および底辺で大きな「山」字を形成し、同時に五本の横線とそれによって区分された縦線および左右の斜辺で小さな五つの「山」字を形成する。

②図に合計三〇個描かれた円圏は「日」字であり、図の右上隅の円圏に月の朔日を当て、そこから各「日」と「枳（支）」を円圏一つずつ上から下、右から左へと順に当てはめて数える。

③「枳（支）」は、睡虎地「日書」甲種や『後漢書』巻四九・王符伝および李賢注に見える「反支」（後述）の略称である。

④「刺」字は「夾」字の誤写であり、反支日と艮山を挟む日、つまり艮山図中央の縦線を挟んで反支日の反対側に位置する日が「離日」である。

⑤艮山篇は民間に流行した数術禁忌の一つであるが、その思想は艮卦の特性を静止不動、相背不見とする伝を含む『周易』に由来する。(6)

その上で氏は、銀雀山二号漢墓竹簡「七年暦日」(7)から復元された前漢武帝の元光元年（前一三四）十月の日干支を艮山図の円圏に当てはめ、離日の求め方を

［図2］李学勤説による艮山図と離日

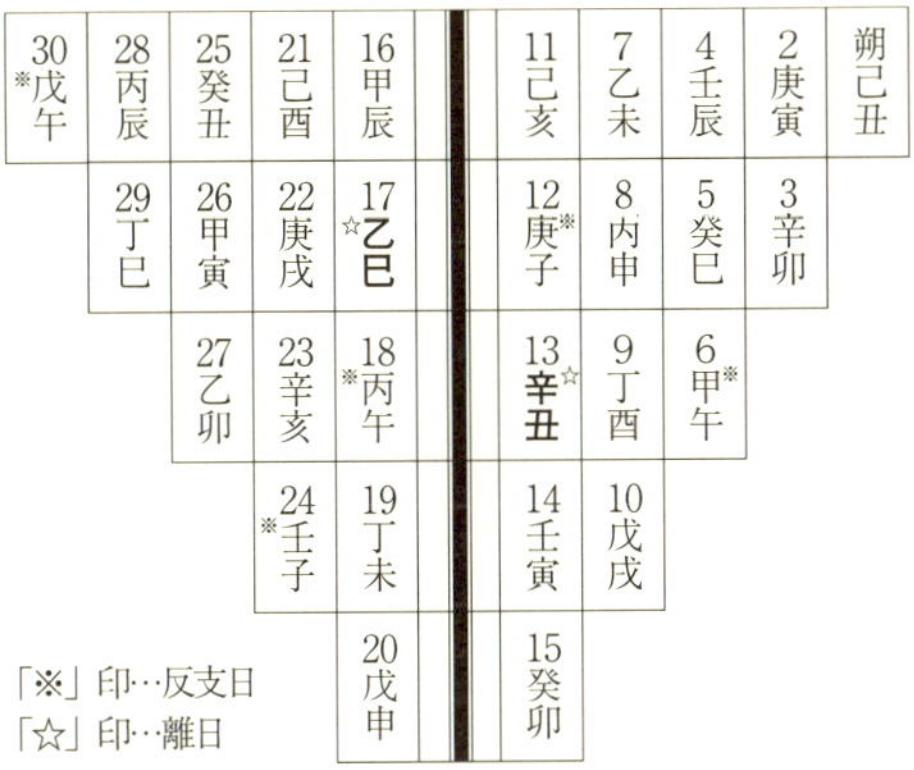

「※」印…反支日
「☆」印…離日

具体的に説明されている。それに拠れば、元光元年十月は己丑朔で三〇日ある大月であるから、この月の反支日は6甲午・12庚子・18丙午・24壬子・30戊午の五日（図2の「※」）、このうち艮山図の縦線に隣接する12庚子・18丙午と縦線を挟む位置にある17乙巳と13辛丑が離日となる（図2の「☆」）。従って、毎月の離日は一一日から二〇日の間に少なくて一日、多い場合は二日あることになる。

劉楽賢氏は、この李学勤氏の解釈を基本的に是としながら、睡虎地「日書」甲種・反支篇の「一月當有三反枳（支）」という一文に拠り、秦代の反支日は通常一ヶ月に三日あるだけなので、艮山図で求められる離日は一ヶ月に一日である、と補足修正された(8)。図2の例で言えば、13辛丑だけが離日になるということである。

一方、陳偉氏はこれとは全く異なる見解を示された(9)。それは「枳（枝）」を反支日ではなく、艮山図中央の縦線とそこから伸びている角状の弧「山」と解し、右上隅の円圏に歳首の月朔を当てて円圏とその「山」に一つずつ右から左に日を当てはめて数えてゆき、左端の円圏まで当て終わればその下の段の右端の円圏から左へという具合に数えてゆき、「山」の両側に位置する日を「離日」とする、というものである。李学勤氏との違いを明確にするために、元光元年十月の日干支をこの説に従って当てはめると図3のごとくになり、離日は5癸巳・7乙巳・15癸卯・17乙巳・23辛亥・25癸丑・29丁巳となる。

さらに、孔家坡「日書」の公表後に提起された晏昌貴氏の説は(10)、「枳（支）」を反支日ではなく地支と解し、円圏には月朔から日干支の天干と地支を別々に当てはめて右から左に数えてゆき、「山」を挟む天干と地支の日を「離日」とされる。その結果、「離日」は毎月（入月）三日・十一日・十五日・十八日・二十六日・三十日という固定化されたものになる。

これらの諸説から明らかなように、艮山図を用いた離日の求め方で問題となっているのは、第一に起点となる「朔之初」の解釈（毎月の月朔／歳首の月朔）、第二に「枳」の解釈（反支日／枝状の符号「山」／日の地支）、第三に日を円圏に当てはめて数える順序（縦に右から左へ当てる／横に上から下へ当てる）、の三点である。そこで、同じく離日について記す孔家坡「日書」離日篇からこれらの論点を検証してみよう。

孔家坡「日書」離日篇も睡虎地同様、上部に描かれた艮山図（図４）と下部に記された次のような占辞からなる。

［図3］陳偉説による艮山図と離日

11 己亥	10 戊戌	9 丁酉	8 丙申	★7 乙未	6 甲午	5★ 癸巳	4 壬辰	3 辛卯	2 庚寅	10月朔 己丑
	20 戊申	19 丁未	18 丙午	★17 乙巳	16 甲辰	15★ 癸卯	14 壬寅	13 辛丑	12 庚子	
		27 乙卯	26 甲寅	★25 癸丑	24 壬子	23★ 辛亥	22 庚戌	21 己酉		
			2 庚申	★11月朔 己未	30 戊午	29★ 丁巳	28 丙辰			
				★5 癸亥	4 壬戌	3★ 辛酉				

「　」（網掛け）…「山（枝）」
「★」印…離日

［図4］孔家坡「日書」の艮山図（簡139弐～149弐）

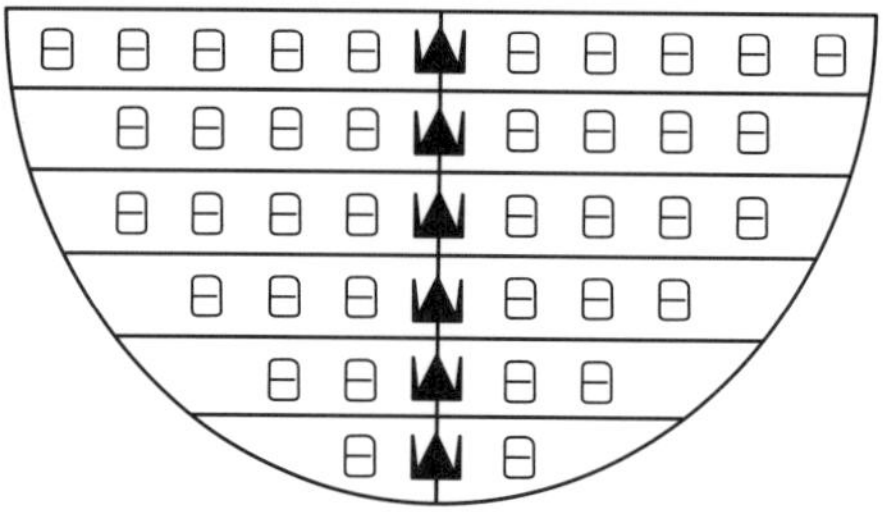

一是胃（謂）根（艮）山、禹離日也。數從上右方數朔初、日及字各居一日。盡、複道上右方數。日與字夾根（艮）山、是胃離＝日＝（離日。離日）不可取（娶）妻、嫁女及入人・畜生・貨。可分異。（簡一三九参～一四五参）

一見して明らかなように、両者の占辞は文字の異同や出入りが幾分見えるものの多くは同義異字であり、基本的に淵源を同じくすると考えて大過ないであろう。しかし、艮山図の方は違いが顕著である。半円形を呈する外観や睡虎地の円圏が「日」字になっているなどの違いもあるが、(11)注意すべきは「日」字の数である。睡虎地の円圏は十列五段の計三〇個あり、大月一ヶ月分の日数三〇日と一致していたが、孔家坡の「日」字は十列六段の計三八個、一ヶ月の日数を八～九日分超過している。整理者が注釈で「朔初とは、歳首の月の朔日である」と述べて起点を陳偉氏と同様に解するのは、恐らくこのためであろう。確かに、一ヶ月分の日干支を「日」字に当てはめてもなお八～九日分の当てはめるべきマスが余るのであれば、その余ったマスにも引き続き翌月の日干支を当てはめてゆく方が合理的なように思われる。そして、そのように艮山図を使うのであれば、起点は歳首の月朔でなければならない。

しかし、この方法で求められる離日は日を当てて数える順序がいずれの場合であっても法則性の全くない忌日となり、また任意の月の離日を求めるためには、歳首の月の朔日を当てはめてから当該月の日干支を当てはめるまでに何枚もの艮山図が必要となる訳で、(12)これでは艮山図は実用性の乏しい〝使えない〟占卜であると言わざるを得ない。ここで想起されるのは、およそ「日書」に収録される占卜はたとえ占法原理や法則性が判然としなくとも、忌日や良日の日干支や時間帯、特定の行為の吉凶、不祥である場合の対処法など具体的かつ実用的な事項が一瞥しただけで判るような形で記されている、という事実である。このような「日書」のマニュアルとしての性格を考慮するならば、占卜の実用性を無にするような起点＝歳首の月朔という解釈には問題がある。占辞には「數うるに上右方從《よ》り朔初を數え、日及び字は各〃一日に居る。盡けば、複た上右方道《よ》り數う」とあり、図の右上隅の「日」字に起点となる「朔初」を当てはめて数えてから、また改めて右上隅の「日」字に当てはめて数える場合の条件として「盡」とあるが、その主語は前句の「日及び字」であると考えられる。後述するように、この「字」は反支日を意味し、それは月ごとに設定される忌日である。そうであるならば、「日及び字」が「盡」きるというのも月を基準にしたものと推測される。従って、艮山図は一ヶ月が終わればまた右上隅の「日」字に戻って当てはめてゆくのであり、起点は毎月の月朔と考えられる。

ここで次に、孔家坡の「字」、つまり睡虎地の「枳」の解釈が問題となる。「枳」が「支」や「枝」に通仮することは、次節で検討する睡虎地「日書」甲種・反支篇や他に用例があり[13]、また上古再構音の理論上も問題ない[14]。しかし、孔家坡の「字」は「支」や「枝」とは部が異なり理論上通仮できないため[15]、直ちに「支」に読み替えて反支日や地支と解することは難しい。ここで注目すべきなのが、銀雀山二号漢墓竹簡「七年暦日」である。この編冊式年暦譜には冬至などの節気と反支日・伏日などの暦注が附記されているが、劉楽賢氏が夙に指摘されたように[16]、甲寅朔で大月の九月の11甲子および23丙子という二日分の反支日だけが「子」字で表記されている。これにより、孔家坡の「字」は反支日を意味する「子」字に「宀」を増した繁文であると推測される。

最後に、日を「日」字や円圏に当てはめて数える順序について簡単に述べておきたい。前述したように、孔家坡では日を当てはめて数える順序について、一ヵ月分の日数を当てはめ終わった場合に再び右上隅の「日」字に戻って当てはめることを述べ、その動きは左下から右上への方向である。しかし、睡虎地では当該箇所を「之を数えて、而して復た上従り数う」に作り、明らかに下から上への動きを示しており、かつ、この動きは孔家坡のような一ヶ月分の当てはめた後の動きではない。両者の占辞に大きな差異がなく、離日を求めるための数え方にも変化がなかったとするならば、それは日をまず上から下へ縦に当てはめ、それから右から左へと当てはめる数え方であると考えられる。

以上、離日をめぐる睡虎地と孔家坡の差異、およびその占法原理が明らかになった。両者の最も大きな差異は離日を求めるために必要となる艮山図の構造に認められるが、占辞は基本的に同じ系統に属するものであり、艮山図を使う離日を求め方も同じであると考えられる。この図の違いと占辞の共通性は何を意味するのであろうか。それを考えるには、離日を求めるために必要不可欠なもう一つの要素、反支日を検討する必要がある。

二、反支日の表記と占法原理

反枳（支）　子・丑朔、六日反枳（支）ᒪ。寅・卯朔、五日反枳（支）ᒪ。辰・巳朔、四日反枳（支）ᒪ。午・未朔、三日反【支】ᒪ。申・酉朔、二日反枳（支）ᒪ。戌・亥朔、一日反枳（支）。復卒其日、子有（又）復反枳（支）。一月當有三反枳（支）。

反支　子・丑朔なれば、六日もて反支とす。…（中略）…戌・亥朔なれば、一日もて反支とす。復た其の日を卒えば、子は又た反支に復る。一月に當に三反支有るべし。（簡一五三背～一五四背）

右に挙げた睡虎地「日書」甲種・反支篇によれば、反支日とは月朔の地支によって決められる忌日で、例えば、その月の朔日が子である場合は、朔日である子から数えて六日目の六日、さらにその翌日から地支が一回りする十二日目の十八日、またその翌日から十二日目の三十日が反支日となる。この月朔と反支日の関係は表1のように纏められ、反支日が「y = 12x + b」（0 ≦ x ≦ 2、x は整数）という方程式で求められることが判る。この係数12は「復た其の日を卒えば」とあるように子から亥まで日の地支が一巡する数であり、切片（b）が朔日の地支によって異なる定数であるから、睡虎地ではその定数によって反支日を示していることになる。さて、この睡虎地には肝心の反支日の宜忌が記されておらず、具体的にどのような行為が吉もしくは凶とされたのか不明であるが、『後漢書』巻四九・王符伝に載せる『潜夫論』愛日篇には、

明帝の時、公車、反支日を以て章奏を受けず。帝、聞きて怪しみて曰く、「民、農桑を廢て、遠來して闕に詣る。而

るに復た拘わるるに禁忌を以てす。豈に政の意と爲さんや」と。是に於て遂に其の制を蠲《のぞ》く。

とあり、反支日を理由に上章を受け付けなかった人物の故事が見え、後漢の明帝の英断によって「其の制」が蠲かれたという表現からは、後漢初期には反支日における上章の不受理が政府の制度として規定されていた可能性が窺える。[17] この反支日について、李賢注には、

凡そ反支日は、月朔を用て正と為す。戌・亥朔なれば、一日もて反支とす。申・酉朔なれば、二日もて反支とす。午・未朔なれば、三日もて反支とす。辰・巳朔なれば、四日もて反支とす。寅・卯朔なれば、五日もて反支とす。子・丑朔なれば、六日もて反支とす。『陰陽書』に見ゆるなり。

〔表1〕睡虎地「日書」による月朔と反支日

月朔	定数	反支日（地支）	$(0 \leqq \chi \leqq 2)$
子	6	6日・18日・30日（巳）	$12\chi+6$
丑	6	6日・18日・30日（午）	$12\chi+6$
寅	5	5日・17日・29日（午）	$12\chi+5$
卯	5	5日・17日・29日（未）	$12\chi+5$
辰	4	4日・16日・28日（未）	$12\chi+4$
巳	4	4日・16日・28日（申）	$12\chi+4$
午	3	3日・15日・27日（申）	$12\chi+3$
未	3	3日・15日・27日（酉）	$12\chi+3$
申	2	2日・14日・26日（酉）	$12\chi+2$
酉	2	2日・14日・26日（戌）	$12\chi+2$
戌	1	朔日・13日・25日（戌）	$12\chi+1$
亥	1	朔日・13日・25日（亥）	$12\chi+1$

とあり、『陰陽書』という数術関連の書に基づいて睡虎地の占辞を逆の順序で並べたような解説を加えている。この李賢注から、睡虎地の占辞がほとんど変化することなく唐代まで継承されていたことが看取される。それでは、時代的にその間に位置する孔家坡「日書」ではどうであろうか。

【子朔、巳・亥反】[支]。
【丑朔、午・子反】[支]。
寅朔、午・子反支。
【卯】[朔]、未・丑反支。
辰朔、未・丑反支。
巳朔、申・寅反支。
午朔、申・寅反支。
未朔、酉・卯反支。
申朔、酉・卯反支。
酉朔、戌・辰反支。
戌朔、戌・辰反支。
[亥][朔]、[亥]・[巳][反][支]。

反支　反支日、入一出百、出一入百。●求反支日、先道朔日始數。其雄〈雌〉也、從亥始數、右行。誰〈雄〉也、從戌始、左行。前禺（遇）、其[日][爲][反][支]⧄　⧄□衝（衝）。前自得爲有事、後自得爲事已。

（簡一二三弍～一二四弍、一三五壱～一三七壱）

孔家坡「日書」反支篇は、右に挙げたように、まず「寅朔なれば、午・子もて反支とす」のように朔日の地支によって決まる反支日を十二支分列挙した後、「一を入れば百を出だし、一を出ださば百を入る」という抽象的ながらも反支日の宜忌と思しき文言[18]を述べ、さらに圏点以下に反支日の求め方を記している。睡虎地との相違は、第一に朔日から何日目という形ではなく地支によって反支日を示すという表記法の違い、第二に宜忌の有無、第三に反支日の求め方の記述の三点であるが、そのうち第一の表記法の違いには第三の求め方が深く関係していると推測される。従って、両者の差異を明らかにするためには反支日の求め方が最も重要な鍵となる。この反支日の求め方については、すでに劉増貴・陸平・陳炫瑋の三氏がそれぞれ異なる見解を提示されているが[19]、睡虎地における定数を前提にするなど疑問も多く、完全に解明されているとは言い難い。そこで改めて孔家坡における反支日の求め方を検討してみよう。

まず「反支日を求むるには、先ず朔日道り始めて數う」とある冒頭の句は特に問題ないであろう。反支日が月朔の地支によって決まる忌日であることは前段に列挙されている通りであるから、その求め方が朔日を起点とすることは至極当然のことである。次の「其れ雄〈雌〉なれば、亥從り始めて數え、右行す」、「誰〈雄〉なれば、戌從り始め、左行す」の句には幾つか問題がある。整理者は「雄〈雌〉」および「誰〈雄〉」をそれぞれ「雌」と「雄」に釈し、また「從亥始、左行」を「從戌先行」に釈すが、王貴元・劉増貴両氏に従い補正した[20]。ただし、「雄」・「誰」は如字のままでは意を成さないため、数術用語としての「雌」・「雄」の誤字と見做さざるを得ない。この「雌」と「雄」について、陳炫瑋氏は『淮南子』天文訓に「雄は音を以て雌を知る。故に奇辰と為す」とあるのを引き、雄とは十二ある地支のうちの奇数番目の辰、つまり子・寅・辰・午・申・戌、雌とは偶数番目の丑・卯・巳・未・酉・亥であると指摘された[21]。これを踏まえて冒頭の句から解釈すれば、「反支日を求めるには、まず毎月の朔日を起点として数えるのである。当該月の朔日の地支が〝雌〟つまり丑・卯・巳・未・酉・亥であるときは、亥の位置から始めて右に向かって数えてゆく。逆に当該月の朔日の地支が〝雄〟つまり子・寅・辰・午・申・戌であるときは、戌の位置から左に向かって数えてゆく」という意味になるであろう。それでは、毎月の朔日を起点として数えることと、朔日の地支によって亥もしくは戌の位置から数える

［図5］孔家坡「日書」における反支日の求め方

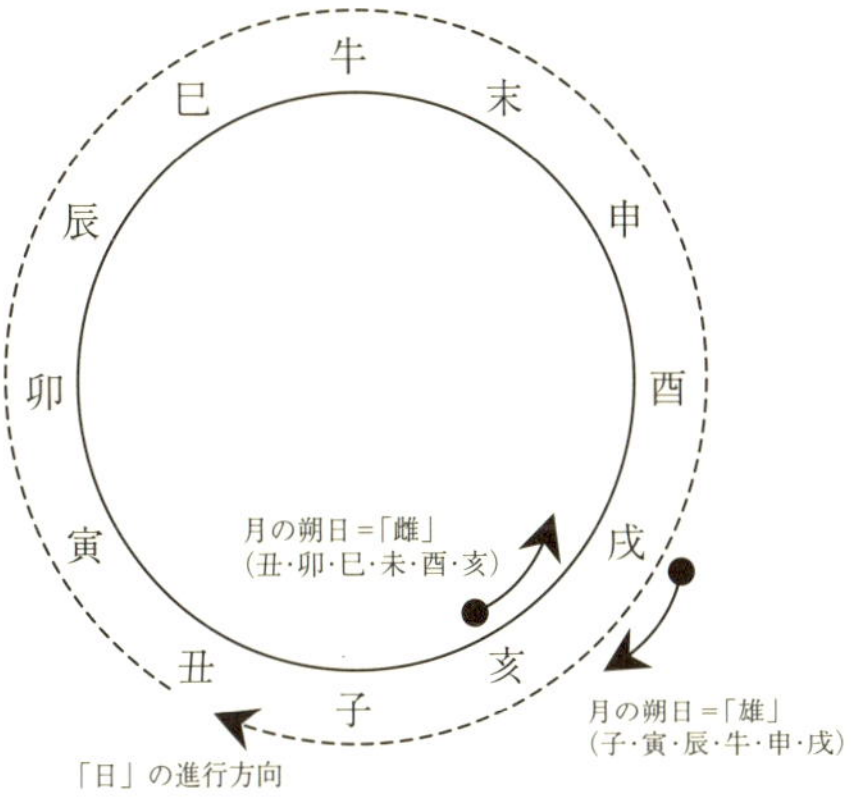

ことはどのように関係しているのであろうか。

占辞では続けて「前《すす》みて遇えば、其の日もて反支と爲す。……□衝（衝）」という。本句は断簡があって後半部分は判然としないが、恐らく、朔日の雌雄によって区別された二つの起点（亥・戌）と方向（右行・左行）で数え進めてゆき、何かと「遇」った時、その日を反支日とする、ということを述べていると考えられる。何と遇うのか、と言えば、「其の日もて」とある「日」に他ならず、それは毎月の朔日を起点として数えてゆく「日」である。すなわち、ある月の朔日の地支が丑の場合、丑は〝雌〟であるから、亥の位置から始めて、戌・酉・申……というように一日に十二支を一つずつ右に反時計回りで数える。一方、「日」は当然朔日である丑から始まり、二日は寅、三日は卯、四日は辰……というように一日に一つずつ左に時計回りで進んでゆく。そうすると、両者はまず六日目の午で遇い、次に十二日目の子で遇い……というように、六日・十八日・三十日の午の日と十二日・二十四日の子の日の計五回遇うことになる。この三回の午の日と二回の子の日を反支日とする、というのが、孔家坡における反支日の求め方である（図5参照）。因みに、「衝（衝）」とは、この方法で求められる反支日の地支が午と子のように相対峙する位置関係にあることを言うものであろう。

ここで、月の朔日の地支が〝雄〟であるときに重大な矛盾が生じていることに気付く。本篇の「雌」・「雄」を月朔の地支による区別ではなく、雌神・雄神という一種の神煞として解される陸平氏も指摘されるように、[22]「左行」つまり左に向かって数えるという動きは、「日」の地支が子・丑・寅……と進んでゆくのと同じ方向であるから、いつまで経っても遇うことはない。そうすると、朔日の地支が〝雄〟である月には反支日が存在しないことになってしまうが、実際には「寅朔なれば、午・子もて反支とす」とあるように〝雄〟の月にも反支日が決められている。この矛盾を解消するためには、「日」の進行方向か、朔日が〝雄〟である場合の数え方の向きのいずれかを逆にして相反する方向にすることが必要である。しかし、「日」の進行方向が子・亥・戌……と逆になることはあり得ないので、「誰〈雄〉なれば、戌從り始め、左行す」とある「左行」の「左」字が「右」字の誤字である可能性を想定する他ない。原簡の文字を誤りとして恣意的に改めることは極力慎むべきことであるが、朔日の地支と反支日の関係が最初に提示され、朔日が〝雌〟である場合は上述の解釈でその関係と合致すること、また原簡で「雌」・「雄」の二字をそれぞれ「雄」・「誰」に誤写していることなどを考え合わせると、このような誤字の想定も強ち的外れとは言えないのではなかろうか。あくまでも一つの可能性に過ぎないが、現時点での唯一有効な仮説として提起しておきたい。朔日が〝雄〟のとき戌から右に反時計回りで数えた場合、表2のごとく朔日の地支が雌雄いずれの月の場合でも反支日と地支の関係は矛盾なく一致する。なお、清・李光地等奉勅撰『星暦考原』巻四・反支条に「按ずるに、十二支は皆な順を以て布き、今、戌・亥自りして之を逆う。是れ反支なり。其の忌は知るべし」とあり、これを孔家坡における雌雄の二つの起点（亥・戌）と数える方向を継承したものと見做し得るならば、数え方は雌雄の別なく「右行」であった傍証となろう。

以上の検討から、孔家坡「日書」反支篇における反支日は月朔の地支に対して雌雄二通りの数え方（起点・方向）を設定し、日のめぐりとの遭遇から求められるもので、睡虎地とは全く別の占法原理であることが判明した。その一方で、この方法で求められる反支日の地支は睡虎地の方程式で得られる反支日の地支を包括しており、結果的には一定の共通性が認められることも明らかになった。それでは、このような占法原理の違いとそこから求められる反支日の共通性は、前節で見た艮山図と離日にどのように関係するのであろうか。また、こうした反支日や離日をめぐる睡虎地と孔家坡の差異ないし共通性から何が見えてくるのであろうか。

〔表２〕孔家坡「日書」による月朔の雌雄と反支日

	日支	孔家坡 雌	孔家坡 雄	孔家坡 ♂	睡虎地
朔	卯	亥	戌	戌	
2	辰	戌	亥	酉	
3	巳	酉	子	申	
4	午	申	丑	未	
5	未	未	寅	午	5
6	申	午	卯	巳	
7	酉	巳	辰	辰	
8	戌	辰	巳	卯	
9	亥	卯	午	寅	
10	子	寅	未	丑	
11	丑	丑	申	子	
12	寅	子	酉	亥	
13	卯	亥	戌	戌	
14	辰	戌	亥	酉	
15	巳	酉	子	申	
16	午	申	丑	未	
17	未	未	寅	午	17
18	申	午	卯	巳	
19	酉	巳	辰	辰	
20	戌	辰	巳	卯	
21	亥	卯	午	寅	
22	子	寅	未	丑	
23	丑	丑	申	子	
24	寅	子	酉	亥	
25	卯	亥	戌	戌	
26	辰	戌	亥	酉	
27	巳	酉	子	申	
28	午	申	丑	未	
29	未	未	寅	午	29
30	申	午	卯	巳	

	日支	孔家坡 雌	孔家坡 雄	孔家坡 ♂	睡虎地
朔	寅	亥	戌	戌	
2	卯	戌	亥	酉	
3	辰	酉	子	申	
4	巳	申	丑	未	
5	午	未	寅	午	5
6	未	午	卯	巳	
7	申	巳	辰	辰	
8	酉	辰	巳	卯	
9	戌	卯	午	寅	
10	亥	寅	未	丑	
11	子	丑	申	子	
12	丑	子	酉	亥	
13	寅	亥	戌	戌	
14	卯	戌	亥	酉	
15	辰	酉	子	申	
16	巳	申	丑	未	
17	午	未	寅	午	17
18	未	午	卯	巳	
19	申	巳	辰	辰	
20	酉	辰	巳	卯	
21	戌	卯	午	寅	
22	亥	寅	未	丑	
23	子	丑	申	子	
24	丑	子	酉	亥	
25	寅	亥	戌	戌	
26	卯	戌	亥	酉	
27	辰	酉	子	申	
28	巳	申	丑	未	
29	午	未	寅	午	29
30	未	午	卯	巳	

	日支	孔家坡 雌	孔家坡 雄	孔家坡 ♂	睡虎地
朔	丑	亥	戌	戌	
2	寅	戌	亥	酉	
3	卯	酉	子	申	
4	辰	申	丑	未	
5	巳	未	寅	午	
6	午	午	卯	巳	6
7	未	巳	辰	辰	
8	申	辰	巳	卯	
9	酉	卯	午	寅	
10	戌	寅	未	丑	
11	亥	丑	申	子	
12	子	子	酉	亥	
13	丑	亥	戌	戌	
14	寅	戌	亥	酉	
15	卯	酉	子	申	
16	辰	申	丑	未	
17	巳	未	寅	午	
18	午	午	卯	巳	18
19	未	巳	辰	辰	
20	申	辰	巳	卯	
21	酉	卯	午	寅	
22	戌	寅	未	丑	
23	亥	丑	申	子	
24	子	子	酉	亥	
25	丑	亥	戌	戌	
26	寅	戌	亥	酉	
27	卯	酉	子	申	
28	辰	申	丑	未	
29	巳	未	寅	午	
30	午	午	卯	巳	30

	日支	孔家坡 雌	孔家坡 雄	孔家坡 ♂	睡虎地
朔	子	亥	戌	戌	
2	丑	戌	亥	酉	
3	寅	酉	子	申	
4	卯	申	丑	未	
5	辰	未	寅	午	
6	巳	午	卯	巳	6
7	午	巳	辰	辰	
8	未	辰	巳	卯	
9	申	卯	午	寅	
10	酉	寅	未	丑	
11	戌	丑	申	子	
12	亥	子	酉	亥	
13	子	亥	戌	戌	
14	丑	戌	亥	酉	
15	寅	酉	子	申	
16	卯	申	丑	未	
17	辰	未	寅	午	
18	巳	午	卯	巳	18
19	午	巳	辰	辰	
20	未	辰	巳	卯	
21	申	卯	午	寅	
22	酉	寅	未	丑	
23	戌	丑	申	子	
24	亥	子	酉	亥	
25	子	亥	戌	戌	
26	丑	戌	亥	酉	
27	寅	酉	子	申	
28	卯	申	丑	未	
29	辰	未	寅	午	
30	巳	午	卯	巳	30

「雄」欄は原簡のまま「左行」で数えた場合の地支
「♂」欄は誤字の可能性を想定して「右行」で数えた場合の地支

	日支	孔家坡			睡虎地
		雌	雄	♂	
朔	未	亥	戌	戌	
2	申	戌	亥	酉	
3	酉	酉	子	申	3
4	戌	申	丑	未	
5	亥	未	寅	午	
6	子	午	卯	巳	
7	丑	巳	辰	辰	
8	寅	辰	巳	卯	
9	卯	卯	午	寅	
10	辰	寅	未	丑	
11	巳	丑	申	子	
12	午	子	酉	亥	
13	未	亥	戌	戌	
14	申	戌	亥	酉	
15	酉	酉	子	申	15
16	戌	申	丑	未	
17	亥	未	寅	午	
18	子	午	卯	巳	
19	丑	巳	辰	辰	
20	寅	辰	巳	卯	
21	卯	卯	午	寅	
22	辰	寅	未	丑	
23	巳	丑	申	子	
24	午	子	酉	亥	
25	未	亥	戌	戌	
26	申	戌	亥	酉	
27	酉	酉	子	申	27
28	戌	申	丑	未	
29	亥	未	寅	午	
30	子	午	卯	巳	

	日支	孔家坡			睡虎地
		雌	雄	♂	
朔	午	亥	戌	戌	
2	未	戌	亥	酉	
3	申	酉	子	申	3
4	酉	申	丑	未	
5	戌	未	寅	午	
6	亥	午	卯	巳	
7	子	巳	辰	辰	
8	丑	辰	巳	卯	
9	寅	卯	午	寅	
10	卯	寅	未	丑	
11	辰	丑	申	子	
12	巳	子	酉	亥	
13	午	亥	戌	戌	
14	未	戌	亥	酉	
15	申	酉	子	申	15
16	酉	申	丑	未	
17	戌	未	寅	午	
18	亥	午	卯	巳	
19	子	巳	辰	辰	
20	丑	辰	巳	卯	
21	寅	卯	午	寅	
22	卯	寅	未	丑	
23	辰	丑	申	子	
24	巳	子	酉	亥	
25	午	亥	戌	戌	
26	未	戌	亥	酉	
27	申	酉	子	申	27
28	酉	申	丑	未	
29	戌	未	寅	午	
30	亥	午	卯	巳	

	日支	孔家坡			睡虎地
		雌	雄	♂	
朔	巳	亥	戌	戌	
2	午	戌	亥	酉	
3	未	酉	子	申	
4	申	申	丑	未	4
5	酉	未	寅	午	
6	戌	午	卯	巳	
7	亥	巳	辰	辰	
8	子	辰	巳	卯	
9	丑	卯	午	寅	
10	寅	寅	未	丑	
11	卯	丑	申	子	
12	辰	子	酉	亥	
13	巳	亥	戌	戌	
14	午	戌	亥	酉	
15	未	酉	子	申	
16	申	申	丑	未	16
17	酉	未	寅	午	
18	戌	午	卯	巳	
19	亥	巳	辰	辰	
20	子	辰	巳	卯	
21	丑	卯	午	寅	
22	寅	寅	未	丑	
23	卯	丑	申	子	
24	辰	子	酉	亥	
25	巳	亥	戌	戌	
26	午	戌	亥	酉	
27	未	酉	子	申	
28	申	申	丑	未	28
29	酉	未	寅	午	
30	戌	午	卯	巳	

	日支	孔家坡			睡虎地
		雌	雄	♂	
朔	辰	亥	戌	戌	
2	巳	戌	亥	酉	
3	午	酉	子	申	
4	未	申	丑	未	4
5	申	未	寅	午	
6	酉	午	卯	巳	
7	戌	巳	辰	辰	
8	亥	辰	巳	卯	
9	子	卯	午	寅	
10	丑	寅	未	丑	
11	寅	丑	申	子	
12	卯	子	酉	亥	
13	辰	亥	戌	戌	
14	巳	戌	亥	酉	
15	午	酉	子	申	
16	未	申	丑	未	16
17	申	未	寅	午	
18	酉	午	卯	巳	
19	戌	巳	辰	辰	
20	亥	辰	巳	卯	
21	子	卯	午	寅	
22	丑	寅	未	丑	
23	寅	丑	申	子	
24	卯	子	酉	亥	
25	辰	亥	戌	戌	
26	巳	戌	亥	酉	
27	午	酉	子	申	
28	未	申	丑	未	28
29	申	未	寅	午	
30	酉	午	卯	巳	

	日支	孔家坡			睡虎地
		雌	雄	♂	
朔	亥	亥	戌	戌	1
2	子	戌	亥	酉	
3	丑	酉	子	申	
4	寅	申	丑	未	
5	卯	未	寅	午	
6	辰	午	卯	巳	
7	巳	巳	辰	辰	
8	午	辰	巳	卯	
9	未	卯	午	寅	
10	申	寅	未	丑	
11	酉	丑	申	子	
12	戌	子	酉	亥	
13	亥	亥	戌	戌	13
14	子	戌	亥	酉	
15	丑	酉	子	申	
16	寅	申	丑	未	
17	卯	未	寅	午	
18	辰	午	卯	巳	
19	巳	巳	辰	辰	
20	午	辰	巳	卯	
21	未	卯	午	寅	
22	申	寅	未	丑	
23	酉	丑	申	子	
24	戌	子	酉	亥	
25	亥	亥	戌	戌	25
26	子	戌	亥	酉	
27	丑	酉	子	申	
28	寅	申	丑	未	
29	卯	未	寅	午	
30	辰	午	卯	巳	

	日支	孔家坡			睡虎地
		雌	雄	♂	
朔	戌	亥	戌	戌	1
2	亥	戌	亥	酉	
3	子	酉	子	申	
4	丑	申	丑	未	
5	寅	未	寅	午	
6	卯	午	卯	巳	
7	辰	巳	辰	辰	
8	巳	辰	巳	卯	
9	午	卯	午	寅	
10	未	寅	未	丑	
11	申	丑	申	子	
12	酉	子	酉	亥	
13	戌	亥	戌	戌	13
14	亥	戌	亥	酉	
15	子	酉	子	申	
16	丑	申	丑	未	
17	寅	未	寅	午	
18	卯	午	卯	巳	
19	辰	巳	辰	辰	
20	巳	辰	巳	卯	
21	午	卯	午	寅	
22	未	寅	未	丑	
23	申	丑	申	子	
24	酉	子	酉	亥	
25	戌	亥	戌	戌	25
26	亥	戌	亥	酉	
27	子	酉	子	申	
28	丑	申	丑	未	
29	寅	未	寅	午	
30	卯	午	卯	巳	

	日支	孔家坡			睡虎地
		雌	雄	♂	
朔	酉	亥	戌	戌	
2	戌	戌	亥	酉	2
3	亥	酉	子	申	
4	子	申	丑	未	
5	丑	未	寅	午	
6	寅	午	卯	巳	
7	卯	巳	辰	辰	
8	辰	辰	巳	卯	
9	巳	卯	午	寅	
10	午	寅	未	丑	
11	未	丑	申	子	
12	申	子	酉	亥	
13	酉	亥	戌	戌	
14	戌	戌	亥	酉	14
15	亥	酉	子	申	
16	子	申	丑	未	
17	丑	未	寅	午	
18	寅	午	卯	巳	
19	卯	巳	辰	辰	
20	辰	辰	巳	卯	
21	巳	卯	午	寅	
22	午	寅	未	丑	
23	未	丑	申	子	
24	申	子	酉	亥	
25	酉	亥	戌	戌	
26	戌	戌	亥	酉	26
27	亥	酉	子	申	
28	子	申	丑	未	
29	丑	未	寅	午	
30	寅	午	卯	巳	

	日支	孔家坡			睡虎地
		雌	雄	♂	
朔	申	亥	戌	戌	
2	酉	戌	亥	酉	2
3	戌	酉	子	申	
4	亥	申	丑	未	
5	子	未	寅	午	
6	丑	午	卯	巳	
7	寅	巳	辰	辰	
8	卯	辰	巳	卯	
9	辰	卯	午	寅	
10	巳	寅	未	丑	
11	午	丑	申	子	
12	未	子	酉	亥	
13	申	亥	戌	戌	
14	酉	戌	亥	酉	14
15	戌	酉	子	申	
16	亥	申	丑	未	
17	子	未	寅	午	
18	丑	午	卯	巳	
19	寅	巳	辰	辰	
20	卯	辰	巳	卯	
21	辰	卯	午	寅	
22	巳	寅	未	丑	
23	午	丑	申	子	
24	未	子	酉	亥	
25	申	亥	戌	戌	
26	酉	戌	亥	酉	26
27	戌	酉	子	申	
28	亥	申	丑	未	
29	子	未	寅	午	
30	丑	午	卯	巳	

三、離日と反支日から見た「日書」における変化とその意味

まず、睡虎地と孔家坡それぞれの反支日から両者の艮山図と離日がどのようになるのか、実際に図に当てはめて確認してみよう。例えば、月朔の地支が子である場合は図6のように、睡虎地では反支日の地支が巳であるから、18巳と艮山（図中央に描かれた五つないしは六つの「山」）を挟む位置にある13子が離日となり、他方、孔家坡では反支日の地支が巳・亥、艮山を挟む位置にある18巳と24亥が離日となる。このような両者における月朔の地支と反支日・離日関係を整理すると表3が得られるが、この表や図6から、孔家坡における離日が三番目と四番目、もしくは四番目と五番目の反支日と重なっていることを看て取ることができる。このような離日と反支日の重複は睡虎地では見られないが、それは偏に艮山図の構造に起因する差異である。すなわち、孔家坡の艮山図は十列六段で中央の艮山を挟んで六つの「日」字が向かい合っており、両側の「日」の間隔はいずれも六日、そして孔家坡の占法原理では六日周期で反支日が出現するようになっているため、反支日と艮山を挟む位置にくるのはその六日後の反支日、結果的に互いの反支日がそれぞれにとっての離日となってしまうのである。仮に六日周期で一ヶ月に五日出現する孔家坡の反支日を十列五段の睡虎地の艮山図に当てはめてみても、離日が反支日に重なるような結果にはならない。すでに検討したように、睡虎地と孔家坡の占辞は基本的に同じ系統のものと考えられ、艮山図を用いて離日を求める方法にも特に変化はないため、離日およびその法則性は艮山図の構造如何によって変化する、ということになる。

そうすると、表3に示したような睡虎地と孔家坡における離日が果たしてそれぞれ秦代および前漢時代の離日であったかどうかも疑問になろう。何故なら、睡虎地や孔家坡の艮山図とは異なる複数の図が同時代に並存していたかも知れないからである。香港中文大学文物館蔵漢簡「日書」艮山篇は竹簡一枚だけの断片に過ぎないが、その中段に描かれた

艮山図の右端には「日」字が二つ確認でき、下段に「● 此禹之根（艮）山。數上道⧄」という占辞が書かれている（簡三四）。この艮山図が何列何段の構造であったのかはもはや知る由もないが、睡虎地や孔家坡の艮山図の両端は円圏もしくは「日」字が一つしか書かれていないので、これが睡虎地や孔家坡とは異なる第三の艮山図である可能性も十分に考えられる。そうであるならば、この艮山図で求められる離日が孔家坡の離日と一致するかどうか、前漢の離日が一定であったかどうかも確定し難いことになる。つまり、離日とは、反支日という定数と艮山図という変数によって決まる可変的な忌日である、と考えなければならない。

［図 6］艮山図における反支日と離日

《睡虎地「艮山篇」》

30 巳	28 卯	25 子	21 申	16 卯	▲	11 戌	7 午	4 卯	2 丑	朔 子
	29 辰	26 丑	22 酉	17 辰	▲	12 亥	8 未	5 辰	3 寅	
		27 寅	23 戌	18 巳	▲	**13 子**	9 申	6 巳		
			24 亥	19 午	▲	14 丑	10 酉			
				20 未	▲	15 寅				

《孔家坡「離日篇」》

			26 丑	20 未	▲	14 丑	9 申	5 辰	2 丑	朔 子
			27 寅	21 申	▲	15 寅	10 酉	6 巳	3 寅	
			28 卯	22 酉	▲	16 卯	11 戌	7 午	4 卯	
			29 辰	23 戌	▲	17 辰	12 亥	8 未		
			30 巳	**24 亥**	▲	**18 巳**	3 子			
				25 子	▲	19 午				

〔表 3〕睡虎地および孔家坡におけると反支日・離日の関係

《 睡虎地 》

月朔	反支日	離日
子	6（巳）	子（13 日）
丑	6（午）	丑（13 日）
寅	5（午）	丑（12 日）
卯	5（未）	寅（12 日）
辰	4（未）	未（11 日）
巳	4（申）	卯（11 日）
午	3（申）	丑（20 日）
未	3（酉）	寅（20 日）
申	2（酉）	寅（19 日）
酉	2（戌）	卯（19 日）
戌	1（戌）	卯（18 日）
亥	1（亥）	辰（18 日）

《 孔家坡 》

月朔	反支日	離日
子	巳・亥	巳（18 日）・亥（24 日）
丑	午・子	午（18 日）・子（24 日）
寅	午・子	午（17 日）・子（23 日）
卯	未・丑	未（17 日）・丑（23 日）
辰	未・丑	未（16 日）・丑（22 日）
巳	申・寅	申（16 日）・寅（22 日）
午	申・寅	申（15 日）・寅（21 日）
未	酉・卯	酉（15 日）・卯（21 日）
申	酉・卯	酉（14 日）・卯（20 日）
酉	戌・辰	戌（14 日）・辰（20 日）
戌	戌・辰	戌（19 日）・辰（25 日）
亥	亥・巳	巳（19 日）・亥（25 日）

[図7] 秦漢「日書」における離日および反支日の変化

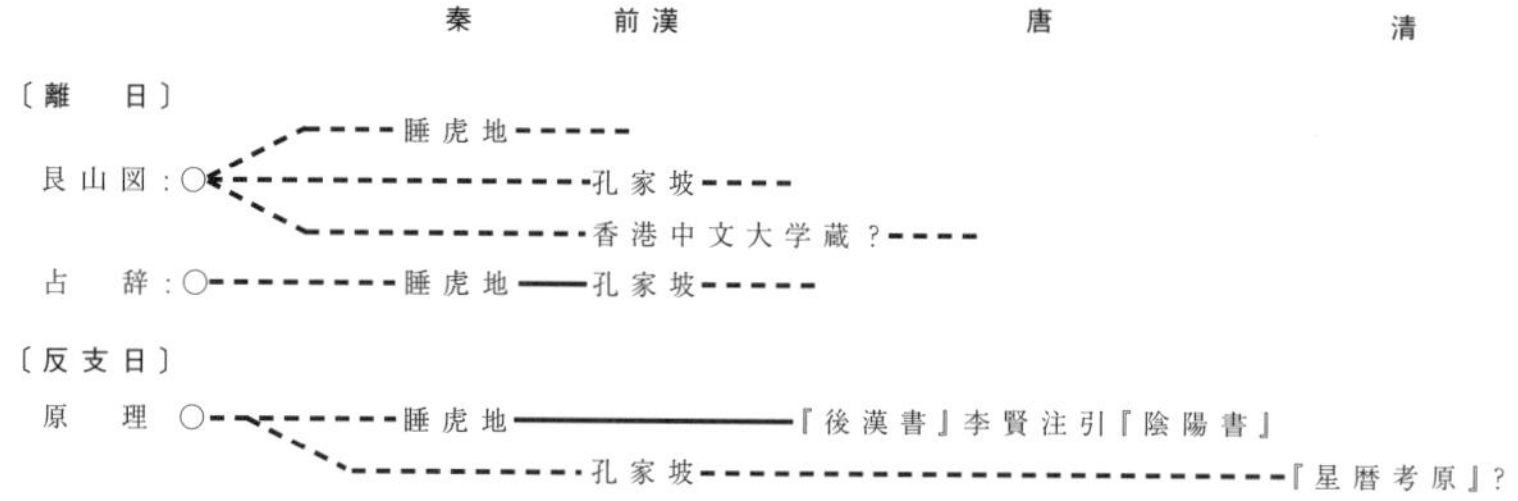

次に、反支日の差異についてはどうであろうか。前漢時代の反支日が一ヶ月五日であったことは孔家坡の他、上述の銀雀山漢簡「七年暦日」からも確認される。問題は、その一ヶ月に五日ある前漢時代の反支日が睡虎地の一ヶ月に三日ある反支日との関係である。占法原理の違いを見る限り、直線的な継承、発展の関係にあるとは言い難い。というのは、孔家坡のように地支を雌雄二類に分けて起点を異にし、日のめぐりとの遭遇によって求められる一ヶ月に五日の反支日は、結果的に「一月に當に三反支有るべし」という睡虎地の反支日を含んでいるとはいえ、「$y = 12x + b$」（$0 \leqq x \leqq 2$、xは整数）という睡虎地の占法原理では絶対に算出されないからである。もし仮にこの原理に準じて一ヶ月に五日の反支日を求めようとするならば、「$y = 6x + b$」（$0 \leqq x \leqq 4$、xは整数）というように係数12を6に変える必要がある。しかし、係数12には、前述したように、日の地支が子から亥まで一巡する数であるという確たる根拠が存在するが、係数6にそうした根拠を想定するのは困難であり、たとえ何らかの根拠が存在し、変化があったとしても、それは孔家坡の占法原理に繋がるものではない。反支日が一ヶ月に三日のままであったかどうかまでは判断できないが、前引『後漢書』王符伝の李賢注から睡虎地系統の占法原理が唐代まで継承されていたことは明らかである。とすると、同じ「反支」と名付けられた月朔の地支によって決まる特定の忌日に対して、少なくとも前漢時代には睡虎地の系統と孔家坡の系統の二種類の占法原理による解釈が併存していたと考えられる。

　このような秦漢時代の「日書」における離日および反支日の変化を図示したものが、図7である。この図から明らかになるのは、「日書」に収録されている占卜は、たとえ同じ忌日についての述べたものであっても、必ずしも単線的な継承関係にあるとは限らない、ということである。離日のように、その求め方を説明する占辞には一定の継承関係がありながら、艮山図に複数の種類があるということは、つまり、占法原理は継承されたが、実際に使用するツールには変化を許容する柔軟性があったことを意味する。一方、反支日のように、本来その忌日を求めるための占法原理は一つであったはずだが、結果として求められる忌日の法則性だけが継承され、それを説明するための原理が複数あるのは、その背後にいる数術家の流派の違いを想定する必要がある。ここで、反支日が離日を求めるための必要不可欠な要素であることを考えると、この数術家の違いが複数の艮山図に直接的あるいは間接的に影響しているかどうかが問題となるが、それは現段階では判然としない。ただし、離日で必要とされているのは反支日の占法原理ではなく、月朔の地支によって決まる反支日そのものであるから、艮山図の違いと反支日の占法原理を説明する数術家の違いは本質的には無関係であると思われる。

おわりに

以上、睡虎地「日書」と孔家坡「日書」に共通して見える離日および反支日に関する占卜をそれぞれ検討し、それらがどのような継承関係にあり、何を意味するのかを考察した。そこで明らかになったのは、個々の忌日によって異なる複雑な継承関係のサンプルである。ここから、「日書」と呼ばれている資料について、「日書」という内容的にある程度固定化されたオリジナルのテキスト、祖本のようなものが存在し、そこから部分的に幾つかの占卜を抄録するような形で他の「日書」が形成されたのではなく、それぞれの時代にそれぞれの社会で行われていた時日の吉凶を選択するための占卜やその他のものを適宜寄せ集めたマニュアルが、睡虎地乙種のように、時として「日書」と呼ばれた、というような状況を想定できるかも知れない。このような作業仮説の下、睡虎地との共通性が確認されている孔家坡の半数近くの篇について一つ一つ比較検討することによって、「日書」の基本的性格やそれを受容していた社会を読み解くことが可能になるであろう。

注

（1）現在までに出土している「日書」と出土墓葬の年代、および発掘簡報や報告書などの関連論著は以下のごとくである。

①九店楚簡「日書」（戦国晩期早段）。湖北省文物考古研究所編著『江陵九店東周墓』（科学出版社、一九九五年七月）、湖北省文物考古研究所・北京大学中文系編『九店楚簡』（中華書局、二〇〇〇年五月）。

②放馬灘秦簡「日書」（秦始皇八年（前二三九）冬あるいは九年（前二三八）初）。甘粛省文物考古研究所・天水市北道区文化館「甘粛天水放馬灘戦国秦漢墓群的発掘」（『文物』一九八九年第二期）、何双全「天水放馬灘秦簡綜述」（同上）、秦簡整理小組「天水放馬灘秦簡甲種《日書》釈文」（甘粛省文物考古研究所編『秦漢簡牘論文集』甘粛人民出版社、一九八九年一二月）、何双全「天水放馬灘秦簡甲種《日書》考述」（同上）、馬建華主編『河西簡牘』（重慶出版社、二〇〇三年一月）。

③王家台秦簡「日書」（白起抜郢（前二七八）～秦代）。荊州地区博物館「江陵王家台15号秦墓」（『文物』一九九五年第一期）、王明欽「王家台秦墓竹簡概述」（邢文・艾蘭編『新出簡帛研究』文物出版社、二〇〇四年一二月）。

④岳山秦墓木牘「日書」（秦統一以前あるいは統一初期）。湖北省江陵県文物局・荊州地区博物館「江陵岳山秦漢墓」（『考古学報』二〇〇〇年第四期）。

⑤睡虎地秦簡「日書」（秦始皇三〇年（前二一七））。《雲夢睡虎地秦墓》編写組『雲夢睡虎地秦墓』（文物出版社、一九八一年九月）、睡虎地秦墓竹簡整理小組『睡虎地秦墓竹簡』（文物出版社、一九九〇年九月）。小論で扱う睡虎地「日書」の釈文・簡番号は後者に拠るが、図版により釈文を改めたところもある。また整理者の注釈については煩を避けるため頁数を逐一注記することはしない。他の「日書」

の注釈についても同様とする。

⑥周家台秦簡「日書」（上限は秦二世元年（前二〇九））。湖北省荊州市周梁玉橋遺址博物館『関沮秦漢墓簡牘』（中華書局、二〇〇一年八月）。

⑦張家山二四九号漢墓竹簡「日書」（前漢初年〜景帝期）。荊州地区博物館「江陵張家山三座漢墓出土大批竹簡」（『文物』一九八五年第一期）、張家山漢墓竹簡整理小組「江陵張家山漢簡概述」（同上）、陳躍鈞「江陵県張家山三座漢墓出土大批竹簡」（中国考古学会編『中国考古学年鑑1985』文物出版社、一九八五年一二月）、彭浩「湖北江陵出土前漢簡牘概説」（大場脩編輯『漢簡研究国際シンポジウム'92報告書 漢簡研究の現状と展望』関西大学出版部、一九九三年一二月）。

⑧張家山一二七号漢墓竹簡「日書」（前漢恵帝期（前一九五〜前一八八））。荊州地区博物館「江陵張家山両座漢墓出土大批竹簡」（『文物』一九九二年第九期）、陳躍鈞「江陵県張家山漢墓竹簡」（中国考古学会編『中国考古学年鑑1987』文物出版社、一九八八年一〇月）。

⑨香港中文大学文物館蔵漢簡「日書」（購蔵、前漢恵帝三年（前一九二）の後に抄写）。陳松長編著『香港中文大学文物館蔵簡牘』（香港中文大学文物館、二〇〇一年）。

⑩双古堆漢簡「日書」（前漢文帝前元一五年（前一六五））。安徽省文物工作隊・阜陽地区博物館・阜陽県文化局「阜陽双古堆西漢汝陰侯墓発掘簡報」（『文物』一九七八年第八期）、文物局古文献研究室・安徽省阜陽地区博物館阜陽漢簡整理小組「阜陽漢簡簡介」（『文物』一九八三年第二期）、胡平生「阜陽双古堆漢簡数術書簡論」（『出土文献研究』第四集、一九九八年一一月）。

⑪虎渓山漢簡「日書」（前漢文帝後元二年（前一六二））郭偉民「沅陵虎渓山一号漢墓発掘記」（『文物天地』一九九九年第六期）、湖南省文物考古研究所・懐化市文物処・沅陵県博物館「沅陵虎渓山一号漢墓発掘簡報」（『文物』二〇〇三年第一期）、郭偉民「虎渓山一号漢墓葬制及出土竹簡的諸語研究」（邢文他編本注③前掲書）。

⑫孔家坡漢簡「日書」（前漢景帝後元二年（前一四二））。湖北省文物考古研究所・随州市考古隊編『随州孔家坡漢墓簡牘』（文物出版社、二〇〇六年六月）。小論で扱う孔家坡「日書」の篇題・釈文・簡番号は本書に拠るが、図版により釈文を改めたところもある。

⑬定県漢簡「日書」（前漢宣帝五鳳三年（前五五））。河北省文物研究所「河北定県40号漢墓発掘簡報」（『文物』一九八一年第八期）、国

家文物局古文献研究室・河北省博物館・河北省文物研究所・定県漢墓竹簡整理小組「定県40号漢墓出土竹簡簡介」（同上）。

⑭杜陵漢墓木牘「日書」（前漢宣帝（前七四～前四九）杜陵の陪葬墓）。張銘洽・王育竜「西安杜陵漢牘《日書》「農事篇」考辨」（『国際簡牘学会会刊』第四号、二〇〇二年五月）。

（2）胡文輝「居延新簡中的《日書》残文」（『文物』一九九五年第四期）、何双全「漢簡《日書》叢釈」（『簡牘学研究』第二輯、一九九八年三月）。

（3）湖北省文物考古研究所他編注（1）⑫前掲書は「暦日」と名付ける。

（4）本篇は原簡に占題がないため、小論では劉楽賢『睡虎地秦簡日書研究』（文津出版社、一九九四年一月）の命名に従う。

（5）李学勤「睡虎地秦簡中的《艮山図》」（『文物天地』一九九一年第四期。後、「《日書》中的〈艮山図〉」として同氏著『簡帛佚籍与学術史』時報文化出版企業有限公司、一九九四年一二月、一五七～一六二頁に改題再録）。

（6）『周易』説卦の艮卦に「艮。其背、不獲其身、行其庭、不見其人、无咎」とあり、彖伝に「彖曰、艮止也。時止則止、時行則行、動静不失其時、其道光明。艮其止、止其所也、上下敵應、不相與也。是以不獲其身、行其庭、不見其人、无咎也」とある。

（7）呉九竜釈『銀雀山漢簡釈文』（文物出版社、一九八五年一二月）二三三～二三五頁および巻末「元光元年暦譜（復原表）」。

（8）劉楽賢注（4）前掲書、九一～九七頁。なお、李学勤注（5）前掲論文は反支篇の「一月當有三反枳（支）」の「三」字を「五」字の誤りとされる。

（9）陳偉「睡虎地日書《艮山》試読」（『中国出土資料研究』第六号、二〇〇二年三月）。

（10）晏昌貴「対《日書》〝艮山〟図的一個簡単解読」（簡帛網、二〇〇八年三月二五日）。

（11）孔家坡において睡虎地の円圏が「日」字に書かれているのは、円圏を「日」字と解された李学勤氏の卓見を証明するものである。逆に、孔家坡の半円形の外観から言えば、艮山図における大小の「山」字は成立し難くなるのではなかろうか。

（12）晏昌貴氏の説でも二幅の艮山図を必要とする。ただし、氏の説では離日が入月三日などに固定されるために、逆に艮山図の存在理由がなくなる点が問題となる。

(13) 王輝『古文字通仮釈例』(芸文印書館、一九九三年四月)六三頁、高亨纂著/董治安整理『古字通仮会典』(一九八九年七月)四〇六頁など。

(14) 董同龢『上古音韵表稿』(中央研究院歴史語言研究所、一九四四年一二月)一七三頁によれば、それぞれの上古再構音は「枳(kieg上声/kieg上声)」、「支(kieg平声)」、「枝(kieg平声)」であり、いずれも佳部の字である。

(15) 董同龢注(14)前掲書一二五頁によれば、上古再構音は「字(dzʼieg去声)」であり、之部の字である。

(16) 劉楽賢「睡虎地秦簡《日書》〝反支篇〟及其相関問題」(『簡帛研究』第一輯、一九九三年一〇月)、同氏注(4)前掲書、三〇二頁。ただし、孔家坡「日書」の出土前であるため、氏は「推算によれば、この両日は正しく反支日であるが、この二つの「子」字の意味は難解で、これが反支のもう一つの特殊な表記方法であるか否かは現段階ではなお断定し難い」と述べ、判断を保留されている。

(17) 反支日は前述の銀雀山二号漢墓竹簡「七年暦日」の他、居延漢簡「本始四年(前四〇)暦譜」(111.6)・居延新簡「永元二年(九〇)暦譜」(E.P.T65-425A・B)・敦煌漢簡「永元六年(九四)暦譜」(2272)にも暦注として見え、反支日の宜忌が西北辺境地区の行政にも何らかの関連性をもっていた可能性も推測される。なお居延漢簡・居延新簡・敦煌漢簡の簡番号はそれぞれ謝桂華・李均明・朱国炤『居延漢簡釈文合校』(文物出版社、一九八七年一月)、甘粛省文物考古研究所・甘粛省博物館・中国文物研究所・中国社会科学院歴史研究所編『居延新簡—甲渠候官』上下(文物出版社、一九九四年一二月)、林梅村・李均明編『疏勒河流域出土漢簡』(文物出版社、一九八四年三月)に拠る。

(18) これは、反支日は先に何かを入手したり獲得したりすると後にそれ以上の損失を被るので凶、逆に先に何かを失ったりすると後にそれ以上の利益や収穫があるので吉、というようなことを意味するのであろう。そうであるならば、前掲『後漢書』王符伝の故事は、上章の受理という行為は政府の側から見れば「入(受け入れ)」であり、後に「出(損失)」が発生するのを忌んで反支日に上章が受理されなかった、と解釈できようか。

(19) 劉増貴「〝左右〟、〝雌雄〟与〝反〟—孔家坡《日書・反支》考釈」(簡帛網、二〇〇七年八月二日)、陸平「也論孔家坡《日書・反支》」(同、二〇〇七年八月四日)、陳炫瑋「也談孔家坡漢簡《日書・反支》中的〝雌雄〟問題」(同、二〇〇七年八月六日)、同氏「孔家坡漢簡《日書・反支》篇雌雄補説」（同、二〇〇七年八月七日）。

（20）王貴元「読孔家坡漢簡札記」（簡帛網、二〇〇六年一〇月八日）、劉増貴注（19）前掲論文。ただし王貴元氏は前句の「雄〈雌〉」を「碓」字に似るとされるが、図版では「石」偏の払いが横画を突き抜けているように見えることから、暫定的に「雄」字に釈した。

（21）陳炫瑋注（19）前掲「補説」。

（22）陸平注（19）前掲論文。なお、氏は左行する雄神を事実上無視して、雌神の動きだけで反支日が決まるとされる。

日書「死失図」の総合的考察
――漢代日書の楚秦日書からの継承と改変の視点から――

凡　国棟
（本間寛之 訳）

一、序論

「日書」は古代中国の民間に伝承された実用的な択日用通書であり、とりわけ庶民層において広汎に使用された。このことは一九七〇年代に雲夢睡虎地秦簡の日書が発見されて以降、陸続と発見されてきたその他の戦国秦漢時期の「日書」の写本によって証明されているものである。

現在までのところ、出土した「日書」の写本は十数種存在する[1]。これらの資料によって、事実上、我々は既に楚――秦――漢とつながる「日書」の発展段階を基本的に構築できるようになっている。目下、学界では出土した「日書」に対してかなりの議論がなされてきており、特にテキスト研究においては相当豊富な成果が挙げられている[2]。しかし、縦方向に相当する比較研究において、特に秦漢期における日書の伝承と発展という問題については、いまだに関連する論著は現れていない[3]。

研究対象を選択する上で、九店楚簡日書の発表以来、論者は一般的に、九店楚簡「日書」を楚日書の代表とみなしてきた。例えば劉楽賢氏は「九店楚簡「日書」は、楚系選択術のもっとも優れたサンプルである」としている[4]。秦日書のサンプルについては、劉楽賢氏は「秦国の故地である天水放馬灘M一出土の秦簡「日書」が、秦系選択術を研究する上で信頼性の高い根拠となるものである。楚国故地の雲夢睡虎地M一一出土の秦簡「日書」は、明らかに秦系選択術の内容を含んでおり、また一方で楚系選択術の内容をも含んでいる」としている[5]。これはつまり、睡虎地秦簡「日書」を実際には楚――秦――漢にわたる日書の伝承体系の中での過渡的な形態と見るものであり、「日書」の伝承と発展の過程における重要なリンクであり、また「日書」の変容を研究する上での重要なサンプルとするものである。一方、前漢早期に関して言えば、我々は随州孔家坡漢墓出土「日書」をサンプルとして選択している。この墓から出土した暦日簡によって、本墓の下葬年代は前漢景帝の後元二年となるので[6]、本墓出土の「日書」は漢代早期の日書のサンプルと見做すことが出来るのである。このような認識に基づき、我々は睡虎地秦墓「日書」と孔家坡漢墓「日書」を秦漢交替期の日書の伝承と発展を研究する上での参考サンプルにしうると考える。

睡虎地秦墓出土の「日書」には甲乙両種の抄本があるので、実際には三種のテキストを比較対象とすることが可能である。この三種の抄本では、少なからぬ部分の内容が同じか、あるいは近いものである。もし、これらのテキストについて全面的な比較研究を行うことができれば、間違いなく秦漢時期の日書の伝承と発展に関する我々の認識を深めることができよう。このような考えに基づき、我々はこの論文において、睡虎地秦簡「日書」と孔家坡漢簡「日書」の中の「死失図」を手がかりとし、関連するテキストの再検討と術数原理の考察を通して、秦漢交替期における「日書」の伝承と発展の一側面を見てみたいと思う。浅学非才ゆえ、不備の点も多く、大方の指正を請う次第である。

二、「死失図」の確認

孔家坡漢簡日書第300簡弍～第306簡には図が一枚画かれており、その図の上には標題があって、「死失図」と名付けられている（図1参照）。整理小組の注釈によれば、この図の最後の一列には原文の遺漏があり、現在の図は図の書式例に従ってその遺漏を補充したものである(7)。実のところ、孔家坡漢簡の「死失図」に似た図表は睡虎地秦簡日書にも発見されており、睡虎地秦簡日書甲種（以下、「睡甲」と略称する）第83簡背面弍～第90簡背面弍（図2）と睡虎地秦簡日書乙種（以下、「睡乙」と略称する）第206簡弍～第218簡弍（図3）にそれぞれ見ることが出来る(8)。しかし、この二種類の図表には明確に標題であると判断できる文字が存在しないため、学界ではこの二表についての認識に定論がないままであった。李零氏は睡乙第223簡弍の「視羅」の二字から図3を「視羅図」と命名した(9)。劉楽賢氏もこれによって図2を「視羅図」と命名しており、同時に図3を図2に従って修正している（図4を参照）。劉楽賢氏は方位上、睡甲の図は上が西で下が東、南を左とし北を右としているが、睡乙の図は上が南で下が北、東を左とし西を右としていて「両者の方位の並べ方は異なるが、その他は全く同じである」と指摘している(10)。今、孔家坡漢簡の「死失図」とこれらの図を合わせてみると、我々は図1が東南西北の方位を記していない他は、図3と完全に一致することに気がつく。こうしてみると、これまで睡虎地秦簡のこの種の図表に与えられてきた命名は議論に価するのであって、我々は孔家坡漢簡によってこれらを統一して「死失図」と命名して構わないものと主張する(11)。

実際、劉楽賢氏もかつて以下のように指摘している。すなわち、李零氏が睡乙の図3を「視羅」と命名したのは第223簡弍の「視羅」の二字によるものであろうが、当該の第223簡と図3の間には簡牘三枚分の距離がある、と(12)。それゆえに彼も「この二文字と上下の文の関係ははっきりしない」と明確に指摘しており、しかし一方でより適当な解釈も見つからないことから、暫定的に李零氏の見方に従って「視羅篇」と命名したのであった(13)。ところが、これまで発見された竹簡図表の標題の体例からすると、図3を「視羅」と命名する根拠は乏しいのである。更に、我々の研究によれば、「視羅」の所在する簡の位置にも非常も問題がある。現在、我々が孔家坡漢簡のこの図表を参照するのであれば、睡虎地秦簡の

図2・図3をこれによって統一的に「死失図」と命名してもよいことになる。

当然、これは図表の外面的な形式からの判断に過ぎない。そこで下文で我々は、「死失図」に関連する択日システムについて述べ、このシステムの中では睡虎地秦簡であろうと孔家坡漢簡であろうと、「死失図」を中心として択日システムが構築されており、両者は択日の方法上、かなり高い割合で一致することを述べる。これもまた、我々が上述の図表を統一して「死失図」と命名する理由である。

死失圖

六月 未		七月 申	八月 酉
五月 午	四月 巳	三月 辰	
	正月 寅	二月 卯	九月 戌
十二月 丑	十一月 子		十月 亥

図1 孔家坡漢簡の「死失図」

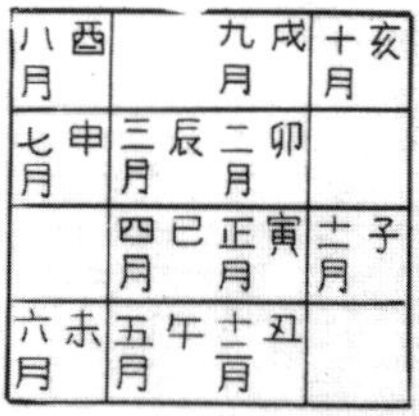

図2　睡甲の「死失図」

図3　睡乙の「死失図」

八月 酉	西方	九月 戌	十月 亥
七月 申	三月 辰	二月 卯	北方
南方	四月 巳	正月 寅	十一月 子
六月 未	五月 午	東方	十二月 丑

図4　劉楽賢氏による睡甲「死失図」校訂図

三、「死失図」と関連する択日システム

「日書」の択日システムにおいて非常に特徴的なのは、図表と文字を組み合わせて使用することであり、「置室図」・「人字図」・「艮山図」などは睡虎地秦簡「日書」でも孔家坡漢簡「日書」でも発見されている。このような図文併用の形式は、往々にして複雑玄妙な術数原理を使いやすくするものであり、間違いなく操作性を向上させるものであったから、民間において盛行した。「死失図」もまた、その一例である。

孔家坡漢簡「日書」中には、「死失図」と密接な関係を持つ択日システムが存在する。書写の位置からみて、それは第299簡～第344簡にあたり、ちょうど「死失図」の周辺に分布している。そのうち、第300簡～第306簡の第二欄に「死失図」が画かれているのであり、この図と関係する択日システムの部分は整理小組によって二篇に分割されている。すなわち第299簡および第300簡壱～第311簡壱は「死咎」と命名され、その位置はちょうど「死失図」の上方である。その他は整理小組によって「死失」に編入された[14]。実際にはこのような分割方法には問題があるが、ここでは暫くおいておくこととして、下文では睡虎地秦簡と結合することによって、その分類を再検討したい。

さて、上述したのは孔家坡漢簡「日書」中の「死失図」と関係のある択日システムである。睡虎地秦簡「日書」中にも同様の択日システムが存在するが、対照材料が乏しかったため、これまで正確な認識を得ることが出来ないでいた。しかし、今や我々は孔家坡漢簡「日書」と対照出来るのであるから、この孔家坡漢簡日書「死失図」の提供する情報を用いて、睡虎地秦簡日書中のうずもれた「死失図」関連の択日システムを探し出すことが出来るのである。

睡甲中の「死失図」は第83簡背面弐～第90簡背面弐に画かれており、その上方には一連の文章、すなわち第83簡背面壱～第96簡背面壱があり、劉楽賢氏はこれを「十二支占卜篇」と命名した[15]。その内容は、十二支をもって死咎の所在お

よびその宜忌を占断するもので、孔家坡漢簡の「死咎」篇とほぼ同じであって[16]、「死失図」を中心とする択日システムに入れられるべきものである。このほか、第92簡背面弐の「直此日月者不出」の一語と孔家坡漢簡第301簡参の「凡日與月同營居者、死失不出」は意味が近く、これもまた同じシステムに入れられるべきである[17]。

睡乙中の「死失図」は第206簡弐～第218簡弐に画かれており、その上方に一連の文章、すなわち第202簡壱～第223簡壱があり、劉楽賢氏はこれを「四季天干占死者篇」と命名した。その内容は、春夏秋冬四季の甲乙・丙丁・戊己・庚辛・壬癸の日に人が亡くなった後の吉凶を推測するものであり[18]、孔家坡漢簡日書第332簡～第334簡にも「甲乙死、南受之。丙丁死、西南受……戊己死、巳葬、去室西。……庚辛死、東北受。壬癸死、東受之」と似た表現がある。このことからみて、この部分もまた「死失図」を中心とした択日システムに入れることが出来る。このほか、睡乙第224簡壱～第237簡壱は、劉楽賢氏によって「干支篇」と命名されており、その内容は六十甲子（六十干支）を五支に従って配列したものである。劉楽賢氏は「この表は、五支を調べるために作られたもののようだが、当然、他の用途もあったかもしれない」と述べ、同時に第233簡の内容は「各種の時辰の名称であり、干支表とは無関係である」とも述べている[19]。実際にはこの部分の内容は五支と時辰を対応させた図表なのであり（詳しくは下文参照）、これと孔家坡漢簡日書中の六十甲子の順序をもって死失の方位と吉凶を占断する文は密接な関係を持っているのであって、これもまた、「死失図」を中心とした択日システムに入れられるべきものなのである。

当然、上記はテキストの内容からなされた判断なのであるが、我々は更に三種の抄本において、各篇が書写位置上同様の特徴を備えていることにも注意を払いたい。すなわち、いずれも「死失図」の近隣の位置に書写されているのである。「日書」各篇はその他の出土文献のように内在的な論理体系を持っておらず、内容面と形式面での緻密さを備えていないが、我々は書者が関係する文章をまとめて対比に便利なようにした可能性を排除出来ない[20]。以上、我々は三種の抄本における「死失図」関連の択日システムを指摘したので、以下、それぞれに分けて考察を加えようと思う。

（一）睡虎地秦簡日書甲種の「死失図」およびその択日システム

睡虎地秦簡日書甲種の「死失図」およびその択日システムは、以下の四つの部分を含んでいる。

睡甲A 図：第83簡背面弐〜第90簡背面弐（図は上記図2を参照、ここでは省略）

睡甲B 図に付属の説明文。どのように図表を使用して択日を行うかを解説する。

直（値）此日月者、不出。91背弐

睡甲C 「死咎」（この標題は内容に従って仮称しておく。第83簡背面壱〜第94簡背面壱）

子、女也。有死、其後必以子死、其咎在渡衖。83背壱

丑、鼠也。其後必有病者三人。84背壱

寅、罔也。其咎在四室、外有火敬（警）。85背壱

卯、會眾、其後必有子將弟也死、有外喪。86背壱

辰、樹也、其後必有敬（警）、有言見、其咎在五室馬牛。87背壱

巳、翼也。其後必有別、不皆（偕）居、咎在惡室。88背壱

午、室四篋也、其後必有死者三人、其咎在六室、必有死者二人。89背壱

未、瘵也。其室寡。90背壱

申、石也。其咎在二室、生子不牷（全）。91背壱

酉、巫也。其後必有小子死、不出三月有得。92背壱

戌、就也。其咎在室馬牛豕也。日中死兇（凶）。93背壱

亥、死必三人、其咎在三室。94背壱

睡甲D 「六十甲子死失」（この標題も内容に従って仮称しておく。第95簡背面壹〜第96簡背面壹）

甲辰寅死、必復有死。95背壹

甲子死、室氏、男子死、不出卒歳、必有大女子死。96背壹

（二）睡虎地秦簡日書乙種の「死失図」およびその択日システム

睡虎地秦簡日書乙種の「死失図」および択日システムは以下の三つの部分を含む。

睡乙A 図：第206簡弐〜第218簡弐（図は上記図3を参照、ここでは省略）

睡乙B 「四季天干占死者篇」（標題は劉楽賢氏の仮称による。第202簡壹〜第223簡壹）

春三月、甲乙死者、其後有憙、正東有得。202壹 丙丁死者、其東有憙、正西惡之、死者主也。203壹 戊己死、去室西、不去有死。204壹 庚辛死者、去室北、不去有咎。205壹 壬癸死者、明鬼祟之、其東受兇（凶）。206壹

夏三月、甲乙死者、東南受央（殃）。207壹 丙丁死者、去室西南受兇（凶）、東有憙。208壹 戊己死者、正西南有憙。209壹 庚辛死者、其東受兇（凶）、其西北有憙。210壹 【壬癸】死者、其南有憙。211壹

秋三月、【甲乙死者、其】東受兇（凶）、男子【也】。212壹 丙丁死者、其西受兇（凶）、其女子也。▨。213壹 戊己死者、有▨。214壹 庚辛死者、其東北受兇（凶）、正北有憙。215壹 壬癸死者、明鬼祟之、其東受兇（凶）。216壹

冬三月、甲乙死者、必兵死、其南晋之。217壹 ▨ 218壹 戊己死者、有惪（憙）。219壹 庚辛死者、不去其室有死、正北有火起。220壹 壬癸死者、有惪（憙）、南室有亡子、且晋之。221壹 □□後有得、東南晋之。222壹 冬三月甲乙死者、必兵死、其南晋之。223壹 視羅223弐

本篇の体例からみて、「冬三月」の内容は第221簡の下で終わっている。しかも、第223簡壹の内容と第217簡壹の内容は完

全に一致しており、可能性としては書者がこの部分を二回書き写してしまったことが考えられる。しかし、このように考えても、なぜ二枚の簡牘の下部に異なる内容を書き写しているのかが解釈しにくいし、更に第222簡の内容も本篇の体系には合致しないものである。このことから、我々は第222簡と第223簡（傍線・斜体部分）が他の篇に属する可能性を否定できず、それゆえに本篇から排除することを主張するものである。

睡乙C　「五支時辰表」（この標題は内容と形式から仮称するものである。第224簡壱～第237簡壱）

[庚]申、壬申、丙申、戊申。224壱[21]
辛酉、癸酉、乙酉、丁酉、己酉。225壱
【辛】[卯]、癸卯、乙卯、丁卯、[己]【卯】226壱
庚寅、壬寅、戊寅。227壱
己丑、辛丑、癸丑、乙丑、丁丑。228壱
壬子、甲子、丙子、戊子、庚子。229壱
壬午、甲午、丙午、戊午、庚【午】。230壱
癸亥、乙亥、辛亥。231壱
□。232壱
清旦、食時、日則（昃）、莫（暮）、夕。233壱
己巳、辛巳、癸巳、乙巳、丁巳。234壱
癸未、丁未、己未、辛未。235壱
戊戌、庚戌、壬戌、甲戌、丙戌。236壱
戊辰、庚辰、壬辰、丙辰。237壱

清旦	癸未	癸亥	壬午	壬子	己巳	己丑	戊辰	戊戌	【辛】卯	辛酉	庚申	庚寅
食時		乙亥	甲午	甲子	辛巳	辛丑	庚辰	庚戌	癸卯	癸酉	壬申	壬寅
日則（昃）	丁未		丙午	丙子	癸巳	癸丑	壬辰	壬戌	乙卯	乙酉		
莫（暮）	己未		戊午	戊子	乙巳	乙丑		甲戌	丁卯	丁酉	丙申	
夕	辛未	辛亥	庚【午】	庚子	丁巳	丁丑	丙辰	丙戌	己【卯】	己酉	戊申	戊寅
233	235	231	230	229	234	228	237	236	226	225	224	227

睡乙第224簡壱～第237簡壱の性質については、代表的なものとしては既に引用した劉楽賢氏の観点があり、これを干支表と見做すものである。しかし、このように解釈すると第233簡壱所載の五個の時辰名が理解しにくく、劉楽賢氏は第233簡をこの干支表とは関係のないものとしたが、このような見方はおそらく賛同を得ないであろう。我々は当該の文の干支が「五支」によって配列されていることを発見した。少数の簡に欠けている部分があるほかは、各簡には六十甲子中の地支が同じ五個の干支が記されており、第233簡壱に並べられている時辰もちょうど五個なのであって、これは偶然の一致とはとても言えないであろう。したがって、我々は本篇が五支を時辰と対応させて検索に便利なようにした図表であると推測する。しかしながら、第233簡の位置は図表の中央である。これはどうしてであろうか。我々は簡牘の順序が正確に置かれていないためであろうと推測している。整理小組は注釈中において、第233簡の位置は当該簡下部の「入官」の内容によって仮定したものであると述べている。書写の位置からみると、本篇はちょうど「入官」篇の上方に位置し、その上両篇の内容はすべて第224簡～第237簡上に記されている。本篇では各簡の間には従うべき厳格な前後の順序が無いから、本篇の簡の順序は「入官」篇によって確定する。もし、第233簡の位置を本篇末尾に移しても「入官」篇に影響を与えないのであれば、問題は解決するわけである。劉楽賢氏は、「入官」篇の第228簡弐～第235簡弐の内容と睡甲の第157簡正面陸～第166簡正面陸の「入官良日」篇は基本的に同じであると既に指摘している。そこで我々が当該の篇を参照してみると、第233簡は篇末に移すことが完全に可能であること

が分かった。そうであれば、我々は睡乙「入官」篇の簡の順序についても再検討を行うことが可能である[22]。再検討後の簡の順序は以下の通りである。

（227簡弐＋224簡参－226簡弐）＋（236簡弐－237簡弐）＋（228簡弐＋234簡弐＋229簡弐＋230簡弐＋231簡弐＋235簡弐＋233簡弐＋232簡弐）

そして、我々は本篇の内容を右の表のように整理できよう。表中で五支が揃っていない箇所は、各干支と時辰の対応関係について表内の内在的規律によって配列を決定することが出来、例えば第224簡の「申」の上の「庚」字は第227簡の「庚寅」によって補ったものである。春夏秋冬の順序に従えば、第224簡～第227簡の順序も本来この順序通りに並べるべきである。しかし、このようにすると、表中で第224簡と第227簡の近隣関係が表現されなくなってしまう。そこで我々が採用した方法は、第227簡を繰り上げて一番目の位置に持ってくるというものである。そうすることによって四季が冬春夏秋という順序になってしまったが、「日書」中でもこのような状況は存在する[23]。こうして本表の規律が見出されたのである。

本表中の六十甲子の五支は、それぞれ一日の中の五個の時辰と対応しており、これは孔家坡漢簡中の六十甲子占死失の文と相通じるところがある（詳しくは下文参照）。

(三) 孔家坡漢簡の「死失図」及びその択日システム

孔家坡漢簡の「死失図」およびその択日システムには、以下の六つの部分が含まれる。

孔A 図：第300簡弐～第306簡弐（上記図1を参照、ここでは省略）

孔B　図に付属する説明文であり、どのように図表を使用して択日するかを解説する。
以死者室爲死者月、來子轂（擊）之。三〇〇参　凡日與月同營居者、死失不出。三〇一参

「來子」の下の一字はもともと釈読されておらず、整理小組は注釈において当該の文字が「數」字のようであると指摘していた。王貴元氏はこの字が「擊」字であり、第79簡～第89簡の「擊」字の書き方と同じである、と指摘している[24]。字形から見るに、「擊」と釈読して問題は無いが、「數」字の誤写である可能性も排除できない。この部分の文と死失図とは一体になった説明なのであり、図の使用方法を解説しているものである。睡甲Bの「直（值）此日月者、不出」も類似した意味であり、結びつけて理解すべきものである。

孔C　「月支死失」（第312簡～第323簡）
子死、其咎在里中、必見血。三〇〇壱
丑死、其咎在室、必有死者三人。三〇一壱
寅死、其咎在西四室、必有火起。三〇二壱
卯死、其室必有弟茀若子死、有……　三〇三壱
辰死、其室必有□……　三〇四壱
巳死、其凶在室中。三〇五壱
午死、其室必三人死。三〇六壱
未死、其咎在里、寡夫若寡婦。三〇七
申死、其咎在二室、畜產。三〇八

酉死、不出三月、必有小子死。三〇九
戌死、其咎在室、六畜。三一〇
亥死、其咎在室、六畜。三一一

孔D 「月支死失」（第312簡～第323簡）

……□之日、爲所先室以建日、死失不出。二九九
正月寅、死失南一室、卯二、巳四、未六。申北一室、酉二、亥四、丑六。辰・午・戌・子不出。三一二
二月卯、死失南一室、辰二、午四、申六。酉北一室、戌二、子四、寅六。巳・未・亥・丑不出。三一三
【三月辰、死失南一室、巳二、未四、酉六。戌】北一室、亥二、丑四、卯六。午・申・子・寅不出。三一四
四月巳、死失西一室、午二、申四、【戌六。亥東】一室、子二、寅四、辰六。未・酉・丑・卯不出。三一五
【五月午、死失西一室、未二、酉四、亥六。子】東一室、丑二、卯四、巳六。寅・辰・申・戌不出。三一六
【六月未、死失西一室、申二、戌四、子六。】丑東一室、寅二、辰四、午六。卯・巳・酉・亥不出。三一七
【七月申、死失北一室、酉二、亥四、丑六。寅南一室、卯二、巳四、】未六。辰・午・戌・子不出。三一八
【八月酉、死失北一室、戌二、子四、寅六。卯、南一室、】辰二、午四、申六。巳・未・亥・丑不出。三一九
九月戌、死失北一室、亥二、丑四、【卯六。辰南一】室、巳二、未四、酉六。午・申・子・寅不出。三二〇
【十月亥、死失東一室、子二、寅四、辰六。巳】酉一室、大〈午〉二、申四、戌六。未・酉・丑・卯不出。三二一
十一月子、死失東一室、丑二、卯四、巳六。午酉一【室】、未二、酉四、亥六。申・戌・寅・辰不出。三二二
【十二月丑、死失東一室、寅二、辰四、午六。未】酉一室、申二、戌四、子六。酉・亥・卯・巳不出。三二三

第321簡の「二」の上の一文字は、写真では「」に作り、「大」字であるべきだが、「午」字の書き誤りと思われる。また、第299簡は整理者によって「死咎」篇に入れられているが、簡文の残存する文からみて、「死咎」篇とは関係がないようであり、しかも簡文中の「死失不出」という一句は本篇の体例と一致している。更に、本篇に見える毎月の月首の地支は、「正月寅」から「十二月丑」に至るまで、ちょうど「建除」篇中の「建日」と同じであり、そのため我々は第299簡に言う「建日」の指すものが本篇所見の毎月の月首地支ではないかと考えている。このような考えに基づき、我々は第299簡の位置を本篇の初めに移動し、「月支死失」篇の総論的な文と見做すことを主張したい。しかし、文字に残欠があることから、具体的な意味はなお確定しがたい。

孔E　「六十甲子死失」（第324簡～第344簡）

……历入之。乙丑死、失在北、去失西、從東方入之。丙寅日中死、三二四 ……戊辰夙食死、失西南、去室而代〈伐〉。己巳夕死、失不出、小子必二人。三二五 ……□取其父大人、不去必傷其家、去西北五步。辛未雞鳴死、失 三二六 西北卌步。壬申三份 ……出雞鳴、西去室而伐。癸酉死、失出、必傷其家及禾稼。甲戌夙 三二七 食至日是死、□至三人、少莫去之 三二八 步。乙亥夜半死、失不 出。日出毋失、北去而伐、丙子夜半死、失不出。日出毋失、北去而伐、丁丑莫食至日中死、女子 三二九 取其夫、男子傷其家。戊寅莫食至日中、女子取其夫、男子傷其家。己卯會庚辰死、失韋（圍）廄。不去北、西南 三三〇 入之。庚辰日中死、失南間三家。辛巳夜半會壬午死、失不出、莫東。壬午旦死、失不出、莫東。癸未死、失出、去家而伐北方。三三一 甲申死、其失不出、出乃西南、其日中東北間一家。甲乙死、南受之。丙丁死、西南受。乙酉死、其失不出、出乃西南、日中 三三二 東北間一室。丙戌黃昏死、失南一里、少利於家。戊己死、巳葬、去室西。丁亥黃昏死、失南十里、少利於家。戊子日中死、失不出、三三三 其莫西北去室五步。庚辛死、東北受。壬癸死、東受之。己丑日中死、失不出、其莫西北去家五步。庚寅日中死、失東去室五 三三四 步、少利於家。

辛卯日中死、失東去家五歩、少利於家。壬辰市時死、失不出、出乃南東。癸巳平旦死、失出三里。三三五 甲午莫食至黄昏死、必傷家。乙未莫食至日是死、毋發。去之南、北入之。丙申會丁酉死、失北去室五歩。丁酉旦死、失北 三三六……失出一里。己亥夕死、失西。庚子死、失西北、去室五歩。辛丑夕死、失西北、去家 三三七……南、從門入之。癸卯夕死、失不出。甲辰雞鳴至黄昏死、韋（圍）廄不出。去之西、而從門入之。三三八……日是死、失西北、去一里。丁未日出至日是死、失西北、去一里。三三九……里。己酉夙食至日是死、失西、去而伐。庚戌雞鳴至黄昏死、祝傷家、失南 三四〇……死、失去一里。癸丑旦至日是死、失去一里。甲寅雞鳴至昏死、失不出、出東南、三四一 去室而伐。乙卯夙食至日是死、失東北、去室而伐。丙辰莫食至昏死、勿發、失北、去室百歩。丁巳旦至晦死、失出 三四二……而伐。己未旦至昏死、失出七里。辛酉雞鳴至昏死、失出、忘伐。庚申夙食至昏 三四三 死、失不出、出乃西。壬戌夙食至夜半死、失東南、去室五歩。癸亥莫食至昏死、失東、去家而伐。三四四

第325簡の「死」字の前の一文字は「西」字と釈読されていたが、写真では「」であり、「夕」字であろう。また、第327簡簡首の残欠の文字は「北」と釈読されてきたが、図版では「」であり、残存する筆画からみて、「出」字の方が近いようである。整理者は既に本篇が六十干支の順序にって「死失」の行き先と吉凶の状況を解説する文であると説明している。簡文には欠けているところがあるので、「甲子」・「丁卯」・「庚午」・「戊戌」・「壬寅」・「乙巳」・「丙午」・「辛亥」・「壬子」・「戊申」・「戊午」の十一の日の状況は失われている。このほか、第343簡では、「庚辰」と「辛酉」の順序が逆になっている。しかし、注意すべきは第332簡、333簡、334簡に挿入された文であり（引用文中では斜体に傍線で表示した部分）、これらの文は本篇とおそらく関係がなく、むしろ睡乙Bの「視羅」篇と似ている。そこで我々はこの部分を単独のものとして抜き出して一篇とした方がいいように思う。本篇に見える干支と時辰、死失の方位の三項目を表にまとめてみると、以下のようになる。

干支	時辰	死失方位	干支	時辰	死失方位	干支	時辰	死失方位
甲子	——	——	甲申	——	不出	甲辰	雞鳴至黃昏	——
乙丑	——	北	乙酉	——	不出	乙巳	——	——
丙寅	日中	——	丙戌	黃昏	南	丙午	——	——
丁卯	——	——	丁亥	黃昏	南	丁未	日出至日是	西北
戊辰	夙食	西南	戊子	日中	不出	戊申	——	——
己巳	夕	不出	己丑	日中	不出	己酉	夙食至日是	西
庚午	——	——	庚寅	日中	東	庚戌	雞鳴至黃昏	南
辛未	雞鳴	西北	辛卯	日中	東	辛亥	——	——
壬申	——	——	壬辰	市時	不出	壬子	——	——
癸酉	——	——	癸巳	平旦	——	癸丑	旦至日是	——
甲戌	夙食至日是	——	甲午	莫食至 黃昏	——	甲寅	雞鳴至昏	不出
乙亥	夜半	不出	乙未	莫食至 日是	——	乙卯	夙食至日是	東北
丙子	夜半	不出	丙申	丙申會 丁酉	北	丙辰	莫食至昏	北
丁丑	莫食至日中	——	丁酉	旦	北	丁巳	旦至晦	——
戊寅	莫食至日中	——	戊戌	——	——	戊午	——	——
己卯	己卯會庚辰	——	己亥	夕	西	己未	旦至昏	——
庚辰	日中		庚子	——	西北	庚申	夙食至昏	不出
辛巳	夜半會壬午	不出	辛丑	夕	西北	辛酉	雞鳴至昏	——
壬午	旦	不出	壬寅	——	——	壬戌	夙食至夜半	東南
癸未		——	癸卯	夕	不死	癸亥	莫食至昏	東

孔F

甲乙死、南受之。丙丁死、西南受。戊己死、巳葬、去室西。庚辛死、東北受。壬癸死、東受之。

上述のように、本篇は孔E篇中に記されている。その原因としては、書者が粗忽であって誤って本篇を孔E篇中に入れてしまった可能性が高いであろう。

四、「死失図」の択日の術数原理

上文では我々は比較を通して、睡甲・睡乙と孔家坡日書中の「死失図」と関係のある択日システムを基本的に復元した。そこで以下、これを基礎として各篇の術数原理を検討してみようと思う。

(一) 死失図について

「死失図」はこの択日システムの中心であり、各篇の択日はすべてこの図を基礎として成り立っているものである。もしこの図の操作方法が分かれば、これに配された各篇の択日の原理も明らかになるわけである。しかし、残念なことに我々の検討した結果はなお満足のいくものではない。図自体について言えば、李零氏の見方はこれをかなり特殊な図式と見做すものであり、このような見方にはいささか問題が存在する。劉楽賢氏が指摘したように、「かりにこれが五行によって配列された典型的な図であれば、寅卯辰巳が中央に属すべきであるが、そのようにすると他の方位と地支が確定できなくなってしまう[25]」のである。以下、我々は先に図に配された説明の文から取り掛かりたい。なお、行論の便宜のために、関連する簡文を再度引用しよう。

睡甲B　直(値)此日月者、不出。

	寅	卯	辰	巳	午	未	申	酉	戌	亥	子	丑
正月	南一	南二	不出	南四	不出	南六	北一	北二	不出	北四	不出	北六
二月	北六	南一	南二	不出	南四	不出	南六	北一	北二	不出	北四	不出
三月	不出	北六	南一	南二	不出	南四	不出	南六	北一	北二	不出	北四
四月	東四	不出	東六	西一	西二	不出	西四	不出	西六	東一	東二	不出
五月	不出	東四	不出	東六	西一	西二	不出	西四	不出	西六	東一	東二
六月	東二	不出	東四	不出	東六	西一	西二	不出	西四	不出	西六	東一
七月	南一	南二	不出	南四	不出	南六	北一	北二	不出	北四	不出	北六
八月	北六	南一	南二	不出	南四	不出	南六	北一	北二	不出	北四	不出
九月	不出	北六	南一	南二	不出	南四	不出	南六	北一	北二	不出	北四
十月	東四	不出	東六	西一	西二	不出	西四	不出	西六	東一	東二	不出
十一月	不出	東四	不出	東六	西一	西二	不出	西四	不出	西六	東一	東二
十二月	東二	不出	東四	不出	東六	西一	西二	不出	西四	不出	西六	東一

孔B　以死者室爲死者月、來子毄（擊）之。凡日與月同營居者、死失不出。

これらの簡文は短いものであるが、全体の意味は非常に難解である。しかし、睡甲Bの「直（値）此日月者」と孔Bの「凡日與月同營居者」は同じ意味である。すなわち日月が図の同じマスにあれば、地支が同じ時でもある。「以死者室爲死者月、來子毄（擊）之」の文が意味するところはなお確定しがたいが、睡甲Cに「二室」・「三室」・「四室」・「五室」・「六室」、睡甲Dに「室氏」、睡乙Bに「南室」、孔Cに「西四室」・「二室」、孔Eに「南間三家」・「東北間一家」、孔Dに東・南・西・北の四方にそれぞれ「一室」・「二室」・「四室」・「六室」とある如く、その他の諸篇には「室」が頻見することから考えて、我々はこれも古代の居室建築制度と関係があるものと推測している。この意味では、「以死者室爲死者月」は、あるいは死者の居室が代表する月のことを言っているのかもしれない。この点は古代の明堂制度と相通じるところがあるのであろう。明堂制度から考えると、五室であろうと九室であろうと、明堂にはすべてで十二堂があり、十二堂は十二月に則り、王者は月に一堂に居る。『礼記』月令篇や『淮南子』時則訓、『呂氏春秋』にはいずれも関連する記載がある。例えば『呂氏春秋』では、「孟春之月、……天子居青陽左个、……仲春之月、……天子居青陽太廟、……季春之月、……天子居青陽右个、……」とある。しかし、睡甲・睡乙と孔家坡の各篇の居室体系が一致しているとは限らないし、それと月令とを配する体系も考察しようがないので、本図の操作方法はなお未解決のままであって、今後の検討を俟ちたい。

る。

（二）「死咎」について

「死咎」は睡甲Cと孔Cに見え、両者の体系は一致しており、文もほぼ同じである。比較的顕著な差異としては、前者では十二個の地支の後に「女也」・「鼠也」・「罔也」などの短い言葉が記されていることが挙げられる。この断語は後文における解釈と内在的な関係があるようだが、「亥」の下のみこの種の内容を欠いている。孔Cの十二地支の後には直接当該の日の徴候が述べられており、先のような内容は省略されているので、睡甲Cを承継し改変したものであると考えられる。

（三）「月支死失」について

「月支死失」は孔Dであり、当該の内容は睡甲や睡乙には見られない。簡文に出現する居室の体系からみて、他篇よりも緻密になっており、他篇よりも後の時代の作成に係るものであろう。簡文冒頭の「……□之日、爲所先室以建日、死失不出」は本篇の択日の概要を示しているはずであるが、残念なことに残欠があるためにその大意を明らかにしえない。しかし、我々は文中に見える「建日」と「建除」篇の「建口」が関係あるものと推測している。もしそうであれば、本篇の「建日」は「建除」の択日体系と結合して行われるべきものである。簡文の内容を整理すると、右の表のようになる。

（四）「四季天干占死者篇」について

「四季天干占死者篇」は睡乙Bである。本篇は主に、春夏秋冬の四季の甲乙・丙丁・戊己・庚辛・壬癸の日に人が亡くなった後の吉凶の状況を推測する内容である。本篇の内容を表にまとめると上のようになる（第222簡壱と第223簡壱を除いている）。

	甲乙（東）	丙丁（南）	戊己（中央）	庚辛（西）	壬癸（北）
春三月（甲乙）	其後有憙、正東有得	其東有憙、正西悪之	去室西、不去有死	去室北、不去有咎	明鬼祟之、其東受凶
夏三月（丙丁）	東南受殃	去室西南受凶、東有憙	正西南有憙	東受凶、其西北有憙	南有憙
秋三月（庚辛）	東受凶	西受凶	——	東北受凶、正北有憙	明鬼祟之、其東受凶
冬三月（壬癸）	必兵死、其南詈之	——	有憙	不去其室有死、正北有火起	有憙、南室有亡子、且詈之

劉楽賢氏は本篇が五行説と関係あるものと推測したが、氏の考え方はある程度首肯できるものである。しかし細かく見てみると、本篇全体には厳格な五行生克関係が表現されているわけではない。興味深いことに、孔Fも同じような内容であるが、孔家坡漢簡のこの内容の部分は独立した一篇として出現するのではなく、孔Eの中の一文として出現するだけである。孔Eの文脈から見て、この部分の内容と孔Eとは全く関係がないものである。これは非常に面白い現象と言うべきであり、我々は睡乙Bの内容は漢代早期には基本的に失われてしまっていたものが、その一部の内容が偶然にも孔Eに混入して残存したものと推測している。

（五）「五支時辰表」と「六十甲子死失」について

「五支時辰表」は睡乙Cであり、「六十甲子死失」は孔Eである。両者は一見全く関係ないようであるが、しかしその本質を検討してみると、両者の間にはやはり密接な関係があると考えられるのである。「五支時辰表」の性質ははっきりと分かっていなかったが、現在、簡の順序の再検討と図表の復元を経て、その核心となる部分が六十甲子の五支をそれぞれ一日の五個の時辰と対応させるところにあることが容易に理解できるようになった。そして、孔Eの「六十甲子死失」は、六十甲子中の某日に人が亡くなった時の時辰を利用して死失の方位と吉凶を判断するものであり、これも六十甲子と一日の時辰を対応させるところに特徴があるものである。異なるところといえば、後者では整然とした五個の時間ではなく、十二個の時辰の名称が出現しており、五支と一日の五時辰とが対応する

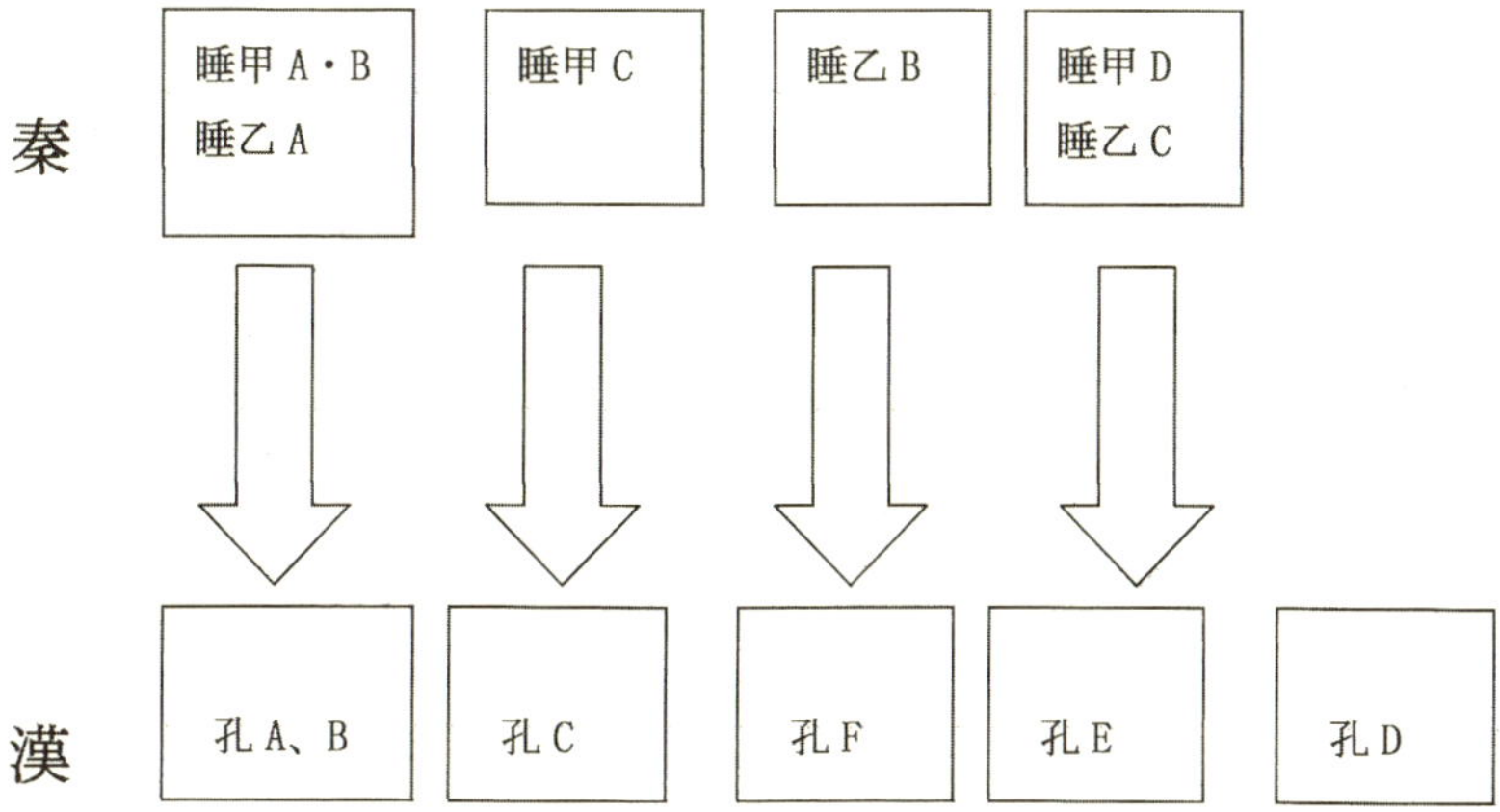

図5　秦漢交替期における「死失図」の変遷

モデルも採用していない。つまり、後者は前者を改変した結果、ということである。このほか、我々は睡甲Dが形式上、これと近い可能性がある一篇である、ということにも注意を払わねばならないが、睡甲Dはわずか二枚の簡しかない。あるいは簡文に失われた部分があるからかもしれない。

五、結論

以上、本稿では孔家坡漢簡の「死失図」から取り掛かり、まず睡虎地秦簡に見える二件の図表（図2、3）もまた「死失図」と命名すべきものであることを確認した。これを基礎として、テキストのつながりから睡甲・睡乙・孔家坡漢簡中の「死失図」と関係のある死占システムを探し出した。同時に関連するテキストに対して復元と整理を行った。その主要な収穫としては、簡牘の順序の再検討から睡乙中の「五支時辰表」を復元したこと、孔家坡漢簡日書の簡順を再検討し、睡虎地秦簡を参照して新たに篇の分類を行ったことが挙げられる。最後に我々は能う限りこれらの日書の術数原理を検討し、同時に関連する篇の継承と改変の関係について論述を試みた。本稿に述べたことに基づき、秦漢交替期における「死失図」の伝承と発展の道筋を図示すると、以下のようになる（図5参照）。ここから、我々は「日書」という民間で伝承され使用された択日術について、そのテキストが不断に変化し発展し続けただけでなく、術数原理上も一定の変化を遂げたことを認識するに至った。もちろん、本稿はわずかに「死失図」のみについて立論したものであり、秦漢交替期における「日書」の伝承と発展のその他の特徴については、関連する資料を用いて全面的な比較研究を行わねばならないものである。

注

（1）劉楽賢氏が既に指摘しているように、この種の写本のほとんどには元来、篇題がついていない。にもかかわらずこれらを「日書」と称するのは、睡虎地秦簡「日書」乙種にこの書名が記されていたからである。現在、「日書」と称されている写本の中には睡虎地の日書とは一致しない内容のものがあり、そうしたものも「日書」と呼称してよいものかどうかは議論に値する。本稿では日書の理解に関しては劉楽賢氏の意見に従い、広い意味で捉えることとする。劉楽賢『簡帛数術文献探論』湖北教育出版社、二〇〇三年、第二七～四〇頁。

（2）「日書」のテキスト研究の成果は現在主として九店楚簡「日書」と睡虎地秦簡「日書」についてのものである。放馬灘「日書」は図版が公表されていないため、テキスト研究が進展していない。九店楚簡「日書」の研究成果については劉楽賢『簡帛数術文献探論』第二八頁注釈一を、睡虎地秦簡「日書」の研究成果については同書第二九～三四頁、または同氏『睡虎地秦簡日書研究』の文献目録を参照されたい。

（3）現在、この方面に関する論著は秦・楚の日書の差異について論ずるものがほとんどである。関連する論著としては、以下の数種が挙げられよう。劉信芳「秦簡中的楚国〈日書〉試析」『文博』一九九二年第四期、劉信芳「九店楚簡日書与秦簡日書比較研究」『第三届国際中国古文字学研討会論文集』香港中文大学中国文化研究所・中国語言及文学系、一九九七年、胡文輝「睡虎地秦簡中的楚〈日書〉」『華学』第四輯、紫禁城出版社、二〇〇〇年（同氏『中国早期方術与文献叢考』中山大学出版社、二〇〇〇年、第七四～八七頁所収）、

学術シンポジウム論文、URL：http://eulc.uchicago.edu/earlychina/paleography2005/papers.htm、二〇〇五年五月、劉楽賢「楚秦選択術的異同及影響――以出土文献為中心」『歴史研究』二〇〇六年第六期、晏昌貴「略論睡虎地秦簡〈日書〉対楚〈日書〉的継承与改造」丁四新主編『楚地簡帛思想研究（三）』湖北教育出版社、二〇〇七年、第六五二～六六五頁。

（4）劉楽賢「楚秦選択術的異同及影響――以出土文献為中心」『歴史研究』二〇〇六年第六期。

（5）劉楽賢「楚秦選択術的異同及影響――以出土文献為中心」『歴史研究』二〇〇六年第六期。

（6）湖北省文物考古研究所・随州市考古隊編『随州孔家坡漢墓簡牘』文物出版社、二〇〇六年、第三二～三三頁。

（7）『随州孔家坡漢墓簡牘』第一七〇頁。

（8）睡虎地秦墓竹簡整理小組編『睡虎地秦墓竹簡』文物出版社、一九九〇年、第二三頁・第二五〇頁。

（9）李零「跋石板村〝式図〟鏡」『文物天地』一九九二年第一期。

（10）劉楽賢『睡虎地秦簡日書研究』文津出版社、一九九四年、第二八二～二八三頁・第三九一～三九二頁。

（11）整理小組は発掘報告の結語で以下のように述べる。「睡虎地秦簡「日書」において、〝死失図〟の説明文は簡単であるばかりか、その書写位置についても現在のところ決して正確なものとはいえず、そのためその内容についてもずっと理解しえない状態のままである」。この文からみて、整理小組は実際には睡虎地秦簡の二件の図表を「死失図」であると主張していることになる。『随州孔家坡漢墓簡牘』第三五頁。

（12）睡虎地秦簡の整理小組が現在行っている配列順によれば、第223簡は図の後の三枚目に位置している。この位置について我々は疑問を持っているが、その具体的な内容については下文を参照されたい。

（13）『睡虎地秦簡日書研究』第三九一～三九二頁。

（14）『随州孔家坡漢墓簡牘』第一六七～一七〇頁。

(15)『睡虎地秦簡日書研究』第二七八～二七九頁。

(16)そのうち第95簡背面壱～第96簡背面壱とその他の内容は一致しておらず、孔家坡漢簡の「六十甲子死失」と類似しているようであるが、しかし我々がそれを「死失図」のシステムに入れることを妨げるものではない。

(17)劉楽賢氏は既に当該の文が「図表の説明文のようであり、それ故に暫くこれを図と同一篇としておく」と指摘している。同氏『睡虎地秦簡日書研究』第二七八～二七九頁参照。

(18)『睡虎地秦簡日書研究』第三八八～三八九頁。

(19)『睡虎地秦簡日書研究』第三八九～三九一頁。

(20)睡虎地秦簡「日書」の写本の特徴については、劉楽賢氏の論を参照されたい。同氏『睡虎地秦簡日書研究』第四〇九～四一二頁。

(21)二番目の編縄の位置からみて、簡首の「申」字の前には一文字欠けており、おそらくそれは「甲」字か「庚」字である。下文の配列の規律からみて、「庚」字を補うべきである。

(22)睡甲の「入官良日」篇の内容は以下の通りである。

入官良日。157正陸 丁丑入官、吉、必七徙。158正陸 寅入官、吉。159正陸 戌入官、吉。160正陸 亥入官、吉。161正陸 申入官、不計去。162正陸 酉入官、有罪。163正陸 卯入官、兇。164正陸 未・午・辰入官、必辱去。165正陸 己丑、以見王公、必有拜也。166正陸

この篇の順序は、内容からみて概ね吉から凶へと進んでいく関係のようである。これを参考にして、我々は睡乙の「入官」篇にこれと近い部分を発見したが、整理者による順序はこの規律に注意を払っておらず、例えば第234簡弐の「實〈寅〉・巳入官、吉」を「有罪」の後に置いていて、明らかに規律と合っていない。

また、劉楽賢氏の分析によれば、睡乙の「入官」篇は三つの部分から成り立っており、そのうち第224簡参～第227簡弐には四季の入官良日が羅列されており、第228簡弐～第235簡弐には十二支日の入官の吉凶状況が記され、第236簡弐～第237簡弐には六十甲子中のある日の宜忌の状況が述べられている。我々は第三部分と第一部分との関係はより緊密なものであり、第二部分の前に移すべきであると

考えている。そこで、第二部分内部の簡の順序を主に睡甲「入簡良日」篇に従って調整してみたい。なお、第232簡の上部は残欠しているが、「五支」の内容は揃っているので、残欠部分は明らかに本篇とは関係が無く、我々はこの部分を空白とし、篇末の第233簡の後に置くべきと考えた。こうして調整した簡文は以下の通りである。

冬三月、庚申・庚子・庚寅・辛丑、利入官。227弐 春三月、丙寅・丙子、利入官。224参 夏三月、甲申・甲辰・乙巳・乙未、利入官。225弐 秋三月、壬子・壬辰・壬申・庚子・壬寅・癸丑、利入官。226弐

甲寅・乙丑・乙巳、皆可見人。甲子到乙亥是右〈君〉也、利236弐 以臨官立政、是胃（謂）貴勝賤。237弐

子・丑入官、久、七徙。228弐 實〈寅〉・巳入官、吉。234弐 戌入官、行。229弐 亥入官、傷（傷）去。230弐 申入官、不計而徙。231弐 未・辰・午入官、辱而去。235弐 卯入官、兇（凶）。233弐 酉入官、有罪。232弐

(23) 例えば睡甲第1簡には「凡不可用者、秋三月辰、冬三月未、春三月戌、夏三月亥〈丑〉」とあり、四季の配列は秋冬春夏である。一方、睡甲第136簡正面柒～第139簡正面柒では「夏三月丑敫。春三月戊〈戌〉敫。秋三月辰敫。冬三月未敫」とあり、四季の配列は夏春秋冬である。

(24) 王貴元「読孔家坡漢簡劄記」簡帛網、二〇〇六年一〇月八日。

(25) 『睡虎地秦簡日書研究』第三九二頁。

長沙走馬楼呉簡にみえる穀物財政システム

谷口　建速

はじめに

長沙走馬楼呉簡（以下、走馬楼呉簡）は、一九九六年に湖南省長沙市で出土した三国呉代の簡牘群であり、各種名簿や財政関連の帳簿など地方行政関係（長沙郡および臨湘県）の文書・簿籍を主たる内容とする。(1)この簡牘群は記載事項が多岐に渡ることから、文献史料の少ない孫呉政権の諸制度の解明に寄与すると考えられ、また、前後の時代においても地方行政制度全般に関するまとまった資料が少ないことから、走馬楼呉簡に対する諸研究を総合して得られる見知は、地方行政史における一つのモデルケースともなり得よう。

なかでも倉庫業務に関わる簿籍簡牘は、倉庫における出納や物資の流通など、当時の地方財政システムの理解に寄与すると考えられる。(2)私は先に、その一端として穀物搬出に関わる内容の竹簡を整理・分析し、地方穀倉における搬出システムについて検討した。(3)また、こうした検討の前提条件とすべく、穀倉関連の簿籍簡牘の整理・分類を試み、いくつかの簿についいては全体の構成や性格を想定することができた。(4)これらの成果は、『田家莂』および『竹簡壱』収録の簡牘に基づくものであるが、その後に公刊された『竹簡弐』・『竹簡参』の中にも多くの関連資料を見出せる。特に、新たに公表された穀物搬出の記録は、拙稿での見解を補足する内容を有する。そこで本稿では、当該の穀物搬出記録および先に行なった簿籍簡牘整理の成果に基づき、穀物の納入や移送における諸相を分析し、州中倉・三州倉など関連官署の機能・関係を再検討したい。そして、先に検討した穀物搬出のシステムと合わせ、走馬楼呉簡中にみえる穀倉の財政の枠組みを明らかにしたい。

第一節　穀物搬出の記録

走馬楼呉簡中には、穀物の納入先や簿籍の作成主体として州中倉・三州倉という二つの倉名がみえる。(5) 私は先に、以下のような州中倉の穀物搬出記録について、複数の簡に渡る全体像を復元し、孫呉初期における郡県の穀物搬出システムを明らかにした。(6)

1　出倉吏黄諱潘慮所領嘉禾元年税呉平斛米廿三斛四升爲稟斛米廿四斛被督軍糧　2169
2　出倉吏黄諱潘慮所領黄龍三年税呉平斛米八十斛六斗四升爲稟斛米八十四斛　2184
3　出倉吏黄諱番慮所領[三][年][税]呉平斛米卅三斛八九斗七合爲稟斛米卅七斛　2334
4　五斛一斗五升被督軍[糧]都尉嘉禾元年六月廿九日癸亥書給右郎中何宗所督武猛司馬陳陽所領吏□□　2095
5　被督軍糧都尉嘉禾元年六月廿九日癸亥書[給]右郎中何宗所督別部司馬　2171
6　領[市]士十四人嘉禾元年[直][起]九月訖十一月其[二]人人月[二]斛五斗十二人人月二斛　1810
7　[所]督軍邑君跳傳所領吏士卅三人嘉禾元年七月直人二斛嘉禾□□　1815

8　元年九月奉嘉禾元年九月一日付右倉曹史　1963

9　起嘉禾元年正月訖五月月五斛嘉禾元年四月六日付吏寥慮　2347*

＊釈文は「四月六日」を「四月訖六月」とするが、図版により改めた。

右に挙げた諸簡のうち、1～3は記録の冒頭部分にあたる。以下、各々が直接繋がるものではないが、4・5、6・7、8・9の順に内容が続く。例として2・5を書き下すと次のようになる。

倉吏黄諱・潘慮の領せし所の黄龍三年の税呉平斛米八十斛六斗四升を稟斛米八十四斛と為して出だす……（2）

……督軍糧都尉の嘉禾元年六月廿九日癸亥の書を被《う》け、右郎中何宗の督する所の別部司馬……（次簡に続く）に給す……（5）

倉吏の黄諱・潘慮は他の記録中に州中倉の吏としてみえるため[7]（表一参照）、当該簡が州中倉の搬出記録であることが判明するのである。これらの記録全体の内容は、大きく分けて四つの部分から構成される。すなわち、

①搬出する穀物の情報（出＋倉吏姓名＋所領＋搬出する穀物の名目＋数量）

②搬出に至る経緯（搬出を指示する文書）の情報（＋被＋督軍糧都尉＋年月日干支＋書）

③搬出の目的に関する情報（＋給もしくは付＋搬出先＋目的・用途）

④穀物の授受に関する情報（＋授受の行われた年月日＋付＋受取人の官名ないし姓名）

である。ここでは、穀物を搬出する際に「呉平斛」の単位から「稟斛」の単位に換算していること[8]、「督軍糧都尉」の指示（「督軍糧都尉書」）で搬出していること、搬出穀物の多くは軍団への支給であること、を確認しておきたい。

ところで、その後に公表された資料中には、1～9に関連するものとして以下の簡が含まれている。

10　出倉吏黄諱潘慮所領嘉禾元年税呉平斛米八十六斛四斗為稟斛米九十斛邸閣右郎中　2-3845
11　李嵩被督軍[糧]都尉嘉禾二年十月廿七日癸未□[給]討寇[將]軍闘⿱艹導所領軍[將]　2-3836
12　出倉吏黄諱潘慮所領嘉禾元年税呉平斛米三斛八斗四升為稟斛米四斛邸閣右郎中　2-4040
13　▨右郎中李嵩被督軍糧都尉□　2-4206

この四簡は1～9とほぼ同書式であるが、「搬出する穀物の数量」と「被督軍糧都尉書」の記載の間に「邸閣・右郎中李嵩」の文字列が置かれている。したがって、当該箇所の文は「倉吏黄諱・潘慮の領せし所の某年某米若干を出だす。邸閣・右郎中の李嵩、督軍糧都尉の某年某月某日の書を被け、某所に給す……」となり、督軍糧都尉からの指示を受けた州中倉では、「邸閣・右郎中の李嵩」が搬出に携わる場合のあったことが分かる。(9)「邸閣」は、伝世文献中には「大規模な軍用倉庫」を示す語として頻見するが、(10)走馬楼呉簡中では官名として見え、穀倉が穀物を受領する際に報告を受ける、いわば監督者的な役割を担っている。(11)この李嵩は、州中倉の納入記録等に頻見する、当該倉と関連の深い「邸閣」である（表一参照）。

10～13が確認されたことにより、「邸閣・右郎中李嵩」は1～5などの書式の場合においても主体的に搬出に関わっていたのか（書式上省略された）、もしくは10～13のケースが特殊であるのかという疑問が生じるが、現段階では確定し難い。前者における「督軍糧都尉書」は黄龍三年（二三一）～嘉禾元年（二三二）の日付を有し、また搬出が行なわれたのは嘉禾元年の各月であるのに対し、11の「督軍糧都尉書」の日付は嘉禾二年である。両者の書式の相違は、或いは年度によるものかもしれない。

表一　各倉における「邸閣」と倉吏の関係

邸閣――倉吏

州中倉

郭拠――[監賢]・黄諱・潘慮・區胄・逢曹

李嵩――監賢・[黄諱]・[潘慮]

三州倉

董基――[谷漢]・[鄭黒]

その他、（關）丞宰紀――[孫儀]　（關）主記梅綜――[孫儀]　という関係がみえる。

囲い文字は当該の「邸閣」と共にみえる事例が多く、特に対応関係にあると見られる倉吏

以上、州中倉の穀物搬出記録の確認と拙稿の補足を試みたが、新たに公表された資料中には以下のような穀物搬出記録が認められる。[12]

14	出黄龍三年税米一百六十四斛九斗被縣嘉禾二年四月廿九日書付大男朱才運詣州中倉	3-1383
15	出嘉禾元年税米三百斛被縣嘉禾二年正月廿一日庚申書付大男蔡理運詣州中倉	3-1425
16	出嘉禾元年新吏限米四百一十七斛被縣嘉禾二年四月十三日癸卯書付大男張忠運	3-1430
17	出嘉禾元年吏帥客限米一百斛縣嘉禾二年五月十七日辛未書付大男子毛禮運詣	3-1441
18	出黄龍三年税米七十七斛二斗□升被吏黄階勅付大男谷文運詣州中倉文以其年十月	3-1510
19	出嘉禾元年租米五斛被邸閣董基勅付大男謝巴運詣州中倉	3-2205

これらは、冒頭の「出」字の後に年度・税目等の穀物の情報が続いている点で、「出倉吏黄諱・潘慮所領…」で始まる1～3とは書式が異なる。例として16を書き下すと次のようになる。

嘉禾元年の新吏限米四百一十七斛を出だす。縣の嘉禾二年四月十三日癸卯の書を被け、大男の張忠に付す。運びて……(次の竹簡に続く)

同様の記録は断簡を含め約一四〇例を確認できるが(13)、いずれも簡の末尾まで文字が記されており、次の簡に文章が続くことが分かる。うち一部については、走馬楼呉簡の整理組が特定の簡との連続の可能性を指摘しているが、それらを提示する前に、当該部分の記載内容を確認しておきたい。

a)搬出する穀物の情報

まず、冒頭に「出」字を冠したのち、搬出する穀物の〝収入としての〟年度・名目・数量が記載されている。このうち、穀物の名目としては「租米」・「税米」や各種「限米」などが確認できるが、先掲の州中倉の搬出記録(1～13)では、穀倉中に保管していた穀物(「呉平斛」米と表記される)を「稟斛」米の単位に換算して搬出しているのに対し、14～19の書式のものでは換算の記録は確認できない。

b)搬出の経緯(搬出を指示する文書)

搬出穀物の情報に続いて、例えば14には「縣の嘉禾二年四月廿九日の書を被く」、15には「縣の嘉禾二年正月廿一日庚申の書を被く」とある。これらは州中倉の搬出記録における「督軍糧都尉の書」と同様、穀倉に対して搬出を指示する文書であろう。既公表の竹簡中には、「縣の書」(八三例)・「邸閣の董基の勅」(一一例)・「吏の黄階の勅」(九例)の三種が確認できる。うち「縣の書」では年月日干支が明記されているが(既公表のものはみな嘉禾元年～二年)、18・19に見られるように「邸閣の董基の勅」・「吏の黄階の勅」の場合は日付の情報は記されていない。

搬出の指示を出している三者のうち、董基は三州倉に関わる「邸閣」である(表一参照)。この董基の存在、および次にみるように穀物が州中倉へ移送されていることから、本文書は三州倉の搬出記録であると想定される。また本記録から、「邸閣」は穀物搬出の指示を穀倉に出していたことが判明するのであるが、先にみた州中倉の搬出記録では「督軍糧都尉」の指示を受けて「邸閣」自らが搬出している。両者の手続きにおける「邸閣」のあり方の相違に注目される。

「吏の黄階」については、他の記録中に「縣吏黄階」（3-5198、作成年代は不明）とある。両記録中の「黄階」が同一人物であるのか、また本文書においても県吏であるのかは確定できないが、「県の書」の事例も多いことから、その可能性は高いと言える。このように、「県」・「(県?)吏黄階」の指示によって三州倉が穀物を搬出していることは、三州倉を県倉と想定してきた先行研究の有力な傍証である。

c）搬出の目的の情報

「付」字以下は、穀物搬出の目的に関する情報である。1～13の州中倉の穀物搬出記録では支給を示す「給」字以下に支給対象が記されていたのに対し、本記録では受け渡しを示す「付」字から始まる点が特徴である。例えば14では「大男朱才に付し、運びて州中倉に詣《いた》らしむ」とあり、搬出した穀物は「大男朱才」に受け渡され、「大男朱才」がそれを州中倉まで運搬したことが記されている。既公表の竹簡中には、穀物の受領者として六〇名以上の姓名を確認できるが、多くの場合、直後に「運」・「運詣」・「運詣州中倉」などの文字列が記され、州中倉への移送を目的とした穀物搬出であることが分かる。また、穀物の受領者の部分で記述が途切れている簡もあるが、その場合もみな「付某」とあり、次簡に運搬の記録が続くことが予想される。なお、六〇名以上の運搬者は、二例の吏（吏陳雛・吏逢昇）を除くと、みな身分は「大男」である。(14)

ここで、14～19に続く内容の簡をみてみたい。

20　州中倉禮以其月廿六日關邸閣李嵩付掾黄諱史潘慮　3-1313
21　詣州中倉忠以其年閏月七日關邸閣李嵩付掾黄諱史潘慮　3-1344
22　理以其年四月廿二日關邸閣李嵩付掾黄諱史潘慮　3-1444
23　巳以嘉禾二年九月十日關邸閣李嵩付掾黄諱史潘慮　3-1591
24　才以其年閏月十二日關邸閣[李][嵩][付][掾][黄][諱][史][潘][慮]　3-2161

冒頭には、先に挙げた簡の末尾と同様、州中倉への運搬に関する記述があり、両者の内容が連続することが確認される。このタイプの簡は約一二〇点を確認でき、[15]みな簡首に数文字分の空白（二・五センチ程度）がある。これは州中倉の搬出記録の二簡目以降（4〜9・12・13）と同様の特徴である。例として21を書き下すと次のようになる。

（……運びて）州中倉に詣らしむ。忠、其の年の閏月七日を以て邸閣の李嵩に關し、掾の黄諱・史の潘慮に付す。

内容については、c「搬出の目的」に続き穀物授受の情報が記されている。

d）穀物授受に関する情報

運搬者の名、運搬先における授受の日付、授受に関わる各吏の姓名、で構成される。授受の日付としては「嘉禾元年」・「嘉禾二年」・「其年」・「其月」が確認でき、うち後二者が多い。先にみた如く、搬出を指示する文書のうち「県書」は嘉禾元年・二年の日付が明記されており、「其年」・「其月」の多くはそれらに対応するのであろう。ただし、18における搬出の指示書は、日付の明記されていない「吏黄階勅」であるが、授受の日付は「其年」となっている。

「邸閣」の李嵩、掾の黄諱、史の潘慮はみな州中倉に関係する吏である（表一参照）。黄諱・潘慮は、1〜3など他の文書ではともに倉吏と記されていたが、本記録によって嘉禾元年・二年段階では黄諱が掾、潘慮が史であることが確認された。[16]当該部分の書式は、穀物納入記録とほぼ同じ（納入記録では「關邸閣某付倉吏某受」と「受」字がある）であり、「邸閣」が納入の報告を受け、倉吏が受領したことを示している。[17] なお、図版を確認する限り、各吏の名は署名（別筆）には見えない。したがって、本記録は二次的な記録と考えられる。

20の「禮」、21の「忠」などはcに見える穀物運搬者の名前であり、両者を対応させることで前後の簡の接続を推測できる。14～24に挙げた諸簡は、18を除きみな整理組によって接続が推測されているものである。各々を接続して提示すると、次のようになる。

25 出嘉禾元年税米三百斛被縣嘉禾二年正月廿一日庚申書付大男蔡理運詣州中倉理以其年四月廿二日關邸閣李嵩付掾黄諱史潘慮　(3-1425 + 3-1444)

26 出嘉禾元年新吏限米四百一十七斛被縣嘉禾二年四月十三日癸卯書付大男張忠運詣州中倉忠以其年閏月七日關邸閣李嵩付掾黄諱史潘慮　(3-1430 + 3-1344)

27 出嘉禾元年吏帥客限米一百斛縣嘉禾二年五月十七日辛未書付大男子毛禮運詣州中倉禮以其月廿六日關邸閣李嵩付掾黄諱史潘慮　(3-1441 + 3-1313)

28 出黄龍三年税米一百六十四斛九斗被縣嘉禾二年四月廿九日書付大男朱才運詣州中倉才以其年閏月十二日關邸閣李嵩付掾黄諱史潘慮　(3-1383 + 3-2161)

29 出嘉禾元年租米五斛被邸閣董基勅付大男謝巴運詣州中倉巴以嘉禾二年九月十日關邸閣李嵩付掾黄諱史潘慮　(3-2205 + 3-1592)

このうち、25を書き下すと次のようになる。

嘉禾元年の税米三百斛を出だす。縣の嘉禾二年正月廿一日庚申の書を被け、大男蔡理に付し、運びて州中倉に詣らしむ。理、其の年の四月廿二日を以て邸閣李嵩に關し、掾黄諱・史潘慮に付す。

これらによると、搬出（移送）の指示を受けてから授受が行なわれるまで早くて十日弱、遅いと三ヶ月かかっている。なお、嘉禾二年（二三三）は五月と六月の間に閏月が置かれた。

最後に、簡番号3-4000台には若干書式の異なるものも認められる。

30 出黄龍二年税呉平斛米廿九斛三斗嘉禾元年正月十六日付大男李連運集州中倉連以 3-4659
31 出黄龍三年税呉平斛米一百五十七斛嘉禾元年四月十日付大男監仁運集州中倉仁以其月六日 3-4723
32 大男圏宜運集州中倉宜以其年二月八日關邸閣郭據付倉吏黄諱史番慮 3-4810
33 集州中倉平以其年二月廿日關邸閣郭據付倉吏黄諱史番慮 3-4829

これらは、①穀物が「税米」ではなく「税呉平斛米」と、「呉平斛」の単位で表記されている、②搬出に至る経緯の情報が無く、運搬者に穀物を受け渡した日付が記されている、③「運詣州中倉」が「運集州中倉」となっている点で、14～29の搬出記録と相違する。

以上、三州倉の穀物搬出記録についてみてきたが、a・b・c・dに大別して分析してきた各内容は、先掲の州中倉の搬出記録における①～④の構成要素に対応する。したがって、両者はほぼ同性格の記録と見なすことができよう。また、現段階で確認できる三州倉の搬出記録は全て州中倉への移送を目的とする。次節ではこの移送について検討する。

第二節　穀物の移送と州中倉・三州倉

前節で分析した三州倉の穀物搬出記録は、34・35のような集計簡によって月ごとにまとめられた。また、特に30〜33と同類のものは、内容および簡番号から36・37のような表題簡のもとに簿として列ねられた可能性が高い[18]。

34　●右嘉禾元年八月出米七百卅七斛　3-1376
35　●右嘉禾二年四月出米四千八百五十斛七斗一升　3-1658
36　三州倉謹列所領税米出用餘見正月旦簿　3-4559
37　三州倉謹列所領䄙米出用餘見二月旦簿　3-4573

36・37が対象とする情報は「(三州倉の) 所領税米出用・餘見」であり、本文に相当する部分には当該月における三州倉の税米搬出記録が全て列挙されたと考えられる。30・31はともに「税 (呉平斛) 米」の搬出記録である。また、14〜29および34・35を含む穀物簿がいかなる表題簡のもとに列ねられたかは確定し難いが、集計簡の「某年某月出米若干」という表現をみる限り、そこに列挙されたのは「移送を目的とする搬出」などと限定された条件ではなく、当該月の搬出記録全てであった可能性が高い。前節で述べたように、既公表の三州倉の搬出記録は、全て州中倉への移送を目的とするものであった。すなわち、三州倉に集積される穀物は、基本的に州中倉への移送を目的とするものであったといえる。

先に、州中倉では穀物を「呉平斛」から「稟斛」に換算して搬出するのに対し、三州倉の搬出記録では換算していないことを指摘したが、別の穀倉への移送を目的とする搬出であれば、換算の必要はないであろう。また、州中倉では多くの場合「督軍糧都尉」の指示により搬出を行なうが、三州倉では県および「邸閣」自身の指示で搬出が行なわれている。この手続きの違いは、前者が外部に向けての搬出、後者が穀倉間の移送という搬出目的の相違によるものであろう。

　ところで、こうした穀倉間の移送については、以前より以下のような記録が知られている。

38　中倉謹列起嘉禾元年正月一日訖三年三月卅日受三州倉運黄龍二年租税米要簿　9547
39　中倉謹列起嘉禾元年四月一日訖二年三月卅日受三州倉□黄龍元年□税襍限米要簿　9590
40　入三州倉運司馬□□黄武七年佃禾准米六斛　元年二月運　9541
41　入三州倉運黄武七年税米十四斛五斗　9542
42　入三州倉運黄龍二年叛士限米卅四斛二斗　中　9600
43　　右五六七年襍米四百七十九斛一升　9533
44　　右黄龍二年租税襍米二千四斛五斗一升麦五斛六斗豆二斛九斗　9546

38・39は表題簡、40～42は本文に相当する納入記録、43・44は集計簡である。表題簡によると、これらはある期間内に三州倉から州中倉（「中倉」は州中倉の略称）へ運搬された穀物の簿である[19]。両簿は一部の期間が重複しているが、38は「黄龍二年租税米」、39は「黄龍元年□税襍限米」とあるように、対象となる穀物の年度・名目が細かく限定されていることに注目される。

　これらの穀物簿より、三州倉から州中倉へと穀物が定期的に運搬されていたことが確認できる。一方、州中倉から三州倉への移送に関する記録は、現在のところ認められない。このような穀物の流れは、以下の内訳簡において更に顕著にうかがえる。

45　其廿九斛民先入付三州倉吏谷漢出付船師車刀趙益運詣中倉關邸閣李嵩　3021
46　其一百二斛九斗民先入付三州倉吏谷漢出付船師張瞻運詣中倉□　3080
47　其一百廿五斛五斗四升民先入付三州倉吏谷漢出付[船]師唐鼠運詣中倉關　3097
48　●其十四斛三斗民自入付州中倉關邸閣李嵩吏黃諱潘慮受　中　3697
49　其三百卌九斛五斗三升民自入付州中倉關邸閣李[嵩]▨　6015
50　其五十一斛民自入付州中倉關邸閣李嵩吏黃諱潘慮受　中　8716
51　●其八斛二斗七升付三州倉關邸閣董基吏鄭黑受　中　3106

45～51は、穀物がどの倉にどのような手続きで納入されたかについての内訳記録である。例として45を書き下すと、次のようになる。

其の廿九斛は、民先ず入れて三州倉に付す。吏の谷漢、出だして船師の車刀・趙益に付す。運びて中倉に詣らしめ、邸閣李嵩に關して……（次簡に続く。関連簡を参考にすると、「吏某某受」と続くか）。

すなわち、45～47では民が「先ず」三州倉に穀物を納入し、三州倉はそれを船師に預け、船師が州中倉まで運搬・納入するという、穀物移送の状況が記されている。これはまさに、前節で分析した三州倉の穀物搬出記録と同様の流れである。当該の搬出記録では、運搬者の身分は「吏」・「大男」と記されているが、そのうち「大男趙益」（3-2242）は45にみえる船師の「趙益」と同一人物の可能性がある。また、複数の記録にみえる「大男毛主」（3-1361・3-1419・3-1423など）は他の文書に「其廿七斛六斗付大男毛主運洝溺詭責未入」（3140）とあり、水運をうかがわせる文言が記されている。これらを踏まえると、搬出記録における他の「吏」・「大男」も船によって穀物を運搬したと推測される。輸送に船を用いていることは、侯旭東氏が指摘するように、両倉が河の付近に設置されていたことを示唆していよう。(20)

一方、48を書き下すと次のようになる。

其の十四斛三斗は、民自ら入れて州中倉に付し、邸閣李嵩に關し、吏黄諱・潘慮受く。中（チェックの印）

このように、48〜50は州中倉に穀物が納入されたことを記録したものであるが、45〜47の「民先入付三州倉」と対応する部分には「民自入（民、自ら入る）」とあり、民が直接州中倉へ穀物を運搬してきたことを示している。両者の表現から推測するに、45〜47では穀物は最終的に州中倉へ集積されるべきものであったが、民が三州倉に納入したため移送がおこなわれたことを示すのであろう。なお、51は45〜50と同書式の内訳簡で、三州倉への納入が記録されるが、「民先入」等の文言は無い。

以上、三州倉から州中倉へと穀物が移送される事例をみてきたが、既公表の簡牘には、その逆の流れ、州中倉から三州倉への穀物移送を示す事例は見出せない。既に検討されているように、三州倉・州中倉はともに吏民からの賦税納入を受け付けており、この側面では同一の機能を有している。一方、集積された穀物の用途は、州中倉では軍団等への糧穀が主であるのに対し、三州倉の穀物は専ら州中倉への移送・補填に用いられたごとくである。伊藤敏雄氏は「田家莂」の数値データの分析から、三州倉よりも州中倉の規模が大きいことを明らかにし、州中倉の方が最終消費地に近いことを推測したが[21]、搬出・移送の記録の検討からも、同様の傾向が明らかとなった。

第三節　「民還貸食簿」の検討

それでは、三州倉に集積された穀物は、全てが州中倉への移送・補填にのみ用いられたのであろうか。本節では、「民還貸食」に関わる簿・記録について検討し、三州倉・州中倉に集積された穀物の用途の一側面をうかがいたい。

まず、穀物納入の一次的な記録であり、証明書としての性格も備える簡として、以下のものがある。

52 入平郷嘉禾二年租米六斛冑畢＝嘉禾二年十月廿八日東丘番有關邸閣董基付三州倉吏鄭黑受 3221
53 入平郷嘉禾二年佃帥限米八斛七斗畢＝嘉禾二年九月三日浸頃丘番瓊關邸閣董基付倉吏谷漢受 3233
54 入西郷嘉禾二年税米三斛冑畢＝嘉禾二年十月廿六日上俗丘男子朱旻關邸閣董基付三州倉吏鄭黑受 3342
55 入樂郷所貸黄龍三年私學限禾准米四斛二斗僦畢＝嘉禾二年九月卅日柚丘男子烝□關邸 ▨ 5281
56 入平郷嘉禾二年還所貸員口嘉禾元年漬米十斛六斗冑畢＝嘉禾二年十月十七日□□丘石門關▨ 5173
57 入平郷所貸三年税民還米九斛三斗就畢＝嘉禾元年十月廿九日平陽丘呂奚付三州倉吏谷漢受 3-2683

このタイプの納入記録は走馬楼呉簡の竹簡中に最も頻見し、穀物に関するものだけで二千例以上が確認できる。例として52を書き下すと、次のようになる。

平郷の嘉禾二年の租米六斛を入る。冑畢。〔＝〕嘉禾二年十月廿八日、東丘の番有、邸閣董基に關し、三州倉に付す。吏鄭黑、受く。

これらの簡は、中央の＝（同文を意味する符号）を挟み、前半に納入された穀物についての情報が、後半に受領業務に関わる情報が記されている。簡文中の「邸閣」と倉吏の名は署名である。この関係各吏の署名および同文の符号は、本記録が穀物納入の証明書としての機能を有し、かつ「莂」として分割保存されたことを示している。[22] 当該簡は左右二行に同じ内容を記したものを裁断して作成され、一つを納入先である穀倉が、もう一つを郷が分有したと考えられている。また、その証左として、隣の簡に記された「＝」や「基」字（邸閣董基の署名部分）、「付倉吏某受」の部分が、裁断を失敗したため入り込んでしまっている事例も確認できる。[23]

以上のような書式・特徴を共有する52～57は、文書としての機能は同一であるが、52～54と55～57とでは納入される穀物の性格に大きな違いがある。すなわち、前三者は「租米」・「税米」・「限米」など吏民に課された賦税であるが、後三者には「所貸」・「還所貸」などという文字列が含まれている。これは、後掲58に「民還貸食米」とあるように、「民が（倉に）返還した、貸食米」の意と考えられる。55を例に取ると、「楽郷柚丘の男子烝某は、官府から貸与されていた黄龍三年分の「私學限禾准米」四斛二斗を嘉禾二年九月三十日に返還・納入した」という内容になる(24)。この場合の「黄龍三年私學限禾准米四斛二斗」は、貸与前、倉に集積されていた段階における「収入名目」であろう。

右のタイプの納入簡は、一定の保存期間を経、簿としてまとめられる(25)。

58　倉吏鄭黒謹列故倉吏谷漢所度民還貸食連年襍米簿 ⧄　6522
59　右樂郷民還所貸食黄龍三年私學限米五斛四斗 ⧄　5491
60　右平郷入民所貸三年税米四斛⧄　5241
61　●集凡三州倉起九月一日訖卅日受嘉禾二年民所貸二三年☐⧄　5288
62　倉吏鄭黒謹列故倉吏谷☐所度連年襍米簿　3169*

55～57などの「民還貸食米」の納入記録は、特に『竹簡壱』の5000～6000番台に集中することから、簡番号の近い58がその表題簡、59～61が集計簡と推定できる。55・56などの納入記録はみな末尾が断絶しており、穀物がいずれの穀倉に納められたかは確定し難いが（57は簡番号が離れており、別の帳簿の構成要素である可能性が高い）、58中の鄭黒・谷漢はともに三州倉の吏であるため（表一参照）、これらが三州倉に関する「民還貸食米」の簿の構成要素であると想定されるのである。一方、52～54などの表題簡は既公表の竹簡中には見出し難いが、62はその一つに相当する可能性がある。当該簡は釈文では「倉吏鄭黒謹列故倉吏□□還所貸連年襍米一斛」とされているが、図版を確認し、右のように改めたものである。

62がこのように釈読できるとすれば、58・62は、三州倉吏鄭黒によって作成された、「故の倉吏谷漢の度せし所」の米簿という点で共通するが、一方は「連年襍米」、もう一方は「民還貸食連年襍米」の情報を対象としていたことになる。すなわち、二つの表題簡から、「民還貸食襍米」は「襍米」とは切りはなされ、独立した簿が作成されていたことが分かる。

以上の簿から、三州倉は民に対して穀物を貸し出していた、言い換えれば、三州倉に集積された穀物は民への貸与にも用いられたことが明らかとなった。また、「民還貸食米」の納入記録である55〜57は、納入証明書としての段階では52〜54等と同一の機能を有していたが、簿としてまとめられる際、「民還貸食米」に限定した簿が作成されたことが明らかとなった。

上記の他、「民還貸食米」については次の諸簡を見出せる。

63　其冊七斛四斗爲黃龍三年貧民所貸米　9549
64　其五斛爲黃龍三年貧民所貸米　9603
65　其十五斛五斗嘉禾元年民還貸食付倉吏黃諱潘慮受　3181
66　其卅一斛二斗嘉禾元年民貸食付倉吏黃諱番慮　中　9560
67　領黃龍二年新吏限米廿斛□斗五升黃龍三年貸食付吏黃諱潘慮　中　9630
68　小武陵郷　貧民貸食今餘禾所付（正面）　小武陵郷　守録人名本簿（背面）　（籤牌 J22 - 2620 ＊）

63・64より、「民還貸食米」が「貧民」に対して貸与されたものであったことが分かる。また、65〜67より、州中倉も民に対して集積穀物の貸与をおこなっていたことが分かる。68の簽牌については、既公表の竹簡中には対応するものは見出せず、具体的な内容は明らかでないが、貸食者の名簿が郷によって作成され、（県に？）提出されていたことが分かる。63〜66は内訳簡であり、穀物の総合的な数量が記された簡の後に置かれるものであるが、こうした書式に対応するものとして、次の二簡などが確認できる。

69　其九十斛正領　中　9551

70　其廿九斛正領付倉吏黄諱番慮　中　9672

63・64と69、65・66と70はそれぞれ書式および簡の形状、書き出しの位置などが同様で、また簡番号も近く、同性格の簿の構成要素と考えられる。そして両者の比較から、「民（還）貸食」と「正領」とが対応すると考えられる。「領」は「倉の管轄下にある（穀物）」を意味しており、「正領」は“正式な収入（として倉に集積される穀物）”、賦税などとして納められるべき穀物の意と解される。このように、「正領」と「民（還）貸食」が帳簿上区別されていることは、「民貸食」は一度穀倉に納められたものを民に貸し出すものであるため、改めて返還・納入された際に、二重の収入にならぬよう、厳密に区別して管理したことを示しているのであろう。

おわりに

本稿では次のことを明らかにした。

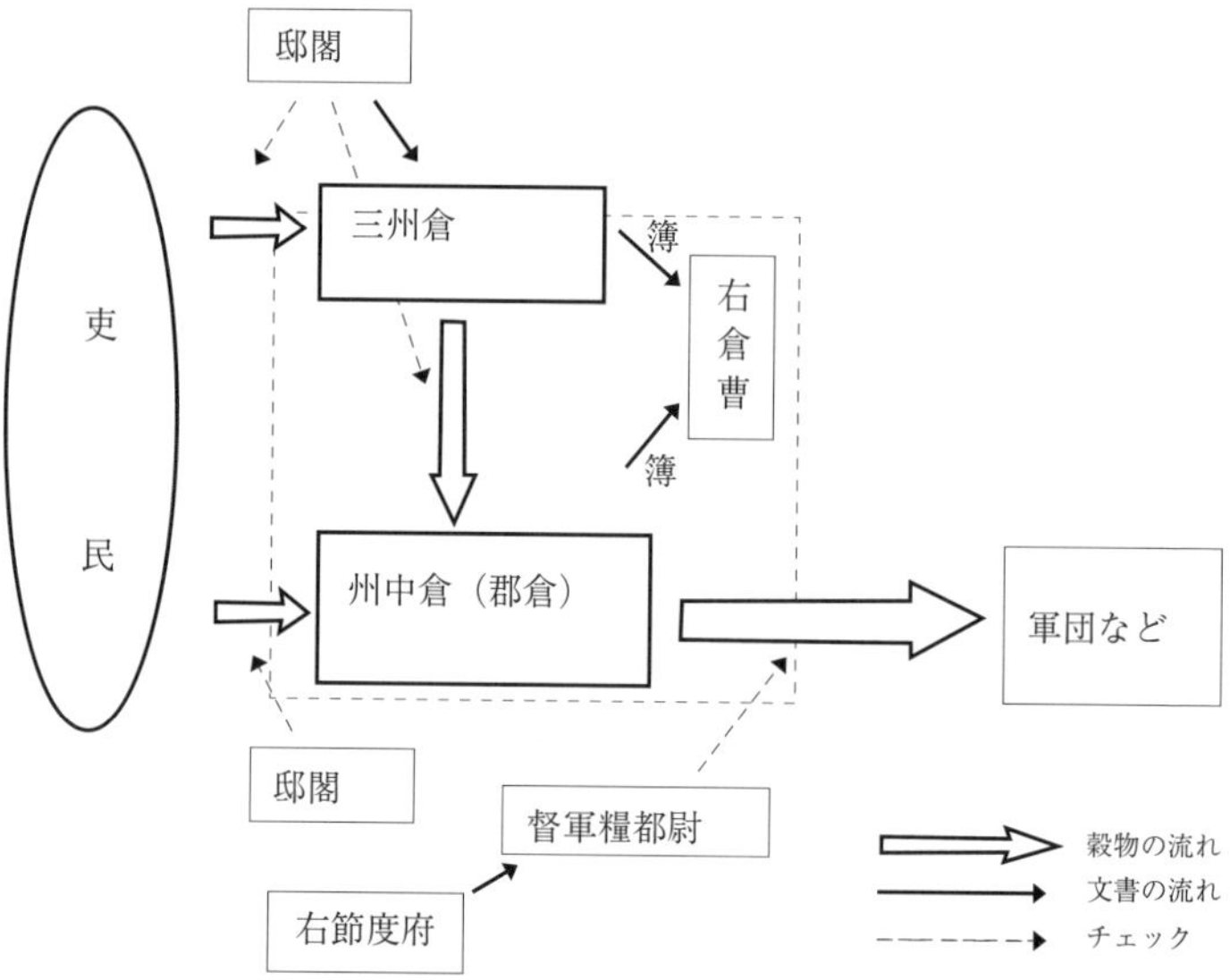

①新資料である、三州倉の搬出記録を整理・分類し、内容の全体像を提示した（第一節を参照）。
②州中倉では、「邸閣」が「督軍糧都尉」の指示により搬出を行う場合があった。
③既公表の三州倉の搬出記録は全て州中倉への移送を目的とするものである。また、他の資料においても、三州倉から州中倉へ向けての穀物の移送は確認できるが、その逆、州中倉から三州倉への移送の事例は見出せない。
④三州倉・州中倉は、貧民に対して穀物の貸与を行なっていた。また穀物管理上、貸与された穀物が返還された場合、通常の賦税などとして納められるべき穀物とは区別して帳簿につけられていた。

まず、本稿の一つ目の目的である、州中倉・三州倉の再検討についてであるが、三州倉から州中倉への穀物の流れが顕著にみえること、貧民への貸与を除く三州倉の支出の事例が見出せないことから、先行研究で想定されてきたように三州倉が州中倉に付属する関係にあることがより明確となった。ただし、そのあり方については、①郡倉（州中倉）に対する県倉（三州倉）、②ともに郡倉であるが上下関係がある（ともに賦税受付などの面では県倉としての機能も有する）、の二説を想定することができ、既公表の簡牘のみからでは確定できない。さらなる簡牘の公表をまち、今後の課題としたい。

また、今回は検討しなかったが、州中倉に集積される穀物には、「鹽賈米（官有の塩を売却した代価の米）」・「池賈米（「監池司馬」が水産品を売却した代価の米）」などの賦税とは異なる収入や、「郡吏烝勉所貸連道縣米」・「東部烝口倉吏孫陵備折咸米」などの臨湘県外の地に関わるものが確認できる。これらは、州中倉と三中倉の機能を明確に区別するものであり、州中倉を郡の正倉と解する傍証となろう。

次に、穀物の財政の枠組みについてであるが、これまでの研究で明らかにしたシステムを図示すると、前頁のようになる。拙稿aで述べたように、州中倉の穀物の用途の大部分は軍糧であり（既公表簡中には確認できないが、地方官史の俸禄としての搬出もあったと考える）、その搬出に際しては、中央政府の軍糧統制・監査機関である「節度」府系統の「督軍糧都尉」の指示を受けていた。本報告では、三州倉から州中倉への穀物移送について分析したが、こうした移送によって州中倉に補填された穀物の多くも、最終的には軍糧として消費されたのであろう。

ここで注目されるのが、第一節でみた搬出記録において、「邸閣」が州中倉への穀物移送を指示していることである。拙稿bで述べたように、穀倉に関する帳簿の作成主体は倉吏であり、その提出先は「右倉曹」である。この間に「邸閣」が介在していないことから、少なくとも「邸閣」は地方穀倉の長ではなく、その機構内には属していない如くである。軍用倉庫としてみえる文献史料中の邸閣との関係は定かでないが、各倉の穀物納入の報告を受ける立場である事と合わせて考えるに、郡県以上の機構から派遣され、各倉における軍糧確保や調整を担う官と推測できる。すなわち、これまでの検討で明らかにしてきた走馬楼呉簡における穀物の財政システムは、当該時代を象徴する、軍糧確保に重点を置くものとして位置づけられよう。

今後は、先に言及した「収入」面の分析から走馬楼呉簡中の財政について理解を深めるとともに、右に提示した枠組みが歴史的にどう位置づけられるのか、他時代の関連資料との比較検討を行なってゆきたい。関連諸機関の性格についても、新たな簡牘公表をまちつつ、継続して検討してゆく予定である。

注

（1）総数約一四万点とされるうち、これまでに「吏民田家莂」と呼ばれる大型木簡二一四一枚と竹簡二八〇五〇枚の図録本が刊行されている。①長沙市文物考古研究所・中国文物研究所・北京大学歴史学系、走馬楼簡牘整理組編『長沙走馬楼三国呉簡・嘉禾吏民田家莂』（文物出版社、一九九九年九月。以下、『田家莂』）、②同『長沙走馬楼三国呉簡・竹簡〔壱〕』（二〇〇三年一〇月。以下、『竹簡壱』）、③長沙簡牘博物館・中国文物研究所・北京大学歴史学系、走馬楼簡牘整理組編『長沙走馬楼三国呉簡・竹簡〔弐〕』（二〇〇七年一月。以下、『竹簡弐』）、④同『長沙走馬楼三国呉簡・竹簡〔參〕』（二〇〇八年一月。以下、『竹簡參』）。以下の釈文や簡牘番号はこの四書に依った。ただし②～④は簡番号が通しになっておらず、各々が1から始まるため、本稿中では（2-1234）・（3-1234）などと巻数を表記した。走馬楼呉簡の出土した古井戸については、長沙市文物工作隊・長沙市文物考古研究所（宋少華・何旭紅執筆）「長沙走馬楼J22発掘報告」（『長沙走馬楼三国呉簡・嘉禾吏民田家莂』所収）を参照。

なお、これら既公表の簡牘中には、後漢の中平二年（一八五）から孫呉の嘉禾六年（二三七）までの紀年が見えるが、文書の作成年代は孫呉の黄龍年間（二二九～二三一）・嘉禾年間（二三二～）に集中する。

（2）穀倉に関する研究としては、伊藤敏雄「長沙走馬楼簡牘中の邸閣・州中倉・三州倉について」（『九州大学東洋史論集』第三一号、二〇〇三年四月）、同「長沙走馬楼呉簡中の「邸閣」再検討—米納入簡の書式と併せて」（『中国前近代史論集』、二〇〇七年一二月）などがある。また庫については、中村威也「獣皮納入簡から見た長沙の環境」（『長沙呉簡研究報告』第二集）、窪添慶文「走馬楼呉簡の庫吏関係簡について」（『長沙走馬楼出土呉簡に関する比較史料学的研究とそのデータベース化』（平成一六年度～平成一八年度科学研究費補助金（基盤研究（B）16320096）研究成果報告書）、新潟大学、二〇〇七年三月）、などがある。

（3）拙稿「長沙走馬楼呉簡よりみる孫呉政権の穀物搬出システム」（『中国出土資料研究』第一〇号、二〇〇六年三月）。以下、拙稿a。

（4）拙稿「長沙走馬楼呉簡における穀倉関係簿初探」（『民衆史研究』第七二号、二〇〇六年一一月）以下、拙稿b。

（5）各倉の性格および両倉の関係については、早い時期から議論が重ねられており、その論点は次のようにまとめられる。
①州中倉は州倉（荊州）、三州倉は中央政府が派出した倉（三州＝呉の別称）とする説。
王素・宋少華・羅新「長沙走馬楼簡牘整理的新収穫」（『文物』一九九九年第五期）。
②両倉ともに県倉とする説（倉吏が「県吏」としてみえる事例に基づく）。
安部聡一郎「嘉禾4年・5年吏民田家莂にみえる倉吏と丘」（長沙呉簡研究会『嘉禾吏民田家莂研究――長沙呉簡研究報告』第一集、二〇〇一年七月）。
③州中倉は郡倉、三州倉は県倉とする説。
拙稿a・伊藤敏雄「嘉禾吏民田家莂における米納入状況と郷・丘」（『歴史研究』第四三号、二〇〇六年三月）・同氏前掲注（2）論文（二〇〇七）・王素（市来弘志訳）「中日における長沙呉簡研究の現段階」（『長沙呉簡研究報告』第三集、二〇〇七年三月）など。

伊藤氏は、吏民からの穀物納入事例より、州中倉に県倉の側面もあったとする。この点は私も同意見である。

（6）拙稿a。穀物搬出システムの面では、地方穀倉が付近に駐屯する軍団に穀物を支給する際、中央政府の軍糧統括機関である「督軍糧都尉」・「節度」が指示を出すこと、すなわち、地方の穀物に対して中央政府による監査が行なわれていたことを明らかにした。この他、本記録の全体像について言及したものとして、李均明「走馬樓呉簡會計用語叢考」（『出土文献研究』第七輯、中国文物研究所、二〇〇五年一一月）・宋少華「長沙三國呉簡保護整理與研究的新進展」（長沙市文物考古研究所編『長沙三國呉簡暨百年來簡帛發現與研究國際學術研討會論文集』中華書局、二〇〇五年一二月）がある。

（7）例えば「其三百十四斛五斗付州中倉關邸閣李嵩黄諱潘慮　中」（1636）などとある。

（8）「呉平斛」米と「稟斛」米について、于振波氏は前者を官府が食糧を配給する際の専用の量制、後者を通行の量制と見なし、両者の間には二四対二五という固定の換算率が存在したとする（『走馬楼呉簡初探』文津出版社、二〇〇四年）。

（9）この点については、すでに伊藤氏前掲注（2）論文（二〇〇七）の指摘がある。「右郎中」の官名は、本文引用の5など軍糧の搬出先としても見えるが、文献中には当該時代の「郎中」が穀物の管理に従事したり軍を率いたりしたことを示す記述は認められない。いずれにせよ、本箇所の李嵩は「邸閣」の職をもって穀物を搬出したと考えられる。

（10）文献中の邸閣については、日野開三郎「邸閣―三国志・東夷伝用語解の二―」（『日野開三郎東洋史学論集』第九巻・北東アジア国際交流史の研究上、三一書房、一九八四年。初出は一九五二年）・佐久間吉也「晋代の邸閣について」（中国水利史研究会 編『中国水利史論集』、国書刊行会、一九八一年）がある。邸閣の用例としては、『三国志』「魏志」巻二七・王基伝に、

其年爲尚書、出爲荊州刺史、加揚烈將軍、隨征南王昶擊呉。基別襲歩協於夷陵、協閉門自守。基示以攻形、而實分兵取雄父邸閣、收米三十餘萬斛、虜安北將軍譚正、納降數千口。

同「呉志」巻一・孫策伝裴松之注引『江表伝』に、

策渡江攻繇牛渚營、盡得邸閣糧穀・戰具。是歲興平二年也。

などとある。

（11）王素氏前掲注（5）研究動向・伊藤氏前掲注（2）論文（二〇〇七）を参照。

（12）厳密には、『竹簡壱』収録の「出黄龍元年吏帥客限米……☐」（2460）も同様の記録の断簡である可能性があるが、全体像は『竹簡参』の公刊によってはじめて明らかとなった。

（13）同書式のものとして、以下のものが確認できる。

3-1039・3-1323・3-1324・3-1325・3-1347・3-1353・3-1354・3-1356・3-1358・3-1360・3-1361・3-1363・3-1365・3-1367・3-1369・3-1381・3-1383・3-1400・3-1417・3-1419・3-1420・3-1421・3-1422・3-1423・3-1424・3-1425・3-1426・3-1427・3-1429・3-1430・3-1431・3-1441・3-1483・3-1486・3-1492・3-1494・3-1497・3-1502・3-1507・3-1510・3-1511・3-1512・3-1515・3-1517・3-1519・3-1522・3-1525・3-1528・3-1532・3-1533・3-1537・3-1541・3-1544・3-1550・3-1558・3-1559・3-1575・3-1576・3-1580・

3-1586・3-1590・3-1593・3-1601・3-1617・3-1619・3-1623・3-1684・3-1726・3-1729・3-2158・3-2164・3-2171・3-2172・3-2174・3-2176・3-2183・3-2198・3-2204・3-2205・3-2211・3-2213・3-2215・3-2241・3-2242・3-2248・3-2251・3-2252・3-2257・3-2271・3-2276・3-2277・3-2286・3-2468・3-2469・3-2477・3-2483・3-2494・3-2495・3-2498・3-2499・3-2502・3-2530・3-2546・3-2566・3-2646・3-3570・3-4424・3-4432・3-4611・3-4613・3-4659・3-4661・3-4667・3-4675・3-4691・3-4697・3-4706・3-4710・3-4713・3-4723・3-4739・3-4757・3-4764・3-4821・3-4862・3-4867・3-4881・3-4885・3-4886・3-4901・3-4909・3-4955・3-5075・3-5139・3-5156・3-5160・3-5225・3-5433・3-8238・3-8243・3-8311

（14）以下、受け渡し先としてみえる人名を、「搬出を指示する文書」との対応ごとに提示する。姓名のみのものは、「大男」と表記されるもの。

県のみ…区巴・何虎・何怒・顔階・棋頎・元□・胡許・五繞・黄馮・黄力・黄刀・蔡理・蔡雙・謝□・朱安・朱才・朱史・張官・張元・張児・張忠・趙益・陳頭・陳□・鄭虎・鄧平・鄧真・傅刀・文宜・毛禮・羅圭・李回・李平・李□・劉帛・寥純・盧午・吏逢昇

邸閣董基のみ…許□・高達・謝巴・謝回・石就・張流・吏陳雒／吏黄階のみ…胡烏・谷□・烝成

県と吏黄階…谷文／県と吏黄階と邸閣董基…毛主

不明もしくは記載なし…胡初・朱□・張業・張□・李連・黄旨・□周・□專・盧長・蔡顔・監仁・番宜・□平・黄□・朱主・□寫

（15）同書式のものとして、以下のものが確認できる。

3-237・3-1313・3-1327・3-1328・3-1338・3-1343・3-1346・3-1373・3-1380・3-1384・3-1387・3-1388・3-1390・3-1391・3-1398・3-1403・3-1405・3-1406・3-1408・3-1410・3-1411・3-1412・3-1413・3-1436・3-1438・3-1439・3-1442・3-1444・3-1445・3-1446・3-1448・3-1490・3-1496・3-1500・3-1501・3-1505・3-1508・3-1509・3-1513・3-1514・3-1518・3-1520・3-1524・3-1526・3-1531・3-1543・3-1545・3-1546・3-1552・3-1554・3-1557・3-1562・3-1565・3-1566・3-1591・3-1592・3-1609・3-1611・3-1613・3-1618・3-1622・3-1683・3-1709・3-1713・3-2102・3-2161・3-2162・3-2167・3-2173・3-2180・3-2182・3-2200・3-2201・3-2202・3-2203・3-2207・3-2209・3-2214・3-2237・3-2243・3-2245・3-2246・3-2254・3-2262・3-2270・3-2273・3-2278・3-2282・3-2432・3-2480・3-2484・3-2485・3-2501・3-2542・3-2545・3-4420・3-4421・3-4588・3-4601・3-4619・3-4649・3-4652・3-4662・3-4672・3-4688・3-4726・3-4741・3-4751・3-4771・3-4792・3-4800・3-4810・3-4818・3-4829・3-4849・3-4866・3-4902・3-5002・3-5167・3-6538・3-8268・3-8271

(16)『竹簡壱』の段階でも「掾黄諱」「史潘慮」と確認できる簡は含まれていたが、全て断簡であり、年度の確定はし難かった。

(17)前掲注（5）研究動向・伊藤氏前掲注（2）論文（二〇〇七）年を参照。

(18)走馬楼呉簡中の穀物簿には、（1）表題簡（2）承余簡・今余簡（3）集計簡①「右」簡②「集凡」簡（4）本文ないしそれに類する簡①納入簡②搬出簡③「其」簡（5）「已入」簡・「未畢」簡などの構成要素がある。拙稿b参照。

(19)拙稿b・侯旭東「呉簡所見“折咸米”補釈—兼論倉米的転運与吏的職務行為過失補償」（長沙簡牘博物館・北京呉簡研討班『呉簡研究』第二輯、崇文書局、二〇〇六年九月）を参照。

(20)侯氏前掲注（19）論文。

(21)伊藤氏前掲注（5）論文。

(22)このタイプの納入簡の性格・記載事項については、關尾史郎「吏民田家莂の性格と機能に関する一試論」（呉簡研究会『嘉禾吏民田家莂研究—長沙呉簡研究報告』第一集、二〇〇一年七月）・伊藤氏前掲注（2）論文（二〇〇六・二〇〇八）などを参照。

(23)中村氏前掲注（2）論文。庫に納められる銭・布・獣皮についても同様の納入簡が作成されている。

(24)走馬楼呉簡中の「貸食」米については、魏斌氏による体系的な検討がある（「走馬楼所出孫呉貸食簡初探」『魏晋南北朝隋唐史資料』第二三輯、二〇〇六年一二月）。

(25)侯旭東「長沙三国呉簡三州倉吏“入米簿”復原的初歩研究」（『呉簡研究』第二輯所収）、拙稿bを参照。

【付記一】本稿は、二〇〇六年一二月九日に開かれた中国出土資料学会二〇〇六年度第二回例会（於流通経済大学）における報告「長沙走馬楼呉簡における穀物簿と穀倉業務——州中倉・三州倉の再検討と穀物財政の枠組み」を、新資料に基づき大幅に加筆・修正したものである。

【付記二】本稿は、平成二〇年度～二一年度科学研究費補助金（特別研究員奨励費）による研究成果の一部である。

朝鮮古代史篇

韓国木簡研究の現在 ―新羅木簡研究の成果を中心に

李成市

はじめに

韓国出土木簡は、一九七五年に慶州雁鴨池遺跡の発掘調査で五〇余点が発見されて現在に至るまで、全国一九遺跡、三六〇余点が確認されている。墨書のある木簡の出土点数は現在のところ約二四〇点を数えるが、中国や日本での出土木簡に比べれば、量的には決して多いとは言えない状況にある。しかしながら、ここ数年の研究によって、韓国出土木簡が、韓国古代史のみならず広く東アジア古代史研究にとっても注目すべき意義を有していることが明らかになりつつある[1]。

本稿の目的は、東アジアからみた新羅木簡の特徴を日本木簡との比較を通して論じようとするものである。韓国出土木簡の中でも、新羅木簡は、王都であった慶州のみならず地方の山城からも出土しており、その時代も六世紀中頃から八世紀に至ることが確実である多様な木簡が確認されている。

本稿では、これらの新羅木簡を、二〇万点とも言われる古代日本の木簡と比較するために、作業仮説として、日本における木簡の一般的な内容分類に従い、これまで出土した新羅木簡の代表的なものを取り上げることを通して、まずは新羅木簡と古代日本木簡との対応関係を明らかにし、それに基づいて韓国出土木簡の位相について言及することにしたい。

1 新羅木簡分類の前提

日本で出土した木簡は、大きく、文書（A）、付札（B）、その他（C）に、三つに区分されている。まず、文書であるが、諸官司において作成された様々な文書・記録、官人の書状などを一括して文書と総称している。これらはさらに、その書式によって、狭義の文書（a）と、伝票・帳簿などの記録（b）に分けられている。(2) 狭義の文書（a）とは、形式上、何らかの形で授受関係が明らかなものを指す。文書の差出者・授受者が明記されているものは勿論のこと、宛先がなくとも、いずれかに差し出したことを示す用語があるものは、これに含まれる。こうした狭義の文書に対して、文書の授受関係が明記されていないものの中で、物資の出納などに関する記録（b）は、さらに伝票と帳簿に分けられる。

上記の文書（A）に対して、物資に付けられたものを付札（B）と総称している。付札は、税物に付けられた荷札（a）と、諸官司が物品の保管・整理のために付けた付札（b）の二種類を区分されている。これらの文書と付札のほかに、習書・落書・記載内容の不明な断簡類は、その他（C）として扱われている。本稿では、このような範疇内のものとして、習書と識字教本を扱うことにする。

2　新羅の文書木簡

（1）狭義の文書

これまで出土した新羅木簡のうちで、文書（A）のうち、狭義の文書（a）と規定できる代表的な木簡が二点ある。ひとつは、二聖山城出土木簡（一一八号木簡）であり、もう一つは、月城垓字出土木簡（一四九号）である。各々、狭義の文書に該当する新羅木簡の内容を見てみることにしたい。

まず、二聖山城出土木簡は、觚と呼ばれる四面体の形態をもち、墨書は三面にわたって次のように記されている。

・戊辰年正月十二日明南漢城道使
・須城道使村主前南漢城城火□□
・城上蒲黄去□□□□賜□

すでに、拙稿において検討したように[3]、この一一八号木簡は下端を逸失しているものの、その内容は、「戊辰年正月十二日の明け方に、南漢城道使」が「(□) 須城道使村主」に発信した文書と推定できる。その根拠は、二行目「村主」の次に記された「前」字であって、高麗以降には明確に見られる用例（〜に宛てる）に従っているとみられるからである。

また、古代日本の木簡には、「某の前に申す」（いわゆる「前白木簡」）という文書様式が七世紀後半から八世紀にかけての木簡に比較的多数、確認されており、その構文の由来は、中国六朝時代頃の文書形式とされ、こうした隋唐以前の文書形式は、百済などを媒介にして古代日本に受容されたのではないかと推測されている[4]。

二聖山城出土の一一八号木簡は、五五二年以降に築造された新羅の山城から出土しているので、上述のような文書形式を有する新羅木簡とみなすことができる。その使用年次である戊辰年は「道使」が存在した下限からは六〇八年ないしは、六六八年と推定されるが、出土遺物や種々の状況から六〇八年の可能性が高い。要するに、一一八号木簡は日本において多数の出土例のある「前白木簡」の先駆的な形式の木簡であり、その文書形式から、八世紀に日本で用いられるに至る伝播過程を想定する際にも軽視できない。

以上のように、一一八号木簡は、年月日や時間帯（明け方）を明示し、差出人と授受者が明記された文書木簡であることを確認しておきたい。

さらに、文書形式を備えた木簡には、月城垓字出土の一四九号木簡がある。すでに述べた一一八号木簡と同様に、四面体の觚の形態をもつこの木簡には、文書形式を示す「牒」字がみられ、その内容についても、かつて下記のような釈文と解釈を示した上で、紙の購入請求のために、官司の間で交わされた写経所関係文書との仮説を提示したことがある。(5)

〔釈文〕

牒垂賜教在之後事者命盡

経中入用思買白不雖紙一二斤

大烏知郎足下万引白了

使内

〔解釈〕

牒す。垂され賜し教在り。後事は命ずる盡に。

経に入用と思しめし、買たしと白す。不《しか》らずと雖も紙一二斤。

大烏・知郎の足下万引白し了える。
使内

しかしながら、この一四九号木簡については四面体に記された文書の内容をどの面を起点にして、いかなる順序（反時計回り〔拙稿〕、時計回り）で読むかをめぐって異説がある。その中にあって、市大樹氏は、諸説を検討した上で、時計回りの読み方を前提に次のように釈文して、文書としての性格をいっそう明確に指摘している。(6)

〔釈文〕
①大烏知郎足下万拝白々
②経中入用思買白不雖紙一二斤
③牒垂賜教在之　後事者命盡
④使内

〔訓読〕
大烏知郎の足下に万拝《よろずおが》みて白し白《もう》す。
経に入用と思しめし、白にあらずと雖も紙一二斤を買えと。
牒を垂《た》れ賜えと教在《あ》り。後事は命を盡《つく》して
使内

この一四九号木簡の内容を、上記のような文書形式として読みとる上で、その根拠として核心をなすのは、下記のような飛鳥京跡苑池遺構（奈良県明日香村）出土木簡の冒頭部分における対応関係である。

〔釈文〕

・大夫前恐万段頓首白□〔僕カ〕真乎今日国
・下行故道間米无寵命坐整賜[7]

市大樹氏に従えば、この明日香村出土木簡の冒頭部分と、一四九号木簡の一行目が対応関係にあるというのである。すなわち、「大烏知郎→大夫」、「足下→前」、「万→万段」、「拝→頓首」、「白々→白」とあるように、使用している語句に違いはあっても、同じ文章構造であると指摘し、両者を次のように解釈している。

「大烏知郎の足下に常に拝んで、次のようにお願い申し上げます」。
「大夫様の前に進み出て、恐れながらも常に首を垂れて申し上げます」。

このような市大樹氏の所説に先立ち、すでに尹善泰氏は月城垓字出土一四九号木簡の当該部分に、二聖山城木簡と同様の「某前申」形式の構文を読みとり、一四九号木簡の「某足下白」形式の文書が、古代日本の「某前白（申）」形式文書の直接的な淵源であったとの見通しを述べている[8]。市大樹氏の所説によって、より具体的に対応関係が明示され、構文の形式が同一であることが裏づけられたことになる。

ただし留意しなければならないのは、市大樹氏に従えば、一四九号木簡は、「牒」木簡そのものではなく、二聖山城木簡と同様の「前白木簡」に相当する上申文書とみなしている点である。すなわち、「教」を取り次いだ木簡の作成者が「大烏知郎」に対して、写経用の紙を購買することにかかわる「牒」を発給するように上申したものと捉えるのである。「教」（王の命令のみならず、官司の命令）を受けて「牒」を発するという形式は唐や日本で見られることから、新羅でも一般化していた可能性を市大樹氏は推定している。

以上のように、一四九号垓字木簡は、古代日本の木簡との対応関係から、文書木簡としての性格の解明が試みられた事例として注目される。

ところで、垓字出土木簡には、釈文が定まらず、不明な点があるものの、文書木簡の可能性が高いものに、円柱状（棒状）をした一四八号木簡がある。

□□大宮士等敬白□□前先
□□等□［　　　］賜
□□［　　　］時中
［　　　］
還不□□□
□□□□

釈文中の「大宮」とは、『三国史記』巻三九、職官中の次の内省沿革記事にある「大宮」に間違いなかろう。

真平王七年、三宮各々置私臣、大宮和文大阿飡、梁宮首肸夫阿飡、沙梁宮弩知伊飡。

すなわち、真平王七年（五八五）に大宮、梁宮、沙梁宮が置かれ、各々の宮には、それを管掌する「私臣」が置かれたという。一四九号木簡に記す「士等」は、人名と見るのが穏当かも知れぬが、「私臣」は私大等とも表記されていたので、「士」と「私」の音通を認めれば、「士等」が大宮の私臣である可能性も捨てきれない。いずれにしても、「士等」の下にある「敬白」は、「謹んで申し上げる」と解せるので、ここに文書の形式を認めることは可能である。

一四九号木簡は、一見すると、円柱状の表面にやや乱雑に文字が書き連ねられているように感じられ、文書とは見なしがたいところもある。しかしながら、古代中国には、「檄」と称する文書があり、この檄とは元来、文書ではなく、書写材料であって、ある特定の大きさや形をもった円柱状の簡ではないかと推定されている。[9] 一四九号木簡をひとまず檄とみなしておくことにする。

このように見てくれば、同じ形態をした垓字出土木簡には、次のような墨書を記す一五三号木簡が注目される。

「四月一日典太等教事
勺筈日故為改教事□
「　　　　　　　」

中央官司群を統轄した執事部の次官、「典太等」の「教事」（命令）を記すこの木簡の具体的な内容の把握は困難であり、その用途も合わせて今後明らかにしなければならないが、月城垓子出土の一四九号、一五三号木簡が各々、大宮と執事部に関わる文書として用いられた可能性のみを指摘しておきたい。

(2) 伝票と帳簿

すでに冒頭で指摘したように、狭義の文書（a）に対して、文書の授受関係が明記されていないものには、物資の出納などに関する記録（b）があり、それらをさらに、伝票（α）と帳簿（β）に分けようとする試みがある。寺崎保広氏に従えば、複数の案件を集計し、主として照合の際の台帳として機能する書面として「帳簿」を捉え、集計の材料となり、また帳簿と照合される単数の案件を記録したものを「伝票」と見なしている。

　このような伝票の範疇に属するとみられる新羅木簡に、月城垓字出土の一五一号木簡がある。

・「●習比部二里今受　●一南岡二里今受　阿今里不　□二里不　」（前面）

・「□□□　□里受　天祝受　除□受　閭□受　赤里受　□□不受　□□不受　東里不受□」（左側面）

・「□南川受　［　］受　［　　］多比力不有　［　　］□　□□受代土□□」（後面）

・「□□□（里カ）受　□□□（里カ）受　赤居波受　麻支受　■一牟喙仲里受　新里受　上里受　下里□□」（右側面）

新羅六部のうちの習比部、牟喙の部名と共に、里名が列挙され、右下に小さな文字で、「受」もしくは「不受」などと書かれている。おそらくは、まず四面体に里名を列挙しておき、小字で書かれた「受」「不受」などは、確認の後の追記であろう。

　確認の上で、追記された「受」字は、南山新城碑（第一碑）に、築城担当の城壁距離を「受十一歩三尺八寸」と記しているごとく、何らかの負担が科せられていたことを意味しているのであろう。とすれば、南山新城碑が王京六部人の場合、里を単位に築造を負担していたように（第三碑）、この木簡もまた、里ごとに賦課された税、あるいは力役の確認（勘検）がなされていたことを示していると見られる。垓字木簡が、六〇〇年前後の遺物と共に出土していることからすれば[10]、南山新城碑の如き力役動員の現場で用いられた伝票の可能性もある。いずれにしても、觚の形態をした一五一号木簡は、単独で完結しているのではなく、里ごとに、「受」ないし「不受」の勘検をした後に、これらの結果を集計して上位の帳簿に記載される材料と考えられる。その意味では、集計の材料となり、また帳簿と照合される単数の案件を記録したものを「伝票」と称するとすれば、まさに一五一号木簡は、伝票と規定するに相応しいと言える。

さらに伝票の範疇に入る木簡として、雁鴨池出土一八六号木簡がある。(11)

・「隅宮北門守 阿□/才者左　同宮西門守 元方左/馬叱下左」

・「東門守 三毛左/――　開義門守 小巴乞左/金老左」

すでに、拙稿で何度か指摘したように、これと酷似した次のような木簡が平城宮内裏外郭内の土坑から発見されている。

・「東三門 額田　林　神/各務　漆マ　秦　北門 日下マ/県　北府 服□/大伴」

・「合十人　五月九日食司日下マ太万呂状」

これは兵衛が西宮と呼ばれた区画にある門に出勤した当日の食料請求のための木簡と推定されており、各門の名を挙げて、その下に人名が割書で記されている点に共通点が見られる。(12)

尹善泰氏は、雁鴨池出土の一八六号木簡と、平城宮出土の一〇〇号以外木簡や、九二号、九九号等との比較検討を行い、それらの人名にある合点に注目し、上記の雁鴨池一八六号木簡の釈文に「左」とした文字を「在」と見なして、これを合点と同様の新羅独自の符号との解釈を提示している。(13)ただ、次に論じる雁鴨池出土の一九八号木簡では、古代中国の文書や日本の木簡、古文書に広く見られる合点と同様の「了」字を崩した符号が記されており、「在」を合点と見なすには、文字の配分や画数から無理があるように思われる。

いずれにしても、重要な点は、日本出土木簡の記載様式の場合、割書部分に列挙されている人物は出挙稲支給の対象者など、何らかの物品支給の対象者である場合が多く、一定の記載様式のもとでは、同一の性格の帳簿が作成されている可能性が高いことである。

さらに、雁鴨池出土の一九八号木簡もまた、藤原宮出土の木簡（ＳＤ一〇五・一四五出土木簡）と酷似する内容と形式をもっていることで注目されている。各々の釈文を示せば次のとおりである。

・大黄一両〔九ヵ〕□分　黄連一両　皂角一両　青袋一両　升麻一両
甘草一両　胡同律一両　朴消一両　□□□一両
・□□□□　青木香一両　支子一両　藍淀三分

・「漏盧湯方漏盧二両　升麻二両　黄芩二両　大黄二両　枳実二両
白斂二両　白微二両　勺薬二両　甘草二両　」

・「麻黄二両　漏盧
新家親王　湯方兎糸子□　本草」

雁鴨池出土の一九八号木簡は、藤原宮出土の多数の薬物木簡と同様に、薬物のリストが記されるという記載様式になっており、しかも一九八号木簡は、薬物名の上に合点が付されていることから、この木簡は、薬物請求のリストであり、さらにそれが薬物の授受の際に合点が付されたと推定されている[14]。そうであるとすれば、一九八号木簡もまた伝票の類型に属するものと考えられるであろう。

3 新羅の付札木簡

(1) 荷札

上述した文書に対して、物資に付けられた木簡を付札と総称することは、すでに述べた。日本の付札木簡の多くは、紐を括り付けるための切り込みを上下両端にもつか、あるいは上端のみにもち、下端はそのまま尖らせている。尖らせるのは、それを荷の俵や、荷を縛った縄の間に差し込むためとみられている。また、長さ二〇~三〇センチメートル、幅二~四センチメートル程度のものが多い。

税の荷に付けられた荷札（貢進物付札ともいう）は、宛先はなく、どこから進上したかを書くのが一般的である。荷札木簡には、その税物を出した人の本貫地（国郡里）名、人名、税目、税物、貢進糧、年月日などが記されるが、これらの要素の中には省略されるものがあり、全て書かれるのは、最も整っている場合である。

上記のような特徴を有する新羅の荷札には、城山山城木簡がある。咸安城山山城からは、一九九二年より一二次にわたる発掘調査が継続された結果、現在では一六二点の墨書のある新羅木簡が発見されている[15]。韓国内の遺跡から発見された全木簡の三分の二をしめることになる。

現在まで出土している城山山城木簡のほとんどが同一の性格をもっており、木簡の典型的な書式は「郡名+村名+人名＋官位＋物品＋数量」となっている。記載された地名は、慶尚北道の三国期における地名が記されており、それらは五五二年に新羅が施行した広域行政区画である「上州」管下の地域におさまる。

木簡に記された官位には、新羅が在地首長たちに与えた外位一一位のうち、上干支（六位）、一伐（八位）、一尺（九位）が検出されている。城山山城には干支など用いられた年次を示すものは一点もないが、外位「上干支」の表記法から、五六一年以前に用いられたと推定される。[16]

物品は、稗が最も多く、次いで麦、さらに一点ながら鉄があり、二〇〇七度の発掘で米が新たに発見された。稗の表記は、「稗」「稗一」「稗石」など多様であるが、これらは「稗一石」の簡略な表記とみなしうる。その形態は、地域差も見られるものの、おおよそ長さ二〇センチメートル、幅二センチメートルで、下端に切り込み、あるいは穿孔があり、大半が松材が用いられている。多くは、松の細長い枝を用いて半截し、樹皮を削って木簡面を作り、裏面は截断したままに近い状態であり、両側面に樹皮を残したものが何点か存在する。

以上のように城山山城出土木簡は、形態、記載内容を同じくしており、同一目的で使用された可能性が極めて高い。[17]その用途は、稗、麦、米などの物品に付けられた荷札であり、遠隔地から城山山城まで、在地首長たちによって穀物などが輸送され、そこに荷札が付けられていたことになる。

木簡に記されていた地名は、現在の慶尚北道地域に集中しており、その地域的特性ゆえに、慶尚道の南北を縦貫する内陸交通路としての洛東江が注目されてきた。城山山城からは一〇〇㎞ほど隔てた北部の諸地域から、洛東江を利用して輸送されてきたと推定される。

上記のような性格をもつ城山山城木簡は、日本古代木簡にみられる荷札木簡と同一の性格をもつと見てよく、七世紀後半以降に登場する日本の古代木簡のルーツを考える上で、きわめて大きな意味をもっている。

城山山城木簡を広く古代東アジア地域に位置づけようとするとき、まず、その形態においては、材の下端部に切り込みをもつタイプの木簡は尼雅出土漢文簡牘（尼雅晋簡）にも見ることができるので、両者の関係は、すぐにでも検討すべき課題である[18]。また、日本古代の荷札木簡に確認されていることからも、城山山城木簡の形態的な特徴は、日本の荷札木簡に影響を与えたものと推定される。

(2) 付札

城山山城木簡が典型的な税物につけられた荷札であったが、一方、雁鴨池出土木簡の中には、諸官司が物品の保管・整理のために付けた一群の付札が認められる。それらは、次に掲げるように、おおよそ「年月日＋作＋動物名＋加工品名＋容器その他」という記載形式によって書かれており、動物を加工した食品を入れた容器に付けられたと考えられる。「容器その他」の部分は省略されることが多いが、次に掲げるように、基本的には記載内容が一定しており同一と見てよい。

一八八号（二一五号）
・「＜丙午年四月」
・「＜加火魚助史三□〔入カ〕」
一八九号（三八号）
・「＜庚午年□〔正カ〕月廿七日作□」
・「＜□□□□〔助史瓮カ〕　」

二一一号

・「＜辛□年正月十□
　日作□猪助史」

・「＜百十□石　　」

二一二号

・「＜庚子年五月十六日」

・「＜辛番猪助史缶」

二一五号

・「十一月廿七日┌〔入一口カ〕┘赤

・「魚助史卒言

二二一号（八号）

甲寅年四月九日作加火魚□〔肆カ〕

二二二号

＞三月廿一日作獐助史缶□〔醢カ〕

冒頭に年月日を記したのは、これらの木簡が醢や鮓などの発酵食品に付されたものであったために、年月日を記載して、食品の加工日を記しておくことで、十分に発酵したか否かなどを知るためであったと推定される。[19]

木簡中に加工品名としてみられるもので確実なのは、「醢」と「鮓」（二一〇号）であり、醢は、日本では「しおから」「ひしお」「ししびしお」などと読まれるが、これらは魚や動物の肉を塩漬けにしたものとみられる。

これらの一群の木簡の中には、動物名の下に「助史」がみられるが、醢と助史がひとつの木簡に同時に現れることはなく、また助史は、木簡の記載形式上、醢と同じ位置に来ている。したがって、「助史」は官職名[20]ではなく「醢」と同様になんらかの食品加工法を意味すると考えられ、漢字の音を借りて新羅固有語を記したと推定される。というのも助史は現代韓国音で読むと「조사」であり、醢・鮓・塩辛を意味する「젓」とは音が近類しているので、助史は、二字でその音を標記したものと推測される[21]。

こうした雁鴨池出土の付札と同様の食品の出納・管理に関わる木簡として、日本でも、大安寺出土木簡の事例が知られている[22]。

また、これらの他にも、雁鴨池木簡の二一三号には、表裏に、

策事門思易門金

とあって、門名を二つ列挙して、そのあとに「金」と記している。「金」は、朝鮮古代において「蘇」「素」「徐」などの文字でも表記され、それらは現代朝鮮語で鉄や金属の総称として用られる「쇠」に通じる。とすると「金」は朝鮮語の鍵を意味する「열쇠」の「쇠」の漢字表記と推定されるので、この木簡は、「策事門」と「思易門」の鍵に付けられた札とみなせるのではあるまいか。古代日本でも鍵の札として使用された木簡が平城京などから出土しており[23]、同様の用途をもっていたとみられる。

4 その他—習書と識字教本

新羅木簡の中で、習書木簡は、雁鴨池出土の次のようなものがある。

一九九号木簡

　太邑　太邑　太邑

太邑太邑太邑□□太邑

□乙酉十月廿三日□□子□□

一八四号木簡

・「韓舎　□□〔舎舎カ〕舎　舎　舎　　韓舎　天寶十一載壬辰十一月
　　　韓舎　韓舎　韓舎　　　　天寶　寶□〔寶カ〕寶

・「韓舎韓舎韓舎文□〔受カ〕（絵）

まず、一九九号木簡は、「太邑」何度も書き記すものであり、一方、一八四号木簡には、新羅第一二等の官位「韓舎」を両面にわたって幾度となく記している。この習書で注目されるのは、「韓」「舎」の二字を併せて一字のごとく記す書体である。元来、一二等の官位は「大舎」と表記されたが、それは合わせ文字として「舎」と記される事例が石碑などに多く見られる。この「舎」の書体の名残であるかのように、「韓」字と「舎」字は、近接して記されている。こうした「韓舎」の書体は、正倉院宝物氈貼布記に見られる「韓舎」の文字に酷似しており、しかも、一八四号木簡中に記された「天寶十一載壬辰十一月」は、正倉院所蔵氈貼布記が日本にもたらされたと推定される七五二年にあたる。[24] 一八四号木簡に列記された「韓舎」の文字を熟視してみると、あたかも氈貼布記の両者は同一人の筆跡であるかのようである。

このほかに多面体の木簡に『論語』の文言を記すものがある。金海鳳凰洞から出土した木簡は、上下端を欠損しているが、四面に記された文字は『論語』公冶長篇の一部であることが判明している。[25] 発掘報告書によれば、木簡が出土し

た同一層位から出土した土器のなどから見て、六世紀後葉から、七世紀初め頃の年代と推定されている。(26)

Ⅰ　×不欲人之加諸我吾亦欲无加諸人子×　（表面）
Ⅱ　×文也子謂子産有君子道四焉其×　（左側面）
Ⅲ　×已□□□色舊令尹之政必以告新×　（裏面）
Ⅳ　×違之何如子曰清矣□仁□□曰未知×　（右側面）

さらに、京畿道高陽郡の桂陽山城の集水井からも、五角柱の木簡（長さ一三・八センチ、幅一八・七～一一・九センチ、上下を欠損）が発見され、そこにも『論語』公冶長篇の一部が記されていた。

Ⅰ　賤君子□□人□
Ⅱ　吾斯之未能信子□
Ⅲ　□不知其仁也求也
Ⅳ　［　　　　　］
Ⅴ　［　　　］子曰吾

発掘担当した李亨求氏によれば、木簡が出土した集水井の底（Ⅶ層）から出土した円底短頸壺の特徴は、四、五世紀頃の百済土器との共通点が見られることを根拠に、「木簡の使用時期を四・五世紀とみて無理がない」と指摘している。(27)
上記した二つの木簡の判読された文字は、『論語』公冶長篇のテキストを省略せず記していることで共通している。

また欠失している下端から次の面の上端までの文字数は各々近似しているので、欠失したスペースには、元来、文字があったと推測できる。こうした事実をふまえて、両者はいずれも『論語』公冶長篇を省略することなく、一メートル以上の多面体の木材に、全文を忠実に書写されていたと推定する復元案がすでに提起されている[28]。

これらの二つの論語木簡が長大であるという復元案から想起されるのは、徳島県観音寺遺跡から出土した『論語』木簡であって、七世紀第2四半期のものと推定される角柱状の四面（六五・三センチ）には、『論語』学而篇の冒頭が記されていた。ただし、これは『論語』のテクストを正確に記したものではなく、習書とする見解もあり、また当初より正確に筆写するつもりがなかったとする説もある[29]。

ところで、このような多面体にテクストを書写した木簡は、古代中国にも識字教本の例がある。識字教本の場合は、書物であっても、その目的は字を覚えることであって、内容理解ではない。韓国出土の『論語』木簡が、長大な多面体の木簡に、忠実にテクストを記していたとすれば、書写材料としての木材の耐久性という特性を生かした利用法が考えられなければならない。すなわち、何度も復唱し、暗記するような用途がふさわしいように思われる。

実際に、朝鮮王朝時代には、長さ一〇数センチ、幅五ミリほどの薄い竹の札に四書五経の文章を記して、これを筒の中に詰め込み、籤のように頭部をつまみ出して、暗記を確認する経筒が広く用いられていた。卓上用、携帯用などによって、その経筒の口径には、差異がある。復元案に示された『論語』木簡の長さと経筒の竹札とはその長さに相当の開きはあるが、繰り返し書物の暗記のために、紙ではない書写材料が求められていたことにかわりはない。

新羅時代の国学（六八二年設立）では、そこで学ぶ学生は『論語』が必修であった。上記の韓国出土の『論語』木簡は、発掘報告書による限り、国学以前の時代に使用されていたことになるものの、テクストの暗誦を目的として使用された蓋然性が高いのではあるまいか[30]。ちなみに古代日本の学令では、試験において千字ごとに三字を伏せて、その文字を応えさせる規定があるが、多角形の『論語』木簡は、このような利用法には打ってつけである。そうした利用法を含めて、韓国出土の『論語』木簡を、広義の識字教本と見るならば、宮都や地方の遺跡から出土する日本の『論語』木簡と、韓国出土の『論語』木簡との関係は、それほど遠いものではないのではなかろうか。

おわりに

韓国出土木簡は、いまだ出土点数こそ少ないが、韓国出土木簡には日本で出土した木簡と類似するものが多数確認されており、それらをあえて日本の木簡の分類に従って比較を試みることで、日本古代の木簡が韓国出土の新羅木簡と緊密な関係にあったことをみてきた。従来、日本列島出土の木簡は、中国出土の木簡との関連性が見出しがたく、日本列島で独自に形成されたものと考えられてきたが、韓国出土の木簡、とりわけ新羅木簡に特定しても、その類似性はまことに顕著である。

新羅木簡と日本木簡との比較を通して見えてくるのは、東アジアにおける韓国出土木簡の位相である。かつて、韓国出土の木簡を巨視的に捉えるモデルとして、次のように図式化したことがある。[31] 本稿で見たように、韓国出土木簡には、檄（円柱）や觚（四角柱）のような中国的な要素を色濃く持つものが含まれているが、しかし、それと同時に日本木簡との共通性、類似性の明らかなものが少なくない。そのような関係は、

中国大陸（A）→朝鮮半島（A'→B）→日本列島（B'→C）

となるのではないかと考えている。つまり朝鮮半島における部分（A'→B）を消去させては、中国大陸（A）と日本列島（B'→C）は、結びつけようがない。しかるに中国木簡（A）を受容した朝鮮半島では、それらを受容し変容させていった（A'→B）のであり、そのような変容過程を経た木簡が日本列島で受容された（B'）という経路が浮かび上がっ

てくる。本稿でとりあげた木簡の形状や書式、また、木簡の分類に共通性が見られるのは、それらを裏づけているように思われる。

韓日両国で出土した木簡の類似性については、今後さらに時間軸を設定し、歴史的な段階を重視しながら検討したり、また百済木簡と新羅木簡の差異など、その地域的な偏差にも注目しながら、朝鮮半島と日本列島の間での木簡の類似性を生みだしていく背景を探究することが求められる[32]。

ただし、その際に日本列島の出土木簡といっても、それらの地域性に留意が必要である。というのも、いわゆる宮都木簡よりは、むしろ日本の地方木簡に、韓国木簡の影響が見られる点が注目されているからである[33]。比較的早い段階で形態や書式が整えられていく宮都木簡とは対照的に、地方木簡は、形態や書式が宮都ほど整えられることのなかった状況の中で、韓国木簡の多様な要素の影響が、ある段階まで残存したのではないかと推定されている。こうした点は、今後も引き続き検証してゆく必要があるだろう。本稿は、そのような検討のための前提的な作業でもある。

注

(1) 朝鮮文化研究所編『韓国出土木簡の世界』(雄山閣、二〇〇七年) 所収の諸論文を参照。なお、最新の発見には、扶余双北里出土木簡 (二〇〇八年)、羅州伏岩里出土木簡 (二〇〇八年) 等がある。

(2) 寺崎保広「帳簿」(平川南他編『文字と古代日本』1, 支配と文字、吉川弘文館、二〇〇四年)。

(3) 李成市「韓国出土の木簡について」(『木簡研究』一九、一九九七年)。一行目の「明」は、かつて「朋」と釈文したが、「明」の異体字であることを明らかにしたので、釈文を「明」と改めた。

(4) 東野治之「木簡に現れた『某の前に申す』という形式の文書について」(『日本古代木簡の研究』塙書房、一九八三年)。金秉駿氏のご教示によれば、近年ではさらに時代を遡って漢代においても検出されているとのことである。

（5）李成市「朝鮮の文書行政―六世紀の新羅」（平川南他編『文字と古代日本』2，文字による交流、吉川弘文館、二〇〇五年）。また、一一八号木簡を古文書との対比によって牒とみなす見解については、三上善孝「文書様式「牒」の授受をめぐる一考察」（『山形大学歴史・地理・人類学論集』七、二〇〇六年三月）を参照。

（6）市大樹「慶州月城垓字出土の四面墨書木簡」（奈良文化財研究所・大韓民国国立文化財研究所編『日韓文化財論集Ⅰ』学報七七冊、二〇〇八年、奈良文化財研究所）。なお市大樹氏の一四九号木簡の訓読と解釈は次の通りである。

〔訓読〕

大烏知郎の足下に万拝《よろずおが》みて白《もう》し白す。

経に入用と思しめし、白にあらずと雖も紙一二斤を買えと。

牒を垂《た》れ賜えと教在り。後事は命を盡《つく》して

使内

〔解釈〕

大烏知郎の足下で常に拝んで、次のようにお願い申し上げます。経で必要となる紙を、たとえ白紙でなくてもよいので、一二斤買いなさい、という牒を垂れ賜いなさいという命令がありました（したがって、この命令の旨を取り次ぎ、牒を発給していただくよう、お願い申し上げる次第です）。後の事は命令の意を十分に察した上で処理して下さい。

（7）市大樹氏の訓読と解釈は次の通りである。

〔訓読〕

大夫の前に恐《かしこ》みて万《よろずたび》段頓首して白す。僕《やっこ》真乎、今日、国に下り行く故に、道の間の米无し。寵《おおみこと》命に坐《ま》せ、整え賜え。

〔解釈〕

大夫様の前に進み出て、恐れながらも常に首を垂れて申し上げます。奴である私真乎は、本日、地方に下向いたしますが、道中の米がございません。上司の命令でありますので、道中の米を整えて下さいますよう（お願い申し上げます）。
（8）尹善泰「月城垓字出土新羅木簡に対する基礎的検討」（朝鮮文化研究所編『韓国出土木簡の世界』雄山閣、二〇〇六年）。
（9）角谷常子「簡牘の形状における意味」（冨谷至編『辺境出土木簡の研究』朋友書店、二〇〇三年）一一一～一一二頁。
（10）趙由典・南時鎮『月城垓字調査報告書Ⅰ』（慶州古蹟発掘調査団、一九九〇年）。
（11）釈文は、橋本繁「雁鴨池木簡判読文の再検討」（『新羅文物研究』創刊号、慶州博物館、二〇〇七年）に従う。
（12）李成市「韓国出土の木簡について」（前掲誌）一三四頁。
（13）尹善泰「雁鴨池出土『門号木簡』と新羅東宮の警備―国立慶州博物館撮影赤外線善本写真を中心に」（『新羅文物研究』前掲誌）。
（14）三上善孝「慶州・雁鴨池出土の薬物名木簡」（朝鮮文化研究所編『韓国出土木簡の世界』前掲）。
（15）朴鍾益「咸安城山山城発掘調査と出土木簡の性格」（国立加耶文化財研究所『咸安城山山城出土木簡』韓日共同研究資料集、二〇〇七年）一六一頁。
（16）木簡の使用年代は、新羅が安羅国に政治力を及ぼした五四〇年以降、五六一年以前に限定できるが、現在までに出土した城山山城木簡に記される地名は、当時の「上州」管内に収まるので、新羅の「上州」設置との関連を重視すれば、上限はさらに五五五年以降と限定することができる。
（17）城山山城木簡は、山城築造以前に、一括して排水機能を造成するために植物有機物とともに投棄されたことが国立扶余文化財研究所によって明らかにされている。つまり、山城築造以前に、穀物を始めとする物品が新羅の（上州管内）各地から山城内に集積され、それらに付けられていた木簡が廃棄されたと考えられる。木簡には、一つとして送付された年月日が記されていないが、それは送付した時期を特定する必要がなかったからであり、石築の山城を造営するに先立って、ある一時期に、同時に用いられたために年月日を記す必要がなかった可能性がある。
（18）安部聡一郎「中国主出土簡牘との比較研究―尼雅出土漢文簡牘を中心に」（『咸安城山山城出土木簡の意義―国立加耶文化財研究所・

日本早稲田大学朝鮮文化研究所共同研究記念学術大会資料集』国立加耶文化財研究所、二〇〇七年、昌原市）を参照。

(19) 橋本繁「雁鴨池木簡判読文の再検討」（前掲誌）。

(20) 李文基「雁鴨池出土木簡からみた新羅の宮廷業務―官中雑役の遂行と宮廷警備関係木簡を中心に」（『韓国古代史研究』三九、二〇〇五年、ソウル）。

21. 橋本繁「雁鴨池木簡判読文の再検討」（前掲誌）。

(22) 鈴木景二「寺院遺跡出土の木簡」（大庭脩編『木簡―古代からのメッセージ』大修館書店、一九九八年）二八九頁。

(23) 李成市「古代朝鮮も文字文化」（平川南編『古代日本　文字の来た道』大修館書店、二〇〇五年）五二頁。

(24) 李成市『東アジアの王権と交易』（青木書店、一九九七年）八四頁。

(25) 橋本繁「金海出土『論語』木簡と新羅社会」（『朝鮮学報』一九三、二〇〇四年）。

(26) 釜山大学校博物館『金海鳳凰洞低湿地遺跡』（釜山大学校博物館研究叢書三三輯、二〇〇七年）五四頁。ただし、発掘を担当された全玉年氏のご教示によれば、木簡が出土した層からは、慶州雁鴨池から出土した土器と編年上、同じ頃の土器が検出されることから、七世紀後半以降におよぶ可能性があるという。

(27) 李亨求『桂陽山城発掘報告書』（鮮文大学校考古研究所・仁川広域市桂陽区、二〇〇八年、牙山市）。同報告書には、下端の四分の一が五角形の觚形で、残りの四分の三の部分が円柱状の木簡（長さ四九・三センチ）が取り上げられており、下端部の釈文は、「□□子□□□」となっている。文字を記すために作成されたとすれば、その長さは、『論語』を記した百センチ以上の長大な木簡を想定する復元案には、有力な遺物となる。ただし、李亨求氏は、五〇センチ以上の五面体の木柱を作成するのは、木の節目のために困難であるとの立場をとっている（同書二七三頁）。

(28) 韓国出土『論語』木簡の復元案については、橋本繁「金海出土『論語』木簡と新羅社会」（前掲誌）、同「古代朝鮮における『論語』受容再論」（朝鮮文化研究所編『韓国出土木簡の世界』前掲書）参照。

(29) 新川登亀男『漢字文化の成り立ちと展開』(山川出版社、二〇〇二年) 九五頁。

(30) 橋本繁「金海出土『論語』木簡と新羅社会」(前掲誌)。

(31) 李成市「古代朝鮮の文字文化と日本」(『国文学』七―四、二〇〇二年三月)。

(32) 近年、韓国では、百済の王都や地方から六・七世紀の木簡が出土しているが、それらの木簡の形態や書式には、明らかに、同時代の新羅木簡との違いが認められる。そのような差異が何によってもたらされたのかは、今後の大きな課題である。

(33) 三上善孝「韓国出土木簡と日本古代木簡―比較研究の可能性をめぐって」(朝鮮文化研究所編『韓国出土木簡の世界』前掲書) 参照。

木簡からみた漢字文化の受容と変容

尹善泰
（朴珉慶 訳）

はじめに

東アジアの古代社会は、自己表現の手段として「漢字」を導入した。これは中国・朝鮮半島・日本列島が一つの世界、一つの漢字文化圏を形成する最も重要な基礎となった。ところで、こうした文化圏を見る従来の視角では、中国の中心文化が一方的に周辺部社会へ伝播し受容されたとのみ説明されている。しかし、実際の中国文化の伝播は、中心から周辺へと一方向に展開したのではなく、周辺内部の多様な断層が相殺される、中心と周辺部の相互作用、または周辺部内部での力動的な関係を通じて行われた(1)。

たとえば、高句麗と百済は、いずれも楽浪・帯方郡を通じてほぼ同時期に中国文化を取り入れたが、律令の受容と変容の過程においては大きな違いがある。これは尺度制を見た場合、最もはっきりと現れる。百済は、後漢尺・南朝尺・唐尺を次々と受容しそのまま使用したが、高句麗では後漢尺をもとに土着的な高句麗尺を新しく作り出した。また、高句麗・百済より後発国であった新羅と古代日本は、中国の尺度制でなく高句麗の作り出した高句麗尺に基づいた量田制を実施した(2)。このように高句麗と百済では、中心文化を消化する方法が明らかに異なっていた。そして、後発国であった新羅と古代日本の場合、中国そのものというよりは高句麗を通じて中心文化を理解していたことがわかる。

筆者は、これまで古代戸籍の年齢等級と尺度制などの検討を通じて高句麗・百済・新羅の中国文化受容とその変容過程を追跡し、これを踏まえて古代東アジア世界の形成過程を理解しようと努めてきた[(3)]。本稿では、韓国古代木簡の形態、符号、借字表記などを主に分析して、韓国の古代国家における漢字受容過程にみられる諸様相を究明したい。

現在、韓国の各地から古代木簡が出土し、これまでに出土した金石文とともに古代の文字生活を復元するのに大きく役立っている[(4)]。特に百済木簡は、出土点数は多くないものの、同時代の一次資料ということから、これまで関連資料の不足のため解明されていなかった百済における漢字文化の受容様相をより具体的に理解することを可能にした[(5)]。また、これによって高句麗・新羅の文字資料との比較検討が可能になるので、韓国古代社会の漢字受容とその変容過程において百済の占める位置を検討できるようになった[(6)]。

本稿では、まず「木簡の形態」に着目する。中国簡牘文化の受容とその変容過程を多面木簡と荷札によって究明したい。次に「木簡に使用された符号」を整理する。符号というと有形的符号のみ注目されがちであるが、空格(blank)つまり意図的な「分かち書き」も文章を句切る装置という点から符号の範疇に入れて検討する[(7)]。最後に、木簡とこれまでの金石文資料に見える「借字表記」を追跡し、その進化の過程を通じて、百済文字資料の特徴を新羅木簡と比較検討する中で新たに究明する。諸賢のご叱正を乞う。

一　多面木簡と荷札

これまでに出土した韓国の古代木簡は、すべて六世紀以後に制作されたものである。その中で、月城垓子と雁鴨池から出土した木簡は、制作年代がそれぞれ「六～七世紀」と「八世紀以後」とに明確に区別されるので、新羅の木簡文化が時期別に変化していく過程を復元するための非常に重要な指標遺物である。これと関連して月城垓子木簡は、雁鴨池木簡と比較した場合、断面が四角形ないし三角形の「多面」木簡と、特別な加工なしに木の樹皮を剥いだだけで使用した「円柱形」木簡の比重が非常に高いことが注目される。月城垓子から出土した二九点の墨書木簡のうち、円柱形木簡と多面木簡は一一点にもなる。特に円柱形木簡の中には、六行にかけて墨書されたものも確認されている。これに対して雁鴨池木簡全六九点のうち、多面木簡がわずか四点に過ぎない(8)。

これまでに報告されている韓国古代の墨書木簡は三五〇点にも満たないのに、全国の遺跡から多面木簡が三〇点以上出土している。ところが朝鮮半島から木簡文化が伝わった日本では、木簡の出土点数が実に三〇万点を上回るにもかかわらず、多面木簡の出土例は極めて少ない。円柱形木簡は、管見の限りでは報告された事例がない。したがって、多面木簡と円柱形木簡は、韓国古代の木簡文化を代表する重要な特徴の一つと考えられる。そして、先に月城垓子と雁鴨池木簡との比較を通じて明らかにしたように、多面木簡は六～七世紀に圧倒的に多く使われ、八世紀以後には使用範囲が縮小し消滅していった。

多面木簡は、もともと中国に起源を持つもので、漢代には「觚」と呼ばれた。觚は、多角形の棒状の形態で、三～四面、時には八面まで書写面を作り、多くの文字を書けるようにした木簡である。多くても二面までしか書けない一般的な竹簡や木簡に比べ、觚にはずっと多くの文字を記すことができる。このような觚はさまざまな用途に使われ、とりわけ軍の命令書である檄書、『急就篇』・『蒼詰篇』など初学者の教本、そして記録物の草案作成や習字用などの用途に使用された(9)。

ところで、朝鮮半島から出土した觚形式の木簡も、檄書を除けばほとんど中国漢代の觚と用途が類似しているため、中国の簡牘文化に影響を受けたことがわかる。

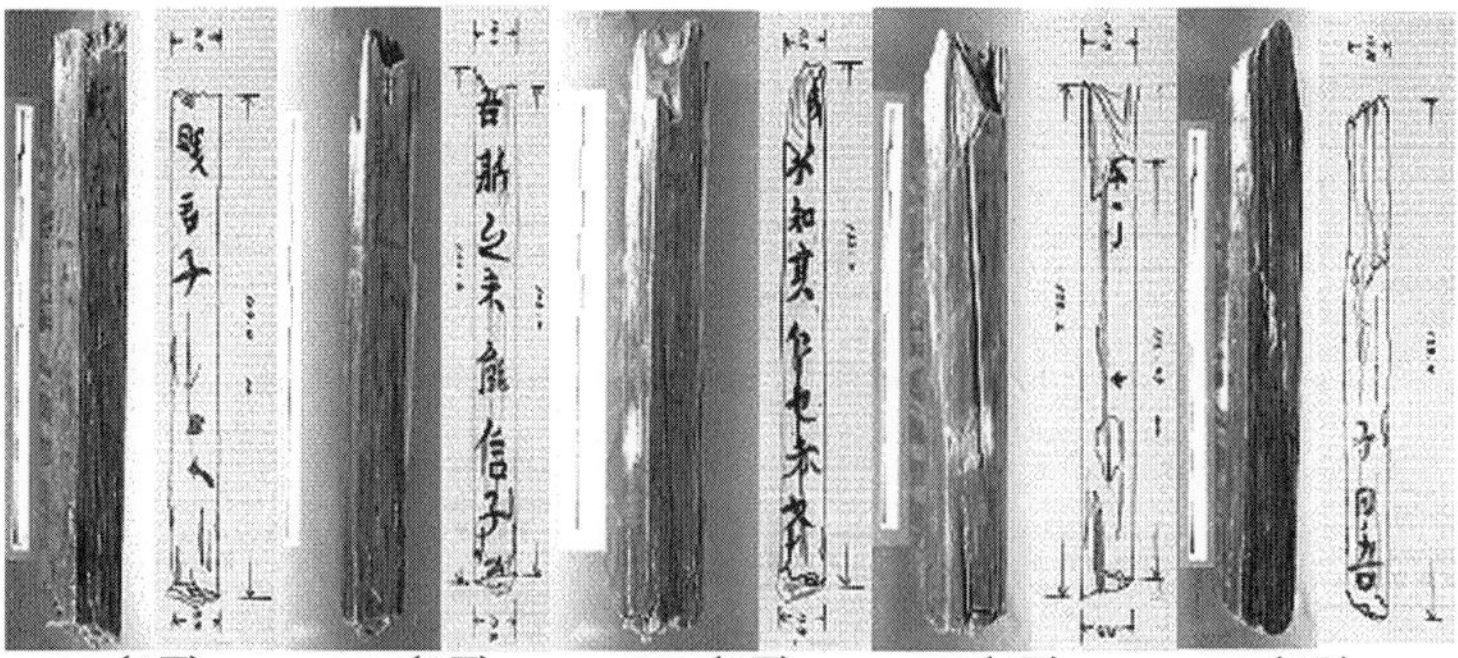

図1　仁川・桂陽山城出土『論語』多面木簡

まず金海・鳳凰洞遺跡と仁川・桂陽山城遺跡から出土した新羅の『論語』多面木簡を考察したい。

これらの木簡は、四角形あるいは五角形の断面を持つ棒状に作られ、(10)『急就篇』・『蒼詰篇』など学習用教本を記録した漢代の觚と用途が共通する。(11)觚は、ある一面の文字を読んだり覚えたりするとき他の面の文字が見えないため、初学者の暗記学習に広く使用された。(12)

ところで、中国漢代の学習用の觚と新羅『論語』木簡とは、多面木簡という形態は共通するものの、木簡の長さにおいては大きな違いがある。中国漢代の学習用の觚は、長くても三六センチ程度しかないが、新羅『論語』木簡は、原形を復元するといずれも長さ一メートル以上にもなる。(13)したがって、新羅『論語』木簡は、形態は中国漢代の学習用の觚からある程度の影響を受けたことは確実であるが、独自の変容があったことにも留意する必要がある。

新羅における『論語』木簡が一メートル以上の長さで作られたことと、古代日本の長大な木簡である告知札や物忌札とを関連づけ、これらの木簡が個人用でなく公共用たとえば国学や地方学校で学生たちの前に立てられ暗誦用として用いられたものではないかという見解が出されている。(14)しかし、新羅『論語』木簡は、書写面の幅が一・五〜一・九センチしかなく細いので折れやすく、また文字も小さいので、公共用として用いるには適していないと思われる。したがって、長さだけでなく書写面の幅をも考慮に入れるならば、むしろこれらの木簡は個人が管

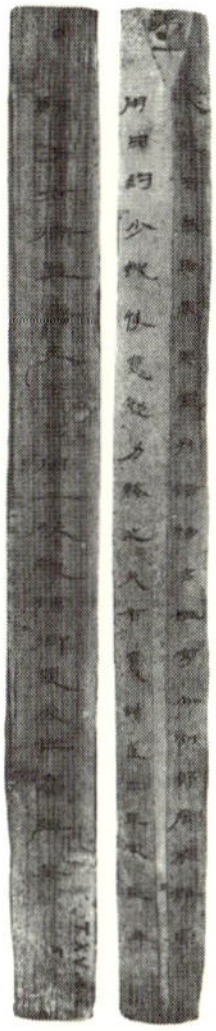
図2

理していた典籍木簡である可能性も排除できないだろう。すなわち、新羅において『論語』を多面木簡で、しかも一メートル以上に作った理由を再検討する必要がある。

まず、一般的な木簡より書写面を多くしたり長さを長くしたりした目的には、一つの木簡に内容をなるべく多く記そうとする意図があったと考えられる。上述したように、一般的に二尺の長さに作られた中国漢代の「檄」がこれをよく現している。檄は主に軍令を記す用途で使われるが、視覚的に目立つようにして中身の重要性を強調するために通常の木簡より二倍以上長く制作した。

ところで、特に注目されるのは、軍令を一点の木簡に書くことによる文書伝達の便と完結性を図るために多面木簡の形で制作し、木簡の長さも内容に伴って長くなったことである。(15) 一九七四年、居延の甲渠候官遺跡から発見された「候史広徳坐罪行罰檄」は三面木簡であり、その長さは一三〇センチにもなる。(16)

したがって、一メートル以上ある多面木簡を用いた新羅『論語』木簡は、紙の普及が一般化していな

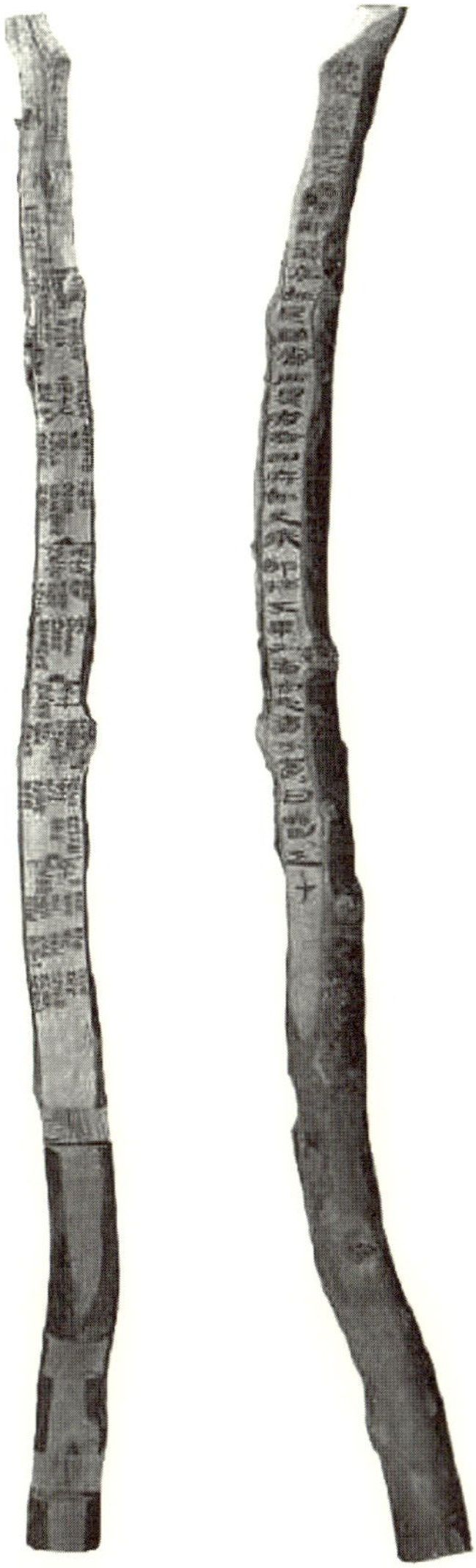
図3　候史広徳坐罪行罰檄

かった統一期以前の新羅社会において、典籍類を記すとき、木簡ができるだけかさばらないように考案された典籍類木簡の一形態であった可能性があるだろう。

一方、漢代には記録内容の重要性と権威を高めるために、通常の木簡より長さを長くした木簡がある。たとえば皇帝の詔書は、通常の木簡に比べ一寸長く作られた。また、皇帝が制定、頒布する法律を記した竹木簡も長く製作された。『塩鉄論』・『史記』・『漢書』などにみられる「二尺四寸之律」、「三尺法」、「三尺律令」などの記録は、二尺四寸あるいは三尺の竹木簡に法律を記したことを物語っている。実際、居延漢簡には、律令の目録が記されている長さ三尺の木簡があり、漢代の法律文書が三尺の木簡に記されていたことを実証している。

さらに漢代には、儒家の経典を記した竹木簡も、通常の木簡より長いものに記された。『孝経鈎命決』によると『春秋』は二尺四寸、『孝経』は一尺二寸の長さで製作するとあり、儒家経典は全般的に通常の竹木簡に比べ大きかったことがわかる。後漢の周磐が死ぬときに、自分の棺に「二尺四寸の六経」を入れるよう遺言したという。これは儒家理論が思想界の頂点に上った漢代に、儒家経典がその他の書籍に比べ尊重されたことを示す例である。甘粛省武威県磨咀子の後漢時代の墓から発掘された『儀礼』甲本木簡の長さは、五五・五〜五六センチであり、丙本木簡の長さも五六・五センチである。これは二尺四寸（約五五・九二センチ）とほぼ一致しており、漢代に儒家経典が実際に二尺四寸の長さに製作されたことを示している。(17)

したがって、新羅において『論語』木簡が一メートル以上の長さに作られたことも、当時新羅で『論語』が占めていた地位を物語る可能性がある。(18)もちろん漢代には、これとは逆に、『孝経鈎命決』によると『論語』を標準の木簡より短い「八寸」に作るとあるが、これをそのまま新羅に適用することはできないと思われる。新羅では、すでに六世紀の「真興王巡狩碑」に帝王の基本姿勢として『論語』の文章を引用しており、七世紀にも金庾信、丕寧子、郝熱撰干など中央や地方の支配層の人々が『論語』の文章を暗誦し、自らの座右銘や息子の名前に活用していたことが確認される。(19)なお、統一以後、国学でも『論語』は『孝経』とともに最も重要な経典として学生たちの必読書として位置づけられていた。

つまり、『論語』が記された新羅の多面木簡は、漢代簡牘文化のさまざまな要素が受容・変容されたものではないか。第一に、学習用教本を多面木簡に記す発想は、『急就篇』や『蒼詰篇』などを多面木簡に記した漢代の学習用の觚に由来するものと考えられる。第二に、木簡の大きさを一メートル以上の長さで製作したのは、軍令伝達の緊急性と完結性を図るために二尺以上の多面木簡の形で作られ、さらに内容によっては長さを非常に長くした漢代の檄に影響を受けたと考えられる。第三に、記録内容の権威を視覚的に見せつけるために通常の木簡より長く作られた漢代簡牘の規格性も一定の影響を与えた可能性がある。

ところで、こうした形式の『論語』多面木簡は、新羅で最初に創案されたものではないと思われる。時間・空間的にみて新羅は、漢代簡牘文化の直接的な影響を受けることはできなかった。漢代の觚や檄の機能と特徴を直接消化したのは、楽浪・帯方郡に接していた高句麗と百済であることが確実である。後述するように百済の文書標識用の付札が、漢代の文書楬の形式と酷似していることも、これをよく物語る。こうした点からみれば、書写材料が木でなく石であるとはいえ、「広開土王碑」（四一四年）や「中原高句麗碑」（五世紀）の形態は多面木簡と全く同様である。「中原高句麗碑」と対比される「広開土王碑」の巨大な大きさも、木簡の長さを通じて権威を表した簡牘の規格性に照らして論じうるのではないだろうか。高句麗の多面木簡の出現を期待したい。

韓国の古代社会が、中国漢代の編綴簡時代から紙時代までの変化過程をすべて経験したとすれば、日本には紙木併用期であった七世紀以後の朝鮮半島の木簡使用法が伝えられた。朝鮮半島と日本との間には、木簡文化の落差が存在する。八世紀以後の雁鴨池木簡の形態や機能が、日本の古代木簡のそれと類似しているのも間違いなくこうした理由からである。日本の正倉院に所蔵されている新羅の紙の帳簿である「禄俸文書」や「貢物文書」は、作成年代が雁鴨池木簡と重なる八世紀半ばと推定されており、その記載形式上、六～七世紀代の帳簿木簡を代替していく痕跡を見出すことができる。結局、韓国の古代社会において、典籍類の多面木簡は編綴簡の変容した形として残存していたが、紙の使用が一般化するにつれて消滅していったと思われる。筆者は、中国漢代の「編綴簡文化」、古代日本の「短冊形木簡文化」に対比される韓国古代の「多面木簡文化」を提唱したい。

多面木簡のみならず、百済と新羅の付札および荷札についても、古代東アジアの木簡文化において朝鮮半島が占めていた歴史的位相が感じられる。「付札」とは、物品に括り付けるために作られた木簡をいう。物品に括り付けるために、木簡の中央に穴を開けたり、左右に三角形の切り込みを入れたりしたものが一般的な形状である。

韓国古代の付札には、文書や典籍の標識として付けるために作られた文書表示用の付札もある。官北里二八五号の百済木簡には、「兵与記」という帳簿名が記されていて、形態や墨書内容などすべての面から中国漢代の文書楬に合致す

図4　官北里二八五号木簡

地節四年三月／卒兵擧。

図5

る。まず、二八五号木簡は上端の角が削られ半円形の弧の形になっている。また、図4からわかるように、木簡の左上段に、穴の一方が破損しているものの紐で縛るための穴が確認できる。おそらく廃棄の際、木簡が薄いため（厚さ約二ミリ）縛られた紐によって穴の片方が破損したと思われる。こうした木簡の形態は、中国漢代に編綴竹簡の表紙として使われた「文書楬」と形式が極めて似ている。[20] 実際に漢代の文書楬の中にも、穴の片方が欠損したものが出土している。

このように極めて精巧な百済の文書標識用の付札は、百済の木簡文化がかつての楽浪・帯方郡の簡牘文化から影響を受けて成立したことを物語っている。また、こうした細かい点に至るまで木簡製作に意を尽くしたことは、百済の文書行政システムがかなり成熟していたことを意味する。『隋書』百済伝に「能吏事（文書行政に熟達している）」と特記されているのも理由のあることであり、この一枚の付札木簡がそれを見事に証明している。[21]

ところで「荷札」は、付札の中でも税として貢進された物品に付けるために製作されたものを指して呼ぶものである。[22] 一般的に納税者の「地名（＋人名）＋税額」が記されている。この「荷札」という言葉は、日本の木簡学界で特化された学術用語であり、それだけに紙木併用期を代表する木簡であるといえる。

近年、慶尚南道咸安の城山山城から、五六一年頃に作られた新羅の荷札が大量に出土し、[23] 古代日本の荷札が朝鮮半島に起源を持つことがより明確になりつつある。城山山城の荷札は、日本の七世紀末、評制下の初期荷札とその記載様式や形態の面で類似性が確認されるためである。[24]

ところで問題は、こうした荷札の発明を新羅独自の創案と見ることができるかということである。これと関連して、尼雅で出土した晋代（あるいは後漢代）の「謁（刺）」の墨書内容と形態が、城山山城の新羅荷札と類似していることが早くから指摘されてきた。[25]

しかし、木簡下段に切り込みのある形態は、すでに戦国時代の曾侯乙墓出土付札にも確認される。[26] あるいは、物品に付けるという付札の本質的な機能のため、形態の類似性が時空間を超えて現れたのかも知れない。そうだとすれ

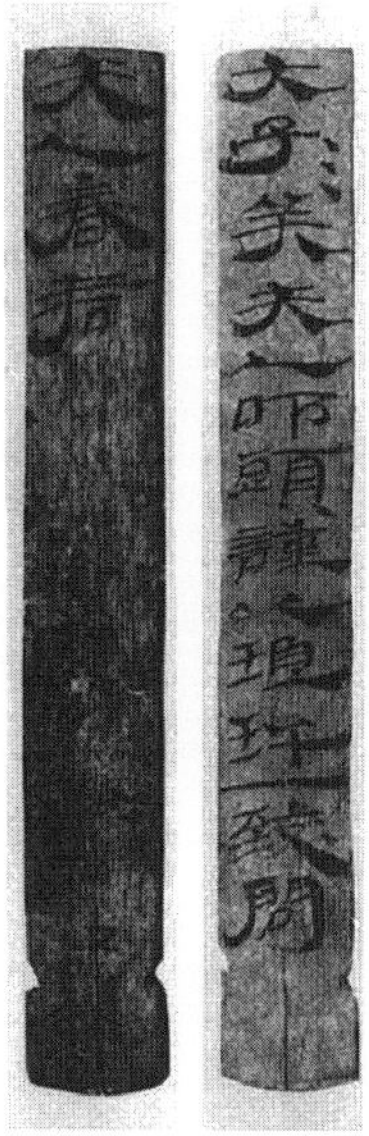

大子、、美夫人叩頭謹以琅玕一致問／夫人春君。

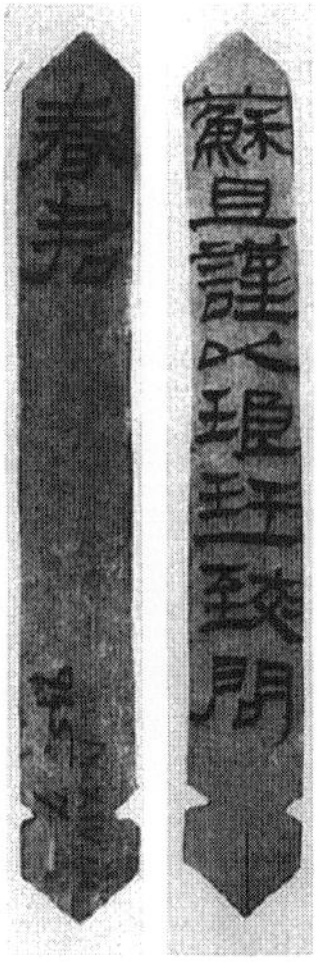

蘇且謹以琅玕一致問／春君。

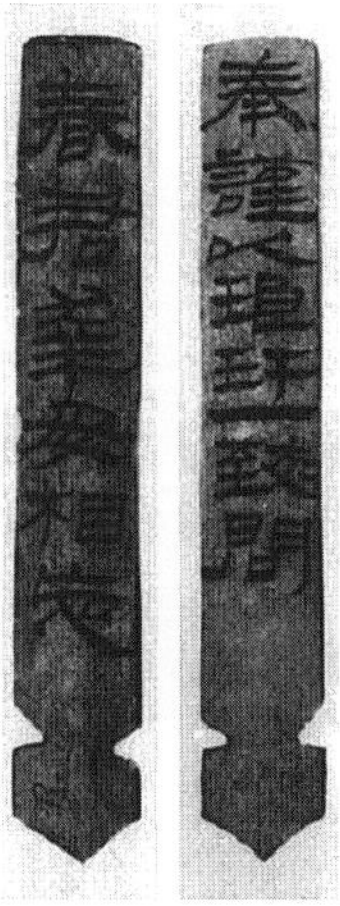

奉謹以琅玕一致問／春君。幸毋相忘。

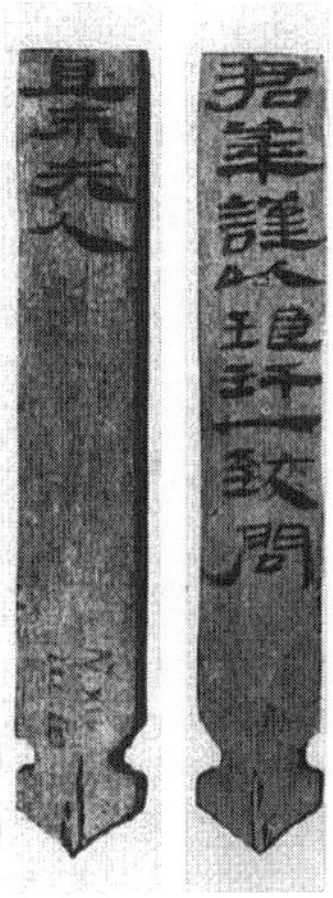

君華謹以琅玕一致問／且末夫人。

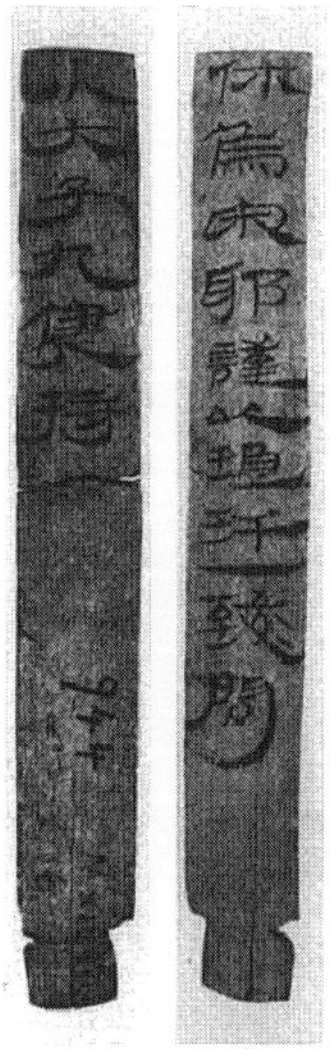

休烏宋耶謹以琅玕一致問／小大子九。健持。

図6　尼雅出土「謁(刺)」

ば、新羅荷札の起源に対する追跡は、「税の貢進」という荷札の直接的な機能と関連づけて検討する必要がある。

上述したように、朝鮮半島の古代木簡文化を理解するためには、漢代の簡牘文化を必ず一次的な検討対象としなければならない。さらに官北里から出土した漢代の文書楬形式の文書標識付札から考えれば、付札や荷札もやはり漢代簡牘文化との関連性の中で議論すべきだと思われる。特に高句麗の場合、一時的に玄菟郡の直接的な税収取体系の下にあったため、漢代の収取体系に関する木簡書写文化を早くから経験し、これを自らの古代国家体制の確立に活用した可能性がある。

ところで漢代には、付札木簡ではないが、税に付けて記載様式も新羅の荷札と類似した税物貢進用の「物品検」があり注目される[27]。図7から分かるように、こうした物品検には一般的に納税者の「地名+税額（+責任者）」が記されており、新羅の荷札と記載様式が一致する。漢代には税が貨幣で徴収された。また個人の納付を一定の地域単位にまとめて納付した。袋に貨幣を入れ「物品検」で封じる方式は、その機能上、新羅の荷札と同一の範疇で論じうるものと考えられる。

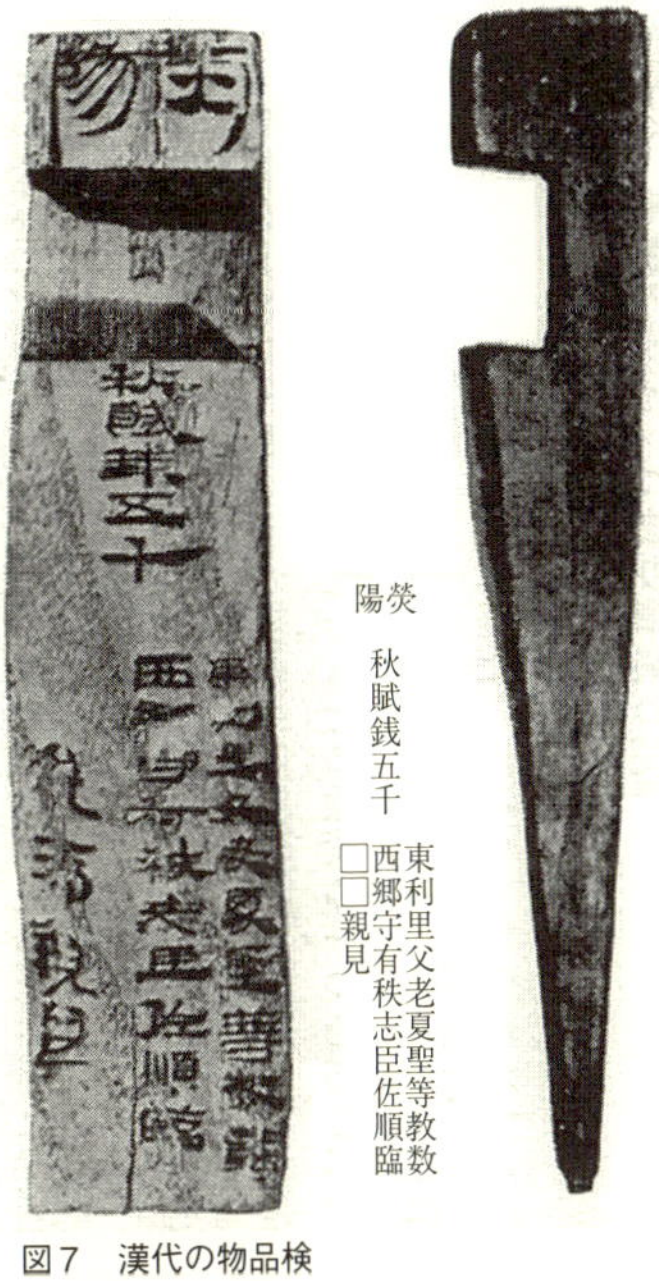

図7　漢代の物品検

すなわち、韓国古代社会においては貨幣でなく現物で税を貢進したので、こうした条件に合わせて、現物そのものに付ける付札で物品検の代替とし、税貢進用の物品検の記載様式だけはそのまま踏襲したのではないかと思われる。結局、荷札も韓国古代社会における独自の創案というより、形態は漢代の「物品楬」、記載様式は「物品検」という漢代簡牘文化の影響のもとで誕生したと考えられる。これは一次的に高句麗・百済に受容され、新羅へ伝播した可能性が高い。

これまで木簡の形態や機能の側面から漢代簡牘文化の受容と変容を検討した。次は中心と周辺との言語的な違いによる漢字表記と「翻訳」という漢字文化の実質的な受容様相、書写文化上の特色について検討したい。

二　符号と空格

中国の漢字は、文字の数が夥しいだけでなく、韓国語とは異なり助詞も動詞の語尾変化もなく語順も異なるので、朝鮮半島の古代人たちが漢文を完璧に使いこなすことは、極めて困難であった。六世紀の新羅にも『詩経』、『尚書』などを懸命に勉強することを誓った人々がいたが、彼らの作文した「壬申誓記石」（五五二年）は、漢文ではなく単純に新羅の語順どおりに漢字を並べたものである。

しかし、「迎日冷水里碑」（五〇三年）からわかるように、新羅ではすでに六世紀初めに漢字を用いて「王命（教）」や司法判決などを文書形式で伝達し保存するという初歩的な文書行政が行われていた。[28] 七世紀半ばに至っても官僚たちの漢文のレベルが低かったにもかかわらず、[29] このように早くから文書行政システムが可動しえたのは、漢字体系と古代韓国語との差異を克服するための多角的な努力が注がれたためである。

こうした努力のうち、なによりも重要なものとして韓国古代人の「借字表記法」の開発が挙げられる。[30] 特に、新羅ではすでに六世紀から外交文書を除く国内用の行政文書に漢文語順と韓国語語順が混在した文章が使用されており、その後、七世紀末頃には漢字を借りて自分たちの言葉を表現する郷札の段階に発展していた。月城垓子で出土した六～七世紀の文書木簡、紙の帳簿である正倉院所蔵の「新羅村落文書」（六九五年）、「貢物受納文書」（佐波理加盤付属文書の表面、八世紀前半）などがこうした発展過程をよく表している。これによって新羅人は、官僚層の低い漢文レベルにもかかわらず、後代の典範となった文書書式の枠組みを作り出すことができた。

しかしながら、このような借字表記法だけでなく、同じ様に注目すべきことがある。それは、新羅人が、明確な意思伝達と漢文読解のために使用した各種の「符号」である。たとえば、日本の大谷大学に所蔵されている『判比量論』（元曉撰、六七一年）は、流通経路・書体・紙質などから八世紀初めに新羅で筆写されたことが判明した紙の経巻である。この経巻から、漢字の音を表した吏読表記と、尖った道具で紙に点と線の刻みを入れて漢文文章の読む順序を表した「角筆符号」が発見された(31)。

さらに、佐藤本『華厳文義要訣』（表員撰）は、八世紀頃の新羅の筆写本であるが、この経巻からも七種類の新羅式の点吐と各種の符号が確認された。この点吐は、目的格・処所格などの文法機能を表しており、各種の符号は漢文の解釈順序・逆読・句読などを表示するものと推定される。また、この経巻からは、筆写過程で生じた誤謬を修正するための削除・挿入・代替などの訂正符号も確認された(32)。

先に言及した借字表記とともに、漢文解読のために考案されたこのような新羅の点吐や各種の符号は、薛聡が「新羅の言葉（方言）で九経を読み、学生（後生）を訓導した(33)」という事実を具体的に証明しているだけではなく、後代の高麗の「口訣」、そして古代日本の「訓点」の淵源とされ、東アジアの漢字受容の歴史を新たに照明しうる非常に貴重な資料である。

ところが、八世紀末の写経資料にみられるこのような発達した新羅の点吐や符号口訣が、どのような過程を経て体系化されたのかについての研究は不十分である。これは直接的には関連資料の不足に起因するが、八世紀までの新羅の文字資料にみられる各種の符号を総合的に整理して、新羅の符号使用法を概観する必要がある。こうした作業は、韓国古代社会の漢字受容とその学習過程を理解するのにも有用であると考えられる。

中国漢代の書写文化においても、意思伝達を明確にするために文章の中に空白や句読点そして各種の符号を用いたことが確認される。さらに、これらの符号は、漢字を受容する側にとって言語的な違いと漢文読解の障害を乗り越える文字よりずっと普遍的な象徴記号であったため、韓国古代の識字層も中国の書写文化で使われた各種の符号を積極的に受容し、意思疎通の正確性を図るために活用した。

たとえば、月城垓子一五一号木簡の第四面に大きな点と横線を引いて「段落区分用」として使用した符号（図8）は、先述した漢代居延木簡の「候史広徳坐罪行罰檄」にも確認される（図9）。なお、七～八世紀の新羅行政文書では、中国漢代の「贅簡」に由来する空行を活用した帳簿作成方式、そして魏晋南北朝時代以来、写経に用いられた削除符号や唐の行政文書に用いられた訂正符号などが完全に同じ形態と方式で活用されていた[34]。こうした符号使用の類似性は、偶然の一致や新羅独自の発明というより、中国の文書行政や書写文化の受容と関連づけて理解するのがより合理的であると思われる。

また、一般的に符号といえば、標点や合点のように有形的な符号が挙げられるが、「空格（スペース、分かち書き）」や「空行（一行空け）」のように文章や単語の間の「空白」も、単語や文章を段落づける装置という意味で重要な文章符号として理解されなければならない。すでに犬飼隆は、「壬申誓記石」や月城垓子一四九号木簡の三面の「教在之」の次に確認される空格に注目して、新羅では「之」という終結語尾の後に意図的に「空格」を設けた事例がしばしば確認さ

図8

図9

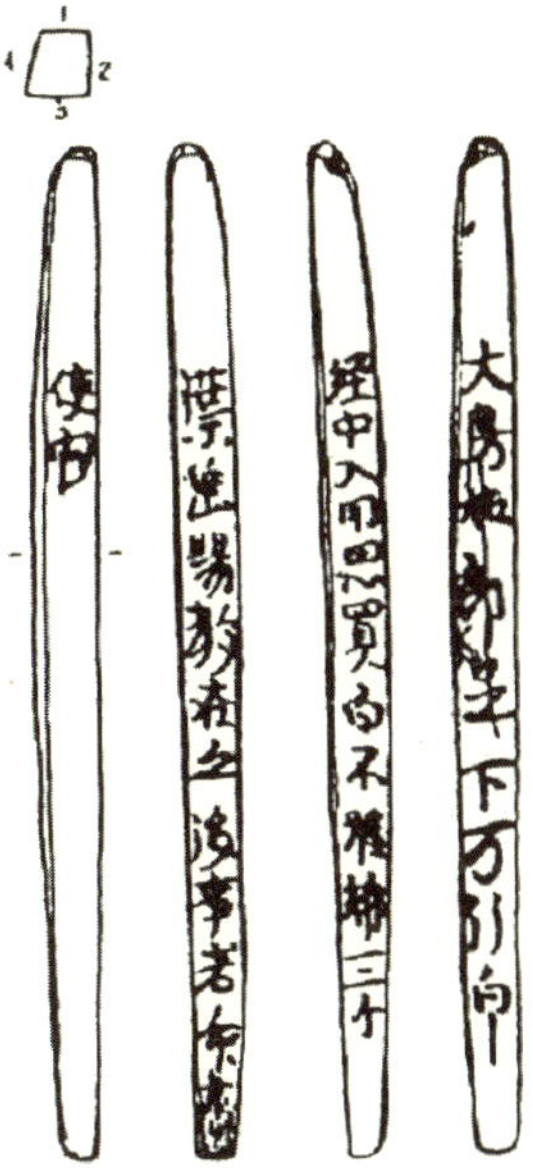

図10　月城垓子一四九号木簡

れており、これは「句読」として機能していたという画期的な見解を提起した(35)。

韓国古代社会においては、中国との言語的な差異によって、漢文を読んでいくときに必ず自分なりに区切りをつける句読や、一字一字の漢字に対して解釈の順序を決定づける文法的解体が、漢字の受容と同時に進行されるほかなかった。その最初の試みは、「広開土王碑」（四一四年）や「中原高句麗碑」（五世紀）で確認されるように、文末に「之」を意図的に記す高句麗の文章終結表記方式に見られる(36)。

しかし、一四九号木簡の三面のように文末「之」の下に空格を置く発想については、単純に句読表記という理解だけでは不十分である。これは、借字表記の進化の過程として理解する必要のある、一歩進んだ方式といえる。「空白」は、文章の段落を表すのに最優先で活用しうる視覚的な優越性を有する。中国の簡牘資料でも「分かち書き」は広く使われたが、一般的に明確な意味伝達のために段落を区別する装置であったという点から、新羅の識字層が使用した空格も符号として定着していったことは確実である。

分かち書きをした空格は、何もない空間ではない。かかる意図的な空格は、古代韓国人が漢文の言語的障壁を乗り越えるための偉大な発明であった。古代韓国の識字層は、すき間なく並んでいた漢文の合間合間に「空格」を想像することによって、そのなかに自分だけの句読と釈読の符号を入れることができた。こうした空格の想像がなかったならば、新羅の吐や点吐は誕生しえなかったと思われる。月城垓子一四九号木簡三面の空格は、単なるスペースではなく、無限に変貌できる「空の世界」であった。

このような分かち書きを新羅人が発明したのであろうか。扶餘・陵山里寺址の第八次調査で発掘された四面木簡は、残念ながら下端が破損しているが、泗沘遷都（五三八年）直後の百済における文字生活と、筆者の注目する空格の淵源を追跡しうる非常に貴重な情報を有している。すでに国語学界でも、この資料によって百済の釈読表記が新羅より進んでいたという見解が提起された(37)。筆者もこうした先行研究を踏まえ、この木簡の一〜三面にみられる「空格」を通じて、新羅の文字生活に及ぼした百済の影響力を検討したい。

陵山里四面木簡

（一）支薬児食米記　初日食四斗　二日食米四斗小升一　三日食米四斗×
（二）五日食米三斗大升　六日食三斗大二　七日食三斗大升二　九日食米四斗大×
（三）△道使△次如逢小吏猪耳其身者如黒也　道使復△弾耶方牟氏牟△△耶×
（四）×又十二石又十二石十二石又十二石又十二石又十二石

まず、この陵山里木簡の「一〜二面」は、支薬児に支給した食米を記録した帳簿であるが、日ごとに意図的に広い「空格」を置き、意味伝達に問題が生じないようにしている。「三面」は「支薬児食米記」とは異なる記録で、難解な文章である。しかし、「其身者如黒也」の下に意図的な「空格」があるので、一応これを基準にして前後の二つの文章に分けた上で、「癸酉銘阿彌陀三尊仏碑像」の百済人名語尾に基づいて次のように解釈してみた(38)。

△、道使である△次と如逢、そして小吏である猪耳などはその体が黒いようである。（其身者如黒也）。／／　道使である復△、弾耶方の牟氏と牟△、△耶…（等は何々である。）／／

「其身者如黒也」で文章の主体を表す「者」と、文章の最後に「也」を書いた後に意図的に「空格」を置く表記法は、先に検討した六~七世紀の新羅文字資料の表記法と酷似している。ただし「其身者如黒也」は、漢文として理解することも可能なので、これについては漢字を借りて百済語を表現したものと断定することはできないだろう。そうであっても、漢文の「者」と語助詞「也」の本来の使い方を用いて、「者」を主格の表現として機能させ、また文末の語助詞の次に意図的に「空格」を置いて終止符として機能させたことは確実である。

こうした推論が許されるとすれば、新羅において「者」で主格を表現し、助詞である「耳」「也」「之」などで文章終結を表現したことは、いずれも新羅の所産とは言えなくなるだろう。陵山里四面木簡の三面の事例からみて、百済は中国の漢文で主格を表す「者」や、虚辞で終える文章形式を借りて、百済語を漢字で表現するときも主格や文章終結を表す表記法として活用したと推定される。また、意思疎通のために、漢文の中に句読を意図的に表示する方法を工夫していたと考えられる。

こうした点についての確実な結論は、これから百済の関連資料がさらに発掘されるのを待って下すべきであるが、この陵山里四面木簡の「其身者如黒也」という文において、文の最後に「也」を書き、その後に意図的に設けた「空格」が「終止符」として機能していたことは確かである。また、これが新羅の表記法にも一定の影響を与えたことは認めてよいだろう。

しかし、これまで出土した百済の木簡や文字資料を概観してみると、人名や地名などの固有名詞における借字表記は確認されるが、新羅とは異なり漢字を利用して百済語そのものを表現しようとする試みは見当たらない。むしろ、六~七世紀の百済文字資料からは、全般的に中国風の漢文表現に接近した漢字使用方式が主に確認される。これは最近、全羅南道・羅州伏岩里から出土した七世紀の百済地方木簡も同様であった。

このように百済における漢字受容の様相は、上述した新羅のそれとは大きく異なる。新羅では六世紀末以後、直接漢字を借りて新羅語の複雑な動詞語尾を表記しようとしており、これは語末語尾・先語末語尾などを漢字で表記する段階へ発展するようになる。次章では、新羅の木簡にみられる「借字表記」を追跡して、その進化過程の中で百済と新羅との漢字文化の差異をより具体的に検出したい。

三　借字表記

高句麗では、文末に「之」を意図的に記す文章終結表記が五世紀初めから発達しており、これは新羅吏読の発達の重要な基礎となった。しかし、五世紀の「中原高句麗碑」と六世紀半ばの「長安城城壁石刻」との間に一世紀以上の時差があるものの、両資料の間には借字表記の発達において大きな進展が確認されない。もちろん、六～七世紀の高句麗の文字資料が数点しか現存しておらず、そのほとんどが仏教資料であるため断定するのは早いが、後発国である新羅の六世紀半ばの資料である「戊戌塢作碑」（五七八年）に「在（ㅡ겨）」のような「先語末語尾」が借字表記として登場していることと明らかに区別される(39)。

高句麗後期に古墳壁画の題材が生活風俗系から四神図系一色に変貌し、道教が高句麗社会に広く流行したことからもわかるように、高句麗でも六世紀末以後には百済と同様に、識字層の間に漢字文化との言語的断層を意識せず、すでに中国文化そのものを豊かに再現・表現する段階に到達したという知的転換の雰囲気が感じられる。嬰陽王代に、太学博士李文真が一〇〇巻の『留記』を五巻の『新集』に再編したのは、借字表記の加えられた高句麗初期の漢文作成方式から熟練した中国式漢文へと変化しつつあったことを示す象徴的な事件であると思われる。

他方、新羅人の借字表記法は、先に検討したように明らかに高句麗・百済に起源を持つが、六世紀末以後、高句麗・百済ではこうした表記法そのものが停滞もしくは消滅していったこととは異なり、新羅では六世紀末以後、七世紀に入ってから一層発展していった。特に次の資料のように、中国の文書式を受容しながらも、借字表記が加えられた新たな文書式に転換したことは注目すべき現象である。

先に検討した月城垓子一四九号木簡は、断面四角形の多面木簡であるが、月城垓子の埋め立て時期と墨書にみられる借字表記法からすると、七世紀後半代の木簡と推定される。一面の「拜」は、筆者がかつて可能性を指摘したが[40]、最近多くの研究者が「拜」と読んでいる[41]。また、この木簡一面の最後の文字「丨」を以前は「白」の最後の一画とみたが[42]、後述するように「洗宅白之」と記された雁鴨池木簡からすると、「白」とは別の文字であることが確実であり、これもやはり「之」と考えられる[43]。また、筆者は三面の「者」を「若」と釈読したが「者」に訂正し[44]、主体表示「～は」を表記したものという見解に従う[45]。

月城垓子一四九号木簡

（一）大鳥知郎足下万拜白丨

（二）経中入用思買白不踓紙一二个

（三）牒垂賜教在之　後事者命盡

（四）使内

先に提示した図10からもわかるが、三面は他の面とは異なり下端まで墨書されている。続く四面に書写空間が十分に残っているにもかかわらず、書写者がこうした方式で記したということは、明らかに文章が「命盡」で終わり、四面の「使内」を「命令通り処理する」のように[46]、単独の文として解釈すべきことを示している[47]。そして、「使内」の「内」は、文章終結形の借字表記として使用された[48]。これを踏まえて、この資料を解釈すると、次の通りである。

（一）大鳥知郎足下に万拝して申し上げます。

（二）経に用いることを考えて白不雎紙十二個を買えという[49]

（三）牒を下されて命令されました。後のことは命令どおり尽くしました。

（四）命令通り処理する。

筆者が当初、「白」と「丨」の部分を二文字でなく一文字と見なした理由は、この文書木簡の文頭書式すなわち「某足下白」という形式にまず注目したからである。このような形式の文書は、日本の飛鳥・藤原地域で多数出土している古代日本の「某前申（某の前に申し上げる）」または「某前白（某の前に申し上げる）」という形式の七世紀後半の文書木簡と相通ずる。

たとえば、藤原宮木簡の「御門方大夫前白（御門方大夫の前に申し上げる）」や「法恩師前小僧吾白（法恩師の前に小僧吾が申し上げる）」などの文体と酷似している。市大樹が指摘したように、次の飛鳥京跡苑池遺構（奈良県明日香村）出土木簡とは、さらに密接な対応関係がある[50]。

・大夫前恐万段頓首白僕真乎今日国

　大夫の前に恐れながらも万回頓首し申し上げます。（従）僕である真乎は今日国に

・下行故道間米无寵命坐整賜

　帰るが、行く途中に（食べる）米がございません。恵み深い命により措置しご下賜下さいますよう。

また、後代の資料ではあるが、正倉院文書の天平宝字四年（七六〇）三月十九日付「丸部足人解」は、「丸部足人頓首頓首死罪死罪謹解　中尊者御足下」で始まり「頓首頓首死罪死罪謹解」で本文を結んでいるが、「前」と「足下」とが日本でも相通じていた可能性を暗示している。したがって、月城垓子一四九号木簡の「某足下白」形式の文書が、古代日本の「某前白（申）」文書の直接的な起源である可能性が高いと思われる。日本でもこのような「某前申」という形式が中国六朝時代の書状ないし文書書式に淵源を持ち、朝鮮半島を経由して流入したという見解が出されている。[51] こうした観点から、筆者は「白」と「丨」を二文字ではなく一文字の「白」と読んで、東アジア的観点から「某足下（前）白」という文書形式の伝播過程を強調したのである。[52]

ところで、最近「洗宅白之」で始まる雁鴨池木簡の墨書が新たに公開された。この資料は、文化財管理局の『雁鴨池発掘報告書』（一九七八）に「一号木簡」としてすでに紹介されたものである。これまではこの木簡の赤外線写真が公開されず、墨書判読が大変困難であった。ところが、国立慶州博物館より発行された『新羅文物研究』創刊号に赤外線写真が紹介され、[53] 本格的な研究が可能となった。この資料は、新羅文書行政の発展過程や新羅文字文化の特徴を窺うことのできる貴重な木簡である。

雁鴨池報告書一号木簡判読文

（一）洗宅白之　二典前　四□子頭身沐浴□□木松茵

（二）□迎□入日□□

（三）　　十一月廿七日典□　　思林

この木簡は、断面が四角形の多面木簡（三一八×二八×一五ミリ）で、三面に墨書があり、各面の墨書は内容上、右のような順番で読まなければならない[54]。この木簡は、月城垓子一四九号木簡と同様に、区切りをつける「空格」や「空白」の処理がなされており用途の把握が容易である。まず、一面は「洗宅白之」と「二典前」の次にそれぞれ空格を置き、二面は一面の墨書に比べ冒頭を下げて書いている。三面は二面よりもさらに下げて書いており、日付と人名で結んでいる。

こうした点からみて、この木簡は、発信者（洗宅）・受信者（二典）・文書本文（四□子~入日□□）・文書作成の時点（十一月廿七日）・文書作成担当者（典□　思林）が記された完全な文書木簡であることがわかる[55]。解釈すると、次の通りである。

（文頭）洗宅が申し上げます。二典（二個所の管轄役所）宛。
（本文）　四□子~入日□□した。
（文尾）　　十一月廿七日　典□　思林

この文書木簡の文頭は、一見すると月城垓子一四九号木簡と同一形式のようにみえるが、両者の間には大きな違いがある。一四九号木簡は、受信者、発信者（省略）の順であるが、上の雁鴨池木簡は発信者、受信者の順になっている。さらに、こうした文頭形式と、文書作成時点と担当者を記している文尾の形式とを合わせて考えると、このような書式は唐律令の公式令の影響を受けて、統一期の新羅で新たに定められたものである可能性があろう[56]。唐の公式令や日本の養老令の移式・牒式・符式・解式などのように、発信者を文頭に置き、引き続き受信者・文書本文・文書作成の年月日・文書作成の担当者を記す方式と通じる。

しかし、八世紀以後の新羅では、唐や古代日本とは異なり「移」や「解」のような公式令の文書名称を使用しておず、また文書に「白之」という新羅式の借字表記をも加えており、新羅における文書式の独特な面貌を感じとることができる。[57] この場合、第一に「某足下（前）白」という南北朝以来の文書式が新羅に入り、第二に借字表記法が発達しつつあった七世紀末に月城垓子一四九号木簡が作られた時点よりも前に、すでに「某足下（前）白之」という借字表記が加わった新羅の文書式に変容したが、第三に八世紀以後、唐公式令の影響を受け、「（発信者）白之（受信者）前（足下）」の新たな順序に文書式が変化するという、新羅における官文書書式の段階的な成熟過程を想定することができよう。

特に、月城垓子一四九号木簡の「ー」は、「之」の一般的な草書体とは異なり全く屈曲なく一直線に引かれている。白の最後の一画を省略して続けて書かれていることから、当時「白之」という文頭末尾の形式が常用されていたことは十分に推測できる。これは七世紀後半に入ると、新羅識字層が借字表記を加えた文書式を作り出し、それが常用化して文頭の形式が簡略化・符号化する段階にまで到達していたことを意味する。それだけでなく、こうした「ー」の表記は、以後「ー다」という終結形語尾の口訣字に発展した。[58]

このような文書作成の方式が、漢字理解能力の向上した後代の高麗と朝鮮でも続けられたことから、これを中国文化受容の初期段階の現象とのみ評価することはできない。むしろ行政文書を新羅の言葉で明確に表現して、王の意志を官僚に、または官僚同士で意志を確実に伝達するという文書行政の本質を志向したものとみられる。そのため新羅人は、官僚層の低い漢文水準にもかかわらず、後代の典範となる文書行政システムを作りだすことができた。このようなことから考えると、新羅では借字表記そのものが最初から文書行政の必要によって工夫され、発展したに違いない。

このように新羅の借字表記は、文書行政と密接に関連して発展した。この過程の中で識字層全般の正確な意思疎通が志向され、これによって新羅の借字表記が新羅語をより具体的に表現する段階に進むこととなった。このようにして新羅人は、漢文を新羅的な言語に解体し、漢字を新羅自身の文字として専有するようになる。郷札がまさにその具体例である。

新羅では度量衡の升を「刀（되）」という新羅の言葉で表現するなどのさまざまな事例から、漢字を利用したり新たに文字を造ったりして固有語を表現しようとしたことが確認される。田を意味する「畓」や鍵を意味する「金（쇠）」も同様の例と思われる。鍵に該当する中国の漢字を使用せず、新羅式の造字や吏読表現を創案したのは、当初新羅で漢字受容が漢文の理解と深化を目的にするものではなく、漢字を借りて新羅語を表現する道具にしようとする欲望をもっていたからである。

八世紀に入ると、新羅の識字層は中国とのさらに活発な交流を行って数多くの文章符号・校訂符号と接するようになり、これらを積極的に受容した。こうした「符号の日常化」のなかで新羅人たちは、符号が言語であり文字が記号であるという象徴体系を体得していった。さらに「雁鴨池門号木簡」には、古代日本の門号木簡で「合点」のような機能を遂行する符号として「在」という借字表記を用いた[59]。この「雁鴨池門号木簡」の「在」は符号を文字で具体化したものといえる。そして、これはその後、儒仏の経典を韓国語的な文法が具現された記号体系に脱構築する点吐口訣と釈読口訣を活用した「翻訳の世界」へ進みえた端緒であったと思われる。

おわりに

これまで述べてきたように、高句麗・百済・新羅の漢字文化受容と変容過程には大きな相異がある。まず百済の場合、六～七世紀の百済末端の文書行政資料である木簡をみると、人名や地名のような固有名詞に対する借字表記は確認されるが、新羅とは異なり漢字を利用して百済語そのものを表現しようとする意図は見られない。むしろ、百済の木簡では、主に中国式の漢文表現に近い漢字使用方式が確認される。

一方、高句麗では、文末に「之」を意図的に記す句読表記が五世紀初めから発展しており、これは新羅吏読の発達の重要な基礎となった。しかし、五世紀の「中原高句麗碑」と六世紀半ばの「長安城城壁石刻」との間に一世紀以上の時差があるものの、両資料の間には借字表記における大きな進展が見られない。もちろん、六〜七世紀の高句麗の文字資料が数点しか残っていないため断定するのは早いが、後発国である新羅の六世紀半ばの資料である「戊戌塢作碑」に「在(ー겨)」のような先語末語尾が登場していることとは明らかに異なり、高句麗では借字表記が逆に消滅していく現象がみられる。

新羅では、文末に「之」を記して文書の終結を表現する句読表記より一歩進んで、終結語尾の後に意図的に「空格」を設けて分かち書きをした事例がしばしば確認される。こうした意図的な空格（分かち書き）は、新羅の識字層が漢文との間にあった言語的な障壁を一気に乗り越えることを可能にした偉大な発明であった。新羅人はすき間なく並んでいた漢文の合間に「空格」を想像することによって、そのなかに自分だけの句読と釈読のための口訣を創案し発展させていくことができた。

七世紀末以後の新羅では、古代日本とは異なり「解」のような公式令の文書名称を使用せず、また文書に「白之（申し上げる）」という固有の借字表記をも加えており、新羅文書形式の独特な様相が感じられる。こうした文書作成の方式が漢字理解能力の向上した後代の高麗と朝鮮にまで続けられたことから、これを中国文化受容の初期的な現象とのみ評価することはできない。むしろ、行政文書を新羅の言葉で明確に表現して、王の意思を官僚に、または官僚同士で意志を確実に伝達しようとする、文書行政の本質を志向したものとみられる。そのため、新羅人は官僚層の低い漢文レベルにもかかわらず、後代の典範となる文書行政システムを作り出すことができた。

このように新羅の借字表記は、文書行政と密接に関連して発展した。この過程で識字層全般の明確な意思疎通が志向され、これは新羅の借字表記が新羅の言語をより具体的に表現する段階に進ませる機能を果たした。このようにして、新羅人は漢文を新羅的な言語に解体し、漢字を新羅自身の文字として専有することになる。
六世紀末以後、高句麗と百済社会で中国との言語的断層がなくなったのではなく、少数の支配階層だけが漢文を理解できる知的レベルに達したのであった。むしろ高句麗と百済は、支配層内部の断層にも関心を持たず、中央と地方との間でより深まった断絶は意識すらしなかったのである。

注

（1）李成市『東アジア文化圏の形成』（山川出版社、二〇〇〇年）四九～八六頁。
（2）尹善泰「韓国古代의 尺度와 그 変化—高句麗尺의 誕生과 関連하여」（『国史館論叢』九八、二〇〇二年）。
（3）尹善泰「新羅統一期王室의 村落支配—古文書와 木簡의 分析을 中心으로」（ソウル大学校大学院国史学科博士学位論文、二〇〇〇年）。尹善泰「高句麗尺과 古代東아시아」（批判と連帯のための東アジア歴史フォーラム主催第五次ワークショップ、二〇〇三年）。尹善泰「木簡からみた百済泗沘都城の内と外」（早稲田大学朝鮮文化研究所編『韓国出土木簡の世界』雄山閣、二〇〇七年）。
（4）韓国古代木簡の出土状況と研究史については以下の研究を参照。李鎔賢「木簡発掘三〇年」（『韓国木簡基礎研究』신서원、二〇〇六年）一三～五七頁。尹善泰「木簡研究의 現況과 展望」（『韓国古代史研究의 新動向』書景文化社、二〇〇七年）四六七～四八六頁。
（5）李鎔賢「扶餘宮南池木簡」（前掲『韓国木簡基礎研究』所収）。尹善泰『木簡이 들려주는 百済이야기』（周留城、二〇〇七年）。
（6）李成市「韓国出土の木簡について」（『木簡研究』一九、一九九七年）。平川南「日本古代木簡 研究의 現状과新視点」（『韓国古代史研究』一九、二〇〇〇年）。橋本繁「金海出土『論語』木簡と新羅社会」（『朝鮮学報』一九三、二〇〇四年）、同「金海出土『論語』木簡について」（前掲『韓国出土木簡の世界』）。三上喜孝「韓国出土木簡と日本古代木簡—比較研究の可能性をめぐって」（前掲『韓国出土木簡の世界』）、同「日本古代木簡의 系譜」（『木簡과 文字』創刊号、二〇〇八年）。李均明「韓中簡牘比較研究」（『木簡과 文字』創刊号、二〇〇八年）。
（7）すでに犬飼隆も新羅では文末に「之」を記して文章の終結を表す表記法が非常に発達しており、かかる終結語尾の下に意図的にスペースを置いて句読として機能させたという注目すべき見解を示している（犬飼隆『木簡による日本語書記史』笠間書院、二〇〇五年、八四～八五頁）。

（8）尹善泰「月城垓子出土新羅文書木簡」（『歴史와 現実』）五六、二〇〇五年）一二〇～一二一頁。

（9）尹在碩「中国の竹・木簡」（国立昌原文化財研究所編『韓国の古代木簡』二〇〇四年）三九二頁。このような漢代の「觚」形式の木簡は、漢四郡の時期にも制作・使用されたと推測される。二〇〇三年三月、楽浪土城西壁付近の井戸遺跡から「四角断面に穴の空いた木片」が出土したと紹介されたが（尹龍九「새로 発見된 楽浪木簡―楽浪郡初元四年県別戸口簿」（『韓国古代史研究』四六、二〇〇七年、二四三頁）、中国漢代『急就篇』の觚にも編綴用の穴がある。形態から考えて、この木片は觚の可能性がある。

（10）釜山大博物館「金海鳳凰洞四〇八―二、一〇、一一番地遺跡発掘調査　現場説明会資料」二〇〇一年。鮮文大考古学研究所「仁川桂陽山城東門址遺跡報告会資料」二〇〇五年。

（11）橋本繁「古代朝鮮における『論語』受容再論」（前掲『韓国出土木簡の世界』）。

（12）銭存訓『中国古代書史』（東文選、一九九〇年）一一五～一一八頁。

（13）橋本繁、前掲論文、二〇〇七年、二七四頁。李均明、前掲論文、二〇〇八年、一三一～一三三頁。

（14）橋本繁「金海出土『論語』木簡について」（前掲『韓国出土木簡の世界』）二五六頁。

（15）大庭脩『木簡』（学生社、一九七九年）二一～二二頁。同『漢簡研究』（同朋社出版、一九九二年）一〇八～一四六頁。

（16）大阪府立近つ飛鳥博物館『シルクロードのまもり―その埋もれた記録』一九九四年、三五頁。

（17）以上、漢代の竹木簡の長さについては、尹在碩「中国の竹・木簡」（前掲書）三九二頁を参照した。

（18）この点については、今後、思想史的な側面から綿密に検討しなければならない。「新羅と論語」に関する考察は、新羅で『論語』木簡を一メートル以上に作った原因を究明するのに最も核心的な事案であると考えられる。これについては後日を期したい。

（19）『三国史記』金庾信、丕寧子、竹竹（郝熱撰千）などの列伝参照。

（20）編綴簡を巻いてしまうと中身がわからないので、「楬」に典籍名や帳簿名を書き、楬の上段に穴を開けて編綴簡に縛り、標識として機能させた（大庭脩編著『木簡ー古代からのメッセージ』大修館書店、一九九八年、四〇～四一頁）。

（21）尹善泰「百済泗沘都城과 嵎夷ー木簡으로 본 泗沘都城의 안과 밖」（『東亜考古論壇』二、二〇〇六年）二五〇～二五二頁。

（22）馬場基「古代日本の荷札」（『古代東アジア世界의 物流와 木簡』東国大学校東アジア文化研究所主催、第二回国際学術会議発表論文集、二〇〇八年）五九頁。

（23）尹善泰「咸安城山山城出土新羅木簡의 用途」（『震檀学報』八八、一九九九年）。

（24）平川南「韓国出土木簡と日本古代史研究」（『韓国出土木簡三〇年』早稲田大学朝鮮文化研究所シンポジウム発表文、二〇〇七年一月）。

（25）安部聡一郎「中国出土簡牘との比較研究ー尼雅出土漢文簡牘を中心に」（『咸安城山山城出土木簡意義』国立加耶文化財研究所主催学術大会発表論文集、二〇〇七年）六九～七〇頁。

（26）湖北省博物館編『書写歴史』（文物出版社、二〇〇七年）六七頁。

（27）大庭脩、前掲書、一九九二年、二一〇～二四六頁。

（28）李成珪「韓国古代国家의 形成과 漢字受容」（『韓国古代史研究』三二、二〇〇三年）七三～七四頁。

（29）武烈王（在位六五四～六六一年）の即位初めに唐から外交文書が送られたが、強首だけがそれを解釈することができたという（『三国史記』巻四六、強首伝）。この記事から考えれば、少なくとも新羅では七世紀半ばにおいても高級漢文の読める識字層はごく少数に過ぎなかったと思われる。

（30）借字表記の発達過程については、すでに高いレベルの研究成果が出されている。借字表記の概念定義と基礎的な概観は、南豊鉉『吏読研究』（太学社、二〇〇〇年）一一～五六頁を参照。

（31）小林芳規「大谷大学蔵新出角筆文献について」（『書香』一九、大谷大学図書館報、二〇〇二年）。

（32）金永旭「佐藤本『華厳文義要訣』의 国語学的研究」（『口訣研究』一〇、二〇〇三年）。

(33) 『三国史記』巻四六、薛聡伝に「以方言読九経、訓導後生」とある。
(34) 尹善泰「新羅의 文字資料에 보이는 符号와 空白」(『口訣研究』二一、二〇〇八年)。
(35) 犬飼隆『木簡による日本語書記史』(笠間書院、二〇〇五年)八四～八五頁。犬飼隆「日本語を文字で書く」(『列島の古代史―言語と文字』岩波書店、二〇〇六年)三四～八二頁。
(36) 李基文「吏読의 起源에 대한 一考察」(『震檀学報』五二、一九八一年)七〇頁。南豊鉉、前掲書、二〇〇〇年、六〇～六七頁。
(37) 金永旭「古代韓国木簡에 보이는 釈読表記」(『口訣研究』一九、二〇〇七年)一八〇頁。
(38) 尹善泰、前掲論文、二〇〇六年、二四七頁。
(39) 南豊鉉、前掲書、二〇〇〇年、一四四頁。
(40) 尹善泰、前掲論文、二〇〇五年、一三五頁。
(41) 市大樹「慶州月城垓子出土の四面墨書木簡」(『日韓文化財論集I』(学報七七冊)、奈良文化財研究所、二〇〇八年)。李成市「東アジアからみた新羅木簡の位相―日本出土木簡との比較を中心に」(『木簡と古代東アジア社会』成均館大東アジア学術院、東アジアフォーラム、二〇〇八年)。鄭在永「月城垓子一四九号木簡에 나타나는 吏読에 대하여」(『木簡과 文字』創刊号、二〇〇八年)。
(42) ほとんどの研究者が一面の「白」の下にある「|」を「了」と読んでいるが、「|」を「了」(李成市「韓国木簡研究의 現況과 咸安城山山城出土의 木簡」『韓国古代史研究』一九、二〇〇〇年)と読むのは、書体や釈読の方面からも成立しがたい(金永旭、前掲論文、二〇〇七年、一八〇頁。及び鄭在永、前掲論文、一〇三頁)。一方、最近「|」を「白」の繰り返しとみて「白白」のように判読した見解も提起された(市大樹、前掲論文、二〇〇八年)。この後者の見方は、筆者の初期判読案(白)と異なるが、「某足下白」という文書書式に注目したという点では筆者と軌を同じくするものである。
(43) 鄭在永、前掲論文、二〇〇八年、九七～一〇三頁。
(44) 李成市、前掲論文、二〇〇〇年、八七頁。

(45) 鄭在永、前掲論文、二〇〇八年、一〇三頁。
(46) 金永旭「古代韓国木簡에 보이는 釈読表記」(『口訣研究』一九、二〇〇七年)一八〇頁。
(47) 以前、筆者は三面と四面の墨書をつなげて解釈した(尹善泰、前掲論文、二〇〇五年、一三五頁)。この木簡各面のスペースからみて、筆者のこの解釈が誤りであったことをここに明記しておく。
(48) 朴盛鍾「吏読字「内」의 読法」(『口訣研究』一九、二〇〇七年)一六四頁。
(49) 従来、筆者は一四九号木簡二面の「一二个」を「一~二個」と翻訳したが、この資料が文書木簡という点に留意すると、購入する紙の量を明確に指定して命令した可能性が高い。本稿では、金永旭(二〇〇七年)・鄭在永(二〇〇八年)の研究を参考しこれを「十二個」に訂正して解釈した。
(50) 市大樹、前掲論文、二〇〇八年。
(51) 東野治之「木簡に現われた「某の前に申す」という形式の文書について」(『日本古代木簡の研究』塙書房、一九八三年)二五五~二八二頁。
(52) 尹善泰、前掲論文、二〇〇五年、一三七~一三八頁。
(53) 함순섭「国立慶州博物館所蔵雁鴨池木簡의 새로운 判読」(『新羅文物研究』創刊号、慶州国立博物館、二〇〇七年)一四三頁。
(54) 橋本繁「雁鴨池木簡判読文의 再検討」(『新羅文物研究』創刊号、慶州国立博物館、二〇〇七年)一〇六頁。
(55) しかし、木簡の形態や書法からみて、本格的な文書木簡を作成する前に文書式を習書したものではないかと思われる。今後詳細に検討したい。
(56) 「雁鴨池報告書一号木簡」は多面木簡である。多面木簡は六~七世紀に多く使われているので、一号木簡が雁鴨池の建設直後に廃棄されたものだとするならば、「月城垓子一四九号木簡」とは製作年代の違いはさほどないかもしれない。しかし、月城垓子木簡と雁鴨池木簡が新羅文字生活の段階的な成熟過程を示す指標遺物という点で、「大鳥知郎足下万拜白之」と「洗宅白之二典前」の形式は、新羅文書式の段階的な変化過程として理解するのが合理的である。

(57) 官僚層の漢文理解能力が非常に向上した高麗と朝鮮においても、行政文書が専ら吏読で作られたことは、すべてこうした新羅の文書式の影響であると思われる。伝統時代の行政文書式の典範は、新羅に求めなければならない。

(58) 金永旭、前掲論文、二〇〇七年、一八〇頁。

(59) 尹善泰「雁鴨池出土門号木簡과 新羅東宮의 警備」(『新羅文物研究』創刊号、慶州国立博物館、二〇〇七年)。

古代東アジア出挙制度試論

三上　喜孝

はじめに

古代の東アジア農耕社会において、民衆に穀類を貸し付けるいわゆる穀類出挙は、広く行われていたと考えられる。筆者の専門分野である日本古代史についていえば、出挙は古代地方財政の根幹に関わる制度であり、民衆を支配するためのイデオロギーとしての性格も有していた。近年、奈良、平安時代の地方官衙に関連する遺跡から、出挙に関わる文字資料（木簡、漆紙文書）が多数出土していることからもそれは裏づけられる。筆者はこれまでこうした資料を検討し、日本の古代地方社会における出挙の実態について、ささやかながら検討を加えてきた。[1] 出土文字資料の増加は、これまでほとんど明らかにされてこなかった出挙制の実態にせまることを可能にしたのである。

一方、中国唐代の出挙に関する研究も、一次史料を中心に進められている。池田温氏は、敦煌文書中の一〇世紀に属する穀物利貸文書、いわゆる「便穀歴」（敦煌の寺院や教団が民衆に穀類を貸し付けた帳簿）を検討し、古代日本の出挙との比較を試みている。[2] 池田氏はこの論考の中で、「中国における便穀を、なお広くデータを蒐め全経済構造の中に位置付けて論ずる為には、日本古代の公私出挙の研究成果を参照することがきわめて有効であろう。同時に敦煌寺院の零砕な便穀資料も、古代東アジアにおける出擧のひろがりを認識し、わが国の出擧の特性を把握するに有益な示唆を与えるものであろう」と述べている。また大津透氏は、大英博物館所蔵スタイン将来吐魯番文書の「唐西州高昌県粟出挙帳断簡」について検討を加え、日本の制度との比較を行っている(3)。大津氏はその論考の中で「従来、日本古代の出挙制研究は、中国・朝鮮での事例をほとんど考慮にいれず、日本独自の制度として研究を行ってきた。しかし、元来唐雑令に粟麦出挙の規定があったことからもわかるように、唐代には国家が春に種子用として農民に出挙することが行われ、おそらくそれは東アジア農耕社会に普遍的な現象であろう。農民が農耕にあたって種子料を官から受け取ることは、官が秋に利子をとる単なる高利貸ではなく、当時の社会あるいは民衆支配において不可欠な、特別な意味をもった慣行であると考えざるをえないだろう」と述べている。たしかに、古代日本の出挙に関わる資料が増加し、その実態に関するイメージが固まりつつある現在、同時代の中国の一次史料との比較も含めて、これを東アジア全体の中で位置づける必要性が出てきたといえるだろう。

日本の出挙制度がどのようにして形成されていったのか。この問題は、同時代の中国との比較だけでは解決しえない。当然のことながら、朝鮮半島との関わりを念頭に置かなくてはならない。しかしながら、これまで朝鮮半島における古代の出挙資料はほとんど確認されておらず、東アジア社会の中で広く出挙制を位置づける作業は困難であった。

そうした中にあって、最近、韓国で注目すべき資料が発見されたことが紹介された。百済の都が置かれていた扶余の双北里から、出挙に関わると思われる七世紀代の木簡が出土したのである。これまで、朝鮮半島の古代社会における出挙の実態がほとんど明らかになっていなかっただけに、この資料の発見は、大きな意味をもつものと思われる。本稿では、双北里出土の出挙木簡の内容を検討しつつ、これまでの出挙制度研究の成果をふまえながら、古代東アジア社会における出挙の問題を考えてみることにしたい。

一　扶余・双北里二八〇―五番地出土の穀類貸付記録簡

二〇〇八年四月、扶余・双北里二八〇―五番地から、六点の木簡が発見された。翌五月には、発掘調査の略報告書が公表され、(4) 六点の木簡のうち一号木簡の写真と釈文が公開された。

この発表を受けて、二〇〇八年五月に、李成市、平川南、橋本繁、田中史生の諸氏らと、公表された写真をもとに、この木簡の検討を行った。以下の記述は、その検討の成果をもとにしている。また、その後この木簡については、二〇〇八年八月一〇日に奈良女子大学ＣＯＥ「古代日本形成の特質解明」、奈良県立万葉文化館、科研「東アジア古典学としての上代文学の構築」が主催して奈良県立万葉文化館で行ったシンポジウム「韓国木簡の現在」で、李鎔賢氏が行った報告「百済木簡―新出資料を中心に―」においても公表され、検討が加えられている。(5) 本来であれば、遺跡の性格や評価を加味した上で検討を加えなければならないところだが、現段階では情報が限られており、さしあたり公表された一号木簡の記載様式や内容について、まとめておきたい。

李成市氏らとの検討の結果、釈読したものを、以下に掲げる。

	（刻線）	（刻線）
戊寅年六月中	固淳□〔夢カ䓂カ〕三石	佃麻那二石
・　○	上夫三石上四石［　　］	比至二石上一石未二石
佐官貸食記	佃目之二石上二石未一石	習利一石五斗上一石未一石［

素麻一石五斗上一石五斗未七斗半（刻線）佃首行一石三斗半上一石未一石甲（刻線）并十九石□

・○今沽一石三斗半上一石未一石甲――刀己邑佐三石与――得十一石［

（二九一）×四二×四

上端は原形をとどめているが、下端が欠損しており、記述が下に続いていたと考えられる。ただ、欠損部はさほど長くなく、ほぼ完形に近いと思われる。上部には穿孔が確認される。写真を観察すると、オモテ面には刻線がみとめられるようである。

次に記載の内容に注目したい。略報告書によれば、冒頭の「戊寅年六月中」は、伴出土器の年代観から、六一八年が妥当と考えられている。「佐官貸食記」の「貸食」という記載から、この木簡が食料としての穀類を貸し出した際の帳簿であることがわかる。後述するように、これは日本の大宰府で出土した七世紀後半代の出挙関係木簡と類似した記載様式である。「佐官」の意味は不明だが、あるいは「官を佐ける」という意味を含んでいるのかも知れない。すなわち、六一八年六月に、食料としての穀類を貸し付けた官出挙（公出挙）の記録と考えられる。

表題の下は、人名と思われる記載が双行で並べられ、その下に「石」「斗」を単位とする数量が記載されている。興味深いのは、人名の下に数量が複数回書かれていることで、総合すると「人名＋石数＋「上」石数＋「未」石数」という記載パターンが確認できる。

一人の人物の下に複数回記載されている石数の意味は、貸し付けた石数と、返納した石数、未返納の石数である。「上」とは、後述するように、日本の出挙関係木簡にも頻出する「返納」を示す語である。「未」は文字どおり未納を意味する語であろう。ここの人名と石数との関係をまとめると、表のようになる。

番号	人名	石数	「上」石数	「未」石数
①	固淳夢	三石		
②	上夫	三石	四石［ ］	
③	佃目之	二石	二石	一石
④	佃麻那	二石		
⑤	比至	二石	一石	二石
⑥	習利	一石五斗	一石	一石［
⑦	素麻	一石五斗	一石五斗	七斗半
⑧	今沽	一石三斗半	一石	一石甲
⑨	佃首行	一石三斗半	一石	一石□
⑩	刀己邑佐	三石与		
	合計	一九石一七斗	一一石五斗＋α	

このように想定した場合、興味深いのは、貸付額と返納額の関係である。数値の確定している人名について、「上」「未」と記された石数を合計すると、貸付額の一・五倍となる。すなわち、貸付額の五割増が返納額であったことがわかる。

数量単位には、ほかに「半」「甲」という記載がみえるが、これらは、計算上、「半」＝一石の半分（五斗）、「甲」＝一石の四分の一（二斗五升）をあらわしていると思われる。これについても、後述するように、日本の木簡に類例がある。

また、人名の下には、貸付額のみを記し、返納額や未納額を記していない例もある。裏面の「刀己邑佐」の石数の下には「与」とみえることからすると、あるいは返済を免除されたことを意味するのであろうか。

木簡の最後には、総計と思われる「并十九石□」「得十一石□」という記載がある。それぞれ貸付額の総計、未納分を除いた返納額の総計を示していると思われるが、実際に内訳を計算してみると、貸付額の総計は十九石を超え、実際の返納額は十一石を超える。しかし、内訳部分の「石」の数値（斗以下を除く）を単純に足していくと、それぞれ十九石、十一石となる。下端が欠損しているので推測にとどまるが、総計部分には、石数を単純に足し合わせた下に、斗以下の端数を足した数値記載が存在したのではないだろうか。

以上をまとめると、本木簡は、戊寅年（六一八年）の六月に、食料としての穀類を個人（官人か）に貸し付けた際の帳簿であり、個人名の下に貸付額を記し、さらにその下に返納額と未納額を記し、最後に貸付額の総計と返納額の合計を記したもの、と復原することができる。

二　古代日本の出挙木簡との比較

これまで古代日本の出挙関係木簡を検討してきた筆者にとって、双北里二八〇－五番地出土木簡の発見は衝撃的であった。次に、双北里二八〇－五番地出土木簡と日本の出挙関係木簡とを比較してみたい。

まず、冒頭に年紀を記す記載様式は、初期の出挙関係木簡にみられる。また、「貸食」については、日本の「貸稲」との関連が想起される。周知のように、「出挙」は律令にみえる言葉である。『令義解』雑令によれば、「春時挙受、以秋冬報、是為一年也」とあり、「挙」に「イラヒ」という訓が付されている。出挙はもともと「イラシノイネ」といい、『日本書紀』には「貸稲」という表現がみられる。すなわち、「貸稲」は、「出挙」以前の古い表現である。実際、七世紀後半の大宰府木簡にも、「貸稲」という表現がみられる。

○福岡県大宰府跡出土木簡（七世紀後半）（『日本古代木簡選』岩波書店、一九九〇年）

「八月□〔廿ヵ〕日記貸稲数　□財マ人　財×
物×

（一五三）×三二×七　〇一九

この木簡では、冒頭に「八月□日記貸稲数」とあり、双北里木簡の冒頭「戊寅年六月佐官貸食記」と類似した記載様式である。その下には、人名が双行で並べられており、この点も、双北里二八〇－五番地木簡と類似している。なお、滋賀県西河原宮ノ内遺跡から、七世紀代の出挙に関わると思われる記録簡が複数出土したが、ここにもやはり「貸稲」の語がみられる（六号木簡、八号木簡）(6)。

○滋賀県西河原宮ノ内遺跡出土六号木簡

・□刀自右二人貸稲□□〔十斤カ〕稲二百□〔斤カ〕又□□稲卌□〔斤カ〕貸　○」

・□人佐太大連　文作人石木主寸文通　○」
　□首弥皮加之　二人知

（二八九）×四五×五　〇一九

○滋賀県西河原森ノ内遺跡出土八号木簡

・［　　］　□□〔符道ケ〕　□申□□□首□稲□□□　［　　］
　　　　　　　　　　　　［　　］」

・　□□首貸稲大卅束記」

三二八×三七×九　〇一一

次に、兵庫県氷上町山垣遺跡出土木簡も、八世紀初頭の出挙に関わる木簡と推定されているが、やはり冒頭に年月日と「貸給」の語がみえ、その下に割書で出挙対象者と思われる人名と束数が記載されている。

○兵庫県氷上町山垣遺跡出土木簡（『木簡研究』二〇号）

〔束〕

・「□□年正月十一日秦人部新野□□□貸給
　秦人マ新野百□［　］本田五百代
　同マ小林廿束［　］墓垣百代
　伊干我郡嶋里秦人部安古十一束
　同里秦人マ志比十束
　秦人マ加比十五束
　竹田里春部若万呂十束　○」

・「秦人マ身十束
　間人マ須久奈十束　合百九十六束椋〔留カ〕□二百四束
　別而代□物八十束□〔勘カ〕新野貸給
　并本□四百八十束　○」

六九七×五七×八　○一一

このように、七世紀段階の出挙木簡の特徴として、冒頭に日付と「貸稲」「貸給」等の語が記され、その下に割書で貸し付けられた人物の名前と数量が記載される、という点があげられるが、これは、七世紀の百済、日本にほぼ共通した記載様式であったといえる。

さらに細かい表現に注目すると、穀類の返納を「上」、未納を「未」とあらわすのも、日本の出挙関係木簡にみられる。

○福岡県小郡市井上薬師堂遺跡出土四号木簡（『木簡研究』二二）

・見上出挙千百七束
　未
　二石六斗七升

・百九十四［　］上□義上五束
　□石六斗□□
　百十束七把　加義上五束

（「倉」字が、一行目と三行目の「上」の上に重ね書きされている）

（一一一）×四三×四　〇六五

○埼玉県児玉町上ノ南遺跡出土木簡（『木簡研究』二〇）

・檜前マ名代女上寺稲肆十束

宝亀二年十月二日税長大伴国足」

（一八二）×三七×五　〇一九

○新潟県下ノ西遺跡出土木簡（八世紀前半）（『木簡研究』二〇）

「殿門上税四百五十九束先上

三百五十束後上一百九束　十四

又後六十六束

掾大夫借貸卅五束　　八十束」

二三五×（八〇）×一〇　〇六一

○石川県金沢市畝田寺中遺跡出土木簡（『木簡研究』二二）

天平勝寶四年上領

戸主阿刀足人六十

妻答忌寸宅女卌

阿刀三縄卌束

妻錧気奈加女

山辺足君卌

□□内麻呂廿
［　］　悪万呂
　合稲二百卌
□田秋人卌
答忌寸□□女卌束
刑マ小当廿束
同姓味知万呂十

（一〇三）×二九二×九　〇八一

注目すべきは、最初にあげた井上薬師堂遺跡出土木簡である。この木簡群の中には、七世紀後半段階の行政区画である「評」と記したものもみえ、七世紀にさかのぼる木簡の存在が確認されるが、ここにあげた四号木簡は「出挙」と書かれていることから、八世紀以降のものとみられる。他の出土木簡との関連から、八世紀のごく早い時期のものと考えてよいだろう。オモテ面には出挙稲の合計額が記されているが、「見上」は返納された額、「未」はそれに対して未納の額を記したものであろう。「上」と「未」の使い方は、双北里木簡とまったく同じである。その他の木簡にみえる、「上寺稲」「上税」「先上」「後上」「上領」などの表現も、出挙稲の返納を意味するものとみて問題ない。

　このように、「貸」「上」など、古代日本で特有の表現と漠然と考えられてきた表現の細部までもが、百済木簡と類似していることは驚きである。かつて筆者は、「古代社会にくまなく行われていた出挙に際しては、それを管理・運用するための技術がつねに付随していたのであり、出挙の実態を解明することは、同時に、古代の地域社会における記録技術の実態を解明することにもつながるということである。その意味で、古代地方社会の出挙の運用と、文字文化の習得とは、不可分の関係にあったといえるのである」と述べたことがあるが[7]、双北里木簡の発見は、まさに出挙の実施方法や記録技術が一体となって、朝鮮半島から日本列島に受容されたことを示しているのではないだろうか。

次に、双北里二八〇ー五番地出土木簡にみえる数量単位についてみておきたい。数量単位の「石」「斗」の表記が、日本の穀類の数量単位の表記と共通していることは明らかであるにしても、見慣れない「半」「甲」という単位は、何を意味するものであろうか。「半」については、福岡県小郡市井上薬師堂出土木簡に、次のようなものがある。

○福岡県小郡市井上薬師堂出土三号木簡

　　三石　　加太里白米二石半
米一石　　并十五石
白米半　　反俵廿一石半　　」

(二四六)×四六×六　〇八一

本木簡の年代は不明だが、「加太里」が、『和名抄』にみえる筑後国三井郡駕駄郷だとすれば、霊亀三年（七一七）の郷里制施行以前のものと考えられる[8]。ここにみえる「石」の下の「半」は「五斗」の意味で用いられているのであろう。

また、「甲」については、橋本繁氏のご教示によれば、島根県大御堂廃寺の第四次調査で出土した木簡に、次のようなものがある。

○鳥取県倉吉市大御堂廃寺出土木簡（『木簡研究』二二）

・「○三日　仏×
　　　聖□
・「○　　一升半□七
一升小甲□

(九〇)×四四×三　〇一九

木簡が出土した層からは、七世紀後半～八世紀前半の土器が含まれており、木簡の年代もこの時期に比定できるであろう。ここでは、数量単位として「半」と「甲」が用いられている。とくにここでは「小甲」という表現が使われており、おそらくは、「一石の四分の一」という数量を意味する単位ではないだろうか。

七世紀後半から八世紀初頭頃にかけて、百済の数量単位の影響を受けたと思われる「半」「甲」といった数量単位が、日本でも使用されていたことをこれらは示している。ところが八世紀前半以降になると、おそらくは度量衡の単位が統一されるにしたがい、「半」「甲」といった数量単位は、次第に淘汰されていったものと思われる。実際、こうした数量単位は、その後ほとんどあらわれなくなる。わずかではあるが、七世紀後半から八世紀初頭頃にかけての地方木簡の中に、そうした数量単位を使用していた痕跡がみられることは、きわめて興味深いといえるだろう。

また、一般に古代日本では、出挙される稲は頴稲の単位である束把で示されるのに対し、双北里二八〇―五番地出土木簡は穀米の単位である石斗で示されている。これを百済と日本の違いとみることもできるが、一方で、双北里木簡が「貸食」とあるように、食料支給のための穀類の貸し付けであることを考えると、種子の貸付としての出挙とは性格を異にすると考えなければならない。この点は、六月という日付ともからんで、興味深い問題である。

古代日本においては、春と夏の二季に公出挙が行われた。とくに公出挙については、春三月と夏五月の時期に集中的に行われた。このうち、春出挙は種稲分与と関わると考えられるが、夏出挙は、農繁期労働力の維持を目的とした食料支給の意味をもっていたと考えられる[9]。とりわけ夏の時期は、食料としての穀類が最も不足する端境期であり、食料支給としての夏出挙は重要な意味をもっていたと考えられる。

双北里二八〇―五番地出土木簡にみえる「六月」という日付も、おそらくは食料が最も不足する端境期に穀類を貸し与えたことを示しており、「貸食」と書かれたことの意味も明確になってくるだろう。むろんここにみえる「六月」の「貸食」が臨時のものである可能性もあるが、日本の夏出挙の事例をふまえると、百済においても、食料支給としての夏出挙が、公出挙として恒常的に行われていた可能性は十分に考えられる。これまで、春夏二季の出挙は、古代日本に特徴的なあり方であると漠然と考えられてきたが、古代朝鮮半島の出挙制の影響を想定する必要が出てきたといえるだろう。むしろ種稲分与としての春出挙と、端境期の食料支給としての夏出挙という性格づけは、双北里二八〇—五番地出土木簡によっていっそう明確になったのではないだろうか。

ところで、古代日本における公出挙の時期については、先に述べたように春三月と夏五月に一斉に行われたと考えられている。しかしながら七世紀後半から八世紀初頭にかけての時期のものと思われる出挙関係資料を検討すると、必ずしも三月と五月の時期に限定されていたわけではないようである。先にみた兵庫県山垣遺跡出土の木簡では、稲の貸付が「正月十一日」となっている。また、滋賀県西河原宮ノ内遺跡出土の出挙関係木簡も、その日付が「壬寅年正月廿五日」（三号木簡）などとなっている。(10)

○西河原宮ノ内遺跡出土三号木簡

・「壬寅年正月廿五日　三寸造廣山「□□」
　　　　　　　　　　勝鹿首大国「□□」〔八十カ〕。」

・「□　□田二百斤　□□　。
　　□　　　　　　　　　　」

二七二×四四×七　〇一一

中国に目を転じると、敦煌文書中の一〇世紀の便穀歴を検討した池田温氏によれば、これらの便穀歴にみえる穀類貸付の時期は、正月、二月に集中する傾向がみられるが、三、六、九、十一、十二月にも若干例が見出され、特定月に限られないことを指摘している。それに対して還穀は、「秋に至って」と明記されるのが一般的で、利息も五割で統一されていることから、（前年の）秋、冬に借りる方が、（当該年の）春に借りるよりも結果的に利子の負担が小さくなることも指摘している。(11)

このようにみてくると、公出挙が春三月と夏五月に一斉に行われるという八世紀の日本のあり方は、むしろ特殊であったといえるのではないか。かつて筆者は、八世紀代の公出挙制の整備について、「農業慣行における種稲分与と営料分与という出挙のイデオロギー的側面を重視し、これを二次的に再編成したもの」ととらえたが、(12)公出挙の貸付時期が特定時期に集中されるようになったのは、国司の巡行にともなう出挙が意識されたことや、(13)利子負担の公平性といった問題が念頭に置かれていたことが背景にあるように思う。逆にこうした公出挙制が整備される以前の段階（八世紀初頭以前）においては、春夏二季の出挙は行われるものの、その実施時期についてはある程度のばらつきがあったことも想定しておいてよいのではないだろうか。

三　穀類出挙に関する文献史料の再検討

ここで、古代朝鮮半島における出挙の様相を、これまで確認されている文献史料からあらためて確認しておこう。『魏志』韓伝には、

常以二五月一下レ種訖、祭二鬼神一。群聚歌舞、飲酒昼夜無レ休。其舞、数十人倶起相随、踏レ地低昂、手足相応、節奏有レ似二鐸舞一。十月農功畢、亦復如レ之。信二鬼神一、国邑各立二一人一主二祭天神一、名二之天君一。

とあり、五月の種子下行時と十月の収穫時に鬼神の祭が行われていたことを記している。宮原武夫氏が注目しているように、[14]種稲分与は農耕社会、あるいは農業共同体にとってきわめて重要な儀礼であり、この種稲分与と不可分の形で春出挙が成立したことは、容易に想像できるであろう。

『三国史記』高句麗本紀、故国川王十六年（一九四）条に、「毎年自二春三月一至二秋七月一、出二官穀一。以二百姓家口多少一、賑貸有レ差。至二冬十月一還納。以為二恒式一」とある。前後の記事から、飢饉による賑給という性格が強く、無利息借貸である可能性が高いが、官穀出挙の起源となるような記事である。この記事がどの程度信憑性があるのかは不明だが、春から夏にかけて出挙が行われていたとあり、日本の春夏出挙を連想させる記述である。双北里二八〇―五番地出土木簡にみえる官穀の貸付が六月であることは、朝鮮半島でも夏出挙が行われていたことをやはり裏づけていると思われ、この記事も官穀の貸付が春から夏にかけて行われるべきものであったことを示しているのではないだろうか。

百済地域における出挙記録簡の発見は、穀類出挙に関する日本や中国の法制史料について再検討をうながすことにもなるだろう。よく知られているように、穀類出挙の法的根拠となっている条文は、日本では養老雑令20以稲粟条である。

○養老雑令20以稲粟条

凡以二稲粟一出挙者任依二私契一。官不レ為レ理。仍以二一年一為レ断。不レ得レ過二一倍一。其官半倍。並不レ得下因二旧本一、更令レ生レ利、及廻レ利為上レ本。若家資尽。亦准二上条一。

これによれば、「稲粟」を出挙する場合に、一年を単位とし、利息は「一倍」を過ぎてはならず、官の場合は「半倍」を過ぎてはならないと定めている。さらに、複利計算をしてはならないとある。

この規定は、もとは中国の唐雑令の条文に存在していたものと思われ、『唐令拾遺』では、『宋刑統』所引の「雑令」を根拠に、次のように復原している。[15]

○復旧唐雑令一八条

一八〔開二五〕諸以二粟麦一出挙、還為二粟麦一者、任依二私契一。官不レ為レ理。仍以二一年一為レ断。不レ得下因二旧本一、

更令上レ生レ利。又不レ得二廻レ利為一レ本。

さらに近年、中国・寧波の天一閣博物館が所蔵する『官品令』と題する明抄本が、北宋の天聖令の一部であったことが実証され、その全貌が、中国社会科学院歴史研究所天聖令整理課題組によって公開された(16)。その内容は、唐令をほぼ踏襲したものと考えられるだけに、唐令復原研究に大きな光明をもたらした。ここには雑令の篇目も含まれており、それによると、穀類出挙に関する条文は次のようなものであった。

○北宋天聖雑令25条

諸以粟麦出挙、還為粟麦者、任依私契。官不為理。仍以一年為断。不得因旧本生利。又不得回利為本。

一見してわかるように、天聖令の条文は、復旧唐令の条文とほぼ同じであるとみてよい（天聖令には復旧唐令にある「更令」の二字がみえないが、転写の際の脱字の可能性がある）。唐代の穀類出挙に関する条文は、『唐令拾遺』の復原した通りであったとみて問題ないであろう。

その上で、養老雑令の条文との比較を試みると、細かい点で違いがあることがわかる。まず、唐令では「粟麦」となっているものが、日本令では「稲粟」となっている点である。これは、古代日本では律令制以前から稲の出挙が広く行われていたことと関わっていると思われるが、あるいは、朝鮮半島でも、水稲耕作が行われていた百済地域では、稲の出挙が一般に行われていたのかも知れない。双北里二八〇-五番地出土木簡にみえる穀物も、稲であった可能性がある。

二点目は、養老雑令にみえる「不レ得レ過二一倍一。其官半倍」が、唐令にはみられないことである。条文の比較という従来の手法からいえば、この表現は、日本令が独自に追加した文言ということができよう。しかしながら、実態をふまえると、必ずしもそう単純には説明できない。

というのも、出挙の利息について定めたこの部分、とりわけ「其官半倍」という原則は、古代日本に限ったことでは

ないことが、出土文字資料や一次史料から確認できるからである。扶余の双北里二八〇－五番地出土木簡は、「佐官貸食記」とあることから官による出挙であることがわかり、さらに貸付額の五割増の穀物を返納することになっていたことから、「其官半倍」の規定と合致していることになる。「官による穀類出挙の利息は半倍」とする規定は、日本だけでなく、七世紀前半の百済においても同様であったのである。

さらに、やや時代が降るが、池田温氏が検討された、敦煌文書中に多くみられる一〇世紀代の便穀歴をみると、利息がいずれも五割であったことがわかる。(17) これらの便穀歴は、官司に准じた寺院や僧侶が貸し付けた際の帳簿と思われ、官による出挙の事例とみてよいであろう。一例をあげよう。

〇戊子年（九二八）六月五日公廨麦粟出便与人抄録

1　戊子年六月五日公廨麦粟出便与人、抄録如後。

2　應戒、便粟友慶、洪福、員徳四人、各粟壱㪷、至秋陸斗

3　赤心安富通便粟両碩、至秋参碩「押」見人杜寺主

4　兵馬使曹智盈便粟肆㪷、至秋陸斗、口承外生他略「押」

（後略）

二行目では、「四人」が各粟壱斗（計四斗）を借り受け、秋に「陸斗」を返納することになっていた。3行目では、「粟両碩」を借り受け、秋に「参碩」を返納することになっていた。4行目では、「粟肆斗」を借り受け、秋に「陸斗」を返納することになっていた。いずれも、秋の返納時の利息は五割である。

このようにみると、穀類出挙の利息を「官半倍」とする原則は、日本だけでなく、百済や唐でも共通して行われていたことがわかる。百済では、少なくとも七世紀前半段階ですでに、かなりシステマティックな形で「官半倍」の原則による穀類出挙が行われていたことが明らかとなったが、同時期の倭王権においても同様の原則により穀類の貸し付けが

行われていた可能性は高いだろう。つまり律令制導入以前から、雑令の規定にもとづくような穀類出挙がすでに行われていたと考えざるをえないのである。

もう一点、養老令では条文の最後に「若家資尽、亦准㆓上条㆒」とあるが、これが唐令にはみえない。養老令のこの部分は、「上条」すなわち前条の雑令19公私以財物条にみえる「家資尽者、役㆑身折酬」とあるのに対応する。すなわち日本令では、唐令とは異なり、財物出挙だけではなく穀類出挙においても、「役身折酬」が規定されていたことになる。この点に注目した榎英一氏は、『新唐書』新羅伝に「息㆓穀米於人㆒、償不㆑満、庸為㆓奴婢㆒」とあることに注目し、新羅においても穀米出挙の場合に「役身折酬」が想定されていることから、「日本令の規定は、唐令よりも、新羅の制に、より近いと言える」と指摘している(18)。百済と日本の出挙木簡の類似性が明らかになった現在、この指摘にあらためて注目すべきだろう。

おわりに

韓国・扶余の双北里から出土した七世紀代の出挙に関わる木簡の検討を通じて、古代東アジア社会における出挙の問題を考えてみた。日本の出挙制の成立に、朝鮮半島の出挙制がきわめて強い影響を与えていることは、この一点の木簡により、実証できたものと思う。

問題はその点だけにとどまらない。雑令に規定されるような穀類の公出挙は、七世紀前半の時点ですでに百済で行われており、おそらくは同時期の日本列島でも行われていた可能性は高い。法体系としての律令法の継受以前に、律令法に規定されるようなシステムが朝鮮半島や日本列島で広く行われていたことは何を意味するのだろうか。東アジア世界

における律令法継受の問題についても、再検討の必要が出てくるといえるのではないだろうか。(19)

注

（1）三上喜孝「古代地方社会の出挙運営と帳簿」『民衆史研究』五八、一九九九年（三上a論文）、同「古代の出挙に関する二、三の考察」『日本律令制の構造』、吉川弘文館、二〇〇三年（三上b論文）、同「出挙・農業経営と地域社会」『歴史学研究』七八一、二〇〇三年（三上c論文）、同「出挙の運用」『文字と古代日本3　流通と文字』吉川弘文館、二〇〇五年（三上d論文）。

（2）池田温「敦煌の便穀歴」『日野開三郎博士記念　論集中国社会・制度・文化史の諸問題』中国書店、一九八七年。

（3）大津透「唐西州高昌県粟出挙帳断簡について」『日唐律令制の財政構造』岩波書店、二〇〇六年、初出一九九八年）

（4）『부여 쌍북리 280－5 번지 창고신축부지 文化遺蹟　發掘調査　略報告書』二〇〇八年五月、백제문화재연구원。

（5）李鎔賢「百済木簡―新出資料を中心に―」奈良女子大学ＣＯＥ「古代日本形成の特質解明」、奈良県立万葉文化館、科研「東アジア古典学としての上代文学の構築」主催シンポジウム「韓国木簡の現在」（於奈良県立万葉文化会館、二〇〇八年八月十日開催）なお、この時の報告資料は、「東アジア古典学としての上代文学の構築」（http://fusehime.c.u－tokyo.ac.jp/eastasia/）のサイトで公開されている。

（6）『第36回企画展・滋賀県文化財保護協会調査成果展　古代地方木簡の世紀―文字資料から見た古代の近江―』滋賀県立安土城考古博物館、二〇〇八年。

（7）注（1）三上d論文。

（8）平川南「令制成立前後の出挙木簡―福岡県小郡市井上薬師堂遺跡―」『古代地方木簡の研究』吉川弘文館、二〇〇三年、初出は二〇〇〇年。

（9）薗田香融「伊予国正税帳について」『日本古代財政史の研究』塙書房、一九八一年、宮原武夫『日本古代国家と農民』法政大学出版局、一九七三年、第一一章「春夏二季出挙の意義」など。
(10) 注(6)書。
(11) 池田注(2)論文。
(12) 三上注(1)b論文。
(13) 例えば、天平十年度駿河国正税帳では、「春夏正税出挙国司〈掾一口、史生一口、従三口〉七郡別二度各三日食為単弐伯壱拾日〈掾冊二口、史生冊二口、従百廿六口〉」とあり、春秋の出挙においては、それぞれ各郡を三日間ずつ巡行することになっており、春夏出挙は、この時に集中的に行われたと考えられる。
(14) 宮原武夫「出挙についての一考察—その起源と性格—」『日本歴史』一六二、一九六一年。
(15) 仁井田陞著『唐令拾遺』東京大学出版会、一九三三年。
(16) 天一閣博物館・中国社会科学院歴史研究所天聖令整理課題組『天一閣蔵明鈔本天聖令校証　附唐令復原研究』中華書局、二〇〇六年。
(17) 池田注(2)論文。
(18) 榎英一「田租・出挙小論—その起源について—」『論究日本古代史』学生社、一九七九年。
(19) こうした問題意識と関わるものとして、律令制的文書様式の継受以前に朝鮮半島や日本列島で広く「牒」の様式の文書が使用されていたことを想定した三上喜孝「文書様式「牒」の受容をめぐる一考察」『山形大学歴史・地理・人類学論集』七、二〇〇六年も参照。

城山山城木簡と六世紀新羅の地方支配

橋本　繁

はじめに

六世紀の新羅は、「律令」の制定、仏教の公認、官制の整備、領土の拡大など飛躍的な発展を遂げた[1]。特に地方支配体制の進展については、五〇三年の冷水里碑から五九一年の南山新城碑にいたるまでの豊富な金石文を利用した多くの研究蓄積がある[2]。これまでの研究により、六世紀にはいまだ県は設置されておらず、地方統治は州―郡―城・村の三段階によりなされたことが分かっており、州郡制と呼ばれている。また、このころの地方制度には軍事的な色彩が濃厚であり、州、郡、城・村にはそれぞれ軍主、幢主、道使などと呼ばれる地方官が中央から派遣されていた。ただ、他方では伝統的な在地の支配秩序が強く残っており、在地首長を「村主」として把握することで城・村の人民に対する支配を実現していた[3]。近年の研究では、そうした伝統的な支配秩序にたいして、新羅王権がどのように支配力を強めていったかに焦点が当てられている。例えば、村に派遣された道使は、六世紀初めには郡内の第一村にのみ派遣されたが、半ば以降は郡内の全ての村に派遣され名称も多様化したことや[4]、明活山城碑（五五一年）の段階では「村」の役割が大きかったが、南山新城碑（五九一年）段階では「郡」の果たす役割が増大し、自然村落にまで外位所持者が拡大して、中央の

行政力がより下のレベルにまで浸透したことなどが指摘されている。(5)

しかし、このように活発な研究が行われてきたにも関わらず、地方官の具体的な職務や州、郡、城・村がそれぞれどのような機能を果たしたのかなど基本的な事実においてすら共通した認識には至っていない。

そうした課題に取り組むために注目される資料が、韓国慶尚南道咸安郡に位置する城山山城から出土した木簡である。城山山城木簡は、一九九〇年代の発掘で二七点、(6)二〇〇〇年代に入ると発掘の進展にともない点数が急増し、二〇〇二年までの発掘で九四点、(7)二〇〇三年に一点、さらに二〇〇六年に四〇点、(8)二〇〇七年に七六点の計二三八点が報告されている。(9)ひとつの遺跡から出土した木簡数としては、韓国で最大である。(10)これまでの研究により、(11)五六〇年頃に洛東江上流域の各地から城山山城へ稗や麦などの物資を輸送する際に付けられた荷札であることが明らかにされた。城山山城木簡は、当時の地方支配体制と密接な関わりがあり、六世紀中頃に成立した広域行政区画の成立と、それを支える州―郡―城・村からなる地方統治体制を前提とした文書行政によって、人々の労働徴発や賦課を管理する方式が導入されていたと想定される。(12)

したがって、より具体的に木簡の機能を明らかにすることで、その背景にある地方支配の実態にも迫りうると考えられる。城山山城木簡のような荷札の場合、貢進側で作成されたあと受納側の手にわたり、保管されて最終的に消費された地点で廃棄される。(13)こうした動きの全体像を復元することによって、地方統治とそれに伴う文書行政のなかで州、郡、城・村が具体的にどのような機能を果たしていたのかを推測しうると期待されるのである。こうした観点から、著者はこれまで国立昌原文化財研究所と早稲田大学朝鮮文化研究所の共同調査による成果に基づき、製作技法や保管状況について整理した。(14)また、近年の発掘で廃棄状況が明確にされつつあり、城壁よりも木簡が先行するという画期的な成果が収められている。(15)本稿では、こうした木簡の動きを復元する作業の一環として、作成場所に焦点を絞って検討をくわえる。記載様式や筆跡などを比較分析することで、木簡が地方行政のどのレベルで製作されたかを明らかにしたい。

なお、今回検討をおこなうのは、二〇〇二年までに出土した木簡を主たる対象とする。二〇〇六、七年に出土したものについては、まだ正式な報告書がだされておらず、公開されている写真もごく一部のみのため、参照するにとどめた。

一　木簡製作地の諸説

城山山城木簡の製作地に関するこれまでの説として、城山山城内部説、州段階説、郡・村段階説、村段階説がある。それぞれの説に検討を加えていく。

まず、城山山城内部説が根拠としているのは、未完成の木製品および大量の木くずなどの治木片や未完成の木簡一点が出土していること、[16]さらに二〇〇二年度の発掘において刀子や筆が出土していることである。[17]木簡の内容ではなく製作に関わる出土遺物を根拠にしていることは、他の説にはみられない方法論であり重要な視角である。だが、これらの根拠のうち、まず筆については、文字を書いた筆ではなく漆を塗った刷毛である可能性が高い。[18]刀子についても、木製品一般の作成にも使用されるものであるため、必ずしも木簡の作成に関わるとは限らない。城山山城木簡の性格が、外部から運び込まれた荷札であることの確実な現段階では、内部製作説には従いがたい。

次に、城山山城の外部で作成されたとする諸説を検討していく。

州段階説の根拠とされるのは、書体が全体的に同一であることから「作成した人物の数は一、二名」という点である。その前提に立った上で、木簡に書かれた地名が上州地域にまたがるため、[19]「当時、上州の州治であった甘文」で製作されたのではないかとする。[20]また、大部分の木簡は州で作成されたが、仇利伐木簡のみ大きさ、書式、書体の面で他の木簡と異なる特徴をもっているため仇利伐で作られたとする見解もある。[21]州製作説の根拠のうち、書体の問題については本論で詳しく述べるが、作成した人物が一、二名とは考えにくい。なぜなら木簡に郡名から始まるもの、郡名がなく村名から始まるもの、人名だけのものなど多用な記載様式がみられるからである。もし州で一、二人の手によって製作されたのだとすれば、このように多様な表記がなされるとは考えにくい。

郡・村段階説は、まず木簡全体の性格を物品名の有無によって大きく名簿と付札の二種類に分ける。名簿木簡は、同郡・異村の木簡の文字が同筆であることから、郡で作成されたとする。付札木簡は、「郡＋村＋人名＋貢物名」と記載されたものは郡、「村＋人名＋貢物名」か「人名＋貢物名」と記されたものは村で作成され、それぞれ城山山城に送られたとする。(22) 木簡の一部を名簿とすることについては、これまでの研究で明らかになっているように成り立ちがたい。書体についても、本論でのべるように、同郡異村のものに異筆とみられるものがある。さらに、木簡に記載された地名表記法のみで作成地を確定するのは安易であろう。郡で作成されたとしても、郡名を省略することは十分に想定しうる。

村段階説は、行政村において村主や文尺層などが、国家の要求した書式に従って記したのであろうとする。(23) また、注目されるのは、本稿と同様に木簡の書体に注目した全徳在の研究で、仇利伐、及伐などの地名ごとに書体が異なるため、行政村ごとにつくられたのだとする。(24) しかし、書体については本論で述べるように仇利伐や古陁のなかでもいくつかの書体が併存している。

以上のように、製作地に関しては二次報告分が公表されて以降注目されるようになってはいるが、十分な説得力をもつ見解が出されているとはいえない。

そこで本稿では、まず地域ごとの特徴を抽出する方法として、これまで注目されてこなかった記載様式の違いを検討する。次に筆跡に注目して、全徳在が推定するようにある地域のなかで共通しているのか否か論じていきたい。

二　記載様式からみた地域ごとの特徴

まず、城山山城木簡の記載様式を確認すると、基本的な内容は「地名＋人名＋物品名」である。地名には、「村」だけ書かれたものと、村名の上にさらに「仇利伐」、「古阤」、「仇伐」などの地名が書かれたものがある。「村」よりも上位にあたるこれらの行政単位は、「郡」であると考えられる。[25]以下、この郡名ごとに木簡の記載様式を検討して、その特徴を明らかにしていく。まず木簡の一覧表を掲げる。[26]

表一　城山山城木簡分類表

木簡番号	記載内容 郡名	村名	人名	物品	数量	表裏	行	法量	樹種	備考
仇利伐										
一	仇利伐	上彡者村／	乞利			○	△	(237)×30×9	松	
三	仇利伐	上彡者村	波婁				△	(236)×44×7	松	
三四	仇利伐	上彡者村	波婁				△	290×31×10	松	
三三	仇利伐	肪谷村	仇礼支	負			◎	293×35×7	松	
四	仇利伐		仇陁智一伐 尓利□支				◎	228×38×9	松	
五	仇利伐		□徳知一伐 奴人□					(203)×31×6	松	
三六	仇利伐		只即智奴 於非支	負			△	296×38×7	松	
一七		×前谷村	阿足只	負			△	(167)×34×5	松	
三七			×内只次奴 須礼支	負			△	(244)×35×8	松	
三八			×比夕智奴 尓先能支	負			◎	(267)×47×7	松	

三五			内里知 奴人 居助支	負				276×33×6	松	
五七			弘帝斐利	負				(278)×17×6	松	
古阤										
二〇	古阤	伊骨利	阿那／仇酒支	稗發				(126)×22×5	松	
二八	古阤	伊骨利村	阿那□智 卜利古支／	稗發				240×25×7	松	
二九	古阤	新村 那村／	智利知一尺 豆于利智	稗	一石			209×19×8	松	
三一	古阤	一古利村	末那／毛□次卩智	稗	一石			212×29×5	松	
仇伐										
七	仇伐	干好□村	卑尸	稗	一石			205×28×4	松	
五二	仇伐		阿那吉只	稗	一石			(199)×27×5	松	
鄒文										
三九	鄒文	比尸河村	尔利牟利					172×24×5	松	
五四	鄒文	□□□村	次□本		一石			193×21×4	松	
甘文										
二	甘文城	下麦甘文本波□□	／新村□利兮□			○		(197)×20×6	松	
一〇	甘文	本波□□且利村伊竹伊						(227)×26×5	松	
六五	甘文	尔□×／阿□□×				○		(54)×(19)×6	松	
夷津支										
二二		夷津支	女那尔利知×					(104)×20×4	松	
三〇		夷津支	阿那古刀羅只豆支／	稗		○		187×22×10	松	
四五		夷津	阿那休智	稗				(160)×17×7	松	九五号と接合

城・村で記載が始まるもの										
八		及伐城	□刀巴	稗				208 × 28 × 7	松	
四二		及伐城	立□	稗	一石			181 × 26 × 7	松	
七四		及伐城	只智	稗	一石			145 × 21 × 6	松	
八〇		及伐城	□伊	稗	一石			147 × 18 × 5	クリ	
一三		陳城	巴兮支	稗				159 × 22 × 7	松	
四一		陳城	巴兮支	稗				162 × 21 × 5	松	
一一		烏欣弥村	卜兮	稗	一石			177 × 17 × 5	松	
一二		上□村	居利支	稗				175 × 16 × 5	松	
四四		上□村	居利支	稗				158 × 24 × 7	松	
一四		大村	伊息智一伐					160 × 25 × 10	松	
二一		屈仇□支村	□□□／	稗	一石	○		(127) × 26 × 5	松	
三二		上弗刀弥村／	加万波□	稗	一石	○		158 × 15 × 5	松	
四〇		阿卜智村	尓能及		一			193 × 21 × 10	松	
四三		陽村	文尸只					(149) × 25 × 5	松	
四六		及□城	鄒□□□支					161 × 22 × 3	ノグルミ	
五三		大村	主舡夷					(181) × 25 × 6	モミ	
六二		小□答支村／	×□□妻	稗	一石	○		(94) × 19 × 7	松	六六号と接合
八五		伊失兮村	×					(107) × 22 × 5	松	
城、村がみられるもの										
六〇	巴弥兮城下□×／巴弥兮村×					○		(87) × 29 × 7	松	

一五		×□家村	□□□					(159)×18×9	松	
七八		×□村	登尓支					(145)×25×5	松	
物品名か数量がみられるもの										
九			竹尸□牟干支	稗	一			186×25×8	松	
一六			×言斯只		二石			(179)×19×3	松	
一八			□□□□□支	稗				(211)×25×9	松	
四七		可初智□須		麥	一石			(192)×16×6	松	
四八			×□	鉄	十六			(160)×28×13	松	
五〇			□□□□支	稗	一石			(155)×17×7	松	
五六			□□□□□支	稗				(164)×24×7		
五九			叵密□智私／□利乃文□支	稗		○		132×24×9	松	
六一			大節屯家□夫鄒只□／□	稗	一石	○		(95)×27×3	松	七五・九〇号と接合
六三			×□叔予□支／×鄒	稗		○		(126)×15×4	ヤナギ	
六四			小伊伐支人□×／［　］	稗	一石	○		(101)×20×6	松	
六七		×加礼□×／×刀		稗		○		(35)×19×3	松	
七一			×利次	稗	一石			(72)×13×3	ヤナギ	
七二			×□一伐	稗				(83)×16×5	松	
七三			×伐	稗	一石			(115)×26×7	松	
七九		伊伐支□利須		稗				(124)×18×5	松	
八一			×伊伐支		一石			(71)×18×4		
八六			密鄒加尓支		一石			(115)×22×8		

九四				碑	一			(57)×20×4		

その他

六			王私烏多伊伐支□負支					200×28×6	松	
二三			知上干支					(80)×25×5	松	
二四			×□尓□□					(117)×36×5	松	
六八			居珎□乙支					(127)×16×7	松	
六九			千竹利					(83)×26×5	モミ	
七〇			千竹利					(97)×27×5	モミ	
七六			×未知居兮×					(79)×27×6	松	
七七			須伐夲波居須智					(122)×18×9	松	
八二			×智支					(74)×21×3	松	
八三			召□伐×					(89)×29×9	松	
八四			麻卩支					(127)×35×9	松	
八八			□□□□支□					(93)×17×4	ヤナギ	
八九			×于利沙□×					(55)×19×5	松	
九二			□知支					(110)×31×7	松	

「記載内容」…／は記載面が表から裏に移ることを示す。×は木簡が欠損しているが上下に内容の続くことを示す。釈文は、確定していない文字はすべて□で表記した。

「表裏」…○のあるものは、裏表両面に記載のあることを示す。

「行」…△は一行であるが途中から片側に寄せて小さく書くもの、◎は途中から二行に書くものを示す。

「法量」…数字の単位は㎜。（ ）付の数字は、欠損のあることを示す。

①仇利伐（忠清北道沃川郡周辺[27]）木簡は、仇利伐と明記されているものだけで一、三、四、五、三三、三四、三六号の七点がある。これらに共通してみられる特徴として、すでに指摘されている通り、他の木簡に比較して大形であることと、仇利伐までを大きく書いてそれ以下を小さく書く記載様式の二点を指摘できる。同じ特徴をもつ一七、三五、三七、三八、五七号の五点も、欠損などにより仇利伐という記載は確認できないが、仇利伐木簡であると推定される。これら合計一二点を観察すると、「稗」「一石」などの物品名や数量がないこと、「負」[28]や「奴人」「奴」がみられることの二点を特徴として指摘できる。「負」や「奴人」「奴」は、仇利伐木簡の全てにみられるわけではないが、仇利伐以外の木簡には全くない[29]。二〇〇六、七年の発掘で一二点が新たに出土しているが、こうした特徴は共通している。このように、仇利伐木簡は他地域の木簡とはかなり異なる特徴をもっている。

　では、その他の木簡についてはどうだろうか。

古陁（慶尚北道安東）の木簡は、二〇、二八、二九、三一号の四点がある。共通する特徴として、物品が「稗一石」もしくは「稗發」と表記されていることと、表裏両面に記載されるという二点を指摘できる。二〇〇六、七年の発掘で九点がさらに出土しているが、こうした特徴は共通している。

仇伐（慶尚北道義城）の木簡は、七、五二号の二点である。どちらも物品名＋数量を「稗一石」と表記する。二〇〇七年の発掘で三点新たに出土しているが、同様である。

鄒文（慶尚北道義城付近[30]）の木簡は三九、五四号の二点である。特徴は、物品名が省略されていることである。二〇〇六、七年の発掘で新たに二点出土しているが、物品名、数量ともに記載されていない。

甘文（慶尚北道金泉市開寧面[31]）木簡は二、一〇、六五号[32]の三点であるが、六五号木簡は上端のみである。二、一〇号ともに木簡の末尾に物品名がみられないこと、ひとつの木簡に複数の村名がみられることという二点を指摘できる。二〇〇六年に、二号木簡と表記内容が類似する「甘文城下麦」ではじまる一点、二〇〇七年には「甘文城下□米」ではじまる一点が出土している。冒頭の甘文城の下にある「麦」「□米」が物品名なのかは未詳であるが、他地域の木簡と比較すると記載様式がかなり異なるようである。

夷津支（現在地不明）は二二、三〇、四五号の三点で、物品名のみで数量が書かれていないのが特徴である。二〇〇六、七年に四点出土しているが、一点だけ物品名を書かずに数量のみ書いたものがあるものの、物品名と数量をともに記したものはない。

そのほか及伐城（慶尚北道栄豊郡順興面）の木簡は、郡ではなく郡に属す城レベルのものだが[33]、八、四二、七四、八〇号の四点がある。記載様式がいずれも「及伐城＋人名＋稗一石」（ただし九号は「稗」のみ）であり、片面にのみ記載し、下端に切り込みがあるという三点が共通する。こうした特徴は、二〇〇七年に新たに出土した三点も同様である。

以上の検討から、一つの郡の木簡は数点にすぎないが、その限られた資料による限りでも、表裏の記載、物品名の表記法、形状などは郡ごとにはっきりと傾向が認められる。では、木簡の製作地は郡であったといえるのであろうか。次節でさらに検討を加える。

三　筆跡からみた村ごとの特徴

仇利伐、古阤、仇伐の木簡には、複数の「村」がみられる。村単位での特徴の有無を木簡の筆跡に注目して検討していく。

①仇利伐木簡

筆跡の違いをみるために、仇利伐木簡のうちでも、ほぼ完形で文字の残りのよい六点を主たる検討対象とする。一、

三、三四号は上彡者村、三三号は肪谷村、そして四、五号は仇利伐とあるだけで村名がないものである。村名のないものは一見奇異に感じられるが、新羅における郡は、城・村を管轄するだけでなく独自の領域をもっていたのである。[34]

まず、六点の木簡に共通する「利伐」を比較していく。

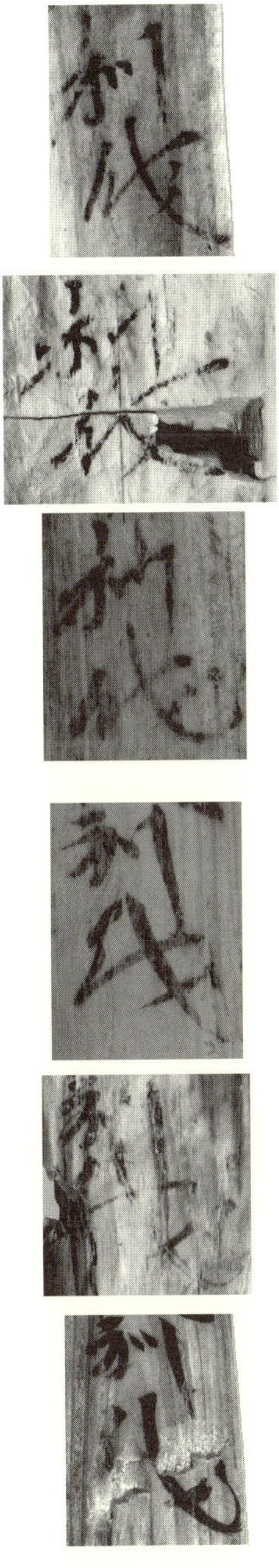

一号 三号 三四号 三三号 四号 五号

図一　仇利伐木簡の「利伐」字形比較

上彡者村の木簡一、三、三四号は、「利」第一画の「ノ」が、いずれも垂直に近い縦方向に入れられている。一方、それ以外の三三、四、五号木簡は、水平に近い横向きという違いがある。次に、「伐」を比較すると、上彡者村の木簡では、第二画が垂直に下ろされており、「イ」のように書かれる。それに対し、三三号木簡は、第一画と第二画の筆画が連続しており、第二画も左に湾曲して書かれているという違いがある。

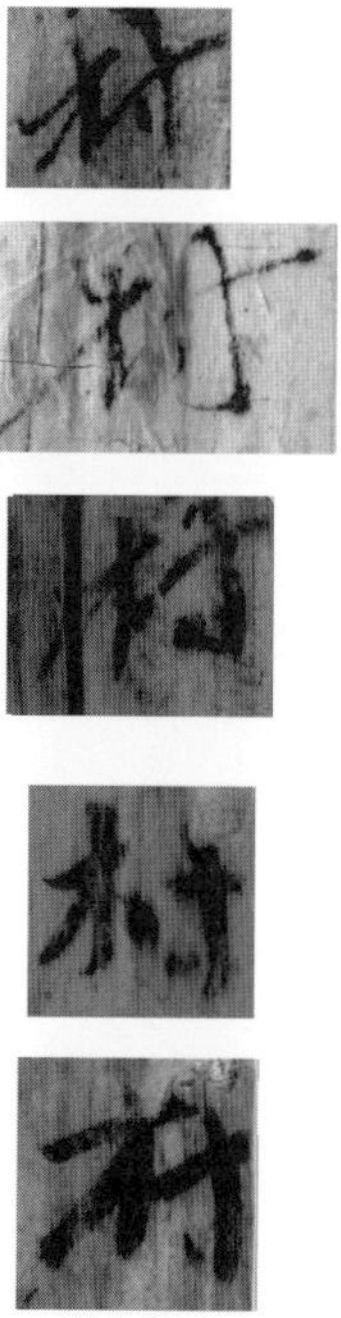

図二　仇利伐木簡の「村」字形比較

次に、「村」を比較する。

上彡者村の木簡では第四画の右はらいがみられず、第一画と第二画、第三画と第五画の筆画が連続して勢いよく書かれている。それに対し、肪谷村の三三号は、一画一画が続けることなく書かれており、第四画も太くしっかりと書かれている。前谷村の一七号は、第四画が省略されていることは上彡者村と共通するが、筆の動きに勢いがなく、上彡者村とも肪谷村とも異なった特徴をもつ。

以上の三字の検討から、「上彡者村」木簡の三点は共通した特徴をもち、それ以外のものとは筆跡が異なる。さらに、冒頭の書き出しを比較してみても、「上彡者村」のものは木簡の上端から若干の間をあけて書き出しているが、[35]それ以外の三点は上端近くから書き出ている。これらの違いから、仇利伐木簡の書き手は、少なくとも上彡者村とそれ以外とでは異なっていたと判断される。[36]また、上彡者村以外のものについても、「村」字の比較によれば肪谷村と前谷村で筆跡が異なることから、さらにそれぞれ異なる書き手により作成された可能性が高い。

②古阤木簡

二〇〇四年までに出土した古阤木簡はわずか四点にすぎないが、二〇、二八号は「伊骨利村」、二九号は「新村」、三一号は「一古利村」と、三つの村名がみられる。

まず、伊骨利村の二点は、木簡の長さは全く異なっているが、文字の割付や筆跡は酷似しており、同一人物の手によるとみられる。[37]物品名を「稗發」と表記するのも、この二点にのみみられる記載法である。[38]

図三　二〇号木簡

図四　二八号木簡

図五　二九号木簡

図六　三一号木簡

図七　七号木簡

図八　五二号木簡

新村の二九号は、書風がかなり異なる。例えば、第四字「村」は、第一画と第三画を連続していると思われ、第二画の上方に非常に偏っており、二八号の表面六字目、三一号の表面六字目とは文字のバランスが大きく異なる。また、表面七字目の「知」や表面五字目・裏面四字目「智」の第一画を「フ」に近い特異な書き方をしており、三一号の裏面第五字「智」と大きく異なる。(39)

三一号の一古利村については、二〇・二八号の伊骨利村木簡と同筆か否か判断し難い。「利」「村」を見る限りでは伊骨利村木簡と似るが、文字は全体的に大きく書かれている。さらに物品名の表記も「稗發」と「稗一石」で異なる。(40)ところで、一古利村と伊骨利村は同じ村の異表記であるという指摘もあり、(41)その可能性も否定できない。その場合、同じ村の木簡を異なる書き手が書いたため表記を異にしたとも想定されるが、同じ碑文の中で異表記される例もあり、(42)必ずしも別人が書いたという証拠にはならない。

伊骨利村と一古利村の筆跡の別は判断が難しいが、新村木簡と異なることは明白である。古阤郡においても複数の書き手の存在が想定される。

③仇伐木簡

七号は「于好□村」、五二号は「仇伐」である。この二点の木簡に共通する文字である「仇」、「伐」、「稗」「石」の四つの文字は、同筆であると判断される。さらに、共に下端に穿孔があったと考えられ、法量もほぼ同一である。したがって、仇伐木簡は、村を越えて同じ書き手により製作されたものといえよう。(43)

これらの検討の結果、仇利伐木簡からは、村ごとに書き手が異なった可能性が想定された。また、古阤木簡からも郡内部に複数の書き手がいた可能性が高い。また、同一村での異筆はこれまでのところみられない。したがって、税の貢進とそれにともなう文書行政において、村ごとになんらかの機能を果たしていたと考えられる。そこで、村において木簡が製作された可能性と、郡において木簡が製作されたが村ごとに異なる書き手が担当したという可能性の二通りが想定できる。だが、仇伐木簡の検討結果からは、村を越えて同筆であったとみられるので、村段階で製作されたとは考えられない。また、古阤の二九号木簡において、表面の最後の二文字が「那村」という釈文で間違いないとすれば、ひとつの木簡に「新村」と「那村」というふたつの村名があることになり、やはり村段階とは考えられない。したがって、木簡の製作は、村ではなく郡であった可能性が高い。

以上、二節にわたる考察により、書式からは郡ごとに特徴のあることが、また筆跡からは郡ごとに複数の書き手がいたことが推測されるが、木簡を作成していたのは郡であった可能性が高い。

四　郡における木簡の製作者

では、このような郡における木簡製作を担ったのは、どのような人びとであったろうか。この点については、南山新城碑にみられる「文尺」「書尺」という職名をもつ人びとが想起される。

南山新城碑にみられる築城に関わった人々は、次に掲げる歴名表にみられるようにA～Dの四集団に分けられる。A集団は、この郡の各村に中央から派遣された地方官である。B集団はその郡の在地有力者、C集団は力役動員・工事にあたりB集団を補佐する集団、D集団は、その郡中の一村から動員されて実際に力役を負担した集団である。力役動員は中央から派遣された地方官であるA集団と、在地の有力者であるB集団が協力して行なったことが明らかにされている。

歴名表にゴシックで示したように、南山新城碑には、郡レベルでの力役動員に際して活動したC集団の文尺と、実際

表二　南山新城第Ⅱ碑歴名表

区分	職名	出身	人名	官位
A	阿旦兮村道使	沙喙	勿生次	小舍13
	仇利城道使	沙喙	級知	小舍13
	答大支村道使	□喙	所叱□知	□
B	郡中上人	沙刀城	本西利之	貴干④
		久利城	□次利之	撰干⑤
C	匠尺	沙戸城	可沙里知	上干⑥
	文尺		美叱□之	一伐⑧
D	阿大兮村作上人	（阿大兮村）	所平之	上干⑥
	工尺		可尸□之	一伐⑧
	文尺		得毛□之	一尺⑨
	面石捉人		仁尓之	一伐⑧
	□石捉人		□□叱兮之	一尺⑨
	□石捉人		一安兮之	彼日⑩
	小石捉人		兮利之	彼日⑩

※「官位」欄の数字は京位の官等を、丸数字は外位の官等を示す。

に工事を担当した村ごとのD集団の文尺がみられる。(44)具体的な活動の違いは明らかでないが、彼らが碑文作成だけでなく、築城に必要な文書行政に携わったことは想像に難くない。(45)五九一年の南山新城碑の段階において、郡における文書行政の実務を担当していたのは、中央から派遣された官吏ではなく、現地の地方民であった。(46)それよりも三〇年ほど年代が遡る城山山城木簡を製作したのも、やはりこのように文字を使いこなしうる地方民であったと推測される。

おわりに

城山山城木簡の記載様式や筆跡に注目して検討を加えた結果、木簡が作成されたのは郡レベルであったと結論づけられた。個々人に賦課された稗などの税物は、村を通じて郡に集められ、郡において木簡が製作されて、それぞれの荷に付けられたと推測される。

本文でもふれたように、近年の発掘で木簡の出土点数が倍増しており、また、現在も継続している発掘によりさらに増加することが確実視される。したがって、郡や村における文書行政の役割を明らかにするためには、それらも含めて再度検討する必要がある。だが、「仇利伐」や「古阤」など郡レベルが地方支配で重要な役割を果たしていたことは動かないであろう。

そして、このように郡が重要な役割を果たす貢進体系は、南山新城碑（五九一年）にみられる力役動員体制と共通するところが多い。南山新城碑によると、実際に工事を担当したのは城・村を単位とする集団であったが、その動員をとりまとめたのは郡であったと考えられている。こうした支配体系が、租税貢進においても同様に機能していたのであり、しかも、南山新城碑より三〇年も遡って成立していたことになる。これまで南山新城碑にみられる全国的な力役動員は、五八四年の調府設置とそれにともなう地方再編によりはじめて可能であったと考えられてきた。[47] ところが、城山山城の検討からは、それよりも前に、全国的に貢進体系が整えられていたことになる。

そもそも調府は、稟主から分離設置されたものであり、もとは稟主が税の収取に関わる機能を果たしていたものと推定される。[48] 稟主の成立年代は、『三国史記』職官志によると、五六五年に典大等が置かれた時点のようにみえるが、実際にはそれ以前、法興王代にはすでに成立していた。[49] 文書行政による全国的な支配がどこまで遡るかは、今後さらに慎重に検討を進めていかねばならないが、従来考えられていたよりも早く、六世紀半ばには、稟主組織のもとで全国的な貢進体系が整えられていたと考えられる。

そして、新羅の領域統治も、六世紀半ばに急速に整備されていた。『梁書』新羅伝によると、地方には五二の「邑勒」がみられるだけで、それらを束ねる広域的行政単位は確認できない。[50] それが赤城碑（五四五＋α年）にいたると、「鄒文村」が「高頭林城」に統属していた可能性があり、すでに広域支配がおこなわれはじめていた。[51] 明活山城碑（五五一年）において初めて「郡」が確認され、[52] 五五二年に広域的支配を担う上州が設置される[53]など地方制度が整備されていったのである。

このような稟主による貢進体系と広域支配を担う州や郡の設置は、別個に整備されたものではなく、一連のものとみることができよう。城山山城木簡が作成されたのは、新羅が五五二年に現在のソウル地域を占領し、五六二年には加耶を滅亡させるなど急速に領土を広げていった時期であった。それと同時に赤城碑にみえる年齢による人民の把握など、[54]文書行政が本格化した時期でもあった。支配領域が急速に膨張していく中で、支配の体系化、効率化を目指して、稟主組織の整備と地方統治の再編が同時に進められたのではないだろうか。

城山山城木簡をめぐっては、身分制度とも関わる「奴人」の実態や、地方民に与えられた外位の役割など、なお残された重要な課題が少なくない。今後も『三国史記』『三国遺事』などの文献史料や、他の地域から出土した木簡、南山新城碑など同時代の金石資料との比較を進めることにより、六世紀新羅の国家体制に迫りうると期待される。

注

（1）六世紀における新羅、高句麗、百済の国家体制整備の全体像については、武田幸男「六世紀における朝鮮三国の国家体制」（井上光貞ほか編『東アジア世界における日本古代史講座四』学生社、一九八〇年）など参照。

（2）この時期の新羅の地方支配制度に関する研究は膨大なため、本稿では個別の問題に関わる部分のみ触れていく。これまでの研究成果については、東国大学校新羅文化研究所編『新羅金石文의 現況과 課題（新羅文化祭学術論文集二三）』（慶州市新羅文化宣揚会、二〇〇二年）所収の諸論文や文昌魯「新羅中古期地方統治組織研究의 動向과 課題」（『震檀学報』一〇三、二〇〇七年）など参照。

（3）木村誠「新羅郡県制の確立過程と村主制」（『古代朝鮮の国家と社会』二〇〇四年、吉川弘文館〔初出は一九七六年〕）。このほか石上英一は「新羅の六世紀の税制は（中略）伝統的支配秩序に依存して収取・徴発された」とする（「日本古代における律令制支配の特質と展開」『歴史学研究別冊一九七三年度大会特集』一九七三年）。山尾幸久も、新羅王権による労働力徴発は、村落の族長による労働力の組織に依存しているとしている（「朝鮮三国の軍区組織—コホリのミヤケ研究序説」朝鮮史研究会編『古代朝鮮と日本』龍渓書舎、一九七四年）。

（4）姜鳳龍「金石文과 村落文書을 통해서 본 新羅의 村制」（前掲『新羅金石文의 現況과 課題』）。
（5）朱甫暾「明活山城作城碑의 力役動員体制과 村落」（『金石文과 新羅史』知識産業社、二〇〇二年〈初出は一九九二年〉）。
（6）国立昌原文化財研究所編『学術調査報告第五輯　咸安城山山城　発掘調査報告書』（国立昌原文化財研究所、一九九八年）。
（7）国立昌原文化財研究所編『学術調査報告第二七輯　咸安城山山城Ⅱ　発掘調査報告書』（国立昌原文化財研究所、二〇〇四年）。なお、これらの木簡については、国立昌原文化財研究所編『韓国の古代木簡』（国立昌原文化財研究所、二〇〇四年）にカラー写真と赤外線写真が原寸大で掲載されている。
（8）国立昌原文化財研究所『咸安城山山城一一次発掘調査現場説明会資料』二〇〇六年。
（9）国立加耶文化財研究所『咸安城山山城一二次発掘調査現場説明会資料集』二〇〇七年。
（10）二番目に出土点数が多い雁鴨池木簡でも、文字のあるものは六〇点ほどにすぎない。
（11）一次報告分を中心とした研究史については、李京燮「咸安城山山城木簡의 研究現況과 課題」（『新羅文化』二三、二〇〇四年）が争点ごとに詳しくまとめている。城山山城木簡の性格については、李成市「城山山城新羅木簡から何がわかるのか」（『月刊しにか』一一－九、二〇〇〇年）、李鎔賢「咸安城山山城出土木簡」（前掲『韓国の古代木簡』）などを参照。
（12）李成市「東アジア辺境軍事施設の経営と統治体制―新羅城山山城木簡を中心に」（浦野聡・深津行徳編『古代文字史料の中心性と周縁性』春風社、二〇〇六年）、李成市「朝鮮の文書行政」（『文字と古代日本２　文字による交流』吉川弘文館、二〇〇五年）。
（13）今泉隆雄「門牓制・門籍制と木簡－木簡のライフサイクル」（『古代木簡の研究』吉川弘文館、一九九八年）。
（14）橋本繁「咸安城山山城木簡의 製作技法」（国立加耶文化財研究所・早稲田大学朝鮮文化研究所編『咸安城山山城出土木簡』二〇〇七年。なお、日本語版も近日刊行予定）。
（15）李晟準「咸安城山山城木簡集中出土地発掘調査成果－発掘調査方法 및 遺跡의 性格을 中心으로」（前掲『咸安城山山城出土木簡』）。
（16）朴鍾益「咸安城山山城発掘調査와 木簡」（『韓国古代史研究』一九、二〇〇〇年）二二五頁。

（17）朴鍾益「咸安城山山城出土木簡의 性格検討」（『韓国考古学報』四八、二〇〇二年）一五四頁。国立昌原文化財研究所編『咸安城山山城Ⅱ』（前掲書）一一〇～一一一頁。朴鍾益「咸安城山山城の発掘調査と出土木簡の性格」（朝鮮文化研究所編『韓国出土木簡の世界』二〇〇七年、雄山閣）二一四～二一五頁。

（18）二〇〇六年八月に実見調査を行った際の平川南氏のご教示による。

（19）朱甫暾「咸安城山山城出土木簡의 基礎的検討」（前掲書）。

（20）李鎔賢「咸安城山山城出土木簡과 六世紀新羅의 地方経営」（『国立博物館東垣学術論文集』五、二〇〇三年）五七頁、「咸安城山山城出土木簡」（前掲書）三七六頁。

（21）李京燮「城山山城出土荷札木簡의 製作地와 機能」（『韓国古代史研究』三七、二〇〇五年）一一七頁。

（22）金在弘『新羅中古期村制의 成立과 地方社会構造』（ソウル大学校大学院博士論文、二〇〇一年）一三一～一四一頁。二次報告分についても同様な見解を示している（金在弘「咸安城山山城出土木簡과 村落社会의 変化」（『国史館論叢』一〇六、二〇〇五年）。

（23）尹善泰「新羅中古期의 村과 徒」（『韓国古代史研究』二五、二〇〇二年）一五五頁。

（24）全徳在「咸安城山山城木簡의 内容과 中古期新羅의 収取体系」（『歴史와 現実』六五、二〇〇七年）。

（25）仇利伐、仇伐などを行政村、その下に見える「村」を自然村とする見解もある（尹善泰「新羅中古의 村과 徒」前掲誌、一五五～一五七頁）、全徳在「咸安城山山城木簡의 内容과 中古期新羅의 収取体系」（前掲誌）二三二～二四〇頁。ここではごく簡単に批判を加えると、木簡に書かれた村を行政村と定義するために全徳在が挙げているのは、第一に地方官の派遣されたことが金石文や文献に確認される村、第二に『三国史記』地理志に県や郡などとしてみられる城や村、第三に「地名＋～村＋人名」という表記の場合、最初の地名という三点である。第一の点は、金石文や文献に残された記録はごく一部でしかないので、資料にみられないことが地方官の派遣されなかった証拠とはならない。第二の点についても、中古期の行政村が統一新羅時代の県に相当するとはいえ、地理志に地名がみられないことが六世紀に行政村ではなかったことの証拠とはならないだろう。この原則にしたがうと、同じ「～村＋人名」という表記の

木簡でも、文献資料などに村名がみられる場合は行政村、みられない場合は自然村となり不自然である。第三の点については、最初の地名が郡ではないとする理由とはならない。上位行政単位を行政村とみるのか、郡とみるかによって地方制度の評価が大きく左右されるので詳しく検討する必要があるが、別稿にゆずりたい。

(26) 表で掲げた釈文は、早稲田大学朝鮮文化研究所による共同調査による成果によった。参加者は、李成市、平川南、三上喜孝、安部聡一郎、筆者である。この釈文については、前掲『咸安城山山城出土木簡』に掲載されている。

(27) 以下の地名比定は、主に朱甫暾「咸安城山山城出土木簡의 基礎的検討」(前掲書)による。

(28) この「負」が何を意味するかについて、李銖勲「咸安城山山城出土木簡의 稗石과 負」(『地域과 歴史』一五、二〇〇四年)三二頁は、「荷物」という意味であるとして、穀物などではない他の種類の物品ではないかとする。また、李鎔賢「咸安城山山城出土木簡」(前掲書)三七二頁は、穀物の収穫単位ではないかとする。いずれも決定的な論拠はなく、その正確な意味は未詳とせざるをえない。

(29) 李京燮は、この「奴人」が、新たに新羅領内に編入された地域の集団的隷属民をさす語であり、新たに新羅領土となった旧加耶の人という意味であるとする(「城山山城出土荷札木簡의 製作地와 機能」前掲誌、一三三一〜一三五頁)。しかし、仇利伐木簡のすべてに奴人と書かれている訳ではなく、さらに、記載様式上、人名と人名の間に奴人がくることから、やや疑問が残る。なお、奴人に注目した論文として、朴鍾益「咸安城山山城」(国立昌原文化財研究所編『改訂版　韓国의 古代木簡』(国立昌原文化財研究所、二〇〇六年)、朴宗基「韓国古代의 奴人과 部曲」(『韓国古代史研究』四三、二〇〇六年)などが相次いで発表されている。

(30) 赤城碑(五四五＋α年)に「鄒文村幢主」が見られる。鄒文の地名比定は、武田幸男「真興王代における新羅の赤城経営」(『朝鮮学報』九三、一九七九年)一九頁に従う。

(31) 李鎔賢は、「甘文」が一次報告分の二点三カ所にみられることと、五五七年以降、この地に上州の州治が置かれたことを根拠に、州段階で木簡が作成されたと主張する(李鎔賢「咸安城山山城出土木簡과 六世紀新羅의 地方経営」前掲誌、五七頁)。しかし、二次報告分からは甘文木簡がわずか一点、二〇〇六〜七年の発掘でも二点しかみつかっておらず、甘文が木簡製作に関して特別な役割を果

たしていたとする推定は当たらない。

(32) 六五号木簡は、報告書で「(前面)□□□／(後面)廿六尓□」と釈文されているが、後面とされている面の一、二文字目は「甘文」と読むことができる。

(33) なお、南山新城碑第九碑では、「及伐郡」となっており、城山山城木簡から南山新城碑(五九一年)の約三〇年の間に、城から郡へと再編されたことが分かる。六世紀における地方行政システムの変遷は、断片的な資料しかないため不明な点が多いが、鄒文と同様(注30参照)に郡治の設置・移動が活発に行われていたことが窺える。

(34) 木村誠「新羅郡県制の確立課程と村主制」(前掲『古代朝鮮の国家と社会』(初出は一九七六年))。

(35) 三号木簡は、現状では間を開けずに上端からすぐ書き出しているように見えるが、これは上端が欠損しているのであり(梁碩真「咸安城山山城出土木簡의 製作技法観察」前掲『咸安城山山城出土木簡』一四二頁)、本来は上端から離して書き出していたと推定される。

(36) 上彡者村のものは、「仇利伐上彡者村」までは共通しているが、人名部分(「波婁」「乞利」)が異筆である(李成市「韓国木簡研究의 現況과 咸安城山山城出土의 木簡」『韓国古代史研究』一九、二〇〇〇年、九五頁)。したがって、村名までを書いた木簡をまとめて作成しておいて、あとから人名を追記したという段階的な作成過程を想定できる。

(37) 二〇〇六年に「古阤伊骨村」木簡が出土しており、筆跡はやはり同一であるとみられる。なお、二〇号は「伊骨利」とだけあって「村」が省略されている。したがって「村」と明記されていなくても、場合によっては村名表記である可能性がある。たとえば、三〇号や五九号などのように、人名だけを表記したと考えるには記載の長い木簡は、一部が村名である可能性が考えられる。

(38) 李京燮「城山山城出土荷札木簡의 製作地와 機能」(前掲誌)一四〇頁は「麥」と読むが無理であろう。字形からは「發」がもっとも近いと判断され、その意味について李銖勳「咸安城山山城出土木簡의稗石과負」(前掲誌)二九頁は「稗を発送する」という意味であるとする。

(39) 二〇〇六年に新村の木簡が一点出土しているものの写真は公開されておらず比較できない。

(40) 二〇〇七年に一古利村の木簡が五点出土している。説明会資料に掲載されている三点の写真を見る限りでは、三一号と同じ筆跡のようである。

(41) 李京燮「城山山城出土荷札木簡의 製作地와 機能」(前掲誌)一四〇~一四一頁。なお李京燮は、木簡を古阤郡や一古利村段階で製作していればこのような異表記がなされるはずはないとして、州製作説の根拠のひとつとするが、次注で述べるように同一の碑文のなかで異表記される例もあり根拠とはならない。

(42) 例えば、南山新城第Ⅱ碑には「阿大兮村」と「阿且兮村」、「久利城」と「仇利城」、「沙刀城」と「沙戸城」とあるが、それぞれ同じ村の異表記である。

(43) 二〇〇七年に新たに三点の仇伐木簡が出土している。説明会資料に写真の掲載されている一点も、筆跡が共通するようであるが、ただし、こちらは上端に切込みがあり形状が異なる。

(44) 李鍾旭「南山新城碑를 通해 본 新羅의 地方統治体制」(『歴史学報』六四、一九七四年)。

(45) 朴方龍は、前者が碑文を作成し、後者が現場での実務を担当したと推測する(「南山新城碑第九碑에 대한 検討」『美術資料』五三、一九九四年、一一頁)。

(46) 文字を解する地方民がいたことは、五五一年に建てられた明活山城碑にも「書写人 □欣利阿尺」とあることから確認できる。碑文の作成を担当した「書写人」である「□欣利」は、阿尺という外位を持っており地方民である。

(47) 朱甫暾「南山新城의 築造와 南山新城碑第九碑」(前掲『金石文과 新羅史』〈初出は一九九四年〉)二六五~二六六頁。かつて尹善泰は、城山山城木簡が力役動員に関わるという前提のもと、南山新城碑と同様の体系にもとづくことから、調府設置の五八四年以降でなければならないと推定したほどである(尹善泰「咸安城山山城出土新羅木簡의 用途」『震檀学報』八八、一九九九年、二一頁。ただし、その後の論文で木簡の年代を五六一年前後と述べている尹善泰「新羅中古의 村과 徒」前掲誌、一四八頁)。

(48) 李基白「稟主考」(『新羅政治社会史研究』一潮閣、一九七四年〈初出は一九六四年〉)。

(49) 木村誠「六世紀新羅における骨品制の成立」(前掲『古代朝鮮の国家と社会』(初出は一九七六年))。
(50) 武田幸男「中古新羅の軍事的基盤—法幢軍団とその展開」(西嶋定生博士還暦記念論叢編集委員会編『東アジア史における国家と農民』一九八四年)。
(51) 武田幸男「真興王代における新羅の赤城経営」(『朝鮮学報』九三、一九七九年)。
(52) 朱甫暾「明活山城作城碑의 力役動員体制와 村落」(前掲書)。
(53) 李成市「新羅六停の再検討」(『古代東アジアの民族と国家』岩波書店、一九九八年(初出は一九七九年))。
(54) 李基白「丹陽赤城碑王教事部分의 検討」(『韓国古代政治社会史研究』一潮閣、一九九六年(初出は一九七八年))。

【追記】本稿は、科学研究費補助金・基盤研究(B)「東アジアにおける韓国出土木簡の地域的性格」と日本学術振興会特別研究員奨励費「韓国出土木簡よりみた新羅の地方社会に関する研究」による研究成果の一部である。

また、本稿の内容は二〇〇五年一〇月の天理大学における第五六回朝鮮学会での報告に加筆修正したものである。会場において多くの方々に御教示いただいた。末筆ながら記して謝意を表したい。

道祖神信仰の源流
—古代の道の祭祀と陽物形木製品から—

平川　南

はじめに

日本列島各地において民間信仰の神々のうちで、古くかつ広く信じられた神の代表格として道祖神があげられる。まず、その道祖神についての通説的理解をいくつかあげておきたい。

倉石忠彦氏によれば、道祖神はさまざまな機能を持ち、その機能を整理すると次のようになるという。

①境界に機能する神（a境界を示す神　b境界でさえぎる神　c境界を開く神　d穢れをはらう神）
②旅の神（a行路の神　b旅人を守護する神　c供物を手向ける神　d先導する神）
③結ぶ神（a空間・領域を結ぶ神　b人を結ぶ神・縁結びの神　c社会集団を結ぶ神）
④祈願・祝福する神（a豊穣を祝う神　b誕生を祝う神　c健康を祈る神）
⑤その他（a性の神　b博打の神　cその他）

細かに見るとさらに多くの機能も見られるが、いかに多様な機能が「道祖神」に託されているかが理解できる。しかし本当に「道祖神」はこれらの機能をすべて持つ神なのか、ある機能を基本として、何らかの契機によってさまざまな機能を付加させてきたのか、あるいはこれらの機能を持つそれぞれの神が個々に存在する可能性はないのか、などさまざまな基礎的問題がある。しかしこれらについての検討はいまだ十分には行われていない。

〔倉石忠彦『道祖神信仰の形成と展開』大河書房、二〇〇五年、11・12頁要約〕

また、神野善治氏は道祖神について以下のように考察する。

道祖神（塞ノ神）は文献でもその歴史をたどることが比較的よくできる神である。最も古くは『古事記』と『日本書紀』のいわゆる「黄泉《よもつ》平坂《ひらさか》」の物語に、「塞坐黄泉戸《さやりますよみどの》大神《おおかみ》」、「衝立船戸神《つきたてふなどのかみ》」（岐神）、「道俣神」等として登場する神々が、サエノカミに相当するものと考えられている。

『古事記』上巻によれば、女神イザナミを慕って黄泉国を訪れた男神イザナギは、見てはならないと言われた女神の姿を見てしまう。女神に追われて、黄泉平坂に至り、大石をもって道を塞いだ。その大石が「塞坐黄泉戸大神」であり、分かれ道に祀られたのが「道俣神」であるという。

平安時代の『和名類聚抄』に見える「道祖　和名佐部乃加美《さへのかみ》、岐神　布奈止乃加美《ふなとのかみ》、道神　和名太無介乃加美《たむけのかみ》」の三神が、これにあたるとされている。民間に広く伝えられているサエノカミの言葉が登場し、「道祖」を「さえのかみ」と読ませている。

『令集解』の「道饗祭《みちあえ》」の項に、六月と十二月の二回、京の四隅の路上で「八衢《やちまた》比古《ひこ》」「八衢《やちまた》比売《ひめ》」「久那戸《くなど》」の三神を祀り、悪霊の侵入を防ぐ行事があったと記されている。この三神もまた、道祖神「塞ノ神」の神格として、しばしばとりあげられるものである。

以上のように、日本の古代にすでに道祖神（塞ノ神）は村や家に悪霊が入ってくるのを防ぐ神と考えられ、同時に道を守り、旅人の安全を守る神になっていたのである。

道祖神に対する信仰は、人々がムラをつくり、社会生活を営むようになった時期から、村に進入してこようとする悪霊や災厄をその入口や家々の門口などでさえぎり、ムラや家の安泰をはかろうとすることから形成されたものと想像される。

〔神野善治『人形道祖神－境界神の原像』白水社、一九九六年、575・576頁より抜粋〕

どうそじん　道祖神　境の神の総称。ドウソジンと呼ばれる神のほかサエノカミ、サイノカミ、ドウロクジンなどと呼ばれる神をも含むことが多い。これらの神々の存在は全国的に認められるが、いずれも同じ神であるとの前提によって報告されることが多いので、その関係や分布は必ずしも明確ではない。ドウソジン、サエノカミなどは全国的に見られるが、ドウロクジンは本州中央部および高知県などにおいて多く分布し、近畿地方や東北地方にも見られる。『古事記』に登場する道返大神・塞坐黄泉戸大神などがサエノカミの古い姿であるとされるが道祖神と表記されていない。平安時代の『和名類聚抄』には「道祖、佐部乃加美」と「祖神《（ママ、正しくは道神）》、太無介乃加美」とが併記されているが、ここにも道祖神の記載はない。「道祖」という表記は、『今昔物語集』に見られ、サエノカミと訓じられた。「道祖」だけでサエノカミと訓じたが、次第にこれだけではサエノカミと訓ずることができず、「神」の字を添えて「道祖神」と表記されるようになった。ドウソジンはこれ以後の呼称と思われる。また、これは境において旅の安全を祈って供物を供える習俗などから、「道祖」と「祖神《（ママ）》」とが同一の神と認識されたことによるものとも思われる。

境を特別視し、そこにまつられているさまざまな神を一括して道祖神とするのである。したがって、村境に立てられる大人形や鹿島人形なども、境界の神であるから道祖神であるとすることがある。その形態は祠であることが多く、自然石の場合もある。碑に刻まれた神名は古典に記された境界にかかわる神名や、地方名に漢字をあてたものなど多様で、道祖神・塞神《さいのかみ》・岐神《ふなどかみ》・道俣神《ちまたのかみ》・衢神《ちまたのかみ》・道神・久那戸神・道陸神《どうろくじん》・道禄神・猿田彦大神・幸神その他がある。神像は単体・双体のものがあり、いずれも僧形・神形の両者がある。それは性別不詳であったり、男女が対になったものであったりする。特に男女双体像は性的な側面を強調するものがあり、近親相姦説話が付随するものがある。

時間的、空間的な境界にかかわる神としてその信仰内容や行事が多様であるために、性格や歴史的展開については明らかでないことが多い。

〔『日本民俗大辞典』下、吉川弘文館、二〇〇〇年、倉石忠彦執筆分の抜粋〕

右のような道祖神に対する一般的解釈は、その性格や歴史的展開については明らかでないとしながらも、古代から道祖神信仰が複雑・多岐な要素を含み、しかも人々がムラをつくり、社会生活を営むようになった時期から形成されたものであるとする。

また、現在の道祖神のなかには、木やワラ製の男女一対で、しかも陽物・陰部（男女の性器）を表現した特異な神像も存在する。このような特異な形態がわが国固有の信仰に基づくものであったのかも明らかにされていない。

以上のように、道祖神信仰が当初から複雑・多岐な要素を含むものであったか、また特異な形態の源流は何かなどの諸問題について、古代の道の祭祀と近年の考古学の成果に基づき、古代日本のみならず、古代朝鮮にまで研究を拡げて検討することとした。

以下、小論は古代朝鮮の一点の陽物形木簡から発して、民俗学における膨大な研究蓄積のある道祖神信仰について、歴史学・考古学的見地から検討を加えてみたものである(1)。

一、百済、陵山里寺跡出土陽物形木簡の発見

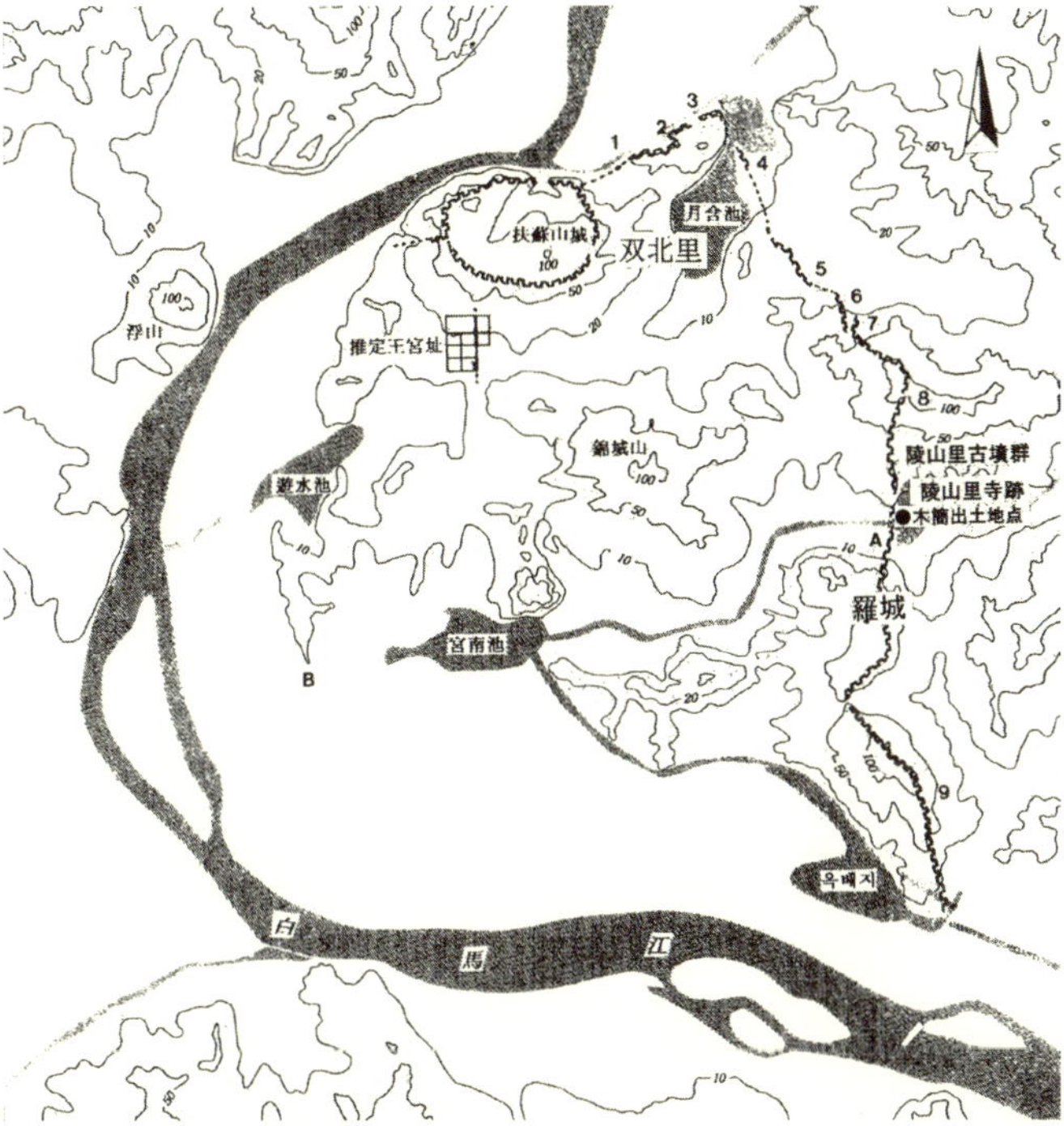

図1　扶餘の羅城と陵山里寺跡
〔『百済・泗沘時期文化の再証明』国立夫餘文化財研究所 1994年〕

イ、扶餘、[2]陵山里寺跡

韓国、忠清南道扶餘郡扶餘邑陵山里寺跡は、百済泗沘時代の寺院遺跡であり、扶餘の羅城と陵山里古墳群の間にある渓谷に位置している。【図1】

陵山里寺跡の発掘調査は、国立扶餘博物館により一九九二年から二〇〇二年まで八次にわたって実施され、その結果、中門、木塔、金堂、講堂が南北一直線に置かれ周囲に回廊を配置する一塔一金堂の典型的な百済伽藍様式であることが明らかとなった。

また、東西回廊の外側には、それぞれ南北方向の排水路が配置されているが、西回廊外郭の排水路には木橋ならびに石橋が、東回廊外郭の排水路には石橋が配置されていた。そのほかにも、中門跡の南側からは、東西・南北方向の道路遺構と排水施設が確認された。

一方、一九九三年には、工房と推定される建物跡から金銅大香炉が出土した。また、木塔跡の心礎石から出土した石造舎利龕に昌王（威徳王）十三年（五六七）に公主が舎利を供養したという銘文が確認されたことによって、この寺が百済王室の祈願寺刹であることが明らかとなった。

木簡は、西排水路南端の木橋周辺で確認された陵山里寺跡造成以前の排水路から、櫛、匙、器などの木製品や建築部材とともに二四点出土した。

したがって、本木簡の年代は、五三八年の百済泗沘遷都以降、石造舎利龕の紀年銘五六七年以前のものとみなすことができよう。

国立昌原文化財研究所『韓国の古代木簡』（二〇〇四年）における第一〇号木簡の釈文は、次のとおりである。【図2】

図2　韓国陵山里寺跡出土10号木簡
〔国立昌原文化財研究所『韓国の古代木簡』2004年〕

ロ、釈文

判読者　国立扶餘博物館および朴仲煥

前面（一面）　无奉儀□　道□立十二□

後面（三面）　无奉　天

筆者は、平成十五年（二〇〇五）三月に国立扶餘博物館において、実見する機会を得て、右の判読文に訂正を加えることができた。

第一面「『无奉義』（刻書）「道縁立立（墨書）　○」

第二面「　　縁道　」

第三面「『无奉（刻書）　天』○」

第四面「　□□□（立カ）十六　」

二二六×二五×二五㎜

本木簡については、韓国の尹善泰氏は次のように言及している。(3)

まず、氏は次のような判読案を示している。

（1）无奉義　道禓立立立
（2）　　道□
（3）无奉　　天
（4）　　□□□十六

とくに氏の判読案の主要な点は私案の第一面「道縁立立立」の「縁」を「禓」と読んでいることである。「禓」は『説文解字』などに「道上祭」「道神」という意味であることから、「道神である禓が立った」という解釈である。尹善泰氏は結論として次のようにまとめている。道神である禓を立てたというのは、まさに男根、すなわち陽物を立てて邪悪な魑魅を退治するということを象徴したものである。百済の道祭は、新羅の大道祭、古代日本の道饗祭と同様に、泗沘都城四方の外郭道路で「国家儀礼」として行われたであろうと指摘している。

しかし、尹氏の立論の根拠としている「禓」という解読は、実物を詳細に観察した結果、「禓」ではなく「縁」と判読するのが妥当である。【図3】

ハ、形状

先端部分を加工し陽物形に仕上げ、もう一端は第一面の部分でえぐりを入れて薄く削り込んで穿孔している。第二面の先端部分のみ平滑に削りを入れている。

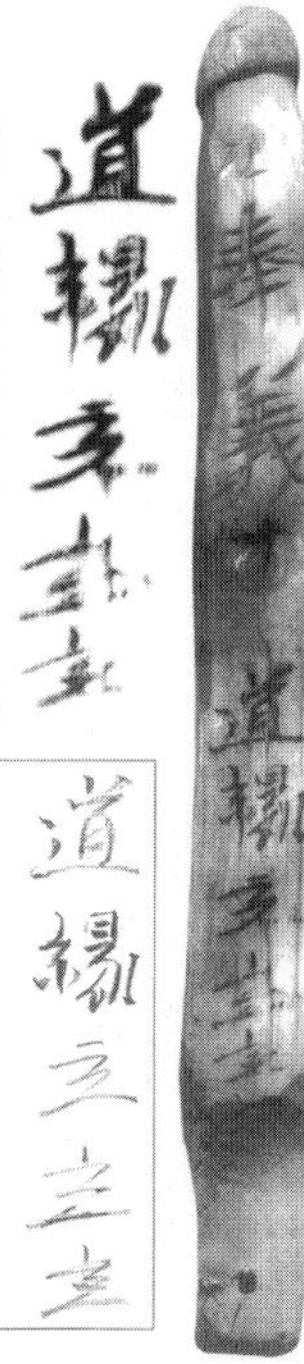
〔『韓国の古代木簡』所載の赤外線テレビカメラ写真〕
〔筆者の実見による見取り図〕

図3　「縁」の字体

二、内容

文字は、刻書と墨書とで書き分けられている。刻書は、第一面「无奉義」と第三面「无奉　天」である。「奉義」は「義（のり。人の行うべき徳）を守る」という意味であることから、おそらくは、祭祀に関わる行為の成就を願ったものであろう。「无奉義」は、「奉義」を否定することを意味している。第三面の天地逆の「天」の文字と、第一面の部分でえぐりを入れて薄く削り込んで穿孔したことと密接に関連するものと考えられる。本木簡は、穿孔部分を上に、柱の釘に架けられたとするならば、「无奉義」を二重否定するものと理解できるのではないだろうか。この願い事を逆さに架けることは願望を成就させる行為として多くの民俗事例が存在する。

中国の『西湖遊覧志』（明代、田汝成撰）によれば、端午の節に楹（はしら）に「儀方」という呪語を書いて倒貼すると、蛇虺（まむし）を防ぐことができるという。これに類似した作法は、日本にも伝えられ、近世の『陰陽師調法記』（元禄十四年版）には、「五月五日午の時に朱砂を用て「圀」という字一ツかきて、門ばしらにさかさまにはりつけておけば、蛇虻（あぶ）家内へきたる事なし」とみえる。

常光徹氏は、「逆さまの民俗」について、次のように分析している。(4)

門口に逆さまのものを貼ったり吊しておく民俗は豊富で、その多くは毒虫や疫病などが家に入りこむのを防ぐ目的で行われている。

甘茶で書いた文字、しゃもじ・簑などそれ自体が意味を帯びた呪物だが、それらを逆さにすることで、災禍をもたらす邪悪なモノの進入を遮る呪力が強力に発動する。「逆さま」は日常性が逆転したところの非日常性の象徴である。言い換えれば「逆さま」の行為によって、ある状態を別の状態に転換させることが可能なことを示している。

次に墨書の第一面「道縁立立立」の「立立立」は習書ではないと判断される。古代日本においても呪符木簡には静岡県浜松市伊場遺跡出土木簡の「戌戌戌」のように、同じ字を三回くりかえして書く例がみられる。

第三面「道縁」の意味は、文字どおり、道路の縁に本木簡を立てるという掲示方法を表記したといえよう。第四面の文字は現段階では不明とする。

ホ、掲示方法

本木簡は陽物形と称するものとみて間違いない。また、わずかに長さ二二・六cm、幅二・五cmと小型である。この陽物形木簡を道縁に立てる方法として、おそらく常設の柱の釘に架けられたとすれば、道行く人々が目線でみることができたのではないか。その場合、第三面の先端部分が平滑に削られていることから推して、第三面を柱に接触させ、第一面が正面に見えるように掲示していたのであろう。しかも第三面の「天」を掲示法の指示と理解すると、本木簡は陽物形の先端を道路に向け、記された文字が天地逆となるような掲示のしかたであったと考えられる。

百済の泗沘の王宮は、西から南に錦江（白馬江）の大河が画し、北には扶餘山が位置し、さらに羅城が北から東にかけて構築されている。その羅城のうち、最も直線的に完全に閉鎖しているのは東辺である。これは、平野部へ通ずる唯一の道路が東にあることによる。東辺羅城のほぼ中央に東方に通ずる道が位置している。

本木簡は、その羅城の東門を出た道の端に立てられていたと考えられる。すなわち、六世紀前半の扶餘（百済王京）の北と東を囲む羅城の東門入り口付近に設置された柱に、陽物形木簡が架けられていたのであろう。

春成秀爾氏によれば、日本列島では、陽物形の製作・使用は旧石器時代から現代まで続いており、活力の象徴または威嚇の機能をもつ象徴として辟邪の呪具として用いられていたとしている(5)。

また現在各地で行われている民俗行事としての道祖神祭においても、陽物を用いた祭祀形態が広範に見受けられる。

したがって、朝鮮半島においても陵山里寺跡出土の陽物形木簡は、王の居住する王京を常に清浄に保ち、邪悪なものが王京に侵入するのを防ぐために羅城の東門入り口付近の「道の縁」に立てられていたと考えられる。現代の韓国の民俗例としても、農家の門口に五穀などとともに、陽物形木製品を吊り下げている。陽物の先端を道に向けて吊るす掲示方法は、陵山里寺跡の陽物形木簡の右のような想定と共通しているのである。

二、日本の都城と道の祭祀

(1) 都城の祭祀

(a) 道饗祭・障神祭・宮城四隅祭

神祇令に「道饗祭」は季夏・季冬の祭祀とされる。その道饗祭について、『令義解』では、次のように解釈している。道饗祭は、卜部らが京城の四隅の道上で祭るもので、外から来る鬼魅が京師に入らぬよう、預め道に迎えて饗遏《きょうあつ》するものであるという。この場合、饗遏《きょうあつ》の語意は、饗がもてなす、遏が阻止する、すなわち、もてなして鬼魅が京師に入るのを阻止するのである。

季夏条集解所引の令釈では、次のようにみえる。すなわち、京の四方大路の最極において卜部らが祭るもので、牛皮ならびに鹿・猪皮を用いる。此、外から来る鬼魅が宮内に入らぬように祭るもので、左右京職も祭に預るとしている。

『延喜式』巻第一、四時祭式に「道饗祭」は次のように規定されている。

道饗の祭〈京城の四隅に於いて祭れ〉

五色の薄絁各一丈、倭文四尺、木綿一斤十両、麻七斤、庸布二段、鍬四口、牛皮二張、猪皮・鹿皮・熊皮各四張、酒四斗、稲四束、鰒二斤五両、堅魚五斤、腊八升、海藻五斤、塩二升、水盆・杯各四口、槲八把、匏四柄、調の薦二枚。

『延喜式』巻第八には、道饗祭の祝詞がみえる。

道饗の祭
高天の原に事始めて、皇御孫《すめみま》の命と、称え辞竟奉《ことおえまつ》る大八衢にゆつ磐村の如く塞《ふさ》がり坐す皇神《すめがみ》たちの前に申さく、八衢比古・八衢比売・久那斗と御名をば申して、辞竟え奉らくは、根の国・底の国より麁《あら》び疎《うと》び来らむ物に、相い率《まじこ》り相い口会うる事なくて、下より行かば下を守り、上より往かば上を守り、夜の守り・日の守りに守り奉り斎《いわ》い奉れと、進る幣帛《みてぐら》は、明妙《あかるたえ》・照妙《てるたえ》・和妙《にきたえ》・荒妙《あらたえ》に備え奉り、御酒《みわ》は瓺《みか》の辺《へ》高知《たかし》り、瓺の腹満《はらみ》て双《なら》べて、汁にも穎《かい》にも、山野に住む物は、毛の和物《にこもの》・毛の荒物《あらもの》、青海原に住む物は、鰭《はた》の狭物《さもの》、奥《おき》つ海菜《もは》・辺《へ》つ海菜に至るまでに、横山の如く置き足らわして進る宇豆《うず》の幣帛を、平らけく聞こし食《め》して、八衢にゆつ磐村の如く塞がり坐して、皇御孫《すめみま》の命を堅磐《かちわ》に常磐《ときわ》に斎《いわ》い奉り、茂《いか》し御世《みよ》に幸《さき》わえ奉り給えと申す。また親王《みこ》たち・王《おおきみ》たち・臣《まえつきみ》たち・百《もも》の官《つかさ》の人ども、天の下の公民《おおみたから》に至るまでに、平らけく斎い給えと、神官《かんづかさ》、天つ祝詞の太祝詞事《ふとのりとごと》を以ちて、称え辞竟《ことお》え奉《まつ》らくと申す。

祝詞の内容は、大八衢にいる八衢比古・八衢比売・久那斗に大量の幣帛を奉って、根国・底国より麁び疎び来る物を防ぐとともに、天皇の寿命長久と御世の平安、さらに、親王以下の人々の守護を祈願したものである。

四時祭の道饗祭の供物として「牛皮二張、猪皮、鹿皮、熊皮各四張」とあるが、祝詞の中で「山野に住む物は、毛の和物・毛の荒物」と柔毛の動物、粗毛の動物を表記したものと考えられる。

『日本書紀』〔巻第一、神代上、第五段（一書第一一）〕の、保食神の屍から、幾多の食物が生まれる話の中に、次のような記載がある。

一書に曰はく、伊奘諾尊、三の子に勅任して曰はく、「天照大神は、高天之原を御すべし。月夜見尊は、日に配べて天の事を知すべし。素戔嗚尊は、滄海之原を御すべし」とのたまふ。既にして天照大神、天上に在しまして曰はく、「葦原中國に保食神有りと聞く。爾、月夜見尊、就きて候よ」とのたまふ。月夜見尊、勅を受けて降ります。已に保食神の許に到りたまふ。保食神、乃ち首を廻して國に嚮ひしかば、口より飯出づ。又海に嚮ひしかば、鰭の廣・鰭の狹、亦口より出づ。又山に嚮ひしかば、毛の麁・毛の柔、亦口より出づ。夫の品の物悉に備へて、百机に貯へて饗たてまつる。

この山の「毛の麁・毛の柔」は、道饗祭の山の狩猟の獲物と共通した表記である。

『延喜式』巻第三、臨時祭

宮城の四隅の疫神の祭〈もし京城の四隅に祭るべくば、これに准えよ〉

五色の薄絁各一丈六尺〈四所に等しく分つ。已下これに准えよ〉、倭文一丈六尺、木綿四斤八両、麻八斤、庸布八段、鍬十六口、牛皮・熊皮・鹿皮・猪皮各四張、米・酒各四斗、稲十六束、鰒・堅魚各十六斤、腊二斗、海藻・雑の海菜各十六斤、塩二斗、盆四口、坏八口、匏四柄、槲十六把、薦四枚、藁四囲、楉棚四脚〈各高さ四尺、長さ三尺五寸〉、枌一枝。

『延喜式』巻第三、臨時祭

畿内の堺十処の疫神の祭〈山城と近江の堺一、山城と丹波の堺二、山城と摂津の堺三、山城と河内の堺四、山城と大和の堺五、山城と伊賀の堺六、大和と伊賀の堺七、大和と紀伊の堺八、和泉と紀伊の堺九、摂津と播磨の堺十〉

堺別に五色の薄絁各四尺、倭文四尺、木綿・麻各一斤二両、庸布二段、金・鉄の人像各一枚、鍬四口、牛皮・熊皮・鹿皮・猪皮各一張、稲四束、米・酒各一斗、鰒・堅魚・海藻・滑海藻各四斤、雑の海菜四斤、腊五升、塩五升、水盆一口、坏二口、匏四把、薦一枚、藁一囲、輿籠一脚、朸一枝、担夫二人〈京職を差して充てよ〉。

『延喜式』巻第三、臨時祭

蕃客を堺に送る神の祭

五色の薄絁各四尺、倭文二尺、木綿・麻各二尺、庸布四段、鍬四口、牛皮・熊皮・鹿皮・猪皮各二張、酒二斗、米四升、鰒・堅魚各二斤、海藻四斤、腊八升、塩四升、稲十二束、水盆二口、坏四口、匏二柄、薦二枚、藁四囲、槲八把〈已上は祭料〉。木綿四両、麻一斤、酒六升、米四升、鰒・堅魚各一斤、雑の海菜二斤、腊一斤、塩一升、水盆・坏各二口、匏一柄、食薦二枚、槲十把、輦籠一口、朸一枝、夫二人〈已上は祓の料〉。

右、蕃客入朝せば、畿内の堺に迎え、送る神を祭り却けよ。その客徒ら、京城に至る比、祓の麻を給い、除わしめてすなわち入れよ。

『延喜式』巻第三、臨時祭

障神の祭

五色の薄絁各一丈二尺、倭文一丈二尺、木綿・麻各十二斤、庸布八段、熊皮・牛皮・鹿皮・猪皮各四張、鍬十六口、米・酒各四斗、稲十六束、鰒・堅魚・海藻各八斤、腊・塩各二斗、水盆四口、坏八口、匏四柄、槲十二把、薦四枚

〈五色の薄絁以下を四所に等分せよ〉。

右、客ら入京せんときは、前つこと二日、京城の四隅に障神の祭をなせ。

「宮城の四隅の疫神の祭」は京城の四隅において疫神を祭り、「畿内の堺十処の疫神の祭」は、畿内の堺十ヶ所で疫神を祭り、「蕃客を堺に送る神の祭」「障神の祭」の二つの祭は、ともに外国から入京する使節に対して疫病などの侵入を防ぐために畿内の堺、京城の四隅に祭ったものである(6)。

虎尾俊哉編『延喜式上』(集英社、二〇〇〇年)の補注によれば、道饗祭をはじめとする道に関わる祭祀と動物皮について、次のように注釈している。

道饗祭は、神祇令季夏条令釈に「卜部等祭、牛皮并鹿猪皮用也」とあるように、卜部が祭祀を執行し、牛・鹿・猪等動物の皮が供饌された。延喜式では、これに熊皮が加わり、四種の動物の皮が供饌されているが、この動物皮の供饌が道饗祭の顕著な特徴である。こうした動物皮が供饌される祭祀は、臨時の疫神祭、堺神祭等と同様、道と堺の祭に限られている。そして、これらの祭祀は卜部が執行していることからも明らかなように、外来の大陸的祭祀の影響が強いという。

(b) 前期難波宮出土の陽物形木製品

大化元年(六四五)から白雉五年(六五四)までの孝徳天皇の治世下において都は飛鳥から難波へ遷されている。この時の難波宮を前期難波宮(難波長柄豊碕宮)とよび、その宮域は一応の推定として、東西約六〇〇m、南北約五三〇m程度の広がりを推定することができる。

一九九九年には、難波宮北西部の大阪府警察本部の敷地で、南東から北西に下る大きな谷が見つかり、調査の結果、谷の中の遺物包含層から数多くの土器や木製品が見つかった。なかでも三二点の木簡のうちには、「戊申年」と記された木簡があり、この年は共伴した土器の年代観から六四八年（大化四）にあたる。一点の木簡のみから遺跡の年代をはかることはできないが、これまでの調査で出土した遺構・遺物との関係を考慮すれば、前期難波宮が天武朝をさかのぼる七世紀中葉の段階で機能していたことは、ほぼ確実となったとされている。(7)

これらの木簡とともに大量に出土した木製品のなかに、二点の男根状（陽物形）木製品が確認されている。一点は、下方に括れが削り込まれている。もう一点は、陰嚢部分までを表現したものである可能性がある木製品である。(8)【図4】

結局、前期難波宮の北西隅にあたる地点で陽物形木製品を用いた道の祭祀が実施されていたと考えられる。しかも二点の陽物形木製品は、百済・陵山里寺跡出土陽物形木簡と同様に、括り部分にヒモをかけ、陽物形の先端を下方に向け掲示した可能性が想定できるのである。

さらには、北西隅の道の祭祀とすれば、推定宮域東西約六〇〇m、南北約五三〇mの一角を確実に定めたことになるであろう。

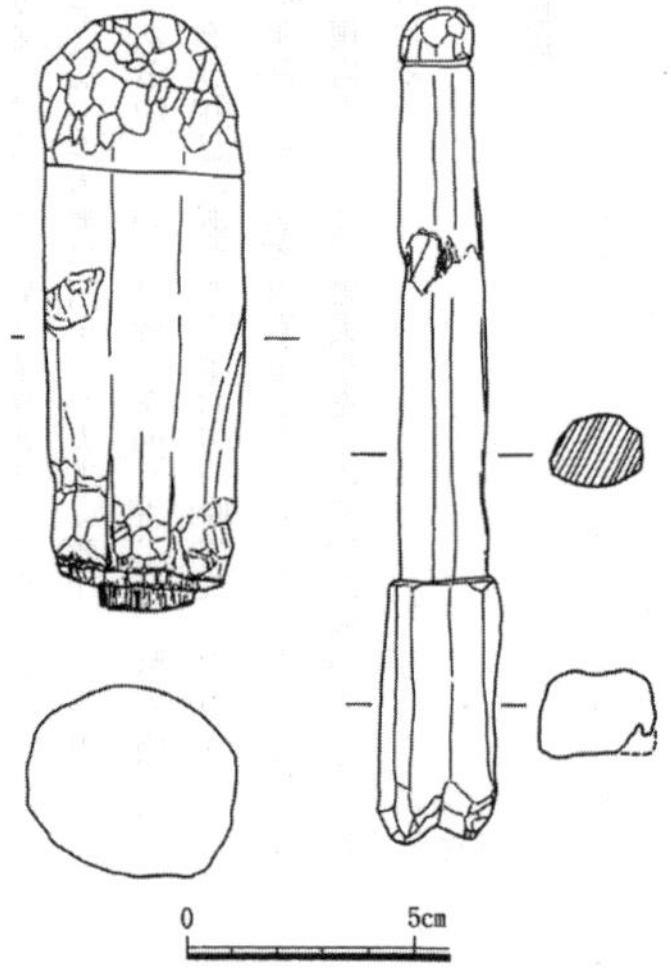

図４　前期難波宮出土陽物形木製品
〔(財) 大阪府文化財調査センター
『大阪城址Ⅱ-本文編』2002 年〕

（2）地方都市（多賀城）における道の祭祀

イ、百恠平安未申立符【図5】

多賀城のすぐ南側、南門の西約二五〇メートルにある運河の堆積土から一点の木簡が発見された。長さ二八・五センチで、表に「□×百恠平安符未申立符」、裏には「（符籙）奉如實急々如律令」と記されている。木簡の年代は一一世紀と考えられている。頭部を山形に削り、下端を尖らせた形状は呪符の典型的な形状である。その内容は百恠を鎮め除くための呪符で、未申いわゆる西南の方角に立てた符であるというものである。この木簡は道饗祭の時、艮（東北）角・巽（東南）角・乾（北西）角とともに坤（西南）角に立てられた符にあたるのではないか。

この「未申立符」は、多賀城の西南部分にあたり、城内へ侵入しようとする百恠の退散を願って行われた祭の時に、多賀城の四隅にたてられた符の一つかと思われる。

この道饗祭に関連して、その祭式構造が類似しているのが、鎮火祭である。鎮火祭は、宮城四方の外角で、卜部らが火を鑽って祭るもので、火災を防ぐための祭祀である。宮城四方の外角とは、宮城四隅のチマタで祀るものであった。この鎮火祭が地方の国府においても実施されていたことがわかる。すなわち下野国府跡出土の木簡（削屑）に「鎮火祭□□」と記されていた。本木簡の出土した大溝は政庁から西南約三三〇メートルの地点であるので、かりに政庁を囲む

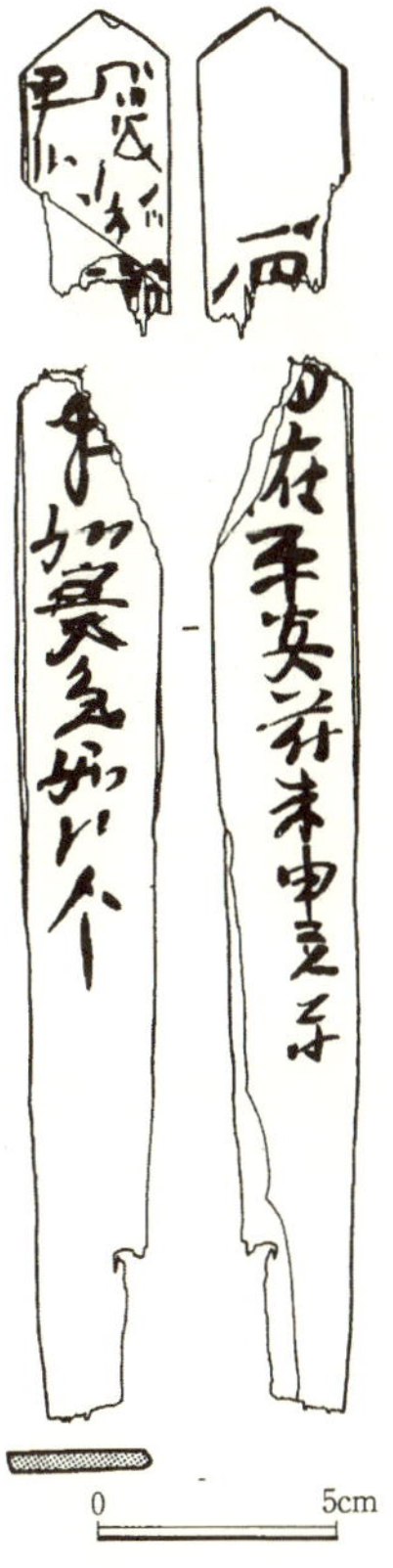

図5　多賀城跡出土呪符「百恠（怪）平安未申立符」木簡
（『多賀城跡－昭和55年度発掘調査概報』）

方二〜三町の国庁域を想定したとしても、その外辺にあたる。本木簡の時期は、伴出した木簡に「里正」という郷里制下の職名がみえることから、七一七〜七四〇年の間で考えられる。国府において、鎮火祭をその国庁四隅のチマタで執り行ったことが知られる。

ロ、土器埋設祭祀

多賀城南面において、穴を掘って土器を埋設した遺構が、道路の交差点で一三基、他の路上で三基、区画内で九基、方格地割の外で三基の計二八基が発見されている。

まず、区画内で検出した土器埋設遺構は、その年代が八世紀から一〇世紀までであり、その場所に施設を建設する際の地鎮などの祭祀にともなうものと思われる。

これに対し、道路部分で発見された埋設遺構は次のような特徴がみられる。第一点は、一六基中、一三基までが交差点にあり、第二点は埋設時期が明確なものはすべて一〇世紀前半に限定され、しかも五例については道路の造成工事中に埋設されていることが確認できる。以上の二点から、これらは辻（チマタ）を中心とした道路という特定の場所を意識して、限定された時期に計画的に行われた祭祀の遺構と考えられる。第三点として、道路以外の埋設土器は、土師器甕を使う場合、蓋として用いたものを除けばすべて長胴甕で横位に設置されるという特徴がある。道路造成中に埋設されたものがあることを重視すると、これらの埋設土器は道路の建設・改修に関わる祭祀に用いられた可能性が高い。

多賀城の街区の道路交差点に埋設された土器を伴う祭祀は、おそらくチマタ祭祀に深く関わるものと考えてよいのではないか(9)。

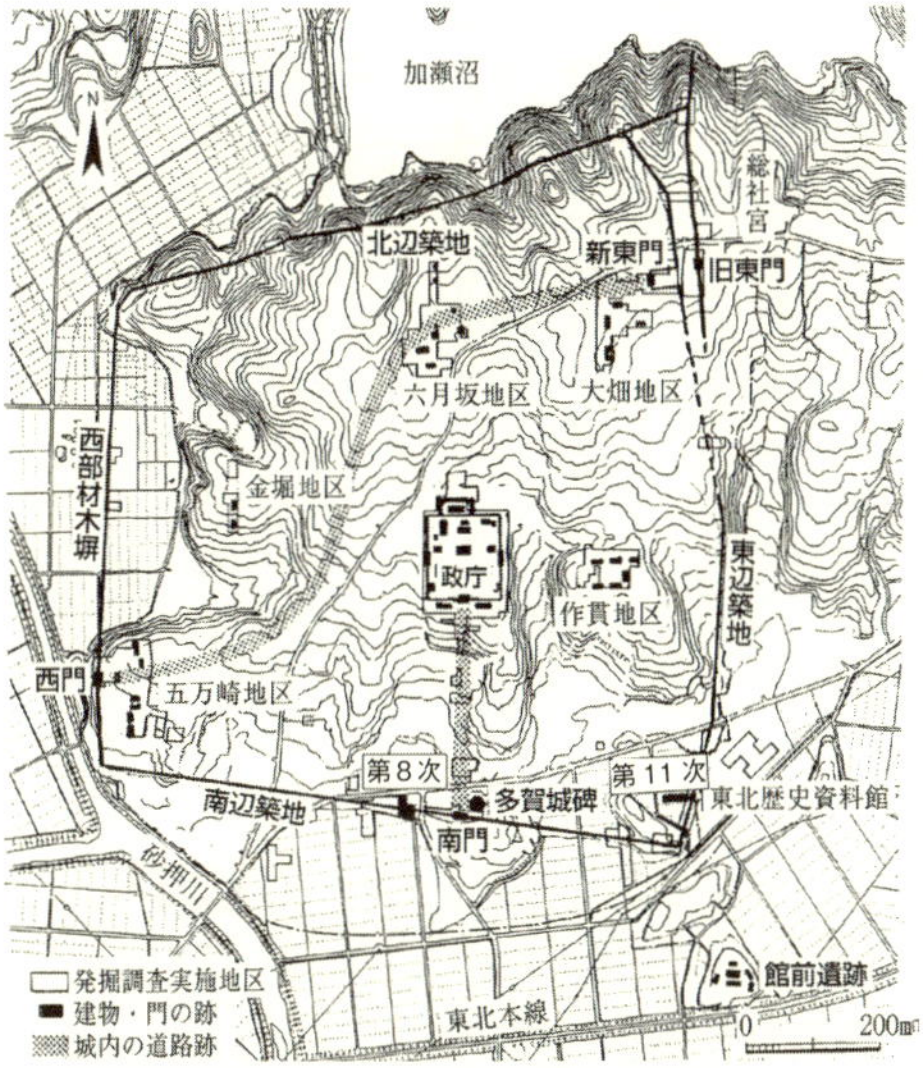

図６　多賀城跡全体図と陽物形木製品出土地点

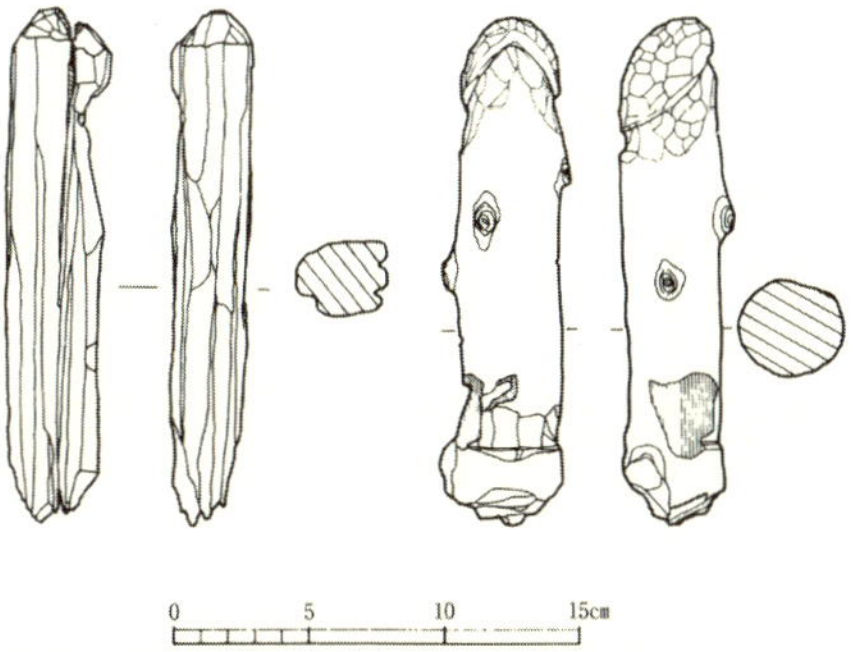

図７　多賀城跡全体図と陽物形木製品
〔『多賀城跡－昭和 45 年度発掘調査概報－』1971 年〕

ハ、陽物形木製品（二点）【図６・７】

一点は、外郭東南隅地区で検出された八世紀末の櫓状建物とされるＳＢ二二四建物跡土居桁の基礎構造がつくられている青白色粘土層中から陽物形木製品が出土した。自然木の樹皮を剥き落として細工し、先端部を亀頭状に仕上げた棒状品である。一端は斜め方向への細かい削りにより丸く仕上げ、先端部より三・〇cmの所に刻線をまわし、更に先端部裏側は側面より上面にかけて三叉状の刻み目を入れて亀頭状とする。他端は周囲を切り落としたのみである。長さ一七・四cm、径約四cm、亀頭部三・五cmである（第一一次発掘調査地区出土）。もう一点は、外郭南門西地区出土のものがある。これは先端を削り出して亀頭形に仕上げているがはっきりしない。（第八次発掘調査地区出土[10]）。

陽物形木製品二点が、多賀城の一辺約九〇〇m四方の外郭線の東南隅および外郭南門跡付近から出土したことは、都城における道饗祭または宮城四角祭と類似した祭祀が実施されていたことを示しているのではないか。

三、記紀の道に関わる神話

『古事記』上巻　伊耶那岐（イザナキ）命と伊耶那美（イザナミ）命

要約すると次のとおりである。

イザナキ・イザナミによる国作りは、イザナミが火の神を生んで死んだために、複雑な方向に展開するのである。黄泉国までイザナミを追っていったイザナキは、けがれに満ちたイザナミの姿を見て恐れ、黄泉国から逃げ帰る時にイザナミは黄泉国の醜女を遣わして、そのあとを追いかけさせた。最後には、イザナミ自身が追ってきたので、イザナキは千引石で黄泉ひら坂を塞いだ。その後、イザナキは身を清めるため筑紫の地で禊を行った。それで、投げ捨てた御杖に成った神の名は、衝立船戸（つきたてふなと）神、（以下三神略）次に投げ捨てた御褌に成った神の名は、道俣《ちまた》神。（以下五神略）、次に辺津甲斐弁羅《へつかいべら》神。

右の件の船戸神より以下、辺津甲斐弁羅神より以前の、十二はしらの神は、身に著けたる物を脱ぎしに因りて生める神ぞとある。

『日本書紀』巻第一、神代上、第五段（一書第六）

イザナキは、泉津平坂《よもつひらさか》を千人所引の盤石を以て塞いだ。そして「此よりな過ぎそ」とのたまひて、即ち其の杖を投げたまふ。是を岐神と謂す。（以下四神略）所塞がる盤石といふは、是黄門《よみと》に塞ります大神を謂ふ。亦の名は道返大神といふ」とある。「此よりな過ぎそ」といい、杖を投げたことに因りて生める神が『古事記』では「衝立船戸神」、『日本書紀』では「岐神」である。

なお、第五段（一書第七）によれば、「岐神、此をば布那斗能加微（ふなとのかみ）と云ふ」とある。

『古事記』と『日本書紀』の陸路に関わる神

身に著けたる物を脱ぎしに因りて生める神					
古事記			日本書紀		
杖	衝立船戸神	つきたてふなとのかみ	杖	岐神	ふなとのかみ
帯	道之長乳歯神	みちのながちはのかみ	帯	長道盤神	ながちはのかみ
嚢《ふくろ》	時量師神	ときはからしのかみ	履	道敷神	ちしきのかみ
衣	和豆良比能宇斯能神	わづらひのうしのかみ	衣	煩神	わづらひのかみ
褌	道俣神	ちまたのかみ	褌	開囓神	あきくひのかみ
冠	飽咋之宇斯能神	あきぐひのうしのかみ			

さらに『日本書紀』巻第一、第五段の一書第九では、次のとおりである。

伊奘諾尊、驚きて走げ還りたまふ。是の時に、雷等皆起ちて追ひ来る。時に道の邊に大きなる桃の樹有り。故、伊奘諾尊、其の樹の下に隠れて、因りて其の實を採りて、雷に擲げしかば、雷等、皆退走きぬ。此桃を用て鬼を避く縁なり。時に伊奘諾尊、乃ち其の杖を投てて曰はく、「此より以還、雷敢来じ」とのたまふ。是を岐神と謂す。此、本の號は来名戸の祖神と曰す。

「岐神」は「本の號は来名戸の祖神」という。「此より以還、雷敢来《えこ》じ」の「えこじ」は、「来名戸」（くなと）すなわち「来忽戸」と同義である。さらにいえば、千引石で黄泉ひら坂を塞いで、黄泉から侵入を防ぐことと、「敢来じ」「来忽戸」は同一の所作と理解することができる。したがって、「岐神」はもとの名は「来名戸の祖神」という。

『古事記』の投げ捨てた御杖に成った神の名は、衝立船戸神、『日本書紀』の杖を投げたのが岐神とあり、船戸神・岐神ともに「フナトノカミ」と呼ばれた。この杖についての一般的理解は、例えば『日本書紀上　岩波日本古典文学大系』の頭注に、「杖はもと、根のついた樹木で、その生成力が豊饒の霊力を示すものとされた。それが陽物の勢能と混同合一されて、部落の入口や岐路に立てられて、邪悪なものの侵入を防ぐ役をしたようである」としている。

『古事記』上巻　忍穂耳命と邇々芸命および『日本書紀』巻第二　神代下第九段（一書第二）によれば、衢神（チマタノカミ）は猿田彦神（サルタヒコノカミ）とも称されている。

四、岐神・塞の神・久那戸（船戸）神そして道祖神

岐神については、まず、『日本書紀』巻第一、神代上第五段の第七の一書に、

「岐神、此をば布那斗能加微と云ふ」とあり、岐神はフナトノカミという。

同段の第九の一書には、

「時に伊奘諾尊、乃ち其の杖を投てて曰はく、「此より以還、雷敢来じ」とのたまふ。是を岐神と謂す。此、本の號は来名戸の祖神と曰す」とあり、岐神は本の号は来名戸（クナト）の祖神という。

祖神については、『日本書紀　私記』（乙本）神代上には、「祖神遠保知（オホチ）」と訓んでいるが、すでに飯田武郷『日本書

紀　通釋』第一で「是レヲ謂フ二岐ノ神ト一此本ノ號ヲハ曰フ二来名戸之祖神ト一焉」。と、クナトノ「サヘノカミ」としている。もちろん、フナト＝クナトであり、岐神は、フナト（クナト）の「サエ（サイ）ノカミ」であるという理解である。

柳田国男は、「石神問答」のなかで、山中笑に対して、次のような見解を述べている。(11)

道祖神は猿田彦大神なりと云ふ説は　よほど廣く行はれたる説の如くに候　右は日本紀などに猿田彦を衢神と記たるに基くものかと存ぜられ候　併し道祖神は神代史に見えたる鼻高き國津神の如く　饗導の神にては無きやうに心得申候倭名鈔を始め諸書未だ道祖の字義を解したる者を知らず候へども　道祖の祖は阻つると云ふ阻ならんかと存じ候　さすれば日本紀の岐神の本號「来名戸之祖神」をクナドノサヘノカミとしたる古訓にも合し　クナドとサへと同じ神と云う諸説にも合し申候　即ち行路の辻などに此神を祀るは往来の安全を計ると云ふ能動の神徳を仰ぐにはあらで　邪悪神の侵入を阻止せんとする受動的の意味合なるべく候

今日とても道祖神の在り所又は基地名の在處を求め候に　必しも道路の側のみならず　往々にして物深き山中なども有之候　右は山に居り山より降り来る邪悪神を阻塞して　邑落の平穏を期するが為の神事と覚え申候　岐神は今日クナド又はフナドと称する少小の地名のみを遺して　殆ど跡を信仰界に斂めたるが如くに候は　全く右内外二種の神の機能相同じかりし為　容易に習合歸一したるものなるべく候

道祖の字義は、徂でも祖道でもなく、阻つると解すれば、『日本書紀』の岐神の本号「来名戸の祖神」をクナドノサヘノカミとする訓みにも合致し、クナドとサへと同じ神という諸説とも合うという。

しかし、私見によれば、クナドとサへが同じ神であるならば、「来名戸の祖神」は「クナトノサヘノカミ」ではなく、祖神を本来の漢語（道路の神）のままに解釈すべきである。

すなわち、中国の『文選』巻二〇、祖餞の李善注に『四民月令』を引いて「祖、道神也。好遠遊、死道路。故祀以為道神。以求道路之福（祖とは道神のことである。遠出が好きであった者が、道中亡くなった。そこで祀って道神とした。旅をするものはこれに道中の安全を祈る）」とある。『四民月令』は中国の古歳時記、後漢時代の崔寔（さいしょく）の作で後漢時代の華北の豪族の生活を知る好資料とされている。『四民月令』によれば、祖とは道神のことで、道神は本来道中の旅人の安全を守護する神であった。この解釈は『和名類聚抄』の引く『風俗通』（後漢・応劭撰）「共工氏之子好遠遊、故其死後以為祖」とあるものと合致している。

『和名類聚抄』（承平年間〈九三一〜九三八〉成立）巻第二の鬼神部第五・神霊類第一六には、道祖と道神が明確に区別され、道祖の和名を「佐倍乃加美（サヘノカミ）」、道神の和名を「太無介乃加美（タムケノカミ）」と訓まれている。

元和古活字本『和名類聚抄』

道祖　風俗通云、共工氏之子好遠遊、故其死後以為祖　和名佐倍乃加美

岐神　日本紀云、岐神　和名布奈止乃加美

道神　唐韻云、禓音觴　和名太無介乃加美　道上祭一云、道神也

しかし、その解釈部分は複雑である。すなわち、道祖の項の「風俗通（後漢・応劭撰、正式名称『風俗通義』）云、共工氏之子好遠遊、故其死後以為祖」は、共工氏の子脩（一説に、黄帝の子纍祖）遠遊を好み、道路に死す、後世、祖神とし、道路の神として祀ったという。この説明は「道神」のことであり、旅だちに臨んで道路の神を祭ること、すなわちタムケノカミ（手向け神）のことであり、道祖の和名「佐倍乃加美」の説明にはならない。

道祖等の記載は『和名類聚抄』以降の辞書類では以下のとおりである。

『類聚名義抄』〔一一世紀末成立の部首引きの漢和辞書〕

法下九〔六十一　示〕神・祖

岐神　フナトノカミ　　道神　タムケノカミ　　道祖神　サヘノカア〔ママ〕

『色葉字類抄』二巻本〔永禄八年〈一五六五〉書写、内容は天養～長寛年間〈一一四四～六五〉のものとされている〕

巻下上〔布、姓氏〕　道祖《フナト》

巻下上〔佐、人倫〕　道祖神《サヘノカミ》

五、道祖神信仰の源流

(1) 道祖王

道祖の初見は、天武天皇の孫、新田部親王の子である「道祖王」であろう。

古代国家の確立過程のなかで、近年、新川登亀男氏は、日本における道教のあり方を問うており、道教をめぐるはじめての攻防が、天武天皇の病から死に至る過程の中にあるという。[12] さらに氏は次のように述べている。

天武天皇の病は、これまでは総合的なカルチャーの中で調和を保っていた道教的なものが、ことさらに自覚され、浮上してきたのである。「日本の仏教」を産みおとしていく過程でもっと広く言えば、ヤマトの列島統一化つまり「日本」と「天皇」制をつくり上げていく過程で、みずからの深奥にはらんでしまったのが道教もしくは道教的なものなのである。

「浄い」とか「浄らか」は天武天皇の時代からつくり出され、ひろめられようとしていた価値なのであった。六八五年（天武一四）に明位、浄位の冠位ができて、諸王以上に与えられたり、天武天皇の宮殿を飛鳥浄御原宮と命名したことも、その一環であった。

天武天皇は、壬申の乱後、ヤマトに凱旋して飛鳥浄御原宮に入った。六七二年のことである。その後、この宮は、持統天皇（天武天皇の皇后）が六九四年末に藤原宮へ遷るまで、二代二二年間にわたって営まれた。ところが、この宮号は、はじめからそう呼ばれていたわけではなくて、天武天皇の危篤の最中に命名されたものであり、同時に、朱鳥元年という年号もたてられている。朱鳥は「アカミトリ」といわれ、「アカミトリノハジメノトシ」というわけである。この直後、さらに浄行者七〇人の出家が断行された。

飛鳥浄御原宮の宮号命名と、朱鳥建元と、浄行者出家とはすべて一連のもので、天皇の延命をねがう最後の切札的な試みであったことは間違いない。とくに、宮号命名は、宮殿が「浄い」ことを、「浄く」ありつづけることをねがったものである。

この宮殿を「浄く」保つ思想は、さらに宮殿から本格的な都城を清浄に守る祭祀の確立へと進んだと考えられる。和田萃氏が「都城の成立と祭祀」について次のように指摘している。[13]

従来から存在していた古道（中ツ道、下ツ道、横大路、阿部山田道）を利用して、条坊をもった本格的な都城として造営されたのが藤原京である。藤原京の西南隅は、下ツ道と阿倍山田道が交差する軽のチマタで、藤原遷都以前から、チマタとして機能していた。この都城の成立と密接に関わりをもつのが、道饗祭である。藤原京造営以前から、古道が互いに交差することにより、非日常的空間として機能していたチマタが、藤原京の四隅として位置づけられた結果、律令的祭祀である道饗祭がこの地で行われるようになったのである。

この道饗祭は、神祇令の義解によれば、災厄をもたらす悪鬼の京師への侵入を防ぐことを目的とする。この目的からも明らかなように、道祖は『和名類聚抄』では「佐倍乃加美」（サヘノカミ）と訓み、『伊呂波字類抄』の「姓氏」の項に、「道祖史《フナト》」とみえる。『日本書紀』神代上に「岐神、此をば布那斗能加微（フナトノカミ）と云ふ」、『和名類聚抄』も「布奈止乃加美」（フナトノカミ）、さらには『日本書紀』神代上では、「是を岐神と謂す。此、本の号は来名戸の祖神と曰す」とあり、岐神は来名戸（クナト）の祖神と呼ばれている。

以上から、道祖（神）も岐神も、ともに「サヘノカミ」「フナト（クナト）ノカミ」と称されていたのである。したがって、道祖王は「フナトノオウ」（サヘノオウの可能性もある）と呼ばれていたとみてよい。前期難波宮から引き続き藤原京の造営と律令祭祀としての道饗祭の実施に密接に関わったと考えられる天武天皇の孫の王名に「道祖王」はまことにふさわしいといえる。さらにいえば、道祖王は天平宝字元年（七五七）、藤原仲麻呂殺害の謀議とされた橘奈良麻呂の変が露見すると、黄文王らとともに捕らえられ、名を麻度比と改められ、下獄し、拷問をうけて死亡した。こうした改名のよく知られた例は、和気清麻呂（わけのきよまろ）が神護景雲三年（七六九）、道鏡を皇位にたてるべきとした宇佐八幡宮の神託を偽りと奏したため、別部穢麻呂（わけべのきたなまろ）と改名され大隅国へ配流（姉の和気広虫も別部狭虫と改名され備後国へ配流）された事件である。「道祖王」が「麻度比」と改名されたことは、和気氏の例「清」→「穢」、「広」→「狭」を参考にすれば、「道祖」と「麻度比」が反対語となることを意味しているのであろう。「麻度比」（惑ひ＝まどひ）は「行く先を見定めかねて混乱する・道に迷う」の意味であり、その反対語「道祖」は道しるべのような、すなわち「道神」に近い意味と捉えられていたのではないか。先に述べたように、『和名類聚抄』の「道祖」「岐神」「道神」の訓みはそれぞれ異なっている。「道祖」は『和名類聚抄』では「サヘノカミ」でありながら、その意味は「道神」の説明（行人を守る道路の神）となっているように、道祖王の「麻度比」改名は、当時「道祖」「岐祖」「道神」の三者が類似した内容として理解されていたことによるのであろう。

(2)「道塞」木簡

福岡市元岡遺跡群出土木簡(14)

遺跡は福岡市の西端、糸島半島東側の山間部にある。古墳時代前期から集落が営まれ、古墳時代後期、七世紀頃まで継続している。その後、八世紀を前後する時期にそれ以前にあった集落域を整地して池状遺構SX〇〇一、倉庫群等が造られる。この地点の倉庫群等の官衙的施設は九世紀代には終焉を迎えるのではないかとされている。

この池状遺構からは、多数の土器・木製品（工具・農具・紡織具など）が出土したが、この中には舟形木製品（約三〇点）をはじめ、斎串・鳥形・陽物形など祭祀に関連する遺物が多数みられ、この付近で何らかの祭祀が行われていたと考えられている。池状遺構からは木簡も約三七点出土し、紀年銘（大宝元年〈七〇一〉、延暦四年〈七八五〉）木簡と出土土器から、その遺構の存続期間は八世紀前後から約一〇〇年間と考えられる。

木簡のなかでは、次の一三号木簡が注目される。【図8】

道塞　　」

（一七二）×一九×四　〇五一

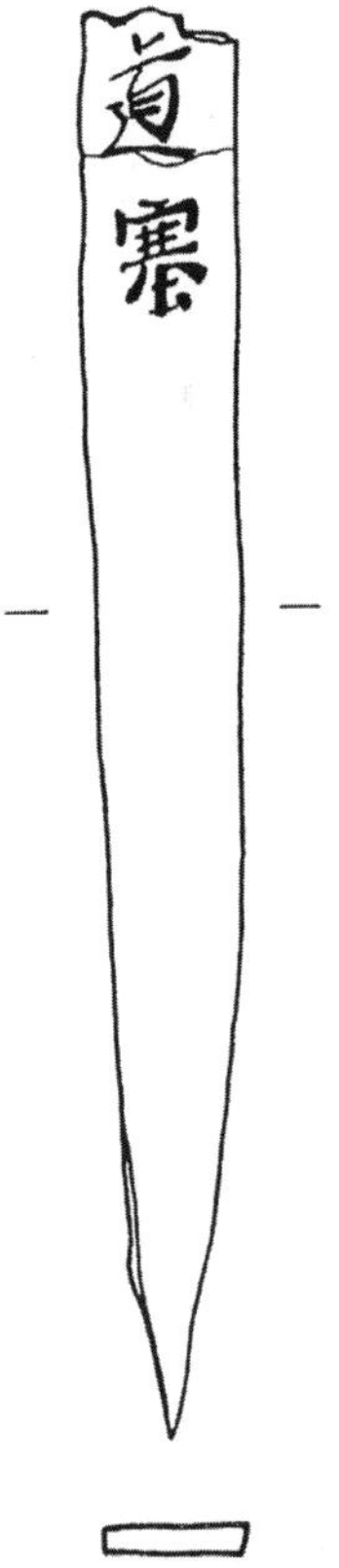

図８　「道塞」木簡 福岡市元岡遺跡群出土
〔福岡市教育委員会『九州大学統合移転用地内埋蔵文化財発掘調査概報２』〕

上端を欠くが、二文字「道塞」のみを頭部に記し、下端を尖らせている。薄い加工と下端を尖らせた形状は斎串に類似し、裏面に文字は全くない。調査概報では、「祓に関わるものか」としている。祭祀の際に地面に突きさしたのではないかと推測される。「道塞」の上には文字はないと想定される。このような形状と記載様式のきわめて類似した例としては、長野県千曲市屋代遺跡群出土の「竈神」木簡（四号木簡）をあげることができる。(15)

「竈神　　　　　　　　　　　　（一四一）×一八×四　〇一九

上端は粗い平面ケズリ。下端は二次的なケズリ。木簡の上部片面に「﹇」型状切り込みがある。表裏両面ともに全く無調整であるのが特徴的である。すなわち、成形技法面からいえば、本木簡は通常の文書・付札とは異なるものとみなすことができる。また、記載内容面からも、下端欠損しているが、長さ一四cm残存部の上端部分に「竈神」とのみ記載し、以下余白となっているのは特異である。

以上の形状・内容的な特異性から判断すると、本木簡は上端部分に「竈神」と記し、おそらく下端部分を尖らせ、地面に突き立てていたのではないか。この行為は、竈神に関わる祭祀に伴うものと推測される。(16)

この「竈神」の例からも、「道塞」は、藤原宮木簡「符處々塞職等受」、石神遺跡木簡「道勢岐官前□」など「塞職」「勢岐官」（セキノツカサ）のような過所に関わる文書木簡ではなく、呪符木簡とみるべきであろう。「道塞」は道の「塞神」「障神」、『和名類聚抄』にみえる「道祖」を「佐倍乃加美」（さへのかみ）と訓むことと密接に関連しよう。遺跡の立地は博多湾に面する糸島半島に位置し、対外交流の要地である。外国使節等の来着などを意識し、疫病などの侵入を防ぐ意図のもとに、塞（障）神の祭の行った際に使用されたものかもしれない。元岡遺跡群出土木簡「道塞」は、現段階における日本最古の道祖神に関わる直接的資料といえよう。

なお、報告書[17]によれば、「道塞」木簡を共伴した多数の木製品のなかに、丸木を加工し、頭部と脚を表現した人形とされている木製品があるが、これはむしろ下方に括りの削りが施された陽物形木製品とみるべきである。この木製品は百済・陵山里寺跡、前期難波宮、多賀城跡出土の陽物形木製品同様に先端を下方に向け掲示した可能性があろう。【図9】

（3）道饗祭・岐神

一〇世紀前半の『小野宮年中行事』の六月行事・道饗祭事として、次のように外記記文をあげている。


廿五日任二左右相撲司一事。

右曹司廳任レ之。内記先進二宣命文一退出。（略）

道饗祭事。

弘仁神祇式云。於二京城四隅一祭レ之。十二月准レ之。天慶元年九月一日外記記云。近日東西両京大小路衢刻レ木作レ神。相對安置。凡厥體像髣下髴大夫頭上加レ冠鬢邊垂上レ纓。以レ丹塗レ身成二緋衫色一。起居不レ同。遞各異レ貌。或所又作二女形一。對二大夫一而立レ之。臍下腰底刻二繪陰陽一。搆二几案於其前一。置二坏器於其上一。兒童猥雑。拜禮慇懃。或捧二幣帛一或供二香花一。號曰二岐神一。又稱二御霊一。未レ知二何祥一。時人奇レ之。

鎮火祭事。

同式云。於二宮城四隅一祭レ之。十二月准レ之。（下略）

〔『小野宮年中行事』[18]（『群書類従』第六輯、公事部1、巻第八十四）〕

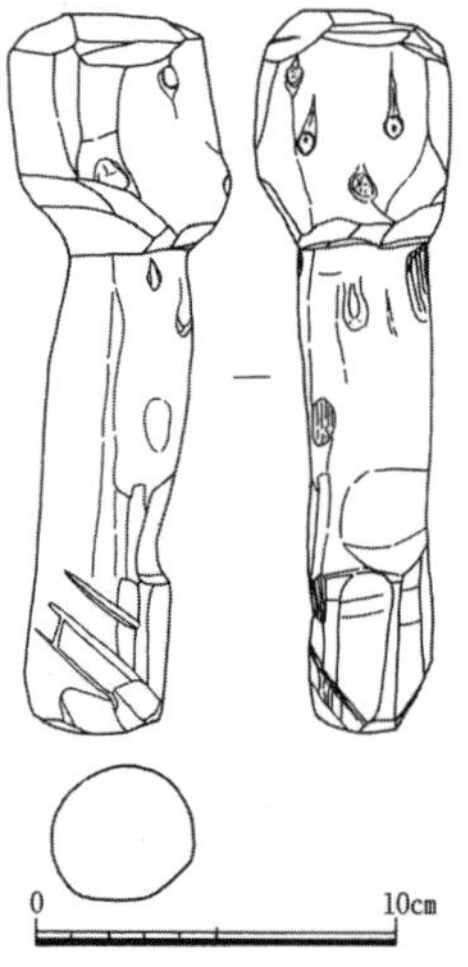

図9　元岡遺跡群出土陽物形木製品
〔九州大学統合移転用地内埋蔵文化財発掘調査概報2』〕

近頃、平安東西両京の大小路の衢（チマタ）に、木を刻んで神像を作り、相対して安置している。およそ、その体像は大夫（男の像）が頭上に冠をいただき、鬢の辺りに纓を垂れている姿を彷彿とさせる。丹を身体に塗り、緋衫色をなす。像のとる姿勢と容貌はそれぞれ異なっている。ある所では女形の像も作って大夫に対してこれを立てる。臍（へそ）下、腰底に陰陽を刻みえがいている。その前に几案（机）を備え、その上に坏器を置き、児童たちは猥雑にさわぎたて、（大人たちは）慇懃に拝礼している。あるいは幣帛をたてまつり、あるいは香花を供え、岐神と号し、また御霊と称す。どのようなものであるかは詳かにはわからないが、時の人はこれを奇としている。

結局のところ、京の衢に男女の神像を祀り、岐神（フナトノカミ）と称し、悪霊の侵入を防ぐ道饗祭の行事が実施されていたことがわかる。特にその神像は下半部に陽陰部を刻みえがいている。これは当初の陽物形から人形に陰陽部を刻む形に変化したものと考えられる。

さらに神像が「道祖神」と呼称されていたことを確実に示しているのが『今昔物語集』巻第十三「天王寺僧道公、誦法花救道祖語（法花を誦してサエノカミを救えること）第卅四」であるが、次のような内容である。

紀伊国美奈部郡の海辺の大樹のもとに道祖の神の神形（男・女二像のうち、男子像のみ現存）があり、馬に乗った行疫神（疫病の神）の前使をつとめさせられていた。その役割から解放されるために天王寺住僧の道公に法花経を誦してもらい果すことができた。そして最後は、道祖神の像を柴の船に乗せ、南の方に流したという仏教説話である。

この説話のなかで、三点注目すべき点がある。

一つは、一二世紀ころには道祖神信仰が都・地方官衙のみでなく、各地に拡がっていることである。

二つには、道祖神像が道端に立ち、その像はおそらく下半身に陽物・陰部を表現したもので、当時「下劣ノ神形」とみられていたことである。

三つには道祖神は猿田彦の役割をもち、行疫神の先導役をつとめていたことである。先にも触れているが、『古事記』『日本書紀』によれば、衢神（チマタノカミ）は猿田彦神とも称されている。当時、道祖神と猿田彦神はきわめて密接な関係であったことを示しているといえよう。現在の民俗行事においても、両者はほぼ一体で考えられているのである。

（4）百済と陽物形木簡・道祖

百済の王京の羅城の外、東門付近から出土した陵山里寺跡木簡は次の三点の特徴を有している。

・扶餘城の東門跡付近から出土していること
・木簡が陽物形であること
・「道の縁に立つ」と記されていること

本木簡は六世紀における扶餘（百済王京）の羅城の東門入り口付近に、常設の柱状のものに架けられていたと推測される。

原始信仰では、陽物は、一般的に活力と威赫の象徴とされ、すなわち邪悪なものを鎮めるという機能を持っているという。王の居住する王京は、常に清浄に保たれる必要があることから、邪悪なものが王京に入ることを防ぐために陽物形木製品を掲げられていたであろう。

六世紀の百済の王京で行われていた、いわゆる都城祭祀が、やがて日本列島において都城制が本格的に開始された七世紀半ばの前期難波宮以降、こうした都城祭祀が導入されたのではないか。

『日本書紀』によれば、白雉四年（六五三）六月、僧旻が没したために、画工狛堅部子麻呂と鯽魚戸直等に命じて仏像を造らせ、川原寺に安置した。狛堅部子麻呂は斉明五年（六五九）是歳条にみえる「高麗画師子麻呂」と同一人物とみられている(19)。
鯽魚戸《ふなど》は『新撰姓氏録』右京諸蕃下にみえる「道祖史」と同一とみることができるならば、同書には道祖史は「百済国王挨許里公の後」とあることから、百済からの渡来した画師の可能性があるであろう。その後の道祖のウジ名は、次のとおりである。

イ．天平勝宝七年（七五五）十月、正倉院調庸緋絁帳緋絁紐銘文(20)

「伊豆国田方郡依馬郷委文連大川調緋狭絁壹匹　長六寸 闊一尺九寸

天平勝宝七歳十月主当　国司史生正八位下道祖戸酒人 郡司主帳外従八位下矢作部上麻呂

「道祖戸」は「道祖戸」のこと、「鯽魚戸」にも通じるであろう。

ロ．『続日本紀』宝亀十一年（七八〇）三月辛卯条

伊勢国大目正六位上道祖首公麻呂白丁杖足等賜㆓姓三林公㆒。

さらには、道祖史についての次の二史料はきわめて興味深いといえよう。

ハ．『三代実録』貞観四年（八六二）七月二十八日乙未条に「右京人中宮少属正八位上道祖史豊富賜㆓姓惟道宿彌㆒。阿

智使主之党類。自㆓百済国㆒来帰也」。

二．『三代実録』貞観七年五月二十日庚子条に「左京人造酒令史正六位上道祖史永主。散位大初位下道祖史高直等二人。賜㆓姓惟道宿彌㆒。其先。出㆑自㆓百済国人主孫許里㆒也」

以上から、道祖史はともに百済国から渡来し、「道祖」というウジ名を称していたことがわかる。[21]

さらに日本の都城の道の祭祀と百済との関連をうかがわせる注目すべき事実を指摘しておきたい。

難波宮の南辺では、四天王寺、阿倍氏の氏寺とされる阿倍寺のほかに、百済の亡命王族百済王氏の氏寺とされる百済寺（堂ヶ芝廃寺）、さらに天王寺区細工谷遺跡からは、「百済尼」、「百尼寺」などと墨書された土器が見つかり、この地に百済王氏のもう一つの氏寺、「百済尼寺」が存在したことが明らかとなった。

この事実は、古代朝鮮の百済の王都において、東門付近で行われた陽物形木製品を用いた祭祀が前期難波宮の北西隅で同様に実施されたこととの関連を示唆するものと考えてよいのではないか。

都城祭祀として明確に律令に規定されている道饗祭は、天皇の居る都城に邪悪なものが入らないように行われている。記紀神話にみえる衢き立てられた杖は岐神（フナトノカミ）と呼ばれたが、この岐神と杖の関連が、岐神を祭った道饗祭において、陽物形木製品を道に立て邪悪なものの侵入をくい止めようとした祭祀行為に通ずるものと理解できる。さらにこの祭りでは、熊の皮、牛の皮、鹿の皮など獣皮が用いられている点が注目される。九世紀の『古語拾遺』によれば、怒れる神を鎮めるために、水田の水口に牛肉とともに陽物が置かれている。牛肉や陽物を祭りに用いる点は、道教的呪術の要素をうかがうことができるのではないか。

畔で方形に囲まれた状況は、都城の羅城に相当し、水口は外に通ずる都城の門と同様の意義をもっている。

古代国家にとって、都城祭祀と水田祭祀が類似の祭祀形態を有する点は、きわめて重要な意義があり、今後の検討課題と位置づけたい。

（5）まとめ

本格的都城が造営された七世紀後半、天皇の居所をはじめ、都城内を清浄に保ち、邪悪なものの侵入を防ぐために、京城の四隅の道上で道饗祭を実施した。

その道饗祭の特異な祭祀形態として二つの特徴をあげることができる。

一つはのちの『小野宮年中行事』に道饗祭事として、陽物を表現した神像（陰部を表現した女性像と対の場合もあり）が、チマタに立てられていたが、当時の人々には奇異なものと意識され、『今昔物語集』巻一三－第三四において「下劣ノ神形」と表現されるような呪術的要素の強い祭祀形態であった。こうした祭祀は六世紀の百済の王京の入り口近くに陽物形を道の縁に立てる祭祀の形態を七世紀後半、日本の都城祭祀に導入したことによると理解することができよう。

もう一つは、道饗祭の祭料に牛・猪・鹿・熊という四つの動物皮が供えられている点である。延喜式にみえる宮城四隅疫神祭、障神祭なども含めて、すべて道に関わる祭祀とくに疫病などの邪悪なものの都城への侵入を阻止する祭祀に限って四つの動物皮が供えられている点はきわめて特異である。

このように四つの動物皮が祭料として供えられる理由には二つの可能性が想定される。

一つの可能性としては、陽物形木製品が、邪悪なものの侵入を防ぐために威嚇する機能を備えているという理解と同様に獣皮をもって、疫神のような邪悪なものを威嚇したのではないかとする考え方があげられる。

もう一つは、『日本霊異記』中巻－第二四話において、主人公楢磐嶋が閻羅王の使の鬼に召されようとした時に、使の鬼が賂として「我、牛の宍の味を嗜むが故に、牛の宍を饗せよ」と要求したので牛二頭を進めて免されたという。

邪悪な神が牛肉を好むという当時の信仰から四種の動物を祭料として供えたという考え方も成り立ちえよう。ただし、祭料として、動物の肉ではなく、皮・毛皮である点、さらに道饗祭において牛皮二張に対して猪・鹿・熊皮は四張としている点を重視すれば、獣物の皮を供えることは饗応ではなく、威嚇行為とみられるのではないか。

道饗祭は、陽物形や動物皮などを用いたきわめて外来の呪術的要素の強い特異な祭祀形態であったことは間違いないであろう。

今回、百済の王京の羅城の東門跡付近の道縁に立てられた陽物形木製品の発見によって、古代日本における都城制の本格的成立とともに、道饗祭のような祭祀が実施され、その祭祀形態は、日本列島における従来の一般的信仰とは異質な外来の呪術的要素を強く供えたものであったことが明らかとなった。

この道饗祭・障神祭などを含めた道に関わる古代の都城祭祀こそ、道祖神信仰の原点といえる。

現在における道祖神信仰の民俗学の通説的理解は、「はじめに」でも紹介したように次のとおりである。[22]

わが国で一般に「道祖神」として知られているのは、中部地方から関東西部に密集して分布する石造物の道祖神であろう。ドウソジンと呼ばれるもののほか、ドウロクジン[23]・サエノカミなどと呼ばれるものもある。これらの地域の道祖神信仰は、小正月行事を中心にさまざまなヴァリエーションをもって豊富な内容を伝承している。また日本の古代、人々が社会生活を営むようになった時期から道祖神（塞の神）はムラや家の安泰をはかるために形成されたものと想像される。

結局のところ、道祖神信仰はこれまで民俗学で想定したように、古代の村々にすでに存在したものではなく、古代の都城祭祀としてきわめて政治的に創出された特異な祭祀形態であると考えるべきものである。それゆえに道祖（神）信仰はまず、都城で成立し、やがてその出先ともいうべき地方都市においても実施された。

『和名類聚抄』では道祖を「サエノカミ」と訓みながら、「道祖」すなわち道路の神の説明となっている。また、道祖王が反対語「麻度比」（まどひ）とされたのも、「道祖」の理解は道路の神として道しるべのような字義によるものとみられる。

道祖は道の神（祖神）、クナトノカミ、サエノカミなどの道に関わる神を総称して「道祖」として、あえて道祖神と神名を特定しなかったのではないか。しかもクナトノカミなどを祀る道饗祭や障神（サエノカミ）祭りなども「道祖」は包括するものであったと考えられる。この点からいえば、『和名類聚抄』の「道祖・岐神・道神」という記載は、三神の併記ではなく、

「道祖
　岐神
　道神」

という記載の仕方と理解すれば、右記の内容と合致するといえよう。

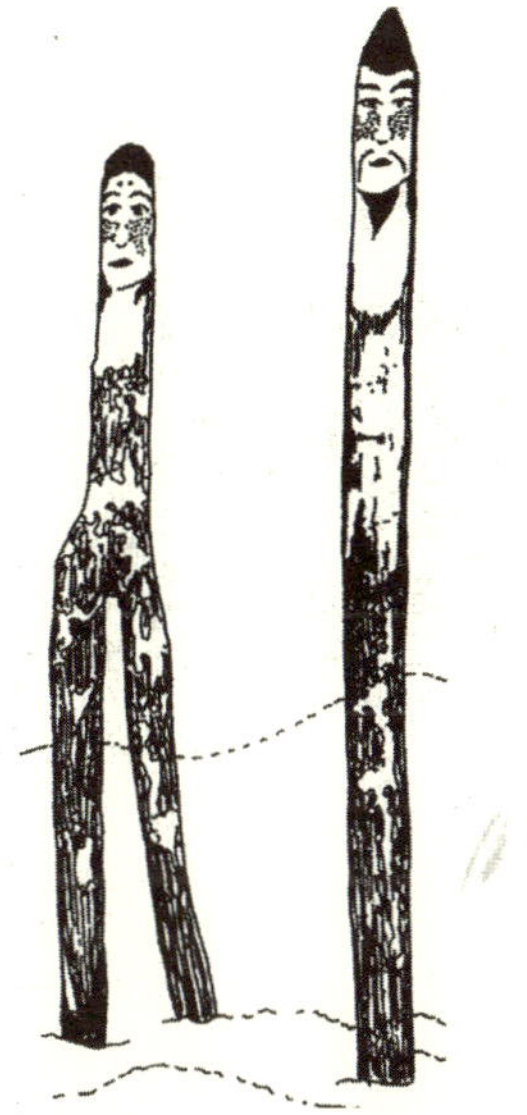

図10　民俗行事に見える道祖神（昭和初期）
辻に立つ木像祖神ー長野県下高井郡野沢温泉村〔神野善治『人形道祖神ー境界神の原像』〕

『今昔物語集』巻一九ー第一二の「其ノ道祖神ノ祠ノ辺ニ…」や『色葉字類抄』（人倫）「道祖神サエノカミ」など、一二世紀以降の文献史料で初めて「道祖神」という表記を認めることができるのである。

さきにあげた『今昔物語集』巻第一三ー一四によれば、この当時においてもあくまでも道の神としての「道祖」であり、神形を「道祖神」と称していることがわかるのである。

このことは、当初、道に関わる神と祭を総称して「道祖」としたが、一二世紀以降、クナト（フナト）ノカミとして具体的な人形が作られ、チマタや道沿いに立てられると、その人形を「道祖神」と呼称したと考えられる。【図10】

なお「道祖神」の初見史料は、長和二年（一〇一三）六月二二日付、源厳子地林相博券文[24]（抜粋）

奉親宿彌領林二段曾彌西里六坪之内

四至　限東州山西小坂　限南爲孝等林井高墓
　　　限西残林井道祖神小坂　限北岸井流

である。

一方、「道祖」に包括されたもう一つの性格としての道の神（タムケノカミ）も一〇世紀以降、絵画の世界で具体像が明確に描かれている。

一〇世紀初頭頃に成った『信貴山縁起』（三巻、朝護孫子寺蔵）の「尼公の巻」は、信濃国の人、命蓮が東大寺で受戒するため、姉一人を残して奈良（南都）にのぼった。姉（尼公）は弟の行方を尋ねて、奈良の旅を思い立った。南都に近く、ある古老に命蓮の消息を尋ねている場面である。尼公とその従者の背後に、旅行く人のための道祖神の小さな祠が、道端に祀られている。その祠の前に幣で囲まれた石の台の上に球状のものが描かれている。

この描き方と類似した絵画が一二世紀半ば頃の作とされる『扇面古写経』である。旅装した女性とその背後には辻神の祠がある。板屋根の小さなもので、前に幣が立てられ、「丸石」が置かれている。辻にあるこの祠は、道祖神（道の神）を祀ったものと考えられる。

『年中行事絵巻』巻三住吉本によれば、闘鶏の場面で、老木立に囲まれた祠は、すべて丹塗り、神前には神酒と供物が供えられ、その横のさらに小さな祠には「丸石」が供えられている。また草合の場面にも小祠には「丸石」が供えられている。さらに、『遊行上人縁起』の遊行上人一行が旅行く道の傍の小祠には「丸石」が置かれている。

このように数多くの絵巻の中に、道端あるいは辻の小祠の前または祠の中に丸石が供えられている。小祠が旅人の安全を祈願する神を祀ったもの、いわゆる道の神を祀ったものと想定できよう。これら道の傍の小祠の前または祠の中の丸石が現在の山梨県内で特徴的にみられる丸石道祖神に系統的につながるものとみてよいのではないか。

その後、一四世紀の『源平盛衰記』には、道祖神が系譜的に物語られている。

「奥州名取郡笠嶋ノ道祖神（略）コレハ都ノ賀茂ノ河原ノ西、一條ノ北ノ辺ニオハスル出雲路ノ道祖神ノ女也ケルヲ、イツキカシヅキテ、ヨキ夫ニ合セントシケルヲ、商人ニ嫁テ、親ニ勘当セラレテ、此国へ被㆓追下㆒給ヘリケルヲ、国人是ヲ崇敬テ、神事再拝ス（下略）」

この「笠嶋ノ道祖神」は、有名な松尾芭蕉の『奥の細道』（元禄二年〈一六八九〉）に登場する。そもそも芭蕉は『奥の細道』の冒頭〈発端〉において「そぞろ神のものにつきて心を狂はせ、道祖神の招きにあひて取るもの手につかず」と旅の動機として、道祖神の招きと表現している。そして、「鐙摺《あぶみずり》・白石《しろいし》の城を過ぎ、笠島の郡に入れば、藤中将実方の塚はいづくのほどならんと、人に問へば、「これより遙か右に見ゆる山際の里を、蓑輪・笠島といひ、道祖神の社・かた見の薄《すすき》今にあり」と教ふ。」と、芭蕉は笠島の道祖神を訪れている。

以上を整理するならば、次のようにいえるであろう。百済・王京跡の道の祭祀は、日本の都城祭祀のうちの道饗祭をはじめとする道の祭祀形態に大きな影響を与えたものと考えられる。

ヤチマタヒコ・ヤチマタヒメやクナトノ神を祭る道饗祭などの道の祭祀は、陽物や獣の皮などを用いる呪術的要素を含む特異な形態であった。現在の民俗行事の道祖神祭はそうした特異な祭祀形態を内包していることからも、その源流を百済や日本の都城祭祀の道に関わる祭祀に求めるのは一応妥当であるといえるのではないだろうか。

系統的にいえば、「道祖」はクナト（フナト）ノカミ・サエノカミという邪悪なものの侵入を防ぐカミとタムケノカミという旅人の安全を守る道のカミという二要素を包括する概念として少なくとも七世紀〜一〇世紀頃まで機能したと考えられる。祭祀形態でいえば、日本の都城や地方官衙においても、百済王京と同様に四隅や入り口付近に陽物を掲げる祭祀が実施されたと想定される。

一〇世紀以降、道の祭祀は政治と儀礼の場の多様化とともに、都城や地方官衙の方形の四隅ではなく、京の街や各地の辻などで実施されたと考えられる。

一二世紀頃以降、京などのチマタにクナト（フナト）ノカミ・サエノカミとして男女の人形（陽物・陰部を表現した特異な人形）が登場し、その人形を「道祖神」と表現した。

一方、行人の安全を守る道の神の御神体も丸石という具体的な姿が一〇世紀以降の絵巻物に描かれている。「道祖」の二要素（クナト〈フナト〉ノカミ・サエノカミとタムケノカミ）は、中世的世界のなかで、具現化（男女の人形と丸石）するが、おそらく、両者とも「道祖神」と呼称されていたのではないか。

『仙源抄』（応永三年〈一三九六〉成立、『新校群書類従』第三一八巻）

「ぬさ」幣也。麻。旅行時道祖神ヲ祭リテ、錦銭散米ヲマクヲイフ

『御調八幡宮蔵日本書紀第一聞書き』（応永二十六年〈一四一九〉）

世俗ニハ道祖神（サイノカミ）ト云ヌタムケノ神トモヨム也

これらの中世の史料では、道祖神は旅の神タムケノ神すなわち「道神」の要素を含んでいることがわかる。かつては、七世紀半ば以降の都城祭祀として、宮そして京内に邪悪なものの侵入を防ぐ目的で陽物などを用いて厳粛に実施された道の祭祀は、一〇世紀以降においては、京や各地のチマタなどで人形の下半部に陽物や陰部を刻み記した男女二体の像を人々は「これを奇とす」（小野宮年中行事）、「下劣ノ神形」（『今昔物語集』）と評しているのである。

そして、古代の都城と同様に村落に邪悪なものが侵入するのを防ぐ村の祭りとしての道祖神祭は、村の自治が本格的に確立される中世末から近世に入って村落内祭祀として確立されたのではないか。さらには村落における境界祭祀的要素に加えて、豊作祈願、縁結びの神、夫婦和合の神、安産の神、子宝の神そして地蔵信仰などが近世以降加味されていったのではないかと考えられる。それに伴い、祭りの場も村境から村の中心部のチマタに移っていったのではないだろうか。

注

（1）本稿に先立ち、山梨県立博物館開館企画展「やまなしの道祖神祭り－どうそじん・ワンダーワールド－」（二〇〇五年一〇月一五日～一二月一一日開催）展示図録に「古代における道の祭祀　－道祖神信仰の源流を求めて－」と題した小論を掲載した。合わせて参照されたい。

（2）国立扶餘博物館・扶餘郡『陵寺扶餘陵山里寺址発掘調査進展報告書』二〇〇〇年。

（3）尹善泰「扶餘陵山里出土百済木簡の再検討」『東国史学』四〇号、二〇〇四年。

（4）常光徹『学校の怪談－口承文芸の展開と諸相－』ミネルヴァ書房、一九九三年。

（5）春成秀爾「性象徴の考古学」『国立歴史民俗博物館研究報告』第六六集、一九九六年。

なお、井戸から出土する古代の陽物形木製品については、井戸に吊し、水が涸渇することがないように祈ったとされている（巽淳一郎『まじないの世界Ⅱ』（『日本の美術』三六一）至文堂、一九九六年）。しかし、本論のように陽物形木製品を邪悪なものを防ぐ呪具と考えれば、井戸の底から侵入する邪悪なもの（例えば道饗祭の祝詞にみえる「根の国・底の国より麁で疎び来たらむ物」）を防ぐためのものと理解することができるのではないか。

（6）野宮は、斎主が初斎院での潔斎を終え、さらに約一年間、潔斎を重ねる宮城外の浄野に造営された宮である。その野宮においても、卜部が宮の四隅の道上で道饗の祭を行ったと考えられる。その祭料は、『延喜式』巻五、斎宮に次のように記されている。

『延喜式』巻五、斎宮

野宮の道饗の祭

五色の薄絁各一丈、倭文四尺、庸布二段、木綿一斤十両、麻七斤五両、鍬四口、牛・猪・鹿・熊皮各二張、米・酒各四斗、稲四束、鰒二斤五両、堅魚五斤、腊八升、鹽二升、海藻五斤、盆四口、坏四口、藁四圍、薦一枚

（7）古市晃「難波宮発掘」森公章編『日本の時代史3　倭國から日本へ』吉川弘文館、二〇〇二年。

（8）（財）大阪府文化財調査研究センター『大坂城址Ⅱ－大阪府警察本部庁舎新築工事に伴う発掘調査報告書－本文編』二〇〇二年。

（9）イ・ロについては拙稿「古代地方都市論－多賀城とその周辺」『国立歴史民俗博物館研究報告』第七八集、一九九九年を参照していただきたい。

（10）宮城県多賀城跡調査研究所『多賀城跡－昭和四五年度発掘調査概報－』一九七一年。

（11）柳田国男「石神問答」『定本柳田国男集』一二巻所収。

（12）新川登亀男『道教をめぐる攻防』大修館書店、一九九九年。

（13）和田萃「都城の成立と祭祀」『日本古代の儀礼と祭祀・信仰　中』塙書房、一九九五年。

（14）福岡市教育委員会『九州大学総合移転用地内埋蔵文化財発掘調査概報2－元岡・桑原遺跡群発掘調査1』二〇〇三年。

（15）「竈神」木簡は、（財）長野県埋蔵文化財センター『上信越自動車道埋蔵文化財発掘調査報告書23－更埴市内その二－長野県屋代遺跡

群出土木簡』一九九六年に収められた第四号木簡である。
(16) 拙稿「屋代遺跡群木簡のひろがり—古代中国・韓国資料との関連—」『信濃』五九〇号、一九九九年。
(17) 前掲注(14)報告書。
(18) ほぼ同じ内容の記事は、『本朝世紀』および『扶桑略記』にみられる。
『扶桑略記』第二十五に、天慶二年(九三九)九月二日「或記云」として記載している。
(19) 『日本古典文学大系、日本書紀 下』岩波書店、一九六五年の頭註による。
(20) 松嶋順正編『正倉院宝物銘文集成』吉川弘文館、一九七八年。
(21) 佐伯有清『新撰姓氏録の研究　考証篇第五』一九八三年。
(22) 神野善治『人形道祖神—境界神の原像』白水社、一九九六年。
(23) 民俗学では、「ドウロクジン」と何故呼ばれたか全く説明されていない。そこで参考までに一つの可能性として次の見解を紹介しておきたい。

中世に成立したとされる『曾我物語』の一写本『真名曾我物語』(妙本寺本、天文十五年〈一五四六〉書写)の巻第七に「鹿嶋大明神第八王子道鹿神奉之」という記載があり、この写本では「道鹿神の「鹿」の字の右傍に「麁玖」と注記している。これは『訓読文曾我物語』(大石寺本)が「道祖神」と表記していることから、本来「道麁(ソ)神」と表記すべきところ「道鹿(ろく)神」と誤記したものと思われる。この「鹿」と「麁」の混同が「ドウロクジン」という呼称を生み出し、その後各地で「ドウソジン」ではなく「ドウロクジン」が広まったのではないか。

(23) 『平安遺文』第二巻、四七〇号文書。

本論文は『国立歴史民俗博物館研究報告』第一三三集(二〇〇六年一二月発行)に掲載したものである。今回、再録にあたり、本文および図版に一部、加筆・訂正を加えた。(二〇〇九年二月 記)

あとがき

李成市

本書は日韓、日中の国際共同研究の成果物である。その起点は、序文に記されているように、二〇〇二年に採択された二一世紀COEプログラム「早稲田大学アジア地域文化エンハンシング研究センター」にある。朝鮮文化研究所は、長江流域文化研究所と共に、当初よりこのプロジェクトを担い、中国、韓国の竹簡、木簡など出土文字資料を中心に、国際共同研究に従事してきた。朝鮮文化研究所では、韓国国立昌原文化財研究所（現、国立加耶文化財研究所）との間で、一年の準備期間を経て、二〇〇四年三月に国際共同研究の協定を締結し、韓国出土木簡の共同研究の機会に恵まれた。

この間の研究成果は、すでに『韓国出土木簡の世界』（雄山閣、二〇〇七年）、『咸安城山山城出土木簡』（国立加耶文化財研究所、二〇〇七年）を日本と韓国で各々刊行している。前者は、日本で始めての韓国出土木簡に関する研究書であり、後者は、国立加耶文化財研究所・早稲田大学朝鮮文化研究所の編修になる本格的な共同研究報告書である。

国立昌原文化財研究所との主要な共同研究の実施内容や成果についての概要は、上記の書籍で述べているので詳細は省略するが、ここでは共同研究の成果について二点のみ指摘する。その一つは、長時間かけて城山山城木簡を観察し、木簡の製作技法を解明したことである。この過程で得られた木簡の形態から読みとれる諸事実は、今後の研究に大きな役割を果たすに違いない。もう一つの成果は、赤外線カメラを通して長時間の観察を継続し、信頼するに足る釈文の作成を行ったことである。これらの共同研究の成果は、近く刊行予定の日本語版報告書で公表したいと考えている。

以上の国立昌原文化財研究所との共同研究と平行して、本年度まで他の研究機関との間でも、下記のような共同による研究調査の機会に恵まれた。

①国立慶州博物館　慶州雁鴨池出土木簡
②国立中央博物館　慶州雁鴨池出土木簡
③国立慶州文化財研究所　月城垓字出土木簡
④国立扶余博物館　陵山里出土木簡
⑤国立扶余博物館　双北里出土木簡
⑥漢陽大学博物館　二聖山城出土木簡

個々の研究成果については、すでに各機関が開催したシンポジウムにおいて成果の一部を発表したり、あるいは既刊の報告書などを通じて公表されたりしている。このような貴重な機会を与えてくださった諸機関に改めてお礼を申し上げたい。

本書に収録した論文は、上記した研究機関との共同研究を基盤にした成果である。執筆者は、現在も朝鮮文化研究所における客員教授、研究員等の構成員として共同研究に携わっている。

私たちの共同研究は、ＣＯＥでの活動終了後も、アジア研究機構のプロジェクトにそのまま引き継がれ、今日に至っている。特に明記しておきたいのは、アジア研究機構の全面的な支援によって、城山山城木簡の高精度デジタルカメラでのカラー写真と赤外線写真の撮影、補正作業を行い、その後、国立昌原文化財研究所のホームページ上で公開するという事業を完遂することができたことである。

すなわち、共同研究の過程で開発した解像度の高いカラー写真に、画像処理を加えることによって鮮明な現状カラー写真を作成することが可能となり、さらに、この補整したカラー写真と、新たに撮影した赤外線による二種類の写真を並行して同時に観察しうるソフトウェアーを開発し、木簡を実見してはじめて可能であった表面観察を、どこでも誰にでも行えるよう、これをウェッブ上に公開することによって、内外の研究者に精度の高い基礎的なデータを提供している（http://www.haman-sungsan.go.kr）。

この間の朝鮮文化研究所の活動は、長江流域文化研究所との連携なくしてはありえなかった。決して容易でない国際共同研究のあり方を模索し、国を越えた研究者間の協働事業の意義と役割を議論しながら進めてこられたことは、幸いとしか言いようがない。長江流域文化研究所が実践した『二年律令与奏讞書』の編纂過程とその成果は、韓国の学会でも紹介され（尹在碩「『二年律令与奏讞書』について」『木簡と文字』創刊号、二〇〇八、韓国木簡学会、ソウル）、さらに出土文字資料研究の進むべき方向として高く評価されている（金慶浩「二一世紀東アジア出土資料研究現況と資料学の可能性」『史林』三一、二〇〇八、ソウル）。

それだけでなく、私たちを勇気づけてくれるのは、竹簡・木簡などの出土文字資料研究が、「実証のないパラダイムないしは理論としての『東アジア論』を克服」する新たな東アジア学として注目されていることである（前掲、金慶浩論文）。今後も、引き続き、中国・韓国との国際共同研究の新たな成果を発信していけるよう努めていきたい。

執筆者紹介

工藤元男（くどう・もとお）

一九五〇年生

早稲田大学文学学術院・教授

（共著）『馬王堆帛書 戦国縦横家書』（朋友書店、一九九三年）

『睡虎地秦墓竹簡よりみた秦代の国家と社会』（創文社、一九九八年）

『四川・雲南・チベット』（中国世界遺産の旅三）（講談社、二〇〇五年）

岡本真則（おかもと・まさのり）

一九七四年生

早稲田大学大学院文学研究科博士後期課程

「『左伝』に見える封建制度について」（『史料批判研究』第二号、史料批判研究会、一九九九年）

「冊命形式金文に見る周王と服属諸氏族の結合原理」（『史観』第一四四冊、二〇〇一年）

「古代四川の岷江上流域における楚系青銅器の伝播と受容－牟托一号石棺墓出土の青銅礼楽器の分析を中心として－」（『史観』第一五三冊、二〇〇五年）

柿沼陽平（かきぬま・ようへい）

一九八〇年生

早稲田大学大学院文学研究科博士後期課程

日本学術振興会特別研究員（DC一）

「文字よりみた中国古代における〝貨幣〟の展開」（『史滴』第二九号、二〇〇七年）

「前漢初期の盗鋳銭と盗鋳組織」（『東洋学報』第九〇巻第一号、二〇〇八年）

「秦漢帝国による「半両」銭の管理」（『歴史学研究』第八四〇号、二〇〇八年）

楯身智志（たてみ・さとし）

一九八〇年生

早稲田大学大学院文学研究科博士後期課程

「前漢における民爵賜与の成立」（『史滴』第二八号、二〇〇六年）

「秦・漢代の「卿」―二十等爵制の変遷と官吏登用制度の展開―」（『東方学』第一一六輯、二〇〇八年）

「前漢における「宦皇帝者」の制定―秦末・楚漢抗争期〜前漢初期における二十等爵制の変遷―」（『中国出土資料研究』第一二号、二〇〇八年）

水間大輔（みずま・だいうす）

一九七三年生

日本学術振興会特別研究員（PD）

早稲田大学文学部非常勤講師
『秦漢刑法研究』（知泉書館、二〇〇七年）
「秦律・漢律における殺人罪と身分関係」（『史滴』第二六号、二〇〇四年）
「秦律から漢律への継承と変革——睡虎地秦簡・竜崗秦簡・張家山漢簡の比較を中心として——」（『中国出土資料研究』第一〇号、二〇〇六年）

森和（もり・まさし）
一九七四年
早稲田大学高等研究・助教
「『山海経』五蔵山経における山岳神祭祀」（『日本中国学会報』第五三集、二〇〇一年）
「子弾庫楚帛書三篇の関係からみた資料的性格について」（『史滴』第二六号、二〇〇四年）
「子弾庫楚帛書の天人相関論について」（『中国出土資料研究』第一一号、二〇〇七年）

凡国棟（ファン・グオドン）
一九八一年生
武漢大学簡帛研究中心博士研究生
「《容成氏》“九州”得名原因試探」（丁四新主編『楚地簡帛思想研究（三）』湖北教育出版社、二〇〇七年）等

本間　寛之（ほんま・ひろゆき）
一九七二年生
早稲田大学文学部非常勤講師
「麹氏高昌国の中央行政機構とその官制について」（『史観』第一四九冊、二〇〇三年）
「麹氏高昌国における人民把握の一側面」（『史滴』第二八号、二〇〇六年）
「麹氏高昌国の地方支配について――文書より見た一試論――」（『史滴』第二九号、二〇〇七年）

谷口　建速（たにぐち・たけはや）
一九八一年生
早稲田大学大学院文学研究科博士後期課程
日本学術振興会特別研究員（DC二）
「長沙走馬楼呉簡よりみる孫呉政権の穀物搬出システム」（『中国出土資料研究』第一〇号、二〇〇六年）
「長沙走馬楼呉簡における穀倉関係簿初探」（『民衆史研究』第七二号、二〇〇六年）
「長沙走馬楼呉簡にみえる「限米」－孫呉政権の財政に関する一考察」（『三国志研究』第三号、二〇〇八年）

李成市（り・そんし）
一九五二年生
早稲田大学文学学術院　教授
『古代東アジアの民族と国家』（岩波書店、一九九八年）

『東アジア文化圏の形成』（山川出版社、二〇〇〇年）
『創られた古代』（三仁出版、ソウル、二〇〇一年）

尹善泰（ゆん・そんて）
一九六五年生
韓国東国大学　副教授
「扶余陵山里出土百済木簡の再検討」（『東国史学』第四〇号、二〇〇四年）
「月城垓字出土新羅文書木簡」（『歴史と現実』第五六号、二〇〇五年）
『木簡が語る百済の物語』（周留城、二〇〇七年）

朴珉慶（ぱく・みんぎょん）
一九七〇年生
成均館大学大学院史学科博士課程修了
「武王・義慈王代政局運営の研究」（『韓国古代史研究』二〇、二〇〇〇年）

三上善孝（みかみ・よしたか）
一九六九年生
山形大学　准教授
『日本古代の貨幣と社会』（吉川弘文館、二〇〇五年）

「出挙の運用」（『文字と古代日本三　流通と文字』吉川弘文館、二〇〇五年）
「日韓木簡学の現状とその整理状況」（『唐代史研究』第九号、二〇〇六年）

橋本繁（はしもと・しげる）

一九七五年生
日本学術振興会特別研究員
「金海出土『論語』木簡と新羅社会」（『朝鮮学報』第一九三輯、二〇〇四年）
「慶州雁鴨池木簡と新羅内廷」（『韓国出土木簡の世界』雄山閣、二〇〇七年）
「東アジアにおける文字文化の伝播」（『古代東アジアの社会と文化』汲古書院、二〇〇七年）

平川南（ひらかわ・みなみ）

一九四三年生
国立歴史民俗博物館　館長
『墨書土器の研究』（吉川弘文館、二〇〇〇年）
『古代地方木簡の研究』（吉川弘文館、二〇〇三年）
『日本の原像　新視点古代史』（小学館、二〇〇八年）

平成 21 年 3 月 31 日 初版発行　《検印省略》

アジア研究機構叢書人文学篇 第 1 巻

『東《ヒガシ》アジア古代出土文字資料《コダイシュツドモジシリョウ》の研究《ケンキュウ》』

編　者　工藤　元男・李成市

発行者　宮田哲男

発行所　株式会社　雄山閣

〒 102-0071　東京都千代田区富士見２－６－９

TEL 03-3262-3231　FAX 03-3262-6938

振 替 00130-5-1685

http://www.yuzankaku.co.jp

印刷所　研究社印刷

製本所　協栄製本

ISBN978-4-639-002084-4　C3020